ISBN 978-0-282-42424-4
PIBN 10527228

LES CENT
NOUVELLES
NOUVELLES,

De Madame DE GOMEZ,

TOME CINQUIEME.

A LA HAYE,

Chez PIERRE DE HONDT;.

TABLE

DES

NOUVELLES

Contenuës dans ce Volume.

A P.

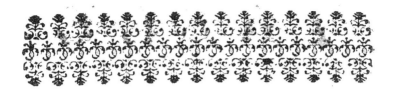

APPROBATION.

J'Ay lû par ordre de Monseigneur
le Garde des Sceaux un Manuf-
crit qui a pour titre; LES CENT
NOUVELLES NOUVELLES,
DE MADAME DE GOMEZ:
A Paris ce dix-huit Octobre 1733.

JOLLY.

LE
CALABROIS.

XXV. NOUVELLE.

L'AMOUR & l'ambition font de toutes les paſſions celles qui portent à faire les plus belles actions ou les plus grandes fautes; l'aveuglement dans lequel elles font tomber ceux qui s'y livrent, les jette ſouvent dans le précipice au moment qu'ils croyent être les plus heureux. L'avidité des biens, l'eſpoir d'une haute fortune & d'une ſituation brillante, ferment les yeux aux choſes les plus eſſentielles: ſur tout aux peres & meres, qui n'envifagent que les richeffes dans l'établiffement de leurs enfans.

Antoine de Saluere, né à Marfeille, & d'une ancienne Nobleffe, mais très-mal partagé des dons de la fortune, foutenoit avec peine une affez groffe famille, d'autant moins aifée à maintenir qu'elle n'étoit compofée que de filles, qui n'ayant pas de bien ne pouvoient paroître avec l'éclat que demandoit leur naiffance, ni fe flatter de trouver des partis dignes d'elles, ce qui avoit contraint les aînées à prendre celui du Couvent. Ainfi de cinq filles qu'avoit Antoine de Saluere, la raifon plûtôt que la vocation en fit trois Religieufes; les deux autres étant encore trop jeunes pour fe déterminer à fuivre leur exemple, refterent fous la conduite d'Alix de Saluere leur mere, Dame d'une vertu & d'une piété éminente. Cependant l'aînée des deux, nommée Henriette, fit éclatter en grandiffant une beauté fi furprenante, qu'Antoine & fon époufe,

ne

ne purent jamais fe réfoudre à l'é-
lever dans la penfée d'être Religieufe. Au contraire, fe flattant
que des attraits fi touchans lui
tiendroient lieu de fortune & lui
feroient trouver un parti confidérable, ils mirent tous leurs foins
à lui donner une éducation cápa-
ble de la rendre auffi parfaite du
côté de l'ame & de l'efprit, qu'elle
l'étoit déja de celui du corps. Les
heureufes difpofitions d'Henriette
de Saluere répondant à leurs intentions, elle devint bientôt une
dés plus admirables perfonnes de
fa Province; & lorfqu'elle eut atteint fa feiziéme année, Antoine
fe vit accablé du nombre de fes
prétendans. Mais deux raifons
l'empêchoient de faire un choix;
la premiere étoit que la charmante Henriette marquoit une
extrême répugnance pour ceux
qui fe préfentoient, & l'autre
qu'entre tant d'Amans il n'y en
avoit point d'affez puiffans pour
réparer la médiocrité de la fortune de fa fille.

Les chofes étoient en cet état,
A 2 lorf-

lorſqu'il arriva à Marſeille un jeune homme qui ſe diſoit Sicilien, & ſe faiſoit appeller Charles Brachy ; ſa vûë prouvâ aux Marſeillois que la nature ne s'étoit pas épuiſée en faveur d'Henriette de Saluere, puiſqu'elle avoit prodigué à cet Étranger une partie de ſes plus beaux ornemens. En effet, Dom Carlos de Brachy, âgé de vingt-deux ans, raſſembloit dans ſa perſonne tous les charmes & toutes les qualitez qui peuvent rendre un homme parfait. L'extraordinaire magnificence avec laquelle il parut à Marſeille le fit rechercher avec empreſſement des principaux de la Ville ; chacun le vouloit attirer chez ſoi, & tous lui témoignoient une conſideration particuliere. Mais les rets que lui tendit l'Amour dans cette Ville, en faveur de mille jeunes beautez qui n'épargnoient rien pour parvenir au bonheur de lui plaire, ne purent le détourner de ſe déclarer pour Henriette de Saluere, dont les rares attraits fraperent ſon cœur de telle ſorte qu'il en devint

in-

infenfible à tout ce que les autres
inventoient chaque jour pour le
captiver. Antoine qui n'étoit occupé que du foin de trouver un
époux digne de fa fille, ébloüi de
l'éclat dont l'Etranger paroiffoit
environné, n'avoit point été des
derniers à lui faire un accueil favorable. Et Dom Carlos s'étant
fait inftruire de fa naiffance & des
particularitez de fa famille, rem-
porté par la force de fa deftinée
& plus encore par la beauté de la
jeune Saluere, fe livra fi parfaitement à cette maifon qu'il fembloit qu'elle fût la fiénne ; fon
amour naiffant joint à la genero-
fité qui lui étoit naturelle, y introduifit plaifirs fur plaifirs. Les bals,
les fêtes fuperbes, les préfens gal-
lamment donnés, les foins & les
complaifances furent près de
deux mois les préludes de la déclaration du feu dont il bruloit ;
fon humeur douce & attrayante,
fon efprit, fon éloquence, & la
Nobleffe qu'il répandoit dans fes
moindres actions, lui gagnerent
entierement les cœurs d'Antoine

de

de Saluere & d'Alix. fon époufe.
Mais quoiqu'il parvînt à s'en faire
aimer comme leur fils, l'impreffion qu'il fit fur celui de la charmante Henriette fut ce qui mit
le comble à fon bonheur.

Cette belle perfonne avoit trop
d'efprit pour ne fe pas appercevoir de l'ardente paffion qu'elle
avoit infpirée à Dom Carlos, &
le mérite de cet aimable Etranger
étoit trop grand pour qu'elle fût
infenfible à fon amour; & l'on
peut dire que s'il l'avoit adoré dès
le premier moment qu'elle s'étoit
offerte à fes regards, elle l'avoit
aimé de même. Le filence dont
cette paffion fut accompagnée
pendant plus de deux mois, ne
fervit qu'à la rendre plus forte.
Cependant leurs yeux moins dif-
crets que leurs bouches, les in-
ftruifirent bientôt des fentimens
de leurs cœurs; & l'amoureux
Brachy ayant connu une partie
de ceux qu'il avoit fait naître, ne
fongea plus qu'à faire éclater les
fiens, mais il voulut les manifef-
ter d'une maniere auffi genereufe
qu'extraordinaire.   Pour

Pour cet effet, fachant que la fituation de cette Maifon n'étoit pas heureufe, & que la fortune qu'il feroit à la belle Henriette ne feroit que pour elle, il forma le deffein de la partager à toute la famille. Dans cette réfolution ayant été informé qu'il y avoit une Terre confiderable à vendre dans le Diocefe de Toulon, il s'y rendit; & l'ayant trouvée telle qu'il la pouvoit défirer, foit pour le revenu, foit pour la beauté des jardins & du Château, il l'acheta & fit paffer le Contrat au nom d'Henriette de Saluere, & y fit inferer qu'Antoine de Saluere & fon époufe en joüiroient tout le temps de leur vie, & que ce ne feroit qu'après leur mort qu'Henriette en auroit l'entiere propriété. Lorfqu'il eut terminé cette affaire, il revint à Marfeille. Et fans rien découvrir encore de fon amour & de fes bienfaits, il continua de les répandre avec le même fecret fur les fœurs d'Henriette, en donnant des fonds pour affurer des penfions honnêtes aux trois Reli-

gieu-

gieufes, & une dot confiderable
à la cadette. Tous ces Contrats
étant paſſez & les choſes faites
dans toutes les formes, il propoſa
à Antoine de Saluere & à ſon é-
pouſe de voir la Terre qu'il avoit
achetée, voulant, leur dit-il, a-
voir le plaiſir de les y régaler.

La partie fut acceptée avec
joie, & Dom Carlos ayant tout
fait préparer pour les y recevoir
magnifiquement, il y conduiſit
toute la famille dans un ſuperbe
équipage. Il avoit orné le Château des meubles les plus beaux
& les plus galans; jamais on n'a-
voit vû plus de goût, de délicateſſe & de magnificence jointes
enſemble, l'utile & l'agréable s'y
trouvant par tout avec profuſion.
Antoine, ſon épouſe & les deux
jeunes Saluere ne ceſſoient point
de témoigner leur admiration.
Cependant tant de ſomptuoſité ne
laiſſa pas que de troubler ſecrete-
ment le vieux Saluere, ne pouvant
ſe perſuader qu'un homme qui
poſſedoit un bien aſſez conſiderable pour faire une pareille dé-
pen-

penſe, voulut s'unir à une perſonne d'une fortune auſſi médiocre que ſa fille. Cette penſée le
fit ſoupirer, & répandit ſur ſon viſage une triſteſſe dont il ne fut pas
le maître.

Il s'étoit flatté juſqu'à ce moment que Dom Carlos aimoit la
charmante Henriette ; ſes ſoins
& ſes attentions l'en avoient aſſuré. Dans cette idée ſon épouſe
& lui avoient cimenté l'inclination de cette belle fille, en lui di-
ſant à chaque inſtant qu'ils ne déſiroient point d'autre bonheur
pour elle, que celui de la voir unie
à cet aimable Etranger. Mais tant
de magnificence, & l'air libre
dont il faiſoit toutes ſes galante-
riés les frapant tous trois de la même crainte, ils ne regarderent
plus qu'avec une eſpece de douleur les richeſſes qu'il affectoit d'é-
taler à leurs yeux.

L'Amoureux Brachy qui les
examinoit avec attention, remarqua bientôt ce changement ; &
ſon amour lui faiſant pénétrer
quelle en étoit la cauſe, il ſe dé-

ter-

termina à les tirer de peine, en
les faifant paffer d'une furprife
dans une autre. Pour cet effet,
après leur avoir montré toutes les
raretez dont il avoit embelli ce
lieu, il les conduifit dans un grand
Cabinet boifé qui paroiffoit le
moins remarquable du Château
par la fimplicité de fon ameuble-
ment. Lorfqu'ils y furent entrez,
Dom Carlos en ferma la porte;
& s'approchant d'Antoine d'un
air riant: Seigneur, lui dit-il,
croiriez-vous que cet endroit eft
celui de tout le Château que j'aime le mieux? Saluere lui ayant
répondu qu'il n'en conce voit pas
la raifon: Vous en ferez inftruit,
lui répliqua t-il en lui préfentant
une clef, en ouvrant cette armoire:
elle renferme tout ce qui peut
faire le bonheur de ma vie; &
l'ayant prié férieufement de l'ouvrir, Antoine y confentit, s'imaginant qu'il alloit y trouver de
nouvelles richeffes; mais il fut
bien furpris de n'y voir que trois
Contrats en parchemin, que Dom
Carlos le conjura de lire par ordre

felon

felon qu'ils étoient arrangez. Saluere ne fçachant à quoi tendoit
cette cérémonie, fit ce qu'il voulut; & prenant le premier, lut à
haute voix, mais avec le dernier
étonnement, que ce beau Palais,
(car on pouvoit bien lui donner
ce titre,) & tout ce qu'il contenoit appartenoit à fa fille; & que
fon époufe & lui en étoient les maîtres. Il ne put continuer fa lecture;
& l'interrompant avec une efpece
de tranfport : Par quel fervice, Seigneur, dit-il à Dom Carlos, avons-
nous mérité cet excès de générofité, & dans quel deffein de fi fortes marques? Seigneur, lui répondit l'Etranger en lui remettant le
fecond Contrat. je vous conjure
de ne me rien dire jufqu'au troifiéme, dans lequel vous trouverez
fans doute que je vous demande
beaucoup plus que je ne vous
donne.

Ce difcours, ayant excité la curiofité de Saluere, il prit ce qu'il
lui préfentoit, & vit que cet Acte
contenoit l'affignation des fonds
pour les penfions des trois reclu-

ſes & la dot de la derniere fille.
Pendant cette lecture Madame de
Saluere & la charmante Henriette ſe regardoient l'une & l'autre
avec les marques de la plus grande
ſurpriſe; & le vieux Salucre ſe
préparoit à refuſer des biens qu'il
croyoit ne pas mériter, lorſque D.
Carlos prenant le dernier Contrat,
& ſe mettant à genoux devant Madame de ſaluere: Pour celui-ci,
Madame, lui dit-il, c'eſt à vous
que j'oſe le préſenter, afin que
vous portiez votre époux & votre
adorable fille à mettre le comble
à ma felicité; vos bontez & les témoignages de tendreſſe dont vous
m'avez honoré, m'ont fait eſperer
que vous me ſeriez favorable dans
la demande que je vous fais de la
charmante Henriette. Je l'adore,
Seigneur, continua-t-il en s'adreſſant au vieux Saluere, & cet Acte
contient les articles par leſquels
j'ai la témerité de vouloir l'acquerir; & je vous proteſte à la face
du Ciel & de la terre, que ce
que vous allez prononcer, de-
viendra l'arrêt de ma vie ou de
ma mort.   On

On ne peut décrire la situation où se trouva Saluere en ce moment ; la joie, l'étonnement & la reconnoissance lui causerent un saisissement qui l'empêcha de parler pendant un très long-temps. Madame de Saluere penetrée des mêmes mouvemens, & ne pouvant les exprimer, jetta les bras au col de Dom Carlos, & pressant sa tête contre son sein, lui fit connoître par cette marque d'amitié combien elle étoit sensible à ce qu'il venoit de faire ; & la tendre & belle Henriette de qui la modestie combatoit avec l'amour, ne put s'empecher de découvrir une partie de sa vive inclination en laissant couler quelques larmes. Tandis que la mere & la fille faisoient connoître de la sorte leurs sentimens, Antoine Saluere s'étant remis, prit la parole ; & s'adressant à Dom Carlos : Genereux Brachy, lui dit-il, vous ne devez pas douter que de pareils bienfaits, & dispensez avec des graces si peu communes, ne fassent de fortes impressions sur nos cœurs,

il n'étoit même pas befoin de ces
prodigalitez pour nous faire défirer votre alliance, votre mérite
perfonnel fans le fecours des
richeffes nous auroit porté à vous
offrir notre fortune fi elle eût été
auffi brillante que la vôtre; foyez
donc affuré que nous fouhaitons
avec autant d'ardeur que vous
qu'Henriette faffe votre bonheur.
Mais, Seigneur, quelque foit notre fituation & malgré la médiocrité de nos biens, nous avons l'ame
haute & péririons plutôt que de rien
faire d'indigne de notre naiffance.
Tout Marfeille a les yeux fur nous,
vos affiduitez près de ma fille ont
fait trop d'éclat pour qu'on n'en
ait pas penetré le motif. Nous devons à notre Province un compte
exact de nos actions, & la rendre
participante de notre felicité, en
lui prouvant que fi nous avons
préferé un Etranger à nos Compatriotes pour être notre gendre,
c'eft que nous l'en avons trouvé
digne. Reprenez donc vos bienfaits, & ne vous formalifez pas fi
nous vous prions de nous donner
le

le temps de vous mieux cônnoî-
tre, pour les accepter & vous accorder Henriette.

Ce difcours auquel Dom Carlos
ne s'attendoit pas le troubla, il pâlit, il rougit, & parut agité : en
effet, il avoit de fortes raifons pour
craindre de trop exactes informations, & s'étant flaté que fes grandes richeffes & fon extraordinaire
générofité fermeroit les yeux de
Saluere furtout le refte, il fut extrêmement furpris de ce qu'il les
refufoit, & lui faifoit entendre
qu'il vouloit fçavoir plus pofitivement quel il étoit. Cependant,
raffuré par les mefures qu'il avoit
prifes avant fon arrivée à Marfeille il remit le calme dans fon ame,
& rompant un filence que les
Saluere n'avoient attribué qu'à la
douleur que lui caufoit le retardement ; il repondit au pere d'Henriette, que rien n'étant plus jufte
que ce qu'il demandoit, il n'étoit
pas capable de s'y oppofer ; mais
que ne reprenant jamais ce qu'il
avoit donné, il le fupplioit d'agir
en maître dans cette Terre, puifqu'elle

qu'elle étoit à lui dans toutes les formes, & de lui permettre d'efperer la poffeffion de la charmante Henriette.

Antoine & fon époufe préve-nus par des manieres auffi ra-res qu'obligeantes lui donnerent leur parole, & commanderent à leur aimable fille de le regarder comme un homme qui devoit être fon époux, ne doutant point que fa naiffance ne répondît à fes richeffes. Ces favorables promef-fes remirent entierement Dom Carlos qui donnant lui-même à Saluere les inftructions néceffaires pour s'informer de fa famille, ne s'occupa plus que du foin d'ex-primer à la belle Henriette l'excès de fa flame, & à lui donner tous les divertiffemens que peut pro-duire la campagne. Il réuffit auffi parfaitement dans l'un que dans l'autre; & la jeune Saluere plus tou-chée mille fois des belles qualitez de fon Amant, que curieufe de con-noître fes ancêtres, profitant de la liberté qu'on lui avoit donnée, ne lui laiffa pas long-tems ignorer

l'im-

l'impreſſion qu'il avoit fait ſur ſon
cœur. Ce fut alors que l'amour
mettant en uſage ſes traits les plus
touchans, fit ſentir à ces jeunes
amans qu'il n'eſt point de felicité
plus parfaite que celle d'être aimé
de ce que l'on aime. Dom Carlos
au comble de ſa joie, retient huit
jours à cette Terre Antoine & ſa
famille, & la ramena à Marſeille
pénetrée d'eſtime & de reconnoiſſance. Cependant Saluere
ayant écrit en Sicile pour ſçavoir
la vérité de la naiſſance de Dom
Carlos Brachy, reçut peu de
temps après la confirmation de
tout ce qu'il avoit avancé ſur ce
ſujet, qui étoit qu'il tiroit ſon origine du côté de ſon pere d'une
noble famille de Calabre, & de
Meſſine en Sicile de celui de ſa
mere, & qu'il avoit acquis les
grandes richeſſes dont il étoit poſ-
ſeſſeurs dans le commerce qu'il
avoit fait aux Indes Occidentales
pendant ſix années de reſidence.

Comme Antoine de Saluere,
ébloüi des biens de Brachy & des
avantages réels qu'il faiſoit à ſa
fa-

famille, ne faifoit fes perquifitions
que pour la forme & par les inftructions même de Dom Carlos, il
n'en fallut pas davantage pour
le déterminer à fuivre fon penchant. Ainfi n'ayant plus rien à défirer que l'union d'Henriette avec
cet Etranger, elle ne tarda pas à fe
faire; l'amoureux Brachy en rendit la cérémonie des plus pompeufes & d'une magnificence de Prince. Tout Marfeille regarda cet
hymen comme la plus haute fortune qui pût arriver à une perfonne
privée, & fit éclater fa joie de ce
qu'elle étoit tombée fur Henriette.
Saluere, qui s'étoit fait autant eftimer par fa fagefle & fa modeftie,
qu'elle étoit admirée pour fa beauté. Les réjoüiffances & les fêtes à
l'occafion de cet hymenée durerent plufieurs jours, enfuite de
quoi Dom Carlos inftala Antoine
& fa famille dans la fuperbe Terre
qu'il avoit achetée, & le mit en poffeffion des biens dont il avoit gra-
tifié les fœurs d'Henriette. Cette
aimable femme charmée de fon
époux, voyoit augmenter chaque
jour

-jour fon amour & fon bonheur;
& bien loin que l'hymen diminuât
celui de Dom Carlos, il fembloit
en avoir pris de nouvelles forces.

Deux mois s'écoulerent dans cette douce fituation, & toutes chofes
paroiffoient devoir la rendre éternelle, lorfque la charmante Henriette s'apperçut que Brachy tom-
boit de temps en temps dans une
mélancolie qu'il ne pouvoit vaincre; & quoiqu'il lui témoignât toujours la même ardeur, & qu'il
s'éforçât de cacher le trouble de
fon cœur, de frequentes rêveries
& quelques foupirs échapez ne l'in-
ftruifirent que trop du changement
de fon humeur. Son amour s'en
allarma; & ne pouvant refter dans
l'inquiétude dont elle étoit tour-
mentée, après avoir long-temps
cherché d'où pouvoit partir cette
triftefle fans y être parvenuë, elle fe
réfolut de lui en demander ouvertement la caufe, & de fortir par là
du funefte état ou cela la mettoit
elle-même.

Pour cet effet, un jour que Dom
Carlos fe promenoit feul avec elle
dans

dans un bois délicieux qui terminoit fon Parc, étant entré dans
un fallon de citronniers & de gre-
nadiers, Henriette s'affit fur un lit
de verdure; & voyant fon époux
qui les bras croifez & les yeux fixement attachez fur elle, reftoit debout fans prononcer un feul mot:
cher Dom Carlos, lui dit-elle en
lui tendant la main avec tendreffe,
finiffez de grace & mon trouble &
le vôtre; le noir chagrin qui vous
dévore a pénétré jufqu'à mon
ame, & je fens que je mourrai de
douleur fi vous continuez à m'en
cacher la caufe. Parlez, Seigneur,
continua-t-elle, daignez vous confier à une femme qui ne refpire
que pour vous: foulagez le mal
qui vous accable en le répandant
dans un fein fidele & tendre. Avez-
vous quelques fujet de vous plaindre de ceux qui m'ont donné le
jour? Vous en ai-je donné moi-
même quelque occafion? Serois-
je affez malheureufe pour vous
avoir déplû, & votre amour feroit-
il éteint au moment que le mien
n'a jamais été fi vif & fi fincere?

La

La belle Salucre ne put finir son
difcours fans répandre des larmes,
& l'amoureux Brachy, vivement
touché de l'état dans lequel elle
étoit, & ne pouvant plus diſſimuler,
qu'il n'eût un fecret motif de chagrin, prit le parti de lui en déclarer
une partie, bien réſolu de ne lui
découvrir ce qui cauſoit fon plus
grand embarras que dans une occafion indifpenfable.

Ainfi, pour arrêter fes pleurs
& la raſſurer fur les craintes qu'elle venoit de lui témoigner. Ma
chere Henriette, lui dit-il en fe
mettant à genoux devant elle,
vous outragez le plus parfait amour
qui fut jamais en le foupçonnant
de réfroidiſſement; je vous adore, & ma flamme me fuivra jufqu'au tombeau. Je fuis trifte,
il eft vrai; mais ce n'eft que pour
vous trop aimer, des affaires importantes m'appellent en Sicile,
ma famille brûle de vous y poſſé-
der, elle me preſſe de partir & de
vous y conduire. Je ne puis me
difpenfer de m'y rendre, & je
puis encore moins me féparer de
vous;

vous; mais lorſque j'enviſage votre attachement pour un pere &
une mere que je reſpecte moi-
même comme ſi j'étois leur fils, &
que je me repréſente l'amour
qu'ils ont pour vous, le plaiſir qu'-
ils goutent de paſſer leurs jours
avec une fille ſi chere, & la douleur que cette ſéparation doit vous
donner, je ne puis me réſoudre à
vous preſſer de me ſuivre. Voilà,
mon adorable Henriette, le ſujet
de ma mélancolie depuis trois ſe-
maines que je reçois lettre ſur lettre pour me rendre à Meſſine. La
crainte de vous voir préferer votre
famille à votre époux, ou de cauſer votre peine en vous arrachant
à votre patrie, m'a jetté dans une
irréſolution ſi cruelle que mes plus
doux inſtans en ont été preſque
empoiſonnez. Cent fois j'ai pris la
réſolution de vous découvrir mon
cœur, & cent fois l'amour m'a
contraint au ſilence; enfin, aimant mieux me priver de toute
ma joye que de troubler la vôtre,
je m'étois réſolu de partir ſeul ſans
vous le dire, & de ne vous expli-

quer

quer les raifons de mon départ,
que par une lettre que vous auriez
trouvé fur votre toilette. Pour cet
effet, ayant fçû qu'il y avoit au
port un vaiffeau prêt à mettre à la
voile pour les côtes d'Italie, je
m'en fuis affuré, & je dois m'embarquer dans trois jours. Mais,
hélas! fur le point de m'arracher
à tout ce que j'aime, ma douleur
a pris de nouvelles forces, & je
fens bien qu'il faut que je meure
fi je pars fans ma chere Henriette.

Dom Carlos ceffa de parler,
& fit paroître à fon aimable époufe
fe un fi grand défefpoir, qu'oubliant à l'inftant les tendreffes du
fang pour n'écouter que celle qui
lui parloit en faveur du feul homme qui lui étoit cher. Hé quoi!
Seigneur, lui dit-elle, vous avez
pû vous réfoudre à me quitter, &
fi mon ardent amour eût été moins
curieux, vous partiez fans moi;
vous m'abandonniez à tout ce que
l'abfence a de plus affreux quand
on aime. Ha! Seigneur, que votre amour eft différent du mien:
vous m'abandonniez pour ne me

pas

pas arracher du fein de ma famille; & je veux vous fuivre pour
vous prouver que vous me tenez
lieu de pere, de mere, & de patrie.
Oui, cruel époux, continua-t-elle, tous les lieux me font égaux,
pourvû que je fois avec vous. Jufte
Ciel, deviez-vous penfer que
quelque douleur dont je fois atteinte en quittant ceux qui m'ont
donné la vie, qu'elle puiffe égaler
jamais celle d'être féparée de vous.
Allons, Seigneur, ajouta-t-elle en
fe levant, allons préparer mon pere
à ce départ, & donner à ma mere
toutes les confolations capables de
l'y faire confentir.

Brachy, que fes fecrets def-
feins avoient obligé de piquer
l'amour de fon époufe pour en recevoir cette nouvelle preuve, content d'avoir fi bien réuffi, lui en
marqua fa joye & fa reconnoiffance avec tranfport, & ne voulant
pas laiffer échapper l'occafion
qu'elle lui préfentoit elle-même,
ils fe rendirent enfemble dans l'appartement de Madame de Saluere; fon époux étoit avec elle, &
l'un

l'un & l'autre s'étant apperçûs de quelqu'alteration dans les yeux de la belle Brachy, il lui en demanderent la caufe avec empreffement. Alors Dom Carlos, prenant la parole, leur répeta tout ce qu'il venoit de dire à fon époufe, & finit fon difcours en les conjurant de ne fe point oppofer au départ de leur charmante fille, qui de fon côté les fupplia à genoux de la laiffer fuivre un époux fans lequel il lui étoit impoffible de vivre.

Antoine & Alix de Saluere furent extrêmement touchez & furpris de cette nouvelle : Dom Carlos, en époufant Henriette, leur avoit fait efperer & prefque promis qu'il s'établiroit à Marfeille, fe feroit naturalifer & tranfporteroit tous les biens qu'il avoit en Efpagne dans cette Ville; cependant ils voyoient que bien loin d'effectuer cette promeffe, il falloit qu'il retournât en Sicile, qu'il emmenât fa femme, & qu'ils fe privaffent d'une fille qu'ils adoroient; jugeant bien que ce ne de-

voit

voit pas être une abfence de peu
de durée, mais une véritable féparation puifqu'il avoit eu tant de
peine à s'y réfoudre & la leur déclarer; mais comme ils ne pouvoient s'oppofer à ce voyage fous
aucun prétexte, après bien des
larmes & des regrets de part &
d'autre; ils lui dirent que n'ayant
plus aucun droit fur fon époufe,
il étoit le maître de fon fort.

Dom Carlos qui n'avoit agi de
la forte que pour prouver à fa
femme dans l'occafion qu'il n'avoit,
rien exigé d'elle de force & d'autorité, & qui s'étoit attendu à tout
ce qui venoit de fe paffer, parut
charmé de ce commun confentement, il le témoigna même par
de nouvelles générofités; & fe
flatant que puifqu'Henriette de
Saluere avoit affez d'amour pour
lui pour quitter fa famille & fa patrie dans le feul deffein de lui plaire, il la porteroit avec la même
facilité à des réfolutions encore
plus importantes, il ne s'attacha,
qu'à l'engager à ne lui rien refufer en redoublant fes foins & fes
com-

complaifances. En effet, cette
belle femme mettant toute fa félicité à faire celle d'un époux fi tendre & fi digne d'être aimé, fentit
bien moins de douleur à quitter
fa famille, que de fatisfaction à
fuivre un objet fi cher. Enfin toutes chofes étant prêtes pour ce départ, Brachy & fa charmante époufe firent leurs adieux aux Salueres
qui les conduifirent jufqu'au port,
& les virent s'embarquer avec une
douleur inconcevable malgré les
proteftations que leur fit Dom
Carlos de revenir auffitôt que fes
affaires feroient réglées à Cordouë. Toute la Ville les vit partir avec regret, mais une jeune
Marfeilloife, intime amie d'Henriette de Saluere depuis fon enfance, nommée Irene, plus fenfible que toutes les autres à cette
féparation, ne la vit pas plûtôt
prête à s'embarquer, qu'elle fe réfolut de la fuivre, & par un preffentiment dont la charmante Brachy ne connoiffoit pas la caufe, elle eut une joye extraordinaire de
l'avoir pour compagne. Dom Car-

los, qui profitoit de tout pour faire croire qu'il feroit inceffamment de retour, obtint le confentement de fes parens, fur l'affurance qu'il leur donna qu'il la rameneroit avec fon époufe; ce qui apporta quelque confolation à Saluere ainfi qu'à la vertueufe Alix en voyant partir leur fille avec une compatriote.

Ces trois perfonnes s'étant embarquées, & le vaiffeau ayant mis à la voile, Dom Carlos s'empreffa plus que jamais à fe rendre aimable aux yeux de fon époufe, & jamais amour ne fut plus vif & plus réciproque. Irene partageoit leur fatisfaction, & contribuoit encore à l'augmenter par fon humeur enjoüée, & les fallies dont elle les divertiffoit. Henriette avoit prefqu'oublié Marfeille & fes parens; enyvrée de fon bonheur, & le vaiffeau touchant déja Alicante, elle promenoit fans ceffe fon imagination par toute l'Efpagne, en fe repréfentant les honneurs dont elle alloit joüir à Cordoüe au milieu de l'opulence & dans le

fein

ſein d'une famille illuſtre, lorſqu'elle s'apperçut que le vaiſſeau
changeoit de route, & qu'il avoit
coupé l'eſpace de mer qui ſépare
cette côte de l'Affrique. Elle étoit
ſeule avec Irene en ce moment,
& l'entretenoit des plaiſirs qui l'attendoient au lieu de la naiſſance
de Dom Carlos ; mais ce changement l'ayant allarmée, elle interrompit cette converſation en demandant à ſon amie d'un air inquiet ſi ce quelle voyoit étoit bien
vrai. Je m'apperçois comme vous,
lui dit-elle en riant, que nous
quittons Alicante ; mais je ne vois
pas que nous courions aucun riſque, ſi ce n'eſt celui de vous voir
Reine d'Alger. Ne badinez, pas
ma chere Irene, lui répondit
Henriette en pâliſſant, & pour me
tirer d'inquiétude, ſçachez adroitement de quelqu'un de l'équipage en quels lieux nous allons : je
voudrois en être informée avant
que d'en parler à mon époux.

Irene voyant que ſon amie étoit
véritablement allarmée, ceſſa de
plaiſanter ; & pour la ſatisfaire el-

le

le s'empreſſa férieuſement à ſçavoir quelle route tenoit le vaiſſeau. Elle ſe conduiſit avec tant d'adreſſe & de jugement, que ſans que Brachy s'en apperçut, elle ſçut du Capitaine même que muni des paſſe-ports néceſſaires, il alloit à Alger. Mais, lui dit alors Irene extrêmement ſurpriſe de cette nouvelle, ne deviez-vous pas porter Dom Carlos Brachy en Eſpagne; Nous n'avons jamais eu deſſein d'y aborder, lui répondit le Capitaine, & Brachy ne s'eſt embarqué dans mon vaiſſeau que parce qu'il faiſoit voile pour Alger; ou, ſelon ce que j'en puis juger, il doit s'établir pour toujours. Ce diſcours ayant augmenté l'étonnement de cette aimable fille, elle ſe rendit auprès de ſon amie dans une perplexité d'autant plus grande qu'elle ne ſçavoit ſi elle devoit lui dire ce qu'elle venoit d'apprendre. Cette incertitude répandit ſur ſon viſage un air de triſteſſe qui ne put échaper à la charmante Henriette qui ne la vit pas plûtôt de retour, que l'em-

braſ-

braſſant avec ardeur : Irene, lui
dit-elle, ne me cachez rien ; je
veux tout ſçavoir ; j'ai des pref-
ſentimens qui me font trembler ,
& je ne puis rien entendre de plus
cruel que ce qu'ils préſentent à
mon eſprit.

Irene preſſée par ces paroles,
lui rapporta ſans déguiſement celles du Capitaine. Quoi ! s'écria la
belle Saluere , Dom Carlos m'a
trompée ! il n'avoit point deſſein
d'aller à Cordouë , & me conduit
en Barbarie ! A peine achevoit-
elle de parler, que Brachy entra
dans ſa chambre , & voyant tomber quelques larmes des yeux de
cette aimable femme ; Qu'avez-
vous, ma chere Henriette , lui
dit-il en la regardant tendrement,
quel ſujet vous excite à répandré
des pleurs ? Regrettez-vous Marſeille , & vous repentez-vous d'aimer un homme qui vous adore ?

Non , Seigneur, lui répondit-
elle, il n'eſt pas en mon pouvoir
d'éteindre ma flamme : mais, hélas ! que je crains que la vôtre ne
ſoit auſſi changeante que vos pro-

jets.

jets. Je me flatois d'aller oublier
dans le fein de votre famille celle
que je n'ai quittée que pour vous ;
j'efperois me trouver bien tôt fous
un Ciel fortuné , au milieu de
gens affables, policés & Chrétiens
comme moi ; & je me vois conduite chez des Barbares , des Mahometans, en un mot à Alger :
Ha ! Seigneur , continua-t-elle ,
en verfant un torrent de larmes,
que prétendez-vous faire de deux
Chrétiennes dans un pays ennemi
de leur Religion & de leur liberté;
& que ne dois-je pas penfer des
détours que vous avez pris pour
m'y conduire ?

Pendant tout ce difcours Dom
Carlos parut agité d'une violente
inquiétude. Son trouble étoit répandu dans toutes fes actions, &
fon filence même fembloit exprimer l'embarras de fes penfées ;
mais enfin fe déterminant tout
d'un coup, il fe jetta aux pieds de
fon époufe , lui prit les mains , &
les baifant avec toute l'ardeur dont
fon cœur étoit véritablement embrafé: Mon adorable Henriette ,

lui

lui dit-il, je fuis encore mille fois plus criminel que vous ne penfez ; mais l'amour eft la feule caufe de mon crime. Je vous ai trompée, il eft vrai : non feulement je ne vous conduis point en Efpagne, mais je vous mene dans Alger ma véritable patrie, au milieu d'une famille Mufulmane, dans le Palais de Mahomet Brachy qui m'a donné le jour, où mon amour, mes foins, ma complaifance & mon inviolable fidélité vous contraindront à me pardonner un ftratagême fans lequel le paffionné Ofmin Brachy n'eut jamais été votre époux.

Grand Dieu ! s'écria la défolée Henriette, vous êtes Mufulman ? Elle n'en put dire davantage, fes fanglots lui coupant la parole. Irene la tenoit dans fes bras, & baignoit fon vifage de larmes. L'amoureux Ofmin, que ce fpectacle mettoit au defefpoir, embraffant avec tranfport les genoux de fon époufe : Ma chere Henriette, lui dit-il, de grace fouvenezvous des tendres proteftations que

vous me fîtes avant notre départ.
Tous les lieux, difiez-vous, vous
étoient égaux pourvû que j'y fuffe
avec vous : je vous tenois lieu de
pere, de mere & de patrie ; tant
d'amour peut-il être détruit en un
inftant ? Vous ai-je contrainte à
me fuivre? N'étois-je pas réfolu de
partir fans vous ? Cruelle, fi vous
m'aimiez véritablement, la différence de notre créance en met-
troit-elle dans nos fentimens ?
Hé bien, vous êtes Chrétienne,
& je fuis Mufulman ; ne pouvez-
vous m'aimer tel que je fuis, puifque je vous aime telle que vous
êtes, & que je vous engage ma
foi, & vous jure fur ce qu'il y a de
plus facré dans votre Religion &
la mienne de vous laiffer une entiere liberté de confcience ; &
qué malgré les Loix & la coutume
des Mahometans vous regnerez
feule fur mon ame fans partage &
fans mélange. Mais, continua-t-
il en fe levant avec fureur, fi vous
continuez après un tel ferment
dans l'exceffive douleur où je vous
vois ; fi vous ne me rendez votre

a

amour & votre confiance , je vous protefte avec la même fincerité de me poignardér à vos yeux.

En finiffant ces mots, le defefperé Brachy tirant un poignard qu'il cachoit fous fon habit , le porta fur fon fein , & s'en feroit effectivement percé fi la tendre Henriette ne fe fût jettée fur lui avec un tranfport qui faifoit affez connoître que l'amour triomphoit dans fon cœur de la colere & du dépit. Barbare , s'écria-t-elle en lui retenant le bras, ne te fuffit-il pas de m'avoir fi cruellement trompée , de m'avoir enlevée à ma patrie , à mes parens , & de me rendre efclave , fans me contraindre encore à te voir perir de ta propre main ? Penfés-tu que ta mort puiffe être jamais l'objet des vœux d'une femme qui te cherit mille fois plus que la clarté du jour , quoique ton procedé dût t'attirer fa haine: non, Dom Carlos, car ne crois pas que je te nomme Ofmin : non, je t'aime, je t'ai donné ma foi ; un lien facré felon ma Loi m'unit à toy jufqu'au tom-

beau ;

beau ; je vivrai & je mourrai fidele à mes fermens ; efforce-toi
d'en faire autant ; conduis-moi
où tu voudras : rends mon fort
heureux ou miférable, il ne m'importe ; mais n'efpere jamais me
faire changer de Religion, & fi
tu veux commencer à me prouver
le pouvoir que j'ai fur toi, refpecte
des jours où malgré ton crime les
miens. font attachez. La jeune Saluere étoit fi belle en parlant de la
forte & fon courroux lui pretoit
des graces fi peu communes , que
Dom Carlos en fentir augmenter
fon eftime & fon amour.

Je l'ai juré, lui répondit-il avec
plus de tranquilité , vous ferez libre dans l'exercice de votre Religion ; & bien loin de vous rendre
efclave, vous ferez éternellement
maîtreffe de toutes mes volontez ;
peut-être même l'emporterez-
vous fur les préjugez de mon enfance & que vous me pardonne-
rez entierement ce que j'ai fait
pour vous poffeder lorfque vous
me connoîtrez entierement, mais
ce récit demande un efprit moins
agité

agité de part & d'autre ; ainſi mon adorable Henriette, ajouta-t-il en ſe remettant à ſes pieds, calmez votre colere, faites ceder ces feux à ceux de mon ardent amour, ils ne s'éteindront jamais ; l'hymen qui nous unit ne m'eſt pas moins ſacré qu'à vous, malgré la différence de nos Religions ; vous me verrez ſuivre inviolablement les Loix qu'il me preſcrit, & mourir plûtôt mille fois que de les enfreindre.

Après ces mots, voyant qu'elle gardoit le ſilence, & voulant lui donner la liberté de ſe conſulter ſur cet évenement avec Irene, il lui baiſa tendrement les mains, & ſe retira pour les laiſſer enſemble. En effet, il ne fut pas plûtôt ſorti, que la belle Brachy ſe jettant dans les bras de ſon amie, en donnant un libre cours à ſes larmes, que viens - je d'entendre, ma chere Irene, lui dit-elle, quel affreux changement, & dans quels abîmes de malheurs vous ai-je précipitée ?

L'aimable Irene, que l'état de Dom Carlos avoit vivement touchée ;

chée; & de qui la crainte s'étoit
diffipée à mefure qu'il avoit parlé,
répondant aux careffes d'Henriette: j'avouë, lui repliqua-t-elle,
qu'il eft très-différent d'aller en
Efpagne ou chez des Turcs, &
que je vous plaindrois extrêmement fi vous étiez condamnée d'y
vivre avec un autre que Brachy;
mais je ne puis auffi vous déguifer
qu'étant le plus aimable homme
du monde, & n'étant deftinée
que pour lui, votre avanture ne
me paroît plus fi fâcheufe. Quoi!
lui répondit Henriette avec vivacité, votre réfolution eft déja prife, & vous irez fans répugnance
dans ce pays barbare? Je ne fçai ce
que je penferai quand nous y ferons arrivez, lui dit-elle en fouriant, mais à préfent ma curiofité
l'emporte fur toute autre chofe.
De plus, continua-t-elle, qui fçait
fi nous y ferons auffi malheureufes
que vous vous le figurez, fi vous
ne convertirez point votre époux,
& fi vous ne rentrerez pas bientôt
dans Marfeille avec une fortune
éclatante. Ma chere Saluere, ajoû-
ta-

ta t·elle d'un ton férieux & pofitif;
croyez-moi, foumettez-vous à votre deftin, n'accablez plus Dom
Carlos de reproches inutiles) c'eft
pour vous trop aimer qu'il eft cou-
pahle ; votre famille vous croit
heureufe & dignement établie ;
laiffez-la dans cette erreur; & bien
loin de vous plaindre & de répandre des larmes·, ne vous occupez
déformais qu'à· vous rendre abfoluë fur le cœur d'Ofmin ; vous l'aimez, il vous adore ; vous dépen-
dez de lui; écoutez ce qu'il doit
vous apprendre; reglez votre conduite fur fes difcours. Je me trompe beaucoup, ou·de fortes raifons
l'engagent à rentrer dans Alger ;
ainfi c'eft à votre prudence à ménager les occafions de vous en inftruire & d'en·profiter pour le ramener aux lieux de votre naiffance. Pour moi·, attachée à votre
fort, je ne·vous quitterai de ma
vie, quelque·chofe qui puiffe arriver; cependant·, foit que mon
temperamment· ne me porte pas
à me beaucoup·affliger·, ou foit
preffentiment, je ne trouve rien
dans

dans cette avanture qui ne me paroiſſe intereſſant , & toutes réflexions faites , quand je ſonge que je vous verrai dans un ſuperbe Palais entourée d'un grand nombre d'eſclaves ſoumiſes aux moindres de vos regards , & que dans cette ſplendeur je me repréſente Oſmin à vos pieds , brulant d'amour, & plus reſpectueux encore que ceux qui ſeront obligez de vous obéïr; je ne puis m'empêcher de blâmer vos craintes , & de regarder Alger ſans frayeur.

. L'aimable Irene tint ce diſcours d'un air ſi plaiſant, que la triſte Henriette ne put ſe diſpenſer de ſourire. Tu me flates , Irene, lui dit-elle , & ton courage ranime le mien; je ſuivrai tes conſeils, ils s'accordent trop bien avec mes ſentimens pour les négliger ; car enfin j'aime Oſmin, & je ſens que je ne puis vivre ſans lui. Non, Irene , ce n'eſt point Alger qui m'étonne, ce ne ſont point les Turcs qui m'affligent, ſi mon époux étoit Chrétien, & qu'il fallût paſſer nos jours dans ce pays barbare, je ſe-

ſois.

rois la premiere à lui donner toutes les confolations qui pourrôient
adoucir fon fort. Mais, hélas ! cet
époux fi cher eft Turc lui-même,
il fuit la Loi des Infideles ; il ne
peut la violer fans s'expofer à une
mort ignominieufe ; & pour comble d'infortune, ce Turc, ce Mufulman s'eft emparé de mon cœur
& de ma foi fous de fauffes apparences, & fans refpeÆt pour nos
Myfteres, abufant de notre cré-
dulité, il me rend complice, &
me fait partager fon crime : n'en
eft-ce pas affez pour le haïr, le
détefter, & pour lui préferer la
mort ?

Ha, pour la mort, reprit Irene
avec fon enjoüement ordinaire,
je n'en fuis point, & c'eft l'unique
chofe pour laquelle je fuis fans curiofité. Ceffez donc, ma chere
Henriette, des idées fi funeftes ;
& fans fonger au paffé, n'occupons
notre efprit que des nouveaux objets qui vont s'offrir à nos regards.
Dom Carlos rentrant comme elle achevoit ces paroles, elle courut à lui d'un air riant : Seigneur,
lui

lui dit-elle, je devrois être bien plus inquiette de mon fort que vôtre charmante épouse ne l'est du fien, puifque je n'ai pas comme elle un attachement capable de me confoler dans tous les accidens que je pourrois craindre ; cependant je me flatte que vous me traiterez en frere, & ne me féparerez jamais de ma chere Henriette. Aimable Irène, lui répondit Brachy, j'ai trop d'interêt à l'amitié qui vous lie pour en vouloir rompre les nœuds, & je n'exige de vôtre complaifance que de parler en ma faveur à ma chere Saluere, & la porter à ne voir en moi qu'un époux qui fait tout fon bonheur de l'aimer & de lui plaire.

Vous n'avez befoin que de vous-même, lui dit alors cette belle femme pour me faire oublier le malheur où je fuis tombée ; il ne dépend aufli que de vous d'en tarir la fource : Oui, Seigneur, ajouta-t-elle en fe jettant à genoux devant lui, n'entrez point dans Alger ; fortez des fers de votre faux Prophete, écoutez & rendez-vous

aux

aux grandes vérités que j'adore ; fuyons une terre infidelle, & rentrons tous trois à Marseille pour ne nous jamais séparer.

Ha! Madame, s'écria Brachy en la relevant avec promptitude, est-ce à vous à me parler de la sorte, & devez-vous vous humilier ainsi devant un homme dont le respect est égal à l'amour ? Me croyez-vous donc assez barbare pour n'avoir pas prévenu vos souhaits s'il eût été en mon pouvoir : Ha! croyez ma chère Henriette, que je n'aurois jamais quitté Marseille, si les biens dont je vous ai flattée m'y avoient suivi : mais, hélas j'ignorois qu'un objet charmant s'y rendroit maître de mon ame, & comme la curiosité seule m'y conduisoit, j'ai fait passer dans ma patrie toutes les richesses dont un heureux commerce m'a mis en possession, ne me réservant que ce qu'il falloit pour paroître avec éclat dans les lieux ou je voudrois aborder. Marseille m'a retenu, vous m'avez enchaîné ; pour vous ob-

obtenir j'ai difperfé dans votre famille tout ce que j'avois apporté.
Mahomet Brachy mon frere aîné,
dépofitaire de mes richeffes, me
les retiendroit indubitablement
s'il me croyoit uni avec des Chrétiens, ou fi par mon retour il ne
fe voyoit affuré que je fuis toujours
le même : ainfi, ma chere Henriette, je ne vous demande qu'un
peu de tems pour raffembler ma
fortune, & la complaifance de paroître dans les fentimens de changer de créance, tandis que je tra-
vaillerai à mettre mon frere de
notre parti, ou bien à nous en
éloigner pour jamais.

La belle Saluere, qui n'envifa-
geoit rien alors de plus affreux
que d'aller chez des Infideles,
voulut perfuader à fon époux qu'il
avoit laiffé à Marfeille affez de
bien pour abandonner celui d'Alger ; mais l'amoureux Turc, quoique dans des fentimens très-é-
loignez de ceux de fa Nation,
étoit encore trop attaché à fes interêts pour gouter fes raifons,
d'au-

d'autant plus qu'il fe flattoit toujours en fecret que l'amour l'ohli-
geroit à fe faire Mufulmane,
& qu'il joüiroit par-là dans le fein
de fa patrie, & tranquillement
des biens qu'il avoit acquis & de
ceux de fon patrimoine ; mais
ne voulant ni l'effrayer., ni la con·
traindre, il lui cacha avec foin
cette idée; & pour la perfuader
de ce qu'elle devroit, efperer de
lui par une entiere connoiffance
de ce qu'il étoit, il fe réfolut à
lui découvrir le fecret de fon origine, afin que par des exemples
fenfibles il pût parvenir à la conduire à ce qu'il defiroit.

Pour cet effet, ayant encore
quatre ou cinq jours de naviga·
tion, il lui propofa d'entendre
l'hiftoire de fa famille, dont le
récit, lui dit-il, n'étoit pas moins
néceffaire à fon repos qu'à fa juftification.

La belle Saluere efperant trouver dans cette narration les lumieres qui la devoient guider pour
détruire l'Alcoran dans l'efprit de
fon

fon époux, lui témoigna qu'elle
l'écouteroit avec plaifir ; & la jeune Irene s'étant jointe à fon amie
pour le prier de ne pas tarder à
leur donner cette fatisfaction, il
prit la parole en ces termes.

HIS-

HISTOIRE

DE

CHARLES BRACHY.

XXVI. NOUVELLE.

HARLES Brachy mon pere étoit de Calabre, & d'une des plus illuſtres familles du Royaume de Naples. Dès l'âge de quinze ans le deſir de voyager l'arracha d'auprès de ſon pere, qui le voyant doüé de tous les agrémens dont la nature peut orner un homme, ne fut pas fâché qu'il y joignît les connoiſſances que la jeuneſſe ne manque jamais
d'ac-

d'acquerir dans la fréquentation
des différens pays ; & comme il
étoit extrêmement riche , il ne
fit aucune difficulté de le laiſſer
partir, & le mit en état de paroître avec éclat dans tous les lieux
où ſa curîoſité le conduiroit. Mais
comme ſon âge ne lui permettoit pas de le confier à lui-même,
il le fit accompagner par un Gentilhomme attaché à lui depuis
long-tems, afin que ſes conſeils
& ſa prudence lui ſerviſſent de
guides.

Je ne vous entretiendrai point
des voyages du jeune Brachy ; je
vous dirai ſeulement que réſer-
vant pour ſon retour les pays con-
tigus au ſien , il paſſa en France,
la viſita exactement, & qu'il y fit
un aſſez long ſéjour pour s'y perfectionner dans tous les exercices
convenables à un homme de condition, & pour y prendre cet air
libre, attrayant & plein de charmes, qui diſtingue ſi bien les Fran-
çois de toutes les autres Nations.

Au ſortir de la France, l'An-
gleterre, la Hollande & l'Alle-
magne

magne eurent leur tour, ainſi que
les Cours des autres Souverains;
& revenant en Italie, après l'avoir
parcouruë avec ſoin, il ſe rendit
en Sicile, ayant paſſé près de ſix
ans à ſes voyages. Il touchoit à
ſa vingt-unième année, & le Gentilhomme qui l'accompagnoit,
ayant changé ſon titre de Gouverneur en celui de ſon Confident, il n'avoit plus d'autre occupation que de ſervir ſon jeune
maître dans les differentes intrigues que l'amour lui fit naître.
Juſques-là Brachy n'avoit eu aucun attachement ſolide; la varie-
té des lieux s'étoit répanduë juſques dans ſes paſſions; chaque
pays ayant toujours offert à ſes regards quelque nouvel objet capable d'occuper ſon cœur & de l'a-
muſer pour un tems. Mais la Sicile fut le tombeau de ſon incon-
ſtance, la ſource de tous ſes malheurs, & celle des peines que je
vous cauſe aujourd'hui.

Quoiqu'une antipatie naturelle
regne de tous les tems entre les
Siciliens & les Napolitains, Char-

les Brachy ne laiffa pas d'être reçû favorablement des Seigneurs
de Meffine, qui fçachant fa naiffance, & voyant fes belles qualitez, oublierent la haine générale
des deux nations pour lui témoigner une eftime particuliere. Brachy y répondit avec franchife, &
fe livrant fans réferve aux amitiez
qu'on lui faifoit, devint en peu de
jours l'âme de tous les plaifirs des
Seigneurs Siciliens. Les parties de
chaffe, de campagne & de promenade ne fe faifoient point fans lui,
& les feftins paroiffoient infipides
lorfqu'il n'en étoit pas ; cependant
au milieu de tant d'amufemens,
Charles Brachy n'étoit pas abfolument content: né pour la galanterie, la jaloufie ficilienne déroboit à fes yeux les objets qui
pouvoient feuls rendre fes plaifirs
parfaits.

Toutes les fêtes qu'on s'empreffoit à lui donner étoient fans
femmes ; & s'il en entrévoyoit
quelqu'une, ce n'étoit jamais qu'au
travers d'un voile épais, ou d'une
fenêtre fi bien grillée, qu'à peine
pou-

pouvoit-il la diftinguer. Cette
contrainte n'auroit pas dû lui paroître extraordinaire, étant d'un
pays auffi fevere au beau fexe que
la Sicile ; mais fes voyages avoient
effacé de fon efprit les ufages d'I-
talie ; l'honnête liberté des Dames
Françoifes l'avoit fi fort enchanté
qu'il ne comprenoit pas que des
gens raifonnables puffent trouver
quelqu'agrément où cette liberté
ne regnoit pas. Son chagrin fur
cet article éclatoit chaque jour
dans les entretiens qu'il avoit avec
fes amis, en les blâmant de la captivité dans laquelle ils retenoient
leurs femmes, ou leurs filles, ou
leurs fœurs ; mais toutes fes re-
montrances ne fervoient qu'à leur
fournir matiere à fe divertir fans
les faire changer, chacun d'eux
lui difant qu'il devoit fe contenter
de voir les Dames aux Eglifes, &
que malgré leurs mantes, elles
montroient affez de charmes pour
le fatisfaire, fans chercher à les
voir de plus près ; que cependant
s'il vouloit tenter l'avanture, il en
trouveroit facilement les moyens,

puif-

puifqu'en dépit des grilles & des
argus, ils l'affuroient qu'il n'y en
avoit aucun d'entr'eux qui n'eût
une intrigue d'autant plus inter-
reffante que le myftere en faifoit
l'agrément.

Cette façon d'aimer n'étoit nullement du goût de Brachy, &
quoique Calabrois, il étoit ennemi mortel des coutumes de son
pays; cependant un certain fonds
de tendreffe avec lequel il étoit
né, lui faifant defirer un objet digne de le placer, il fit plufieurs ten-
tatives auprès des Dames dont on
lui vantoit le plus la beauté : les fé-
rénades & les cavalcades galantes
fous leurs fenêtres ne furent pas
épargnées ; & celles à qui elles
s'adreffoient, charmées des belles qualitez de Brachy, & d'en
avoir fait la conquête, fe fla-
toient chacune en particulier de
regner feule dans fon cœur, & fe
préparoient à lui faire fçavoir
leurs favorables fentimens quand
par une avanture finguliere le volage Brachy ceffa tout à coup fes
galanteries générales, & devint
du

du plus inconſtant de tous les hommes le plus tendre & le plus fidele des amans.

Une nuit au ſortir d'un grand feſtin, ayant accompagné un des convives juſqu'à ſon Palais, & prenant le chemin du ſien, en paſſant dans une ruë étroite & peu frequentée, ſes oreilles furent frappées. du plus beau ſon de voix qu'on entendit jamais. Curieux de ſçavoir qui c'étoit & d'où cela partoit, il fit arrêter ſa chaiſe; & commandant à ſes gens de l'attendre, il marcha ſeul juſqu'au lieu dont cette voix lui indiquoit le chemin. En effet il eut à peine avancé trente pas, qu'il apperçut une lumiere aſſez ſombre dans une ſalle baſſe dont la fenêtre, quoique bien grillée mais d'une hauteur commode, n'empêchoit pas de diſtinguer les perſonnes qui y étoient. Celle qui l'avoit charmé par ſes ſons éclatans & tendres, chantoit encore lorſqu'il s'approcha de la grille; & faiſant le moins de bruit qu'il lui fut poſſible, il vit deux fem-

mes

mes qui toutes deux affifes le dos tourné du côté de la fenêtre, ne prêtoient nulle attention à ce qui pouvoit fe paffer dans la ruë, la donnant toute entiere l'une à chanter, & l'autre à l'écouter. La fituation de ces Dames ne lui permettant pas de les voir au vifage, il fallut qu'il fe contentât d'entendre, ce qu'il fit fans héfiter.

Celle qui chantoit n'eut pas plutôt ceffé, que l'autre prenant la parole : Si Brachy, lui dit-elle, avoit une fois entendu le charmant fon de cette voix, fon cœur ne pourroit fe défendre d'adorer l'admirable Ifabelle, & nous le verrions bientôt dédaigner celles dont il paroît vouloir porter les chaînes.

Ha, Florine, lui répondit cette Ifabelle, ne me parle plus de Brachy ; je veux l'oublier pour jamais : que ferois-je d'un cœur auffi volage que le fien. Hélas ! les fentimens que fa vûë m'a fait naître exigeroient une fidelité trop fcrupuleufe pour lui plaire : Brachy

chy vole de belle en belle; il les
recherche même toutes à la fois;
crois-moi, Florine, bien fait, aimable, & rempli d'efprit, il fe
connoît, & ne peut aimer que lui.

Permettez - moi de vous dire,
Madame, repliqua Florine, que
malgré tous les charmes de ce Calabrois, j'aurois un grand mépris
pour lui, fi l'amour de lui-même
étoit le plus fort dans fon ame.
Un homme qui s'aime, eft felon
moi, le plus haïffable des mortels.
Mais j'en juge plus favorablement:
il eft jeune, galant, & magnifique; & n'ayant point encore trouvé dans Meffine d'objet digne de
le fixer; il prodigue à toutes fes
galanteries dans le feul deffein de
s'amufer.

Il n'a point trouvé, dis-tu, reprit Ifabelle, d'objet capable de
l'enchaîner? Ha! Florine, la beauté d'Ifabelle fait-elle fi peu de bruit
à Meffine pour que Brachy n'ait pas
eu pour moi la même curiofité
que je me fuis fentie pour lui. Belle comparaifon, répondit vivement Florine; Brachy ne fe cache

point : une mante, un voile, une Duëgne, & mille autres obſtacles dont nous ſommes entourées ne l'empêchent pas de paroître à nos yeux : D'ailleurs, par qui peut-il être inſtruit que Meſſine n'a rien qui vous ſoit comparable ? Votre pere, plus jaloux que tous les Siciliens enſemble, vous laiſſe-t-il voir à perſonne ? il eſt vrai que du vivant de la ſage Elvire votre mere, vos jeunes attraits ont fait l'admiration de tous ceux à qui ſon Palais étoit ouvert, & que ce monde choiſi publioit avec tranſport l'éclat de vos charmes ; mais depuis trois mois que la mort vous l'a ravie, renfermée dans votre appartement par les ſoins & les ordres de votre pere, il a banni l'honnête liberté que ſon épouſe y avoit introduite ; & par une biſarrerie ſans égale, il ne veut pas même qu'on lui parle de votre beauté ; & je ſçai à n'en pouvoir douter qu'il s'eſt brouillé avec pluſieurs de ſes amis parce qu'ils parloient de vous trop avantageuſement, & qu'il eſt enfin parvenu à con-

traiŋ-

traindre au filence tous ceux qui
vous ont vûë, dans la crainte de
s'attirer fa colere ou fa haine.

Il eft donc aifé de juger, continua-t-elle, que perfonne n'ayant
pû parler de vous à Brachy, il
ignore encore que vous êtes au
monde. Dès le commencement
de cette converfation, Brachy
avoit été fi furpris de s'entendre
nommer, & d'être connu de deux
perfonnes qu'il ne connoiffoit pas,
qu'il étoit refté comme immobile;
mais la fuite de l'entretien ayant
intereffé fon cœur, joint à l'amour
qui commençoit à s'en emparer
en faveur de la belle perfonne qui
paroiffoit vouloir l'oublier, il avoit
redoublé fon attention, & charmé d'entendre fi bien parler pour
lui celle qui fe nommoit Florine,
il ne put s'empêcher d'interrompre Ifabelle lorfqu'elle voulut lui
répondre : Ha, Madame, s'écria-
t-il, laiffez parler l'aimable Florine, ou permettez que le malheureux Brachy fe juftifie lui-même.
Ce peu de mots fit faire un cri terrible à ces deux perfonnes, qui fe

tournant en même tems, & voyant
un homme si près d'elles, ferme-
rent les volets avec précipitation.

Brachy, très-mortifié d'une
frayeur qui le privoit de voir &
d'entretenir l'aimable objet dont
le cœur penchoit pour lui, fit tous
ses efforts pour les rassurer & les
obliger de rouvrir la fenêtre ; mais
il ne put rien gagner ; un profond
silence ayant succedé au bruit
qu'elles avoient fait en fermant la
croisée, il jugea qu'il seroit inutile
de rester là plus longtems : ainsi,
s'étant retiré, il fut rejoindre sa
chaise, & se rendit dans son Palais
avec une agitation d'esprit qui ne
lui laissa gouter aucun repos de
toute la nuit ; son avanture revenoit sans cesse à son imagination ;
la voix d'Isabelle, & ce que sa
confidente avoit dit de ses attraits
lui donnoit une si grande curiosité de la voir & de la connoître,
qu'il ne s'étoit jamais senti d'empressement semblable pour celles
qu'il avoit le plus aimé ; son inquiétude & l'amour qu'elle faisoit
naître insensiblement dans son a-
me

me le firent réſoudre à ne rien négliger pour ſçavoir quelle étoit
cette charmante Iſabelle qu'un
pere trop ſevere cachoit avec tant
de ſoin; mais en même tems ré-
flechiſſant ſur le danger qu'il y auroit de s'en informer, & de donner par là connoiſſance du ſecret
qu'il vouloit obſerver dans cette
intrigue s'il pouvoit parvenir à la
former, il conclut que pour ne
rien hazarder il falloit s'en inſtruire de la ſeule bouche d'Iſabelle,
& commencer à lui perſuader ſon
amour & ſa fidelité afin d'acquerir
ſa confiance.

Cette réſolution l'ayant tran-
quiliſé, il forma le deſſein de ſe
rendre la nuit à la même heure à
la fenêtre de ſon inconnuë, jugeant bien que s'il étoit vrai qu'elle eût de l'inclination pour lui,
comme ſes diſcours ſembloient
l'en flatter, elle ou ſa confidente ne
manqueroient pas de s'y rendre,
pour voir s'il ne reparoîtroit point.
Entierement occupé de ſon projet, il paſſa la journée avec aſſez
d'impatience; & l'heure qu'il s'é-

C 6   toit

toit prescrite n'eut pas plûtôt son-
né qu'il se rendit dans la petite ruë
n'ayant pour toute suite que le
Gentilhomme dont je vous ai parlé, qui se posta d'un autre côté
pour faire le guet en cas de surprise. Brachy cependant apper-
cevant de la lumiere dans la salle
basse, s'avança doucement vers
la grille, & se préparant à chercher des yeux celle qu'il brûloit
de connoître, lorsqu'on éteignit
tout-à-coup les flambeaux, & qu'il
ne vit plus qu'obscurité autour de
lui; mais un petit bruit qu'il entendit à la grille lui faisant juger qu'il
y avoit quelqu'un, il s'en approcha de plus près, parlant assez bas
pour n'être entendu que de la personne qui étoit à la fenêtre: Est-
ce-vous, adorable Isabelle, dit-
il, & me sera-t-il permis de détruire cette nuit la frayeur que je
vous ai fait hier, & l'idée que vous
avez conçûë de moi?

Vous jugez bien mal d'Isabelle,
lui répondit une femme, ou vous
présumez trop avantageusement
de vous-même si vous la croyez
ca-

capable d'être ici dans le deſſein
de vous y trouver. Cette voix,
qu'il reconnut pour celle de la
confidente, le rendant plus hardi;
Sage Florine, interrompit-il, n'interpretez pas ſi cruellement mes
paroles, & me ſoyez auſſi favorable aujourd'hui que vous me le
fûtes hier. Quand la charmante
Iſabelle feroit avec vous, je ne
l'attribuërois qu'au même hazard
qui me la fit entendre hier. Il eſt
vrai que mon cœur deſiroit l'y
trouver, mais il ne s'en flattoit pas.
Pour moi, je n'y ſuis venu que
pour la conjurer d'avoir meilleure
opinion d'un cœur que l'amour
vient de lui ſoumettre pour jamais,
& que ſans doute il ne réſervoit
que pour elle; je l'adore, ſage
Florine, ſans l'avoir vûë; ſa voix
& ſon eſprit ont produit plus d'effet ſur mon ame que toutes les
beautez qui ſe ſont offertes à mes
yeux, & je ſens que je l'adorerai
juſqu'au tombeau.

C'eſt beaucoup promettre, reprit Florine, & je ne ſçai ſi ſur cet-

te affurance je puis travailler pour
vous; cependant j'y fuis portée
d'inclination; vous m'avez plû:
Seigneur Brachy; & fi vous êtes
fincere, j'aimerai mieux vous voir
l'époux de ma Maîtreffe que celui
qu'on lui deftine. Quoi! s'écria
douloureufement Brachy, la charmante Ifabelle eft déja promife?
Ouï, repliqua Florine; mais avant
que d'entrer dans ce détail, ré-
pondez avec franchife aux queftions que je vais vous faire. En-
tendîtes-vous hier tout notre entretien? vous êtes-vous informé qui nous fommes? enfin, fça-
vez-vous à qui ce Palais appartient? Je ne fçai rien, lui répondit Brachy; ce que j'entendis hier
de votre converfation m'ayant fait
craindre de caufer quelque chagrin à la charmante Ifabelle en me
confiant à quelqu'un, je me fuis
impofé un profond filence fur
mon avanture; & tout ce que j'ai
pû conjecturer par vos difcours,
c'eft qu'Ifabelle m'a vû, qu'elle
me connoît, & qu'elle me croit
vo-

volage, inconſtant, & par conſéquent indigne de ſon attention.

C'eſt aſſez, lui dit Florine, votre diſcretion ne ſera pas ſans récompenſe, mais il faut la continuer. Ne vous découvrez à perſonne, craignez juſqu'au meilleur
de vos amis, ſi vous voulez voir
bientôt Iſabelle ; ne cherchez
même pas à connoître l'entrée de
ce Palais. votre curioſité vous feroit perdre pour jamais ce que
vous deſirez avec tant d'ardeur.
Il ſeroit inutile de vous cacher les
ſentimens de ma Maîtreſſe, puiſque vous les avez entendu, & je
puis vous déclarer que ſon cœur
vous ſeroit favorable ſi vous pouviez lui prouver que vous êtes capable de fidelité. Ne craignez
point de vous engager trop avant
avec elle ; ſa naiſſance n'eſt pas
moins illuſtre que la vôtre ; ſes
biens ſont conſiderables, & ſa
beauté l'emporte ſur tous ſes autres avantages. Après cela, Seigneur, ſi vous voulez aimer, per-
ſéverez à vous taire, Florine vous
ménagera de plus doux momens.

En finiſſant ces mots, elle ferma la fenêtre, & diſparut ſans attendre ſa réponſe.

Cette fuite précipitée le chagrina; & malgré l'eſpoir dont on le flattoit, comme on ne l'inſtruiſoit point de ce qu'il devoit faire pour voir Iſabelle, cet entretien ne lui donna qu'une legere ſatisfaction. Cependant réſolu d'obſerver les loix que lui impoſoit Florine, & de ſe conduire par les ſeules lumieres de ſon amour naiſſant, il rentra chez lui; & dès ce jour ceſſant toutes ſes galanteries pour les Dames Siciliennes, ſon cœur & ſon eſprit ne s'occuperent plus que de la belle Inconnuë, pour laquelle ſa flâme devint d'autant plus ardente, qu'elle lui donnoit mille deſirs à la fois. Cette paſſion qu'il n'avoit jamais ſentie véritablement juſqu'alors, apporta un tel changement dans toutes ſes actions que ſes amis ne tarderent pas à s'en appercevoir: les fêtes & les ſérénades qu'il avoit coûtume de donner preſque toutes les nuits, ceſſerent; on ne le pouvoit plus

avoir

avoir qu'avec peine dans les parties de plaifir; il étoit diftrait &
mélancolique. Toutes ces chofes
firent préfumer qu'il étoit prévenu de quelque grande douleur ou
d'une paffion violente; mais malgré les foins qu'on fe donnoit pour
en découvrir la vérité, Brachy fe
conduifoit avec tant de fecret que
perfonne ne la pouvoit pénétrer.

· En effet, depuis fon entretien
avec Florine, il n'avoit pas manqué une nuit de fe rendre à fa fenêtre, & d'y paffer plufieurs heures; mais fans aucun fruit, perfonne ne voulant paroître. Il fut
huit jours dans cette fituation, ce
qui le fit tomber dans la trifteffe
dont fes amis étoient inquiets &
furpris; cependant l'amour augmentoit à mefure que le myftere
& le filence redoubloient.

· Ifabelle le fuivoit par tout;
& fon imagination la lui repréfentant telle qu'il la falloit pour lui
plaire, il devint auffi fortement
amoureux en idée, qu'un autre auroit pû l'être pour un objet vifible;
mais ne pouvant plus vivre fans
voir

voir ce qu'il aimoit, il rêvoit fans
ceffe aux moyens d'y parvenir,
lorfqu'un jour qu'il avoit refufé
d'être d'un fuperbe feftin, & s'é-
toit renfermé dans fon Palais pour
s'abandonner entierement à fa
paffion, on vint lui dire qu'une
Dame voilée demandoit à lui parler en fecret. Il ordonna promptement qu'on la fît entrer ; & fon
cœur agité de crainte & d'efpéran-
ce , le faifant courir au-devant
d'elle, il lui donna la main ; &
l'ayant conduite dans fon cabinet,
fans qu'elle prononçât un feul mot,
il prit la parole le premier, & d'un
ton de voix qui marquoit fon inquiétude : De grace , Madame,
lui dit-il, ne me laiffez pas dans
le trouble où je fuis : venez-vous
chez moi pour quelque affaire, ou
de la part de celle que j'adore ?

Je fuis envoyée, lui répondit
cette femme, en mettant fa main
fur fa bouche pour qu'il ne recon-
nût pas fa voix, d'une perfonne
très-digne de votre amour, mais
je ne fçai fi c'eft celle dont vous
parlez. Ah ! Madame, interrompit

pit Brachy, fi vous ignorez que j'aime, vous n'êtes point celle dont je m'étois flatté : Pardonnez ma fincerité ; mais fi vous venez d'une autre part, je ne puis vous écouter. Vous êtes bien prompt, repartit-elle, & d'une fidelité bien févere, puifque vous la pouffez jufqu' à l'incivilité : mais comment voulez-vous que je fçache fi celle qui m'envoye eft l'objet de votre ardeur fi vous ne me la nommez pas ? Faites-la moi connoître ; & pour répondre à votre franchife, fi ce n'eft pas la même perfonne, je vous promets de m'en aller fans vous importuner davantage. Je ne puis vous dire fon nom, reprit Brachy ; je ne le fierois pas au meilleur de mes amis, jugez fi ne vous conoiffant point, je vous ferois une pareille confidence. Si vous étiez celle que je m'étois figurée, le difcours que je vous tiens vous l'auroit déja fait connoître. Et je la connois auffi, repartit cette femme en ôtant fon voile, la fidelle Florine n'en peut nommer une autre qu'Ifabelle.

Ah

Ah ! cruelle Florine , lui dit alors Brachy, quel plaifir prenez-vous à ma peine ? Celui de vous éprouver , lui répondit-elle , & de fçavoir à n'en pouvoir douter fi cette melancolie & cette indifférence pour tout le monde, eft un effet de l'amour qu'on voudroit vous avoir infpiré. Le tems m'eft cher, continua-t-elle, & vous ne devez ma vifite qu'au feftin que vous avez dédaigné : le pere d'Ifabelle en eft ; comme il fe donne dans une maifon de plaifance à quelques milles de Meffine , & qu'il ne reviendra que demain au foir, Ifabelle m'envoye vous dire que contente de votre difcretion elle veut la récompenfer , en fe montrant à vos yeux , & vous donner la fatisfaction de l'entretenir. Trouvez-vous donc à minuit dans la petite ruë fans aucune fuite au-deffous de la fenêtre grillée ; attendez-y de mes nouvelles , & j'aurai foin du refte.

Peu s'en fallut que Brachy ne fe jettât à fes pieds pour la remercier d'une faveur fi peu attenduë :

il

il lui témoigna fa joye par des
tranfports qui ne lui laifferent aucun lieu de douter que la vûë des
charmes, d'Ifabelle n'achevât ce
que fa voix avoit commencé. Brachy, dont la générofité naturelle
étoit encore augmentée par l'a-
mour, mit au doigt de Florine un
diamant de prix pour lui marquer
fa reconnoiffance, & l'engager
dans fes interêts. Cette aimable
fille, dont le caraĉtere étoit fort
au-deffus de fa condition, fe deffendit long-tems de l'accepter ;
mais Brachy l'en preffa fi vivement, qu'elle y fut contrainte de
peur de l'offenfer, & fe retira auffi
fatisfaite de lui qu'il l'étoit de fon
heureux meffage.

Vous jugez bien, ma chere
Henriette, de l'impatience avec
laquelle Brachy attendit l'heure
de fon rendez-vous, & combien
de penfées différentes s'emparerent de fon efprit jufqu'à ce moment, que ne fut pas plûtôt arrivé qu'il fe tranfporta au lieu indiqué. A peine eut-il avancé vers la
grille, qu'il fe fentit prendre par la
main :

main : c'étoit Florine, Venez, Seigneur , lui dit-elle, on vous attend.
Alors le conduifant à une petite
porte qui rendoit dans la même
ruë, elle l'ouvrit, la referma ; & le
faifant paffer par plufieurs détours
obfcurs, en lui recommandant le
filence , ils fe trouverent dans un
jardin dont la foible clarté de la
nuit ne laifla pas de lui en montrer affez pour le juger des plus
fuperbes. Florine le fit paffer fous
une allée d'arbres fi touffus qu'à
peine auroient-ils pû guider leurs
pas fans une lumiere éclatante qui
partoit d'un falon que terminoit
cette fombre avenuë. En approchant de ce pavillon, Brachy fe
fentit atteint d'une crainte & d'u-
ne timidité qui ne lui étoient pas
ordinaires, & qui lui fit connoître
que cette avanture auroit des fuites plus férieufes que celle qu'il
avoit euë. Enfin étant entrez dans
le falon, ils y trouverent Ifabelle
qui fe promenoit d'une façon à
prouver l'agitation de fon ame.
Elle fe tourna du côté de la porte auffi-tôt qu'elle entendit marcher

cher, & s'avançant lentement au-
devant de Brachy, elle lui donna
tout le tems d'examiner la prodigieufe beauté dont la nature l'avoit
doüée.

Les flambeaux & les luftres
dont le falon étoit éclairé firent
briller avec tant d'éclat les charmes de cette admirable fille aux
yeux de Brachy, qu'il en fut ébloüi.
Tout ce qu'il s'étoit imaginé étoit
fort au-deffous de ce qu'il voïoit.
L'amour qui n'attendoit que ce
moment pour lui donner des chaînes éternelles, le frapant de tous
fes traits à la fois, le fit tomber
aux pieds d'Ifabelle, faifi d'admiration, de refpect, & tranfporté
de la plus vive ardeur. Si cette
charmante perfonne n'avoit pas
été inftruite d'ailleurs de l'efprit
& des graces de la converfation
de Brachy, elle n'en auroit pas jugé favorablement en cette occafion. Immobile à fes pieds, les
yeux fixez fur elle, & gardant un
profond filence, qu'eut-elle penfé d'un pareil accueil ? Mais convaincuë que c'étoit l'effet que pro-
duifoient

duifoient fes divins attraits , elle
s'en applaudit en fecret ; & devè-
nuë plus hardie par le refpeét de
fon Amant , Seigneur , lui dit-elle,
en rougiffant . n'interpretez point
à mon défavantage la démarche
que je fais aujourd'hui. Je ne vous
déguiferai point que le bruit d'un
mérite fupérieur ne m'ait fait defirer de vous voir , & qu'après vous
avoir vû je n'aye fouhaité de vous
connoître ; mais malgré tous mes
fouhaits je ne m'y ferois peut-être
jamais réfoluë, fans l'aventure qui
vous a découvert une partie de
mes fentimens , & fans les perfécutions de Florine. Brachy s'étant
remis tandis qu'elle parloit. Ah ,
Madame , répondit-il , ne juftifiez
point une grace qu'au peril même
de ma vie je voudrois devoir à des
mouvemens plus tendres. Pour
moi , Madame , l'amour feul m'o-
blige à paroître à vous yeux : lui
feul m'a fait defirer de connoître
celle que j'adorois fans l'avoir vûë,
& lui feul vous foumet à jamais un
cœur qui ne pouvoit être fixé que
pour l'admirable Ifabelle.

Je

Je me fuis expofée à cette déclaration , repliqua-t-elle avec
douceur, en vous permettant de
me voir à une heure fi peu convenable à la modeftie de mon fexe ;
mais ne l'attribuez qu'à la contrainte où je vis : & pour vous en
convaincre , & vous déterminer
au parti que vous devez prendre,
apprenez qui je fuis, & le nom de
celui de qui je tiens le jour. A ces
mots l'ayant obligé de fe lever &
de prendre place fur un canapé de
brocard d'or, dans lequel elle s'é-
toit affife. Vous ferez fans doute
furpris continua-t-elle , lorfque
vous fçaurez que vous êtes fecretement dans un Palais où vous venez prefque tous les jours, & que
vous entretenez actuellement la
fille de Salviaty de Montalbano
votre meilleur ami.

Quoi ! Madame , interrompit
Brachy, je fuis dans le Palais du
Seigneur Salviaty ; j'y fuis venu
mille fois : vous êtes fa fille, & fon
amitié a pû me laiffer ignorer le
tréfor dont il eft poffeffeur. Il n'eft
point d'amitié parmi les Siciliens,

reprit Ifabelle, qui puiffe l'emporter fur les foupçons & la jaloufie.
Oui, Brachy, je fuis fille de Salviaty, & c'eft fans fortir de fon
Palais, & fans être apperçuë ni de
vous ni de lui, que je vous ai vû,
& que j'ai même entendu plufieurs
de vos entretiens. Je ne vous dirai
rien des fentimens que vous m'a-
vez infpirez, vous n'en fçavez déja que trop ; mais je vous avouërai que ceux que vous avez fouvent témoigné fur la contrainte
dans laquelle on tient les femmes
en Italie, a fait une telle impreffion fur mon efprit, qu'elle n'a pas
moins contribué à ce que je fais
aujourd'hui, que l'état funefte où
je me trouve, & dont je me fuis
flattée que vous voudriez bien me
tirer.

Les graces dont Ifabelle accompagnoit fes paroles, fon efprit, fa
douceur, fon air tendre, & cependant modefte, avoient tellement achevé d'enflammer Brachy, que voyant couler quelques
larmes de fes beaux yeux à la fin
de fon difcours, il fe jetta à fes
pieds,

pieds , & tranfporté d'amour lui, jura qu'il étoit prêt de lui facrifier, jufqu'à la derniere goute de fon fang ; & fa paffioñ parut fi fince- re en ce moment , qu'Ifabelle tou- chée de reconnoiffance , & char- mée de fa conquête, lui tendit la main , & le regardant en rougif- fant : Travaillez donc pour vous, Seigneur, continua-t-elle, en me délivrant du fort qu'on me prépa- re. Je ne vous demande point d'expofer vos jours, leur peril en mettroit d'autres en danger ; je n'ai befoin que de votre éloquen- ce auprès de Salviaty pour le dif- fuader de m'unir à Dom Francif- que dè Benevent Seigneur Efpa- gnol, auquel il m'a deftinée, mal- gré l'oppofition d'Elvire ma mere, qui faifie de crainte de me voir partir pour Madrid, en eft morte de douleur.

Dom Francifque , chargé de quelque négociation fecrette de la part du Roi fon Maître , vint à Meffine , il y fut près de quinze mois : j'eus le malheur d'en être vûë & de lui plaire ; & comme fes

ordres l'obligeoient de voir fouvent mon pere, il lui découvrit
fes fentimens, & tira de lui une
parole pofitive de ne difpofer de
moi en faveur de perfonne de plus
de deux ans, ayant des raifons que
l'obligeoient à demander ce terme après lequel il s'engagea de
m'envoyer, chercher folemnellement, pour me conduire en Efpagne, & m'époufer. Depuis ce
moment un commerce exact a
regné entre'eux. Salviaty me comptant déja Comteffe de Benevent,
m'a gardé à vûë, ne me permettant pas feulement de faire les
exercices de Religion que dans
fon Palais. Une haine invincible
s'eft emparée de mon ame pour
Dom Francifque dès le premier
moment que je l'ai vû, & cette
haine a fi fort augmenté depuis
quelque tems, dit-elle en baiffant
les yeux, jointe aux nouvelles que
mon pere a reçû de lui depuis
deux mois, par lefquelles il lui
marque qu'il doit venir inceffamment, que je me fuis réfoluë à me
fervir de vous pour le détourner
de

de cette alliance. Salviaty vous aime ; il répete mille fois le jour qu'il a pour vous des entrailles de pere, & qu'il n'eſt rien qu'il ne fît pour vous prouver ſa tendreſſe; daignez donc, Seigneur, la mettre à l'épreuve pour la triſte Iſabelle, en détournant le malheur dont elle eſt menacée.

Concevez, ma chere Henriette, quel effet produiſit ce diſcours dans le cœur de Brachy ; ſon amour commençoit, il étoit dans toute ſa force ; il entrevoyoit qu'il étoit aimé ; & dans le comble de ſa félicité il apprenoit qu'un rival étoit prêt d'y mettre un obſtacle invincible. La crainte, la haîne & la jalouſie le ſaiſiſſant à la fois : N'en doutez point, s'écria-t-il, adorable Iſabelle, Salviaty retirera ſa parole, ou Dom Franciſque ne mourra que de ma main. Mais, Madame, ajouta-t-il, que de viendra le paſſionné Brachy ; Oſera-t-il prendre la place de Benevent auprès de Salviaty ſans vous déplaire. Je ne m'adreſſe qu'à Brachy, reprit-elle, pour m'empêcher d'ê-

tre

tre à Dom Francifque : n'êft ce pas
affez lui faire entendre ce qu'il
doit efperer ? Mais, Seigneur,
continua-t-elle, pour éviter fa réponfe ; retirez-vous, n'abufez
point de ma fincerité ; craignons
d'être furpris ; Florine aura foin
de vous inftruire de ce que vous
devez dire à mon pere, & de la
reconnoiffance d'Ifabelle.

L'amoureux Brachy comprit
trop bien le fens obligeant de ces
paroles, pour n'y pas répondre avec
ardeur ; & malgré les efforts de la
belle Montalbano, il lui en rendit graces à genoux, en baifant
mille fois la main qu'elle lui avoit
tenduë pour l'obliger à fe relever.
Ces tranfports faifant craindre à
cette charmante fille de ne pouvoir lui cacher longtems l'excès
de fa tendreffe, elle fit figne à
Florine de l'emmener, & fe retirant dans un cabinet de plein pied,
au falon, elle laiffa Brachy auffi
touché de fa retraite, que rempli
d'amour & d'efperances. Florine
le conduifit pas les mêmes détours
jufques dans la ruë, & ne put le
confoler

confoler de l'abfence d'Ifabelle, qu'en lui promettant de fe rendre chez lui le lendemain à l'entrée de la nuit. Ils fe féparerent, & Brachy rentra fans accident dans fon Palais, mais le plus amoureux de tous les hommes. Mon pere étoit d'un caractere franc & fincere, violent dans fes paffions & dans fes entreprifes, ferme dans fes réfolutions, ennemi de la diffimulation, & plus encore de ceux qui la pratiquoient avec lui. Salviaty étoit celui de tous les Seigneurs Siciliens auquel il s'étoit le plus attaché, & dans lequel il avoit crû reconnoître une plus parfaite amitié pour lui; mais il fe fentit fi piqué de ce que le voyant tous les jours, tantôt dans fon Palais, & tantôt dans le fien, ne faifant point de partie l'un fans l'autre, & que lui témoignant une entiere confiance, il lui avoit fait un myftere de ce qui regardoit fa famille, que fans l'amour qu'il avoit pris pour Ifabelle, la haine auroit banni l'amitié de fon cœur.

Il n'en falloit pas davantage

pour

pour ranimer en lui l'antipatie naturelle des Calabrois pour les Siciliens ; cependant il s'arma contre lui-même en faveur de Montalbano & s'efforça d'excuſer ſon
peu de ſincerité, afin d'être en état
de lui parler ſans animoſité. Florine le trouva le lendemain dans
cette ſituation d'eſprit. Cette fidelle confidente lui apprit le retour de Salviaty, & qu'il n'avoit
entretenu ſa fille que du chagrin
de n'avoir pas eu Brachy pour
compagnon dans la fête qui s'étoit
donnée. Ainſi, Seigneur, continua-t-elle, je ne crois pas qu'il
puiſſe vous refuſer, ſi vous vous
conduiſez ſuivant les inſtructions
que je vous donnerai. Brachy
l'ayant aſſuré qu'il y étoit trop in-
tereſſé pour y manquer, elle lui
traça le plan qu'il devoit ſuivre, &
l'encouragea d'autant plus dans la
réſolution de ne témoigner aucun
chagrin à Salviaty, qu'elle lui
prouva par de fortes raiſons que
c'étoit le ſeul chemin qui pouvoit
lui faire obtenir Iſabelle.

L'amoureux Brachy, faiſant
tout

tout ceder à cette douce efperance, promit à Florine de ne rien
épargner pour réuffir dans une affaire d'où dependoit tout le bonheur de fa vie ; & l'ayant chargée
d'une lettre pour Ifabelle, il ne
fongea plus qu'à voir Salviaty, au
Palais duquel il fe rendit dans un
état difficile à décrire ; mais enfin
il fe contraignit fi bien , que
Montalbano ne remarqua rien
de ce qui fe paffoit dans fon ame.
Ils s'embrafferent avec tendreffe ;
& Salviaty lui ayant exageré combien il lui avoit manqué, & le regret de tous les Convives de ce
qu'il n'avoit pas été des leurs. Je
fuis extrêmement fenfible, lui dit
Brachy, à l'amitié que me témoi-
gnent tous les Seigneurs Siciliens;
mais je vous avoüe que la vôtre eft
pour moi d'un prix au-deffus de
toutes chofes, & que je répandrois
volontiers mon fang pour la mériter.

Mon cher Brachy, lui répondit
Salviaty, vous la poffedez entierement, & je ne fuis fâché que de
n'avoir pas quelque occafion de

vous le prouver. Ha ! Seigneur ,
repartit l'amoureux Calabrois ,
tout mon bonheur dépend de
vous ; mais que je crains que cette
amitié ne s'évanouiſſe lorſque je
vous aurai donné les moyens de
m'en aſſurer. Montalbano , qui
ne s'imaginoit pas pouvoir contribuer à la félicité d'un homme qui
lui étoit égal en biens & en naiſſance , ni que ſa fille fût le ſujet de
ſon diſcours , crut ne rien riſquer
en lui jurant qu'il n'y avoit point
de choſes qu'il ne fît pour le convaincre de la vérité de ſes ſentimens.

Hé bien , Seigneur , reprit
promptement Brachy , accordez
à mes vœux l'adorable Iſabelle ;
elle ſeule a fixé mon choix , elle
ſeule peut rendre mes jours for-
tunez , & vous ſeul en pouvez
diſpoſer. Le hazard me l'a fait voir
ſans qu'elle s'en apperçût chez le
Seigneur Salviaty de Tende votre parent & le ſien ; & depuis ce
moment mon cœur n'a plus reſ-
piré que pour elle. Montalbano
parut ſurpris & troublé à ce diſcours ;

cours; & regardant Brachy fixement. Le Marquis de Tende, lui
dit-il, doit vous avoir appris qu'I-
fabelle eſt deſtinée au Comte de
Benevent. Oui, Seigneur, reprit
Brachy; mais Dom Francifque a
demandé du tems, le terme qu'il
vous avoit preſcrit eſt expiré, votre parole eſt dégagée, la charmante Iſabelle le hait ; le Marquis de Tende approuve ma flamme, & mon bonheur ne dépend
plus que de votre conſentement.
Montalbano craignoit le Marquis
de Tende ; des raiſons de politique l'obligeoient à le ménager ;
ſon épouſe étoit la ſeule Dame
de Meſſine qu'Iſabelle avoit permiſſion de voir, elle la chériſſoit
comme ſa fille, & cette belle perſonne qui lui avoit déclaré le ſecret de ſon cœur, l'avoit obligé
d'engager ſon époux à rompre ſon
mariage avec l'Eſpagnol, & de
parler en faveur du Calabrois. Salviaty de Tende n'avoit pas trop de
penchant pour le Comte de Benevent ; cependant comme Iſabelle ne s'étoit point expliquée ſur

cet article , & qu'il avoit ignoré fa
répugnance pour cette alliance ,
il n'avoit pas voulu dire fon fentiment à Montalbano, connoiffant
fon caractere bifarre , foupçon-
neux, vindicatif & diffimulé ; mais
il ne fut pas plûtôt inftruit de ce
qui fe paffoit dans le cœur d'Ifabelle , qu'il fe propofa de s'óppo-
fer à fon mariage avec Dom Francifque de tout fon pouvoir. Florine avoit averti Brachy de cette favorable difpofition , & lui avoit
dreffé fon plan en conformité. En
effet , Montalbano jugeant bien
qu'il feroit expofé à l'indignation
& même à la vengeance du Marquis de Tende en refufant Brachy , & cependant n'ayant nulle
intention d'en faire fon gendre ,
ni de rompre avec Benevent , il
prit le parti de feindre pour venir
à fes fins fans oppofition & fans
crainte.

Comme perfonne ne fçavoit
l'art de fe contrefaire ainfi que
lui, Brachy n'eut pas de peine à
fe laiffer tromper. Cependant le
perfide Montalbano , changeant
tout

toùt-à-coup en fecret fon amitié
en haine, & réveillant dans fon
cœur l'antipatie naturelle des Siciliens & des Calabrois, forma le
deffein-de trahir à la fois amis,
parens & tout ce que les hommes
les plus barbares regardent avec
vénération, & pour y parvenir,
prenant un vifage riant', il embraffa Brachy, & le ferrant dans
fes bras : je fuis charmé, dit-il,
que le Marquis de Tende. s'inte-
reffe pour vous ; fi j'avois crû que
l'alliance de Benevent lui eût déplû, je ne l'aurois jamais defiré ;
votre fatisfaction m'eft chere ; ma
fille eft trop heureufe d'avoir pû
vous plaire, & vous n'aviez befoin
près de moi que de vous-même
pour obtenir mon confentement?
-mais il faut que je dégage ma parole avec Dom Francifque : j'en ai
des moyens que vous ne fçavez
pas. En attendant, pour vous
prouver la fincerité de mes intentions, je vais vous conduire à l'appartement d'Ifabelle, & lui commander de réunir pour vous dans

fon

ſon cœur tous les ſentimens d'eſtime & de tendreſſe dont je voulois
qu'elle récompenſât l'amour du
Comte de Benevent. Le trop cré-
dule Brachy, tranſporté de joie à
ces paroles, ſe jetta à ſes pieds, lui
baiſa les mains, l'appella cent fois
ſon pere, & fit en cette occaſion
tout ce qu'eſt capable de faire un
homme amoureux à la fureur, &
qui ſe voit en un inſtant au comble de ſes vœux. Le traître Montalbano feignit d'en être touché,
& le prenant par la main, le conduiſit à l'appartement d'Iſabelle,
& le lui préſenta, comme étant
l'époux qu'il lui deſtinoit, ayant,
dit-il, changé de penſée pour
Dom Franciſque.

Une ſi prompte réuſſite parut
extraordinaire à cette belle fille,
quoiqu'elle ſe fût attenduë que le
nom du Marquis de Tende inti-
mideroit ſon pere, elle ne s'étoit
pas flattée qu'il ſe rendroit ſi facilement; & ſçachant ſa diſſimula-
tion, elle craignit que tant de
douceur ne cachât quelque trahiſon,

fon, ce qui l'obligea à recevoir
fes ordres & fon amant avec une
froideur qui les trompa l'un & l'autre. Montalbano en fut charmé,
& mit Brachy dans une douleur
inexprimable ; mais ni les uns ni
les autres ne purent s'expliquer ;
cette vifite n'étant qu'une cérémonie , après laquelle Salviaty
emmena Brachy., & fe fépara de
lui., en le priant de voir Ifàbelle
tous les jours.

Cet Amant heureux & malheureux tout enfemble fut au fortir
de ce Palais à celui du Marquis de
Tende., auquel il rendit compte
de ce qu'il venoit de faire , & de la
maniere dont il avoit été reçû. Ce
Seigneur informé par fon époufe
de l'amour de Brachy & des fentimens d'Ifabelle lui témoigna une
véritable fatisfaction de le voir defirer fon alliance , & lui promit
de parler à Montalbano dès le
même jour. En effet., il lui tint
parole , & s'expliqua avec le pere
d'Ifabelle d'une façon à lui faire
tout appréhender de fon reffentiment

ment s'il ne faifoit pas cet hymen.
Salviaty feignant avec lui comme
avec Brachy, l'affura qu'il alloit
prendre de juftes mefures pour
rompre avec le Comte de Benevent; ainfi tout paroiffoit favorable aux deux amans. Mais la froideur d'Ifabelle avoit fi fort allarmé Brachy, que voulant en fçavoir la caufe, il fe rendit la nuit
dans la petite ruë pour l'apprendre de Florine s'il ne pouvoit voir
Ifabelle. Cette belle perfonne
avoit trop bien remarqué fon inquiétude pour douter de ce qu'il
feroit, & fon cœur l'avertiffant de
fes-démarches, il eut le plaifir de
la trouver à fa grille au moment
qu'il y arriva. Elle s'en fit connoître, & lui découvrit fes craintes
fur la facilité de Salviaty d'une
maniere fi tendre, que la joie
de fe fçavoir aimé prefqu'autant qu'il aimoit, l'aveuglant fur
la conduite de Montalbano,
il raffura la charmante Ifabelle,
& juftifia fon pere de tout fon
pouvoir, en la conjurant de fe

livrer

livrer comme lui au doux efpoir
d'être bientôt unis pour jamais
l'un à l'autre.

Les amans font auffi prompts à
fe flatter qu'à fe defefperer, c'eft
le propre des grandes paffions.
Ifabelle & Brachy étoient trop
amoureux pour ne pas éprouver
cette vérité; le plaifir de s'aimer
& de fe le dire, leur fit oublier
que fouvent l'amour ne dore les
chaînes de fes efclaves que pour
les rendre plus pefantes. Cependant malgré l'excès de leur contentement, Ifabelle fe défiant
toujours de la fincerité de fon
pere, réfolut avec Brachy qu'ils
déroberoient à fes regards une
partie de leur flamme, afin de lui
perfuader qu'ils ne s'étoient vûs
que du jour de fon confentement,
& que toutes les nuits à la même
heure ils répareroient la contrainte que la politique leur impofoit.
Quinze jours furent employez de
la forte; & les entrevûës nocturnes de ces jeunes amans leur
ayant découvert tout leur mérite,
aug-

augmenterent à tel point leur ardeur mutuelle, qu'ils ne se sépa-
roient jamais sans la plus vive
douleur.

Brachy avoit fait partir le Gentilhomme de son pere pour l'instruire de son amour & pour obtenir son aveu ; Montalbano le
traitoit avec des distinctions particulieres ; Isabelle lui témoignoit
une tendresse égale à la sienne,
il la voyoit le jour en présence de
Salviaty, & la nuit à la fenêtre ;
& tous deux soupiroient après
l'hymenée avec une même impatience, lorsque toutes ces apparences de felicité furent détruites
par la trahison de Montalbano.
Ce perfide Sicilien, piqué de ce
que le Marquis de Tende vouloit
disposer d'Isabelle avec autorité,
& portant dans le fonds de son
cœur une haine invincible pour
les Calabrois, se résolut de terminer son embarras sur cette affaire par la mort de Brachy ; &
ce n'étoit que pour s'en défaire
plus sûrement & sans paroître
avoir

avoir part au meurtre, qu'il s'étoit
montré difpofé à cette alliance.
Tant que Brachy n'avoit fait voir
en lui qu'un homme que la feule
curiófité conduifoit à Meffine, il
avoit admiré fes belles qualitez,
& l'avoit féparé du refte de fa
Nation; mais fitôt qu'il eut parlé
d'alliance, il le confondit avec
le refte des Calabrois, & le con-
damna d'abord à perir pour avoir
eu la témerité d'afpirer à fa fille;
& trop habile auffi pour fe laiffer
tromper longtems, il mit une fi
grande application à pénétrer
les fecrets fentimens des deux
Amans, qu'il ne put douter que
leur amour n'eût devancé fon
confentement, & qu'Ifabelle
n'eût quelque intelligence avec
Brachy: pour la découvrir il mit
tant d'efpions fur fes pas, qu'il
fut enfin informé de leurs entretiens nocturnes.

Il n'en faullut pas davantage
pour le porter à la vengeance;
& comme en ce pays les Grands
ont toujours à leur dévotion nombre

bre de fatellites, il ne lui-fut pas
difficile de fuivre les mouvemens
de fa fureur, d'autant plus ardente
que le pere de Brachy lui avoit
écrit conformément aux intentions de fon fils, & qu'il n'avoit
aucun prétexte plaufible de differer le mariage. Ainfi quelques
jours après cette lettre, le jeune
Brachy fe retirant une nuit de fon
rendez-vous ordinaire, il fe vit
attaqué par quatre hommes maf-
qués, le piftolet d'une main & le
poignard de l'autre; mais comme
le crime ne marche jamais fans
trouble, ces quatre affaffins tirerent fur Brachy avec tant de précipitation que leurs coups n'eurent aucun effet. L'Amant d'Ifabelle averti par le bruit qu'on en
vouloit à fa vie, fe mit promptement en deffenfe; & voyant ces
fcelerats qui de rage de l'avoir
manqué venoient fondre fur lui,
il gagne le mur, s'y adoffa; & dans
cette pofture, le piftolet & l'épée
au poignet, il leur fit face, tira
fon coup dont il tua le premier
qui·

qui s'étoit avancé, perça de part
en part avec l'épée le fecond qui
cherchoit à le poignarder ; mais
emporté par fon jufte courroux,
s'étant élancé fur le troifiéme
qu'il terraffa & bleffa mortelle-
ment, le quatriéme lui porta par
derriere un coup de poignard
dans les reins, qui le fit tomber
comme mort auprès de ceux
dont fa valeur venoit de le garantir.

L'affaffin n'eut pas plutôt fait
fon coup, qu'il difparut d'une vi-
teffe extrême, laiffant les camarades & le malheureux Brachy
baignez dans leur fang. Cependant ce combat n'avoit pû fe faire
avec fi peu de bruit, qu'il ne fe
fit entendre de quelques perfonnes qui prenoient le frais dans
un jardin dont les murs donnoient
dans cette ruë, & c'étoit juftement le derriere du Palais du
Marquis de Tende. Ce Seigneur
qui s'y promenoit alors, appella
fes gens, fit venir des flambeaux,
& fortit lui-même avec eux pour
fça-

ſçavoir ce que c'étoit. Jugez de
ſon étonnement en voyant Brachy couvert de ſang & preſque
expirant au milieu de trois hommes maſquez & morts. Ce genereux Sicilien, bien different du
traitre Salviaty, ſans s'amuſer en
regrets inutiles, fit d'abord enlever Brachy; & connoiſſant qu'il
reſpiroit encore, le fit porter dans
un ſuperbe appartement où les
Chirurgiens furent auſſitôt appellés: Tandis qu'on viſitoit ſes bleſ-
ſures & qu'on le faiſoit revenir de
ſon évanoüiſſement, le Marquis
envoya chercher la Juſtice, & remit entre ſes mains les trois corps
morts. On les démaſqua, mais
leurs viſages n'étant pas connus,
on ne put être inſtruit de la verité.
Il fallut donc attendre que Brachy pût parler; & lorſqu'il eut repris ſes ſens, le Marquis de Tende
s'en étant fait connoître, & l'ayant
prié de ne lui rien cacher de cette
aventure, il apprit avec ſurpriſe
qu'il en ignoroit lui-même la
cauſe, & qu'il croyoit que ces aſ-

ſaſfaffins étoient des voleurs de nuit.

Le Marquis le crut auffi, & fit drefler les informations & le procès verbal dans cette idée. Cependant il ne voulut jamais permettre que Brachy fortît de chez lui, & qu'il dût fon rétabliffement à d'autres foins que les fiens. Brachy fe deffendit longtems d'accepter ces marques de politeffe; mais il fallut y confentir, d'autant plus que les Chirurgiens jugerent fa bleffure dangereufe. Dès que le jour parut, le Marquis fit avertir les gens de Brachy pour les tirer de peine, & fe rendit au Palais de Montalbano, s'imaginant qu'il auroit befoin de confolation en apprenant cette nouvelle; mais on lui dit qu'il étoit parti pour Agrigente cette même nuit, & qu'il avoit emmené Ifabelle.

Un fi prompt départ, & prefqu'au moment de l'affaffinat de Brachy, donna de grands foupçons au Marquis. Cependant la chofe étoit trop délicate pour la juger temerairement; ainfi cachant

chant ce qu'il en penſoit, il fut
retrouver Brachy, & lui dégui-
ſant la verité, l'aſſura de la douleur de Montalbano & d'Iſabelle,
en lui faiſant eſperer que le premier ne tarderoit pas à le venir voir. Le malheureux Brachy
étoit ſi mal en ce moment, qu'il
reçut ce compliment ſans beaucoup d'attention. Et comme les
Chirurgiens deffendoient qu'on le
fit parler, & qu'une violente fiévre
fit craindre pour ſa vie pendant pluſieurs jours, il ne fut pas difficile au
Marquis de lui cacher ſon infortune. Tandis qu'il faiſoit travailler à
ſa gueriſon avec une attention
particuliere, celui des aſſaſſins de
Brachy qui s'étoit ſauvé, fut pris
pour une autre affaire, & mis à la
queſtion pour ſçavoir ſes complices; & dans la confeſſion de ſes crimes ayant avoué le meurtre du Seigneur Calabrois, on en averit le
Marquis de Tende, qui ſe tranſporta lui-même à la priſon de ce
miſerable, qui lui déclara que les
compagnons & lui n'avoient agi
que

que par les ordres de fon parent
Salviaty de Montalbano. Cet avis
mit le Marquis dans une peine extrême; & comme elle tiroit à de
grandes confequences pour toute
la famille des Salviaty, l'une des
plus confiderables du Royaume
de Sicile, il n'eut point d'autre
parti à prendre que celui d'employer tout fon credit pour l'é-
touffer : il y parvint, mais vivement touché de cette action, &
de l'obftacle qu'elle mettoit pour
jamais à la felicité d'Ifabelle & de
Brachy, il écrivit à Montalbano
d'une maniere terrible.

Le traitre Sicilien lui répondit
en niant fortement le fait, mais
en lui marquant en même tems
qu'il périroit plutôt mille fois que
de donner fa fille à un homme
qui étoit caufe qu'on le foupçon-
noit d'un femblable crime ; que
c'étoit un tour de Calabrois, &
qu'il rendoit graces au Ciel de ne
s'être pas allié avec un fang fi peu
digne du fien. Trois femaines s'é-
toient écoulées de la forte pen-

dant lefquelles Brachy reprit fa
fanté. Tout le tems qu'il avoit été
en danger, le Marquis lui avoit
fait croire que Montalbano étoit
venu très régulierement le voir.
Mais lorfqu'il fut en fanté, n'entendant aucune nouvelle de Salviaty ni d'Ifabelle , une inquiétude mortelle le faifit ; & le Marquis le voyant dans la réfolution
de fortir pour s'informer de ce
filence, craignant un nouvel éclat,
fe vit forcé de lui avoüer le départ
de Montalbano & fon manque de
parole , auquel il donna des prétextes très éloignés de la vérité,
afin que l'affaffinat ne vînt jamais
à fa connoiffance.

Il m'eft impoffible , ma chere
Henriette, de vous exprimer le
défefpoir de Brachy : il voulut fe
tuer , il vouloit aller chercher
Montalbano & Dom Francifque
de Benevent pour les poignarder,
& fit des actions & tint des difcours qui mirent la douleur dans
l'ame du Marquis. Madame de
Tende qui l'avoit foigné comme
                              fon

son fils pendant sa maladie, employa pour le calmer tout ce que
son esprit lui put suggerer; mais
comme dans tous les discours du
mari & de la femme ils ne faisoient
aucune mention d'Isabelle, ce qui
la lui faisoit croire aussi coupable
que son pere; il fallut malgré leurs
résolutions pour arrêter les transports de sa fureur, qu'ils lui appris-
sent la précipitation avec laquelle
il étoit parti.

Cette nouvelle l'appaisa, & se
flattant d'être encore aimé, il prit
le parti d'aller déguisé à Agrigente, d'y voir Isabelle, & de partir
ensuite pour l'Espagne, & de s'y
battre avec D. Francisque. Pour
que rien ne l'empêchât d'exécuter son projet, il en fit un secret
au Marquis & à son épouse, &
feignit pendant plusieurs jours de
gouter leurs raisons; ensuite leur
ayant témoigné sa reconnoissance, & préparé à son départ
pour la Calabre, afin, disoit-il,
d'instruire son pere de son avanture, il prit congé d'eux, se ren-

dit

dit à ſon Palais , mit ordre à ſes affaires , ſe défit de tous ſes domeſtiques, ne retenant que le Gentilhomme qu'il avoit amené avec lui , & qui étoit révenu depuis peu avec le conſentement du vieux Brachy pour ſon mariage , & prit la route d'Agrigente , où il arriva ſans accident.

Mais quelques perquiſition qu'il y fit, il ne pût ſçavoir dans quel endroit étoit Iſabelle., Montalbano ne l'ayant pas avec lui , tous ceux à qui il s'en informa l'aſſurant qu'il étoit venu ſeul à Agrigente. Cètte nouvelle mit le comble à ſon deſeſpoir, & s'imaginant qu'elle étoit parti pour l'Eſpagne , il s'émbarqua ſur le premier vaiſſeau prêt à mettre à la voile pour les côtes de ce Royaume ; mais le troiſiéme jour de ſa navigation une furieuſe tempête ayant rendu le vaiſſeau le joüet des vents & des flots , lui fit prendre une route toute contraire, & le jetta ſur les côtes d'Alger , briſé, fracaſſé, & ſans nul eſpoir pour l'équipage.

Brachy

Brachy prêt à perir ne perdit point
cependant le courage, & s'abandonnant à la mer, fçachant parfaitement nager, il ne fongea qu'à
gagner un écueil à l'abri duquel il
croyoit voir un vaiffeau qui fembloit y avoir jetté les ancres.

En effet, c'étoit le fameux Mezomorto lui-même, qui féparé de
fon efcadre par un vent contraire
y attendoit la jonction de fes autres vaiffeaux. Ses Turcs l'ayant
averti du naufrage de celui de Brachy, il fit mettre la chaloupe en
mer pour profiter du débris, &
fe faifir de ceux qu'on pourroit
fauver : cette avidité fut favorable à Brachy que la chaloupe re-
cueillit au moment que les forces
alloient l'abandonner. Quoiqu'il
ne fut gueres en état d'infpirer de
certains fentimens, fa beauté, fa
jeuneffe, fa taille avantageufe, &
fon air noble ne laifferent pas de
leur faire juger que cette prife feroit agréable à leur Général, &
fans perdre de tems, le conduifirent à Mezomorto.

· Le

Le defefpoir de Brachy le rendant infenfible à tout ce qui pouvoit lui arriver, il ne s'étonna pas de fe voir parmi des Turcs ; fon ame étoit dans une affiette fi funefte que la perte de fa liberté lui parut peu de chofe en comparaifon de celle d'Ifabelle , ce qui le fit aborder Mezomorto d'un air d'indifférence qui le furprit. Sa bonne mine le charma & par de ces coups du fort , auffi fréquens qu'imprévus , il prit dès cet inftant une forte inclination pour lui , & pour la lui témoigner dès ce même moment , il lui fit un accueil gracieux „ & l'affura qu'il feroit bien traité.

Je te rends grace de ta bonté , lui répondit froidement Brachy ; mais le malheur qui me pourfuit ne me fait defirer que la mort. Ce difcours piqua le Turc de curiofité : il lui fit ôter fes habits trempés, & lui en fit mettre à la turque des plus fuperbes ; enfuite l'ayant fait paffer dans la chambre de poupe , il lui demanda qui il étoit,

étoit, d'où il venoit, & dans quel pays il alloit lorſqu'il avoit fait nau‑ frage. Il eſt ſi doux aux malheureux de parier & de ſe plaindre de leurs infortunes, ne fut-ce qu'aux bois ou aux rochers, que Brachy ne fit aucune difficulté de conter ſon hiſtoire à Mezomorto. Ce Turc en fut touché, & l'avanture de l'aſſaſſinat lui faiſant juger de la valeur de ce jeune homme, il l'embraſſa, le conſola, & lui fit tant de careſſes, qu'enfin Brachy en fut ému, & parvint à lui par‑ ler auſſi familierement que s'ils s'étoient connus depuis longtems.

Mezomorto le voyant plus tran‑ quille: Ton amour, lui dit-il, mé‑ ritoit un autre ſort; mais crois‑ moi, toutes les femmes de l'Uni‑ vers ne valent pas une goutte de notre ſang, & c'eſt une foibleſſe

tel que toi, de ſonger à mourir pour la perte d'une maîtreſſe: ven‑ ge-toi bien plûtôt du pere de la fille & de ton rival, en les aban‑ donnant pour jamais à leurs mau‑

vais

vais deftins : quitte une vie oifive
& pleine d'amertume , pour en
prendre une qui te conduife à
tout ce que la fortune a de plus
éclattant. Brave Chrétien , tu m'as
féduit le cœur , il ne tiendra qu'à
toi d'être heureux ; fuis mon fort ,
quitte ta Religion , & je te donnerai mille occafions de te confoler & de te venger de l'affront que
t'a fait le Sicilien. Je ne te preffe
point , réfléchis , & détermine-toi,
c'eft le feul moyen que j'aie pour
ne te pas faire efclave.

Brachy , tout defefperé qu'il
étoit , ne trouva pas d'abord la
propofition de fon gout : un refte
d'amour pour fa patrie & fa créance la lui fit rejetter avec indignation. Mezomorto s'y étoit attendu ; mais voulant tout tenter pour
ne pas manquer fa proye , il lui
laiffa tout le tems néceffaire pour
y faire attention , & le traittant
en ami plûtôt qu'en Corfaire , il
ne lui parla plus de rien ; cependant fon efcadre s'étant raffem-
blée & l'ayant rejoint , il remit à
la

la voile fi-tôt que le vent fut favorable, & continua fes courfes.
Le malheureux Brachy, plus amoureux que jamais, & perdant tout
efpoir de revoir Ifabelle, commença alors à fentir l'horreur de
fa condition préfente : un éternel
efclavage vint s'offrir à fon efprit
entouré de toutes fes horreurs,
& jugeant enfin que de la maniere
dont Mezomorto lui avoit parlé,
il ne le mettroit que difficilement
à rançon ou fe vengeroit peut-
être de fon refus plus cruellement
encore, joint à l'efpoir de trouver
la mort dans les combats, il fe réfolut tout-à-coup à fe rendre aux
follicitations du Turc, auquel il
déclara que s'il vouloit lui donner
un emploi digne de lui, il accepteroit fa propofition.

. Le Corfaire ravi de voir fi bien
réuffir fon deffein, ne balança
point à lui promettre le commandement en chef d'une galere s'il
étoit vrai qu'il fut dans ces fentimens. Brachy pour l'en convaincre, lui dit qu'il n'accepteroit

point cet emploi qu'il ne s'en fût
montré digne par ses actions, &
se fit enfin Musulman, & prit le
nom d'Haly au grand contentement de Mezomorto. Il donna
dans cette premiere course des
preuves si éclatantes de courage,
de valeur & de prudence, que son
Général qui se connoissoit en mérite, le distingua bientôt de tous
les braves de son armement, &
dès la troisiéme campagne, lui
donna le commandement de la
Galere qu'il lui avoit promis.
Lorsqu'il se vit le maître, il fit plusieurs projets, que malgré leurs
difficultez il exécuta avec tant de
bonheur que Mezomorto, quoique grand homme de mer, les
admiroit comme étant surpre-
nants. Dans ses differentes expédi-
tions, il amassa des richesses im-
menses, & se vit en très-peu de
tems au plus haut degré de la fortune; cependant toute sa gloire,
ses occupations & ses grands biens
ne le consoloient point de la perte
d'Isabelle, son amour le suivoit en
tous

tous lieux, fon image étoit gravée
au fond de fon cœur, & rien n'a-
voit pû l'en diftraire.

Il étoit en cet état, & quatre
ans s'étoient écoulés depuis fon
naufrage, lorfqu'il attaqua fur les
côtes de Sicile un vaiffeau dont il
crut la prife avantageufe. Le combat fut fort rude & fanglant ;
mais les Algeriens animés par la
valeur de leur Commandant, s'en
rendirent enfin les maîtres. Haly
y entra le premier le fabre à la
main ; & fulvi des fiens, il fit un
horrible carnage de tous ceux
qui voulurent lui réfifter, & mit
le refte aux fers : de là paffant
dans la chambre de poupe ou des
cris lamentables fe faifoient entendre, il y fut frapé d'un fpectacle contre lequel la cruauté
qu'il vouloit affecter ne put tenir.
Plufieurs femmes couchées contre terre en tenoient une autre
dans leurs bras, à qui la crainte
fembloit vouloir ravir le jour: les
pleurs de celle qui la foutenoient
tomboient fur fon vifage, & pa-

roiſſoient auſſi mourantes qu'elle.
Cet aſpect arrêta la fureur d'Hali,
qui baiſſant ſon cimeterre s'avança pour les raſſurer. Que devint-il
lui-même lorſqu'il reconnut Iſabelle dans celle que les autres
cherchoient à tirer de ſon évanoüiſſement , & qu'il apperçut
Florine auprès de cette incomparable fille. Tout ſon ſang ſe glaça
dans ſes veines , ſes forces l'aban-
donnerent , & plus mourant mille
fois que toutes ces femmes : Iſabelle ; s'écria t-il , eſt-ce vous
que je vois ? & tombant à ſes pieds
preſque ſans ſentiment , il demeura les yeux attachez ſur cet objet
fatal comme un homme éperdu.

Sa voix , ſes paroles & ſon action
ayant frappé Florine , elle le regarda , & ne l'eut pas plûtôt envi-
ſagé. Juſte Ciel , dit-elle , c'eſt
Brachy. Il ne falloit pas moins
qu'un nom ſi cher pour rendre
Iſabelle au jour. Ses beaux yeux
s'ouvrirent , & ſoulevant ſa tête
pour chercher autour d'elle , &
ne voyant que des turbans Cruel-

le,

le, dit-elle à Florine, peux-tu prononcer un nom si doux au milieu de ces barbares? L'amoureux Haly revenu de son trouble, & non de sa surprise, jugeant qu'elle le méconnoissoit, prit la parole? Oui, Madame, Brachy est au milieu d'eux, & se trouve cent fois plus barbare qu'eux, puisqu'il vous a mis en cet état.

Quoi! c'est Brachy que j'entens reprit Isabelle en le regardant attentivement; c'est lui qui le sabre à la main & sous un tel déguisement vient de me délivrer du fort le plus funeste.

O Ciel, ajouta-t-elle, tous mes malheurs sont finis si je le retrouve aussi constant que la tendre Isabelle. A ces mots, se débarassant de ses femmes, & jettant ses bras autour du col de Brachy. Je vous revois, continua-t-elle, mon cher Brachy, & ce que vous venez de faire m'assure de votre fidélité. Est-il un bonheur comparable au mien? Quoique Brachy ne comprit rien à ces paroles, il étoit

E 7 trop

trop fenfible à ces careffes pour
perdre du tems à demander leur
explication: tranfporté d'amour
& de joye, il les rendoit avec ufu-
re ; mais enfin la pudeur d'un
côté & le refpect de l'autre ayant
moderé leurs tranfports, il fallut
éclaircir cet extraordinaire évenement.

Alors Brachy ayant fait retirer
fes Turcs, & donné fes ordres
pour la fûreté de fa prife, conduifit Ifabelle dans fon vaiffeau, où
cette belle lui apprit que Montalbano, après l'avoir tenuë captive
l'efpace de quatre ans dans un
Château fort qu'il avoit fur le chemin d'Agrigente pour la punir de
la réfiftance qu'elle avoit apporté
à fes volontez, & fe venger fur
elle de n'avoir plus aucunes nouvelles du Comte de Benevent, l'en
avoit tirée pour l'envoyer en Efpagne, où ce Seigneur avoit enfin
mandé qu'il l'attendoit, & que
Montalbano charmé de fe défaire
d'elle, l'avoit fait embarquer auffi-
tôt malgré fes prieres & fes pleurs,
&

& c'eſt de ce ſort funeſte, continua-t-elle, que vous venez de
m'arracher. Fuyons, mon cher
Brachy, l'Eſpagne & la Sicile, &
cherchons dans le ſein de votre
famille un repos que nous ne pouvons trouver dans la mienne.

Brachy qui reconnut à ſon diſcours qu'elle prenoit pour un ſtratagême tout ce qui s'offroit à ſes
regards, ne voulut pas la laiſſer
dans cette erreur, & profitant du
redoublement de tendreſſe que
cette avanture avoit mis dans ſon
cœur, il ſe jetta à ſes genoux, &
lui conta ſans nulle feinte le changement de ſa deſtinée. Iſabelle
en fut d'abord effrayée, & répandit un torrent de larmes, en ſe
voyant ſi cruellement trompée
dans ſes eſperances; mais l'amoureux Brachy ſçut ſi bien menager
ſon amour, & lui repréſenta ſi
fortement l'impoſſibilité de revoir
leurs patries ſans courir les plus
funeſtes riſques, ſur-tout après ce
qu'il venoit de faire, qu'il l'obligea d'en convenir. Que vous dirai

rai-je de plus, ma chere Henriette, Iſabelle plus tendre que vous,
& moins ſcrupuleuſe, tremblante
de perdre un bien que le hazard
venoit de lui rendre contre toute
attente , conſentit à ſuivre ſon
cher Brachy dans Alger, & de vivre ignorée de toute la terre pour
ne vivre que pour lui. L'heureux
Brachy l'y conduiſit, la fit changer
de Religion, & l'épouſa ; & c'eſt
de cette douce union que j'ai reçu
la naiſſance, ainſi que Mahomet
Brachy mon frere aîné. Ma mere
cependant, qui gardoit dans ſon
cœur des ſemences de ſa premiere créance, nous en donna quelque teinture ; mais mon frere attaché au Mahométiſme, ne gouta
jamais ſes inſtructions & m'empêcha d'en profiter. Cependant Iſabelle qui m'aimoit avec paſſion,
& qui deſiroit que je fuſſe Chrétien, avoit obtenu de mon pere
qu'elle m'enverroit en Sicile ; &
pour me faire reconnoître elle
m'avoit chargé de ſon portrait, &
d'une lettre pour le Marquis de
Ten-

Tende, par laquelle elle lui faifoit un fidele récit de ce qui lui
étoit arrivé ; & je devois partir au
retour d'une courfe que mon pere
avoit été obligé de faire, lorfque
nous reçumes la trifte nouvelle
qu'il avoit été tué dans un combat
contre les Efpagnols. Ma mere
outrée de la plus vive douleur, ne
put furvivre à cette perte, & fuivit de près fon époux au tombeau.
Mon frere qui, comme mon pere, aimoit la mer, continua les
armemens ; & moi, curieux de
voyager, je m'abandonnai au
commerce, & paffant en Sicilé
fous le nom de Charles Brachy
mon pere, avec le portrait & la lettre de ma mere. Je me fis reconnoître du Marquis de Tende & du
refte de la famille des Salviaty.
Montalbano étoit mort, & je ne
trouvai que des cœurs attendris de
la deftinée d'Ifabelle, qui n'ayant
point marqué qu'elle ni fon époux
avoient changé de Religion, me
laiffa la liberté de me faire croire
Chrétien. Les Salviaty me facili-
te-

terent les moyens de paſſer aux
Indes Occidentales, ou dans le
cours de fix années la fortune m'a
favoriſé de telle forte que j'ai raffemblé des richeſſes immenſes :
mais comptant toujours retourner
en Barbarie, j'ai tout fait tranf-
porter dans Alger avant que d'arriver à Marſeille. Le reſte vous eſt
connu, ma chere Henriette : votre beauté me rendit plus amoureux que mon pere ne l'avoit été
d'Iſabelle. J'ai tout hazardé pour
vous poſſeder, & je ſerai trop heureux fi l'exemple de ma mere, mon
amour, & la brillant fortune qui
nous attend dans Alger, peut
triompher dans votre ame en ma
faveur. Je m'étois réſolu de partir
fans vous, & d'aller travailler à retirer mes effets des mains de mon
frere, & vous rejoindre enſuite
au péril même de ma vie ; mais
au moment de m'en ſéparer mon
ardent amour m'a fait voir l'impoſſibilité de mon deſſein, & perſuadé du vôtre, & que vous ne
vous réſolveriez jamais à me voir
é oi-

éloigner fans vous', je vous ai laiffé
voir tout mon chagrin pour vous
obliger à m'en demander la caufe,
& vous rendre compagne de mon
fort. Ce font là mes crimes, ma
chere Henrietre, & fi la caufe ne
vous en paroît pas pardonnable,
je m'en punirai en mourant à vos
yeux.

Ofmin ceffa de parler, & la
belle Salucre, vivement touchée
de tout ce qu'elle venoit d'entendre, & fe flattant que fon époux
étant d'origine Chrétienne, feroit
moins difficile à perfuader, le conjura de ne lui plus parler de fe
donner la mort, & de croire
qu'elle lui étoit attachée auffi fortement qu'Ifabelle l'avoit été à fon
pere; & remettant au Ciel de lui
infpirer fa converfion, elle fe laiffa
conduire à Alger, où Mahomet
Brachy, inftruit de l'arrivée de
fon frere; le reçut avec des témoignages de joye & de tendreffe qui lui firent efperer qu'il lui
pardonneroit d'avoir époufé une
Chrétienne; mais il n'étoit pas à

la fin de ſes peines, & le grand
Maître des deſtinées pour le punir, & ſe l'attirer, voulut le rendre
un exemple mémorable de ſa vengeance & de ſa miſéricorde.

SUITE

DU

CALABROIS.

XXVII. NOUVELLE.

LA tendre réception que Mahomet fit au jeune Brachy son frere, le contraignit pendant quelques jours à paroître aussi charmé de le revoir que la belle Saluere en eut de douleur. Toutes les magnificences que le Palais de son époux offrit à ses regards ne purent la consoler d'être au milieu d'une troupe de gens barbares & dont

dont le feul langage lui donnoit de l'effroi. Ofmin la préfenta à Mahomet avec fon amie, fous les noms de Zumane & de Tharife, l'une fille, & l'autre niece d'un de fes Correfpondants dans un des Ports de Barbarie, en lui difant que l'amour qu'il avoit pris pour Zumane ne lui avoit pas permis de s'en féparer; mais que cette fille n'ayant pas encore pour lui la tendreffe que fon cœur defiroit, foit que fa jeuneffe la rendît infenfible, ou foit qu'elle eût quelqu'autre inclination, il avoit obtenu de fon pere la permiffion de l'emmener avec lui, afin de l'accoûtumer à fa vûë, & lui faire oublier les objets qui pouvoient l'empêcher de répondre à fon ardeur; & qu'étant liée avec Tharife fa coufine d'une amitié fans bornes, elle n'avoit point voulu partir fans elle.

Cette fauffe confidence que Brachy ne faifoit à fon frere que pour lui cacher la naiffance & la Religion de fon époufe & la mettre à l'abri des accidens où fa beauté pouvoit l'expofer, n'étant pas
per-

permis à un Mahometan de faire
nulle violence aux femmes Mu-
fulmanes, ni d'afpirer à celles qui
font deftinées pour leur frere ou
pour leur pere, produifit tout un
autre effet que celui qu'en attendoit Brachy. La belle Henriette,
qui fous le nom de Zumane, ne
parut que voilée aux yeux de Mahomet, ne laiffa pas de s'emparer de fon cœur; fa taille, fon
port & les graces que la nature
avoit répanduës fur toutes fa perfonne fuffirent pour l'enflammer,
perfuadé par le difcours d'Ofmin
qu'elle n'avoit nulle inclination
pour lui, il fe flatta d'un plus heureux deftin, & de pouvoir comme étant l'aîné le contraindre à
lui ceder une main qui ne fe donnoit qu'à regret; mais ne voulant
pas faire fi-tôt éclater fes fentimens, il les cacha fous les apparences de l'eftime & de la confidération, & laiffant à Ofmin toute
l'autorité qu'il devoit avoir fur ces
femmes, elles furent mifes dans le
plus fuperbe apartement du Palais
& fervie par un grand nombre
d'ef-

d'efclaves avec des refpects infi.
nis.

Mais quoiqu'Henriettte & fon
amie changeaffent de nom , elles
ne changerent pas de penfées fur
leur fituation préfente, Zumane
en faifoit le fujet de fon defefpoir,
& Tharife celui de fon amufement. L'habillement, le langage
& les moindres actions des Turcs
la divertiffoient, & lui donnoient
occafion de faire briller leur efprit en laiffant un libre cours à des
faillies qui furent fouvent d'un
grand fecours à la belle Salucre
pour la tirer de la profonde mélancolie où fes cruelles réflexions
la firent tomber. Brachy, que la
poffeffion ne rendoit que plus
amoureux , cherchoit en vain à
la diffiper par mille douces efpé-
rances, & par tous les plaifirs que
lui pouvoit permettre la rigidité
des Turcs à l'égard des femmes.
Mahomet fon frere étoit le premier à les lui procurer, afin de
s'en faire un merite auprès de l'un
& de l'autre, & de s'attirer la confiance d'Ofmin, en lui faifant croire

re que fa complaifance ne partoit
que de l'envie de le rendre agréable à Zumane. Pour cet effet, il
permit aux femmes de fon férail
de fe promener à vifage découvert, même lorfqu'Ofmin y feroit,
voulant par là l'engager à donner
la même liberté à Zumane qui ne
paroiffoit jamais que voilée.

Les femmes du férail de Ma-
bomet, charmées d'un changement qui les tiroit d'une ennuieu-
fe folitude, en profiterent dès le
même jour qu'il leur fut annoncé,
& s'étant renduës par fon ordre à
l'apartement de Zumane, lui marquerent des refpects aufquels cette belle perfonne ne put être infenfible. Tharife eut fa part dans
les témoignages de confidération
que reçut fon amie ; & fon humeur
enjoüée ayant infiniment plû aux
Dames du ferail, elles prirent
toutes beaucoup d'amitié pour elle, entr'autre une jeune perfonne
Genoife de naiffance, & d'une
phifionomie fi fine & fi fpirituelle
qu'il fembloit que fes yeux devi-
noient jufqu'aux moindres pen-

fées de ceux qu'elle regardoit, lui
fit des avances & des caresses qui
gagnèrent d'abord son cœur; sa
beauté, ses graces, & quelque
chose d'enchanteur qu'elle avoit
dans ses discours & dans toutes ses
actions l'avoient fait nommer Armide par les femmes de Mahomet, au lieu du nom de Julie qu'-
elle portoit avant que d'arriver en
Barbarie.

La jalousie si commune parmi
les femmes dans ces climats, n'a-
voit eu nul pouvoir à son égard:
elle étoit également aimée de toutes, & possédoit l'entiere confiance
de Xamire épouse de Mahomet.
La belle Saluere sentit comme les
autres qu'il étoit impossible de se
défendre de ses charmes, & lui
livra son cœur, aussi bien que
Tharife dès cette premiere vûë.
La spirituelle Armide les examina toutes deux avec tant d'attention qu'elle connut aisément que
la tristesse de Zumane venoit d'u-
ne autre cause que de son aver-
sion pour Osmin, & que Tharife
ne donnoit carriere à son enjouë-
ment

ment naturel que pour la diffiper ;
& comme elle avoit elle-même
des fecrets d'importance qui de-
mandoient des confidentes dif-
cretes & fidelles, elle forma le
deffein de pénétrer dans les fentimens les plus cachés de ces nouvelles venuës avant que de s'y fier.
Pour y parvenir plus fûrement,
elle s'empreffa de telle forte auprès de Zumane & de Tharife, &
fe rendit fi néceffaire à leurs amufemens qu'elles ne pouvoient paffer un jour fans la voir.

Ofmin s'étant apperçu de cette
liaifon & du mérite de la jeune
Genoife, fe fervit du pouvoir
qu'elle avoit pris fur Henriette
pour l'obiger à fe communiquer
plus librement qu'elle ne faifoit à
Mahomet, efperant que charmé
de la douceur & de la beauté de
cette Françoife, il ne pourroit
condamner fon amour ni fon mariage, quoiqu'elle fut Chrétienne. Pour cet effet, ayant un jour
abordé la jeune Armide dans les
jardins, qui compofoit des guir-
F 2   lan·

landes de fleurs : Charmante Armide , lui dit-il , oferois-je me
flatter que vous ne me refuferez
pas une grace que j'ai à vous demander. Cette aimable fille quittant fon occupation, & le regardant attentivement : Seigneur, lui
dit-elle, une efclave de Mahomet
pourroit elle être affez heureufe
pour vous devenir utile ? Ah ! que
ma captivité me paroîtroit adou-
cie fi j'étois capable de rendre
quelque fervice au généreux Ofmin. C'eft à moi, belle Armide ,
lui répondit-il, à benir mon fort
de vous trouver dans des difpofitions fi favorables, elles augmentent l'eftime que vous m'avez infpirée, & m'encouragent à vous
prier de rendre l'admirable Zumane moins folitaire ; elle vous
aime ; vous feule pouvez obtenir
d'elle quelques marques de fa
complaifance pour mon frere ; il
fouhaite la voir & juger par fes
yeux fi les miens ne font point pré-
venus. Depuis que je l'ai conduit
en ces lieux je n'ai pû gagner fur
                                    elle

elle de profiter de la liberté que Mahomet veut bien laiſſer aux Dames de ſon férail; elle évite ſa vûë, & ne ſe communique qu'à vous; j'ai de fortes raiſons pour que mon frere approuve mon a-mour; mais comment pourra-t-il l'approuver s'il n'en voit jamais l'objet. Je doute fort, Seigneur, reprit Armide, que j'obtïenne de la belle Zumane ce qu'elle vous aura refuſé; & malgré l'opinion où vous êtes de n'être pas aimé, je crois que perſonne ne fera près d'elle ce que vous n'avez pû faire; cependant, Seigneur, je n'épar-gnerai rien pour vous prouver mon zele; mais ſi j'oſois vous par-ler librement, vous ne vous preſ-feriez pas d'étaler tant de charmes aux yeux de Mahomet.

Olmin, qui crut qu'Armide craignoit que Zumane ne lui enle-vât le cœur de ſon frere, & que la jalouſie la faiſoit parler de la for-te, lui répondit galamment que lorſque des attraits tels que les ſiens s'étoient emparez d'un cœur, nul-

le

le beauté ne se pouvoit flatter de le conquerir, & qu'elle n'avoit rien à redouter. Je ne crains rien aussi, Seigneur, interrompit-elle, Mahomet n'est point amoureux de moi. Je ne prétends rien à sa tendresse, & si toutes celles qui sont ici pensoient comme moi, la vertueuse Xamire n'auroit jamais à se plaindre de ses infidélités. Si vous me connoissiez, Seigneur, ajouta-t-elle en soupirant, vous ne douteriez point de la verité de mes paroles; mais il n'est pas tems de vous éclaircir sur ce qui me touche; je m'acquitterai de votre commission, & si j'y réussis, je prendrai la liberté de vous en demander une récompense qui vous prouvera que ce n'est pas pour moi que je crains l'effet des charmes de Zumane sur l'ame de Mahomet. Elle le quitta en finissant ces mots, & se rendit effective-ment auprès de Zumane. Tharise & elle la reçurent avec mille té-moignages de tendresse L'épou-se d'Osmin & son amie, qui sça-

voient

voient qu'elle étoit Genoise de naiſſance, & par conſéquent Chrétienne, la traittoient avec la confiance que donne une même créance, & quoiqu'elles cachaſſent la leur, & paruſſent être Mahometanes aux yeux d'Armide, cette belle fille leur trouvoit tant de vertu, des ſentimens ſi ſemblables aux ſiens, & ſi néceſſaires au deſſein qu'elle avoit formé, qu'elle s'abandonna ſans réſerve au penchant qu'elle avoit pour elles. Il ne lui fut pas difficile de mettre la converſation ſur Oſmin & Mahomet ; & s'adreſſant à Zumane : lequel des deux freres, Madame, lui dit-elle, vous paroît le plus digne d'être aimé ?

La queſtion eſt vive, lui répondit Zumane en ſoûriant, il eſt dangereux d'y répondre, & je vous prie de me diſpenſer de la décider. Il n'eſt rien de dangereux avec moi, reprit Armide ; je ſuis diſcrete, & je me ſens trop portée à vous ſervir pour que vous puiſſiez craindre d'être ſincere ; mais

F 4   bel-

belle Zumane, pour vous éviter
la peine de me déclarer vos fentimens, permettez que je les devi-
ne. Envain, continua-t-elle d'un
air rempli de fineffe, Ofmin cherche à nous perfuader votre indifférence pour lui, mon cœur fe
connoît trop bien en tendreffe
pour n'avoir pas pénétré la vôtre :
il vous adore, & vous l'aimez ;
votre amour pour la folitude, le
foin que vous prenez de vous cacher à Mahomet, la complaifance que vous marquez à fon frere
en le laiffant joüir à toute heure
du plaifir de vous voir ; tout cela,
dis-je, me prouve la différence
que vous faites d'Ofmin avec les
autres hommes ; mais ce que je
ne puis deviner, ce font les raifons
que vous avez l'un & l'autre pour
faire un myftere de cet amour.
Pardonnez, continua-t-elle en
voyant l'étonnement de Zumane
à ce difcours, pardonnez toutes
mes remarques, elles ne doivent
point leur naiffance à la curiofité ;
un fentiment plus noble m'a con-
train-

trainte à les faire ; le defir de vous
être utile & de trouver en vous la
protection dont j'ai befoin auprès
d'Ofmin, en eft l'unique caufe ;
je vois en vous deux des qualitez
fi rares parmi les Mahometans ,
qu'il eft des momens ou je ne puis
vous croire de leur Religion , &
je n'en paffe point où je ne faffe
des fouhaits pour que vous foyez
de la mienne. L'aimable Armide
montroit fi bien fur fon vifage la
fincerité de fes paroles , que Zumane ne put en douter, & comme elle s'imaginoit qu'une amie
de ce caractere pourroit lui devenir d'un grand fecours dans l'occafion, elle fe crut obligée de répondre avec confiance à l'amitié
qu'elle lui témoignoit. Charmante Armide, lui dit-elle, en l'embraffant, il n'eft pas en mon pouvoir de réfifter à ce que vous defirez, & vous auriez déja des preuves de l'eftime que vous m'avez
infpirée , fi j'étois maîtreffe de
mon fort; mais helas ! mes malheurs ont des circonftances trop

dangereufes à découvrir pour ofer
les confier dans le Palais de Mahomet, fi le péril ne regardoit que
moi, je ne balancerois pas à me
donner la douce confolation de
vous en entretenir : mais l'interêt
de celui qui les a caufés, & qui cependant m'eft plus cher que ma vie
me contraint à garder le filence.

Pour moi dit alors Tharife en
riant, je n'ai point de fecret perfonnel, & vous attendrez, s'il vous
plaît aimable Armide, que quelque Turc fe foit emparé de mon
cœur pour entrer dans ma confidence : fi mes vœux étoient exau-
cés lui répondit la Genoife en
la regardant attentivement vous
auriez bien-tôt fujet de me dire
beaucoup de chofes ; cependant
pour vous engager l'une & l'autre
à n'être pas fi refervées, je veux
être la première à découvrir mon
cœur, & peut-être qu'une parfaite
connoiffance de ce que je fuis
vous donnant lieu de ne pas dou-
tre de ma fincerité, vous forcera
à la recompenfer par la vôtre.

Of-

Ofmin ne m'a pas refufé la fienne, puifqu'il m'a chargé, Madame, continua-t-elle en s'adreffant à Zumane, de vous porter à plus de complaifance pour Mahomet fon frere en vous laiffant voir à fes yeux telle que vous paroiffez aux nôtres.

J'ignore, répondit triftement la belle Saluere, quelle raifon peut avoir Ofmin de preffer de la forte cette entrevûë : mais mon cœur y repugne fi fort qu'il femble m'annoncer un furcroît d'infortune. Accordez fes defirs & vos craintes repartit Armide ; laiffez vous voir à Mahomet, mais que ce foit toujours en prefence de la vertueufe Xamire fon époufe fille du Bey d'Alger. La confideration que fa naiffance l'oblige d'avoir pour elle, & la crainte que fes infidelités ne viennent à fa connoiffance l'empêche de s'attacher jamais à celles qui paroiffent être dans fa confidence : c'eft par le foin que j'ai pris de m'en faire aimer & de lui faire ma cour avec exactitude, que je me fuis garantie

des

des pourſuites de Mahomet à qui
je courois riſque de plaire plus
que je ne le voulois ſans cette précaution, non par le pouvoir de
mes foibles attraits, mais par celui
de la nouveauté à laquelle les
hommes ſacrifient ſouvent leur
raiſon ; & comme je crois que le
malheur le plus à craindre pour
vous eſt celui de lui donner de
l'amour ; & qu'il eſt preſqu'impoſſible qu'il n'en prenne en vous
voyant : éteignez-le au même
moment que vous le ferez naître
en vous rendant inſeparable de
Xamire. Cette aimable femme a
pris pour vous une eſtime qu'on
ne peut vous refuſer ; & je vous
promets de ſa part une protection
d'autant plus utile qu'elle eſt toute-
puiſſante ſur l'eſprit du Bey ſon
pere. J'accepte avec plaiſir la propoſition que vous me faites, répondit Zumane, & quoique je
n'aye pas la vanité de croire que
Mahomet oubliât pour moi ce
qu'il doit à Xamire, j'avouë que ſa
compagnie & la vôtre me rendront la ſienne moins inſupporta-
ble ;

ble ; mais , chere Armide, ajouta-
t'elle, avant toutes chofes dégagez
votre parole en nous contant vos
avantures, & m'apprenez en quoi
je puis vous rendre fervice , &
foyez afsurée que l'occafior m'en
feroit auffi douce qu'à vous.

Je fçai trop bien lire dans les
cœurs, reprit Armide, pour douter
des fentimens du vôtre, & je ne
puis mieux vous prouver à quel
point j'ofe m'en flatter qu'en vous
découvrant tout ce qui regarde le
mien. Alors, Zumane, l'ayant fait
pafser avec Tharife dans fon cabinet, & toutes trois ayant pris
leurs places, Armide prit la porole
en ces termes.

Vous fçavez déja, Madame, que
je fuis de Genes, mon pere étoit
de la noble famille des Fornary,
& tenoit un rang afsez confiderable dans la République ; il avoit
époufé une Dame du Royaume
de Corfe de laquelle il n'eut que
deux enfans, Fornary & moi; mon
véritable nom, eft Julie ; celui
d'Armide ne m'ayant été donné
que depuis ma captivité par les

femmes

femmes de Mahomet. Ma mere
qui mourut très-peu de tems après
notre naiſſance, laiſſa mon pere ſi
jeune encore, que l'amour paternel ne pût l'emporter ſur celui
qu'il prit pour une belle perſonne
fille unique d'un des plus riches
Nobles de la Republique qu'il
épouſa deux ans après la mort de
ma mere. Ce ſecond engagement
ayant fait craindre à nos parens
maternels que nous ne fuſſions un
jour mon frere & moi les victimes
de la jalouſie d'une belle-mere,
ils reſolurent de nous ôter de
deſſous ſes yeux & de prendre
ſoin de nos biens & de notre éducation. Le plus ferme dans ce deſſein fut un frere de ma mere que
des affaires importantes avoient
amené à Genes dans ce même
tems. Comme il étoit un des plus
puiſſans Seigneur du Royaume
de Corſe, & qu'il avoit un fils à
peu près de notre âge ſur lequel
il fondoit toutes ſes eſperances, il
projetta de nous élever avec lui,
& de lier entre nous une aſſez
forte amitié pour nous obliger à
ne

ne jamais revenir à Genes Dans
cette penſée profitant de l'excès
de la paſſion de mon pere pour ſa
femme , il lui propoſa de nous
prendre mon frere & moi ; il n'eut
point de peine à l'accepter; enyvré
de ſon amour, il lui parut que
l'embarras de notre éducation
l'en auroit detourné , & qu'il ne
pouvoit mieux faire que de ſe
délivrer de cette inquietude; ainſi
Thimante, mon oncle maternel,
nous fit partir avec lui pour l'Iſle
de Corſe où ſon épouſe auſſi tendre pour nous que pour ſon propre
fils, mit tous ſes ſoins à nous rendre
dignes de notre naiſſance. Notre
enfance n'eut rien de remarquable , & quoiqu'on m'ait ſouvent
repeté que nous faiſions voir un
eſprit & des inclinations fort au-
deſſus de notre âge, je ne perdrai
point de temps a vous en entretenir.

Le jeune Thimante & mon
frere étoient de même âge , & je
ne ſuis que d'un an plus jeune
qu'eux ; mais j'eus à peine atteint
celui de la raiſon que ſes premie-

res lumieres ne fervirent qu'à me
faire connoître le merite & les
belles qualités dont ils brilloient
déja. Je trouvois dans Fornary
tout ce qu'il falloit pour me glorifier d'être fa fœur, & dans Thimante tout ce qui pouvoit me
faire defirer d'en être aimée : en
effet, jamais on ne vit deux hommes fi dignes de plaire ; & fi je
n'avois point vû Ofmin, je vous
affurerois que Thimante & mon
frere n'ont en merite aucun rival
à craindre. Je ne fçai fi les fentimens qu'ils m'infpiroient l'un &
l'autre me firent agir avec eux de
façon à les en inftruire, ou fi le
peu d'agrémens que j'ai reçu de
la nature produifit chez eux le
même effet. Mais, quoiqu'il
en foit, je me vis bien-tôt
cherie de Fornary d'une maniere
particuliere, & prefqu'adorée du
jeune Thimante ; l'amitié de l'un
& l'amour de l'autre me furent
également agréables : & comme
mon cœur les avoit defiré & qu'il
me fembloit qu'ils devoient ce
tribut à ce que je fentois pour eux;
je

je reçus avec joye les marques qu'ils me donnerent des differens mouvemens dont leur ame étoit prévenuë en ma faveur. Je donnai à l'étroite proximité du fang qui m'unifloit à Fornary toute la tendreffe qu'elle peut faire naître & j'eus pour le jeune Thimante l'amour le plus vif & le plus délicat ; peut-être vous paroît-il étrange que je vous avoüe avec tant de franchife ce que l'exacte modeftie de mon fexe lui fait fouvent cacher avec un foin extrême, & ce qu'il ne declare jamais qu'en rougiffant: mais outre que je trouve ridicule d'avoir de la honte à dire ce qui ne nous en infpire point à fentir : la fuite de mon récit juftifiera fi bien ma hardiefle que vous ferez les premieres à me louer de ma fincerité.

L'intelligence que l'amour & l'amitié mirent entre nous trois, ne fut pas long-temps inconnuë au vieux Thimante non plus qu'à fon époufe, & tous deux charmés de nous voir fi bien répondre à leurs intentions , ils ne s'occuperent

rent qu'à ferrer les nœuds que
nous avions formé. Fornary, de
qui l'ame étoit exempte de paſſion
n'en ayant que pour le bonheur
de la nôtre, employoit les momens où Thimante ne pouvoit
me voir qu'à me parler pour lui ;
ſon pere & ſa mere en faiſoient
autant ; enfin, il étoit preſqu'impoſſible de me garantir d'aimer,
puiſque tout me parloit d'amour,
& que mon cœur étoit de concert
avec ceux qui m'en entretenoient.
L'amitié de Fornary & de Thimante s'augmentoit chaque jour,
& notre ardeur prenoit auſſi de
nouvelles forces lorſque nous
apprîmes que la mort nous avoit
enlevé mon pere, & que n'ayant
point eu d'enfant de ſa ſeconde
femme, il étoit néceſſaire que mon
frere fût à Genes pour receuillir ſa
ſucceſſion. J'avois ſeize ans, Thimante & Fornary en avoient dix-
ſept ; une ſi grande jeuneſſe ne
permettant pas à mon oncle de
nous laiſſer partir ſous notre propre conduite, il ſe réſolut de nous
mener lui-même à Genes ; mais
craignant

craignant fans doute que l'augmentation de nos biens ne fît nai-
tre à quelqu'un l'envie de nous
propofer des partis contraire à fes
intentions, il forma le deffein de
nous unir Thimante & moï pour
jamais avant que de partir.

Pour cet effet il en parla à Fornary qui ne refpirant que le bonheur de fon ami en reçut la propofition avec tranfport. Pour Thimante, fa joye fut execeffive, &
je ne puis nier que la mienne ne
l'égalât, mon oncle ne voulut pas
retarder notre fatisfaction, & notre hymen fe fit fans éclat à caufe
du dueïl où nous étions par la
mort de mon pere. Le vieux Thimante ayant remis les divertiffemens & les magnificences à notre
retour, ce ne fut pas fans répandre
bien des larmes que nous nous
feparâmes de fon époufe, je la re-
gardois comme ma mere, & le
nouveau bien qui m'attachoit à
elle me la rendant encore plus
chere, je ne pus la quitter fans
douleur, quoique nous fuffions
très affurés d'un prompt retour;
rien

rien ne nous obligeant de reſter à Genes.

Mais helas ! notre douleur fut ſans doute un effet des preſſenti-mens du malheur qui nous devoit arriver, nous nous embarquâmes le vieux Thimante, mon époux , mon frere & moi, ſur le premier vaiſſeau qui mit à la voile pour Genes, il n'y avoit qu'un mois que j'étois mariée , & l'himen nous permettant de nous livrer à toute notre ardeur, nous nous en don-nions mille tendres marques Thi-mante & moi en préſence de ſon pere & de mon frere qui beniſ-ſoient à chaque inſtant celui de notre union. Fornary qui malgré ſon indifference reſſentoit pour nous une vive tendreſſe nous pro-teſtoit à tous momens qu'il ne ſe mariroit jamais dans la crainte d'être obligé de ſe ſeparer de nous. Enfin, nous avions fait plus de la moitié de notre naviga-tion ſans aucun accident, lorſque nous fûmes attaqués par un Cor-ſaire d'Alger, dont notre vaiſſeau ne put éviter la rencontre, com-me

me tout l'équipage ne s'attendoit
qu'à tomber dans un rude esclavage si l'on en étoit pris on se
résolut à vendre cherement sa vie
& sa liberté, mon frere & les deux
Thimante furent les premiers
qui encouragerent le Commandant de notre vaisseau à se bien
défendre, & cette résolution fut
aussitôt executée que prise. Le
Corsaire qui ne croyoit pas qu'on
lui resistât étant beaucoup plus
fort que nous, & mieux muni de
ce qui est nécessaire pour combattre avec quelque succès, fut
surpris de la temerité des nôtres,
& se prépara à les en faire repentir. Jugez de mes allarmes, & de
l'état funeste où je me trouvai en
voyant mon frere & mon époux
dans un péril certain; l'excès de
la douleur & de la crainte m'ôta
l'usage de mes sens: je ne vis ni
n'entendis plus rien dès le commencement du combat; & lorsque je revins à moi; ce ne fut que
pour avoir une augmentation de
desespoir en me voyant au pouvoir du Corsaire qui après un long
com-

combat s'étoit enfin emparé de
notre vaisseau. Le vieux Thimante
avoit été tué, mon frere & mon
époux blessés, & toute la consola-
tion qui me resta fut de sçavoir que
le Corsaire les faisoit panser avec
grand soin, & que leurs blessures
n'étoient pas mortelles : pour moi
je fus traitée sans rigueur, mais
aussi sans bonté. Les barbares qui
ne se figurent pas que ce soit un
malheur de tomber en leur pouvoir, ne me plaignoient point d'y
être, & cependant charmés de leur
prise cherchoient à se la conserver
pour en tirer un profit convenable
à leur avidité. Thimante & Fornary
leur parurent dignes d'être offerts
au Bey, qui d'ordinaire paye gene-
reusement ceux qui lui présentent
de beaux esclaves Chrétiens, ils ne
me crurent pas moins propre à
leurs interêts & firent tous leurs
efforts pour empêcher que la douleur où j'étois ne diminuât ce
qu'ils imaginoient d'aimable en
moi, afin de rendre le prix du pré-
sent plus considerable. Je fus mise
avec quelques femmes qui étoient
dans

dans le vaiſſeau pour l'utilité des
Corſaires, elles me ſervirent avec
aſſez de zele & de douceur, & ce fut
par elles que j'appris que les deux
jeunes Chrétiens qu'on avoit pris
avec moi étoient hors de danger,
& que le Corſaire devoit nous
offrir tous trois au Bey. Ces femmes me vanterent beaucoup le
bonheur dont nous allions joüir, &
celui que j'aurois en mon particulier d'être auprès de l'admirable
Xamire fille du Bey. Mon deſeſpoir
étoit trop grand pour goûter de
tels diſcours, & j'avoüe à ma honte que je fus tentée pluſieurs fois
de me jetter dans la mer; mais il
eſt certain que la Religion Chrétienne donne un amour pour ſoi-
même qui triomphe toujours de
ces ſortes de penſées; & que lorſque
nous venons à ſonger qu'en nous
détruiſant nous outrageons celui
qui nous a fait naître, & qu'une
vengeance éternelle eſt le pris
de cette offenſe, la vie nous devient précieuſe, & que notre ame
s'opoſe avec vigueur à notre deſtru-
ction, en nous faiſant trouver plus
de

de courage & de gloire à fupporter patiemment nos adverfités qu'à nous en délivrer par un coup de defefpoir que la fageffe divine nous reprefente fans ceffe comme une foibleffe indigne des lumieres de la raifon dont elle a bien voulu nous éclairer.

Ainfi, pour ne rien faire qui bleffat la majefté fuprême, je m'abandonnai à fa providence, & banniffant de mon efprit les idées funeftes qui s'y venoient offrir, je me flattai qu'êtant tous trois efclaves du Bey & de fa fille nous aurions dû moins la fatis-faction de nous voir, & peut-être de trouver les moyens de rompre nos fers. Tandis que je m'efforçois de raifonner de la forte pour adoucir ma peine, notre vaiffeau tenoit la route d'Alger, où nous arrivâmes peu de jours après no-tre malheur. Le Corfaire contre mon attente fit débarquer les hommes les premiers, ne voulant me préfenter au Bey qu'après s'ê-tre défait de fes autres efclaves : mon cœur murmura de cette politique

litique intereffée, mais il falut y
foufcrire.

Je n'avois point vû mon frere
& mon époux depuis le jour de
notre captivité quelques inftances
que j'en euffe fait faire au Corfaire, & dans le cours de notre
navigation je n'appris d'eux que
ce que les femmes qu'on m'avoit
données voulurent m'en dire ; enfin, quatre jours après le débarquement de ceux que le Corfaire
avoit choifi pour le fuivre au Palais du Bey, il me vint prendre &
m'ayant fait habiller fuperbement
à la Turque, il me conduifit & me
préfenta au Bey. Ce Prince m'examina beaucoup, & je m'apperçus
qu'il parloit de moi comme fi mon
vifage lui rappelloit quelqu'un
qu'il eût connu, il me traita poli-
ment, & me dit dans un efpece
d'Italien corrompu qu'il me trouvoit belle, & qu'il m'achetoit pour
la Princeffe fa fille. Je ne répondis
que par mes larmes, outrée de ne
voir ni mon frere ni Thimante,
je commençai d'entrevoir toute
l'horreur de mon fort, & ne fis

plus nulle attention aux honnête-
tez du Bey qui donna au Corſaire
une ſomme conſiderable, & me
fit mener à l'inſtant à l'appartement de Xamire.

J'avoüe que malgré ma douleur
je ne pus voir cette jeune Princeſſe
ſans admiration ; la délicateſſe de
ſes traits, la fineſſe de ſa taille, &
la grace avec laquelle eile me
reçut me firent oublier un moment ma ſituation préſente, je
m'avançai vers elle & voulus lui
baiſer le bas de ſa robbe, mais elle
m'en empêcha & m'embraſſant
avec tendreſſe ; belle Chrétienne, me dit elle, en fort bon Italien, je rends grace à la fortune
qui voulant t'être contraire t'a
fait tomber en mon pouvoir ;
quelque douce que ſoit la liberté,
j'eſpere que mon amitié ne te la
fera pas regretter, ou qu'elle t'en
adoucira la perte, allez, continua-
t'elle, en s'adreſſant à celui qui
m'avoit conduite, dites au Bey,
que les deux eſclaves dont il m'a
fait préſent, ſont de tous ſes bienfaits celui que j'eſtime le plus:

Apiès

Après ces mots m'ayant fait entrer
dans fon cabinet, elle s'informa
très-curieufement de mon pays, &
de ma naiffance ; & comme je fuis
naturellement ennemie du menfonge, & que je ne prévoyois pas
être plus heureufe en cachant ce
que j'étois, je lui contai fans
déguifement tout ce qui m'étoit
arrivé, mon récit la toucha vivement, & me regardant attentivement, je fuis bien trompée, me
dit-elle, ou je tiens un moyen
certain de te rendre ce féjour
aimable, ton difcours & la reffem-
blance que je te trouve avec un
jeune efclave dont le Bey m'a fait
préfent il y a quelques jours me
font foupçonner que ce pourroit
être ton frere ; mais Julie, ajouta-
t'elle, ce Chrétien m'eft devenu
cher, & je fens que la même inclination me parle en ta faveur ;
ainfi fois affurée de ma confiance
& du plaifir que je me ferai de te
faciliter celui de le voir & de
l'entretenir fi tu veux me jurer
que tu ne feras nulle tentative
pour brifer fes chaînes & les

tien-

tiennes , & que vous attendrez
tous deux que je veüille vous rendre la liberté fi je le trouve à propos ; l'efpoir que ces paroles me
donnoient de revoir mon frere ,
celui d'apprendre des nouvelles
de mon cher Thimante ; & l'impoffibilité que je croyois à rompre
de nous-mêmes notre efclavage
me firent aifément confentir à ce
que Xamire exigeoit de moi. Je
lui jurai donc de ne jamais fonger
à la quitter & d'engager mon frere
en cas que ce fût lui, de penfer de
même : & moi, reprit Xamire, je
vous promets d'employer toute
l'autorité du Bey pour fçavoir le
fort de votre époux & de vous
réünir l'un & l'autre fi l'on peut
le trouver dans Alger.

Cette promeffe acheva de me
perfuader que je ne pouvois
mieux faire que de m'attacher à
Xamire, & de l'obliger par mes
complaifances à nous rendre la
liberté, je lui témoignai ma reconnoiffance d'une maniere qui
la fatisfit, & dès ce jour je pris
prés d'elle, non la place d'une
efcla-

esclave, mais celle d'une amie &
d'une confidente discrete & zelée,
elle m'inftruiſit des intrigues de la
Cour du Bey, du caractere de ſes
femmes, & me fit part de la crainte qu'elle avoit d'être deſtinée a
quelqu'un qu'elle ne pût aimer ;
mais l'air touchant dont elle me
parloit ſur cet article ne ſe peut
exprimer, & je lui trouvai tant
de délicateffe que je me ſuis perſuadé qu'elle ne partoit que de
quelque inclination ſecrette ; cependant comme j'étois encore
trop nouvelle pour exiger une pareille confidence, je ne lui marquai nulle curioſité, me contentant de la raffurer & de lui repré-
ſenter que le Bey ſon pere l'aimant
comme il faiſoit, il n'étoit pas jufte qu'il lui donnât un époux indigne de ſa tendreffe. Cette converſation fut pouffée fort loin, &
la Princeffe n'en termina le cours
que pour ſe mettre à table ; toutes
ſes eſclaves alors ſe rangerent autour d'elle, & la ſervirent chacune ſelon ſon emploi : pour moi, elle m'ordonna d'être à ſes côtez,

G 3   pour

pour l'entretenir pendant son dî-
ner.

Malgré les graces & les amitiés
de Xamire, je commençois à me
chagriner de ce qu'elle ne me parloit plus de voir celui qu'elle s'imaginoit être mon frere, quand se
tournant vers moi, & me parlant
très-bas ; remarques bien , me
dit-elle, ceux qui vont m'apporter des fruits, & ne dites rien.
J'étois trop interessée à suivre cet
ordre pour y manquer : j'examinai
donc avec attention les esclaves
qui parurent au nombre de dix ,
portant des corbeilles de fruits &
de fleurs, entre lesquels je reconnus d'abord mon frere ; mais quelle que fût ma joye, je me contrai-
gnis & baissai même les yeux pour
ne rien faire connoître de ce qui
se passoit dans mon ame ; cependant, quelque précaution que je
prisse, Xamire n'avoit rien laissé
échaper de mes mouvemens, &
je la vis jetter ses regards sur For-
nari, elle les tourna ensuite vers
moi , & rougit extraordinairement. Mon frere me parut triste,

in-

inquiet & diſtrait ; enfin je remarquai tant d'embarras dans l'u-
ne & dans l'autre, que j'en fus
troublée à mon tour. Xamire de
qui les yeux s'étoient attachez ſur
moi , s'apperçut que je changeois
de couleur , & craignant que je
ne me trouvaſſe mal , elle ſe leva ,
& montrant à mon frere deux corbeilles de fruits, lui commanda
de les porter dans ſon cabinet ,
en me faiſant ſigne de l'y ſuivre.
J'obéïs ; elle y fut auſſi-tôt que
nous. Hé bien, me dit-elle en
entrant, eſt-ce lui? Ces paroles
ayant tiré Fornary de ſa rêverie ,
il me regarda, & n'étant pas maître de ſa ſurpriſe & de ſa joye : O
Ciel! s'écria-t-il , ma chere Julie
eſt-ce vous ? Il n'oſa continuer, &
ne ſçachant pas ſi je m'étois fait
connoître ; il ſe repentit d'en avoir
tant dit ; mais Xamire ayant remarqué ſa crainte. Ne vous troublez point, lui dit-elle, connoiſ-
ſez-vous cette belle étrangere ?
Ah ! Madame, interrompis-je ,
puiſque vous daignez vous inter-
reſſer à notre malheur, permet-

tez que mes embraſſemens faſſent
connoître vos bontez à mon frere,
& l'inſtruiſe que vous n'ignoréz
rien de ce qui nous touche. Ces
paroles ayant tiré Fornary de ſon
inquiétude, il ſe lança dans mes
bras avec tranſport, nos larmes
& nos ſoupirs firent voir à Xamire
combien nous nous aimions. Elle
prit une tendre part à notre ſatisfaction, & mêla ſes regrets aux
miens , lorſqu'ayant démandé à
mon frere des nouvelles de mon
époux, il me dit qu'il en avoit été
ſéparé dès le ſecond jour de notre
eſclavage, & qu'il n'avoit pû ſçavoir ce qu'il étoit devenu. Je ne
pus réſiſter à ma vive douleur, qui
fut d'autant plus forte que j'avois
eſperé le trouver dans le Palais du
Bey, je tombai évanouie, & ce ne
fut qu'avec beaucoup de peine que
la Princeſſe & mon frere me firent
revenir. Xamire n'oublia rien
pour me conſoler, & me réïtera
la promeſſe qu'elle m'avoit faite
d'obtenir un ordre du Bey pour
faire chercher Thimante dans Alger, & nous recommanda cependant

dant de garder un grand fecret
fur notre naiffance, afin, nous
dit-elle, de rendre notre liberté
moins difficile; mais en effet pour
nous garder plus fûrement près
d'elle, étant très-certain que le
Bey lui auroit ôté mon frere, &
ne lui auroit même jamais offert,
s'il eût fçû qu'il étoit Noble Genois, dans la crainte que les graces du corps jointes à la nobleffe
du fang ne fiffent naître une tendre intelligence entre fa fille &
lui.

Comme la Princeffe avoit déja un
interêt fecret de le conferver, elle
nous engagea au filence par le plus
doux efpoir qu'elle pouvoit nous
donner; mais n'étant point encore
affez pénétrante pour découvrir
ce qui fe paffoit dans fon cœur, je
n'attribuai fa priere qu'au motif
dont elle la prétexta. Xamire é-
toit fi fortement aimée du Bey, que
s'étant apperçu que les efclaves
deftinez pour la fervir la faifoient
frémir toutes les fois qu'ils fe préfentoient à fes yeux, & que leur
difformité la faifoit fouvent tom-

G 5   ber

ber en foibleffe , il réfolut de lui
choifir dix jeunes hommes entre
les mieux faits des Chrétiens que
les Corfaires faifoient chaque jour
efclaves , afin qu'eux feuls la fer-
viffent dans fon apartement. Lorfque mon frere fut pris, il n'en avoit
pû raffembler que neuf, & l'ayant
trouvé tel qu'il falloit pour remplir le nombre qu'il s'étoit propo-
fé, il le lui avoit envoyé. Nous
reftâmes donc près d'elle ; fes bontés, fes attentions, & les témoignages d'amitié qu'elle nous donnoit à tout moment nous y atta-
cherent véritablement, fur tout
moi qui trouvois dans fa converfation une douceur qui diffipoit la
noire mélancolie où j'étois par l'abfence de Thimante. Pour Fornary, fon indifférence pour les femmes ne l'abandonna point; la feule reconnoiffance lui rendoit Xamire confidérable , & quelques
fuffent fes attraits & la diftinction
qu'elle lui marquoit fon cœur ne
fut touché que de refpect & d'admiration.

La jeune Princeffe connut bien-
tôt

tôt le peu de pouvoir de ses charmes ; elle s'en affligea, mais en
secret, & ne me témoigna rien
du trouble de son ame jusqu'au
tems que le Bey se résolut de la
donner en mariage à Mahomet
Brachy que le succès de ses armemens, & les grandes richesses
qu'il y avoit amassées faisoient sur-
nommer l'heureux Brachy. Vous
l'avez vû, Madame & vous sçavez qu'il pourroit passer pour le
plus bel homme de son tems, si
Osmin ne fut pas venu au monde.
Le Bey qui trouvoit en lui tout ce
qu'il falloit pour rendre Xamire
heureuse, la lui promit sans la consulter, & ne lui annonça cette pré-
tenduë félicité qu'au moment
qu'elle devoit être livrée à son
époux, selon la coutume des
Turcs. Je ne pourrois vous exprimer le desespoir de cette Princesse si je n'en avois pas été témoin ; mais elle n'eut pas plûtôt
appris sa destinée, qu'elle me fit
appeller, & se jettant dans mes
bras : je suis perduë, ma chere Julie, me dit-elle les yeux baignés

de

de larmes, on m'arrache à ce que
j'aime pour m'abandonner à un
homme dont le nom même m'eſt
inconnu. Ce diſcours m'étonna, il
m'apprenoit à la fois deux choſes
que je ne ſçavois pas; auſſi n'y pus-je
répondre, & ſuppliant Xamire de
ſe calmer & de me mettre au fait
je lui promis tous les ſervices qui
dépendroient de moi.

Il n'eſt plus tems, repliqua-t-
elle ; je n'ai pû me faire aimer de
Fornary, & je vais épouſer Mahomet Gui, Julie, continua-t-
elle, voyant ma ſurpriſe il faut
vous avoüer ma foibleſſe ; votre
frere s'eſt emparé de mon cœur
du moment que je l'ai vû : en vain
j'ai voulu combattre ma paſſion ;
mes efforts n'ont ſervi qu'à la rendre plus violente. Je l'aime, &
me flattant que mon amitié pour
vous & mes bontez pour lui le rendroient aſſez ſenſible pour en découvrir la ſource, j'attendois qu'il
prévînt l'aveu de ma tendreſſe par
celui de la ſienne ; mais l'ingrat feignant d'ignorer ſon bonheur, ne
m'a jamais montré que de froids
reſ-

refpects & qu'une indifférence qui me couvre de honte & me fait mourir de douleur.

Je ne puis nier que fi l'amour de Xamire m'étonna, l'infenfibilité de Fornary ne me furprît encore davantage, & me rappellant mille chofes des actions de cette Princeffe qui m'éclaircirent alors de fes fentimens, je ne compris pas comment un jeune homme rempli de feu, d'efprit & de pénétration, & qui voyoit fans ceffe le plus aimable objet du monde, n'eût pas livré tout fon cœur à de fi puiffans charmes, d'autant plus qu'il n'étoit prévenu d'aucune paffion. Cependant je cachai mes penfées à Xamire, & rejettant l'indifférence de Fornary fur fa Religion, je lui fis entendre qu'elle pouvoit bien être caufe qu'il eût évité de connoître fes fentimens & de lui déclarer les fiens; que je ne pouvois croire qu'une beauté telle que la fienne n'eût pas fait une vive impreffion fur fon cœur, & que fans doute elle l'accufoit à tort. Mais à quoi, conti-

nüainuaï-je , pourroit fervir vôtre amour réciproque ? mon frere ne peut former aucun lien avec une Mahometane, & vous ne pouvez époufer qu'un Turc. Ah ! Princeffe, rappellez votre vertu; voyez dans quels abîmes de maux vous vous plongeriez en formant une intrigue fi contraire à votre repos; profitez du pouvoir que vous avez eu fur vous-même en cachant votre flamme à celui qui l'a fait naître pour l'éteindre entierement : fongez que le Bey ne vous donne à Mahomet que parce qu'il le croit digne de vous , & qu'il l'eft en effet , que fon mérite efface pour jamais mon frere de votre fouvenir. Et pour y parvenir , continuaï-je en me jettant à fes pieds , effectuez les généreufes promeffes que vous nous avez faites en nous procurant la liberté. L'abfence de Fornary & les belles qualitez de Mahomet le feront fortir de votre mémoire, & par ce noble effort vous affurerez vôtre félicité , vous romprez les fers de deux malheureux , & me donne-

nerez

nerez la facilité de chercher un époux dont le fort caufe toute mon inquiétude, & fans lequel je ne puis vivre.

Xamire parut touchée de mes paroles, elle répandit même quelques larmes & me fit voir par fon filence qu'elle refléchiffoit à ce que je lui difois ; enfin, levant les yeux fur moi & me tendant la main, Julie me repondit - elle vous ne me connoiffez pas, fi vous croyez que l'amour que votre frere m'a infpiré foit capable de me faire manquer à mon devoir. J'aime Fornary, je l'avouë, mais ma tendreffe n'a rien dont je puiffe rougir fans efpoir & fans défirs , j'aime pour le feul plaifir d'aimer un objet qui m'en paroît digne, & fi je fouhaite que la même ardeur l'enflamme pour moi, ce n'eft que pour goûter la douce fatisfaction de fçavoir qu'il me préféreroit à toutes autre s'il en étoit le maître ; enfin, ce que je fens eft veritablement bien plus que l'amitié , & n'eft cependant point auffi fort que l'eft l'amour. J'obéïrai à mon pere,

pere, j'en connois la neceſſité, j'épouſerai Mahomet & je vivrai avec lui d'une maniere irreprochable ; mais je ne veux point encore me ſéparer de vous & de votre frere, ſon abſence me jetteroit dans le deſeſpoir, & le deſeſpoir m'éloigneroit de la vertu, ſa préſence au contraire la fortifiera dans mon cœur, ſon indifference & vos ſages conſeils me conduiront inſenſiblement à pouvoir ſouffrir notre ſéparation, & quoiqu'il arrive, je vous regarderai comme mes amis, au lieu que votre précipitation à vouloir me quitter m'obligeroit peut-être à vous traiter comme mes ennemis. Ne ſongez donc plus à m'abandonner, ne découvrez jamais mon ſecret à Fornary, & croyez que je ne néglige rien pour ſçavoir des nouvelles de Thimante.

Les ſentimens de Xamire m'étonnerent, je ne pouvois croire qu'on eût de l'amour ſans en avoir les foibleſſes ; & je m'imaginai qu'elle ſe trompoit elle-même : cependant je m'abuſois, & comme

me il m'étoit impoffible de la
quitter fans qu'elle m'en donnât
les moyens, je me réfolus à faire
ce qu'elle vouloit, j'avois trop
d'interêt à cacher fon amour à
mon frere pour l'en inftruire,
puifqu'il étoit à craindre qu'il ne
perdît fon infenfibilité en apprenant qu'il étoit aimé de la plus
belle perfonne d'Alger, & que fa
paffion ne lui fît perdre le fouvenir de fa Religion & de fa liberté;
ainfi ma difcretion m'étant néceffaire de deux côtés je laiffai la Princeffe très perfuadée que fon fecret
étoit en fûreté : pour Fornary je l'e-
xaminai avec attention, & je ne
découvris en lui qu'un extrême
regret d'avoir perdu Thimante &
la liberté. Tandis que nous paffions
une partie du temps à nous plaindre l'un & l'autre de notre infortune, les préparatifs du mariage
de Xamire avec Mahomet s'acheverent ; & la ceremonie s'en fit
avec une magnificence éclatante,
la foumiffion de la Princeffe donna tant de joye au Bey, que pour
l'en récompenfer, il lui ordonna
de

de lui demander telle grace qu'elle
voudroit & qu'il la lui accorde-
roit fans balancer.

Cette admirable Princeffe le
fupplia de permettre qu'elle emmenât avec elle trois efclaves
qu'elle lui nomma defquels nous
étions mon frere & moi, la troifiéme étoit à ce qu'elle nous dit
une jeune fille qu'elle avoit achetée depuis peu, mais qu'elle ne
rendit vifible que lorfque nous
fûmes dans le Palais de Mahomet,
nous l'ayant cachée avec un foin
extrême jufqu'à ce moment. Enfin, le mariage étant achevé, l'heureux Mahomet reçut ici en triomphe la belle Xamire : après que
les premiers jours de fêtes & de
réjouiffances furent paffez, la Princeffe étant plus libre de fes actions,
nous fit venir mon frere & moi
dans fon appartement , & nous
ayant commandé de la fuivre
dans fon cabinet ; je veux, nous
dit-elle, vous montrer aujourd'hui
la nouvelle compagnie que je vous
ai donnée, & voir fi vous approu-
verez mon choix ; paroiffez Silé-
nie,

nie , ajouta-t'elle, venez joüir du
bonheur que je vous ai promis,
à ces mots nous vîmes sortir d'un
cabinet cette esclave cherie ;
mais ô Ciel ! que devins-je lorfqu'en levant les yeux sur elle, j'y
reconnus tous les traits de Thimante ; mon frere en fut frappé
comme moi , & tous deux pene-
trez de joye & d'admiration, nous
nous avançâmes vers elle avec
précipitation pour la mieux examiner, mais elle ne nous en donna pas le tems, car s'élançant dans
mes bras, Ah ! ma chere Julie, me
dit-elle , c'eft donc vous que je
vois. Le fon de cette voix & les
tranfports dont ces paroles furent
accompagnez nous ayant fait connoître que c'étoit véritablement
mon cher Thimante déguifé fous
des habits de femme, nous lui
témoignâmes par nos pleurs, nos
foupris & nos queftions redoublées
& fans fuite, combien fa perte &
fa préfence nous étoient fenfibles.
La belle Xamire préfente , à ce
touchant fpectacle s'applaudiffoit
en fecret du moyen qu'elle avoit
trou-

trouvé de nous rendre heureux fans nous féparer d'elle; pour moi de qui l'amour pour mon époux me faifoit regarder ce fervice comme le plus effentiel qu'elle pouvoit me rendre, je me jettai à fes pieds pour lui en marquer ma reconnoiffance en lui voüant un attachement éternel.

Elle y répondit avec tant de grace & de bonté, que je ne pus m'en-pêcher en ce moment de condam-ner l'indifference de Fornary qui lui fermoit les yeux fur des attraits fi charmans. Lorfque nous eûmes donné quelques heures à l'impe-tuofité de nos fentimens : Xamire commanda à Thimante de nous inftruire de fes avantures, ce qu'il fit très-fuccintement en nous ap-prenant que le Corfaire ayant trouvé fur lui mon portrait enrichi de diamans il avoit pris la réfolu-tion de le faire fon efclave plutôt que de le donner au Bey, s'imagi-nant qu'un homme qui poffedoit un tel bijou devoit être fort riche, & qu'il en tireroit par confé-quent une forte rançon fur-tout en me féparant d'avec lui, afin de l'ex-
citer

citer à ne rien épargner pour me
racheter ; que dans cette penſée
il l'avoit caché avec ſoin & nous
avoit vendu au Bey ſans faire
mention de lui. Thimante ajouta
que ſon deſeſpoir avoit été ſans
égal en apprenant que j'étois deſtinée pour le ſerail du Roy d'Alger,
que cette nouvelle lui ayant fait
dire des paroles aſſez piquantes
au Corſaire, il s'en étoit vengé en
redoublant ſes fers & en le menaçant d'un éternel eſclavage ſi ſa
rançon n'étoit pas trois fois plus
Peſante encore que les chaînes
dont il étoit accablé , qu'il avoit
paſſé ſix mois dans cette triſte ſituation & commençoit à deſeſpé-
rer de fléchir le Barbare, lorſqu'il
lui vint un ordre du Bey de laiſſer
voir ſes eſclaves au Viſir qui ſe
tranſporta chez lui pour les examiner, & que la choſe s'étoit faite
ſi promptement qu'il n'avoit pas
eu le temps de le cacher; que le
Viſir les avoit tous fait venir devant lui , & que les regardant attentivement il leur avoit commandé de dire ſi quelqu'un d'entre
eux

eux connoiſſoit Julie Fornary, &
qu'à ce nom ſi cher Thimante
avoit imploré la protection du
Viſir contre les cruautées du Corſaire, qu'au même inſtant ce Miniſtre lui avoit fait caſſer ſes chaînes, l'avoit conduit dans ſon Palais, lui avoit appris que la Princeſſe Xamire ayant près d'elle Ju-
lui Fornary elle vouloit lui rendre
ſon époux, mais que ne pouvant
le faire ſans péril s'il étoit connu
pour tel, il fallut qu'il ſe réſolut à
lui être préſenté comme eſclave ;
que l'eſpoir de me revoir & d'em-
braſſer mon frere l'avoir fait ſouſcrire à tout ; que le Viſir l'avoit
donné à la Princeſſe il y avoit un
mois, & l'avoit inſtruit en ſecret
de ce qu'il étoit & de la maniere
dont il avoit executé ſes ordres ;
que Xamire charmée d'avoir en
ſa puiſſance un moyen ſi ſûr de
nous prouver ſes bontés l'avoit
obligé pour toute reconnoiſſance
à moderer l'impatience qu'il a-
voit de nous voir, afin de nous
ſurprendre plus agréablement &
avec moins de danger que dans

le

le Palais du Bey, & que pour nous
embaraffer quelques momens, elle
lui avoit fait prendre des habits de
femme. Ce récit nous ayant fait connoître les foins que cette Princeffe
s'étoit donnée pour fçavoir le fort
de Thimante; nous nous rejettâ-
mes à fes pieds pour l'en remercier & la fupplier de nous dire ce
qu'elle vouloit que nous fiffions
pour meriter fes bontés ; je vous
le ferai fçavoir, me dit-elle, en
attendant joüiffez de votre bonheur, & me laiffez joüir de celui
que je me fuis fait, elle rougit en
achevant ces mots, & nous ayant
prefcrit nos emplois près d'elle,
elle nous laiffa la liberté de nous
entretenir fans l'avoir pour témoin. Je ne vous ennuyerai point
du détail de tout ce que l'amour
& l'amitié nous fit dire à Thimante, mon frere & moi, ni des tendreffes qu'il nous témoigna, nous
en oubliâmes pour un tems notre
captivité, & ce ne fut que quinze
jours après cette réunion que nous
fongeâmes ferieufement aux expédiens qu'il nous falloit prendre
pour

pour r'avoir notre liberté ? mais
comme je fçavois le fecret du
cœur de Xamire, & que fa paffion
pour Fornary l'empêcheroit pour
toujours de nous l'accorder je ne
trouvois que la fuite qui pût brifer
nos fers, cependant l'impoffibilité
de ce projet nous en détournoit
auffi-tôt que nous le formions ; &
nous ferions encore dans cet embarras, fi le Ciel ne vous eût envoyé à notre fecours par un effet
merveilleux de fa providence ;
quelques jours avant votre arrivée
en ces lieux ayant preffé Xamire
de fe vaincre entierement, d'oublier Fornary & de nous laiffer
partir : je ne puis y confentir, me
dit elle, tant que je verai que votre frere n'aime rien, fon indifférence pour toutes les femmes me
donne toujours l'efpoir d'en être
aimée, fon abfence me rendroit
malheureufe & ne me guériroit
point, fon amour pour une autre
peut feul m'arracher le mien : &
je vous jure par tout ce qu'il y a
de plus faint dans ma religion, que
fi fon cœur devint fenfible pour

qui

qui que ce puisse être je vous rendrai la liberté tous trois avec des
preuves réelles de mon estime;
mais jusqu'à ce moment n'attendez rien de moi & ne m'en parlez
plus: à ces mots m'ayant quittée
assez promptement, elle me laissa
dans une douleur d'autant plus
grande que je m'imaginois ne voir
jamais la fin de nos malheurs, puisqu'elle étoit remise à une chose
qui ne dépendoit point de nous, &
que je jugeois que puisque Fornary n'avoit pas été touché des charmes de Xamire, il ne le seroit pas
davantage pour d'autres attraits.

Mais, le Ciel lui réservoit une
beauté que je ne connoissois pas,
cependant je ne voulus point
l'instruire des sentimens de Xamire craignant toujours qu'il ne
vînt à l'aimer elle-même; & que
bien loin que cet amour nous pro-
curât la liberté, il n'y fût un obsta-
cle invincible. J'étois dans cette
perplexité lorsque vous arrivâtes;
le retour d'Osmin mit la joye dans
ce Palais; Mahomet le celebra par
toutes sortes de fêtes, & comme

Thi-

Thimante & Fornary font extre-
mément ingenieux, il les employà
pour rendre fes divertiffemens
plus fomptueux, ce qui leur donnant occafion d'aller & de venir
ici fans confequence, & que les
croyant ce qu'ils paroiffent être,
vous ne vous en êtes pas cachez,
ils vous virent & admirerent, tous
deux avoüerent n'avoir jamais
rien vû de plus parfait que Zumane, mais comme l'amour ne laiffe
à fes efclaves que la liberté du
choïx, celui de Fornary tomba fur
l'aimable Tharife; fon infenfibilité difparut à fa vûë, les glaces de
fon cœur fe fondirent, une flamme ardénte prit leurs places, &
jamais paffion ne fut plus violente
& plus prompte. Depuis ce fatal
& bienheureux moment mon frere a faifi toutes les occafions qui
fe font préfentées de voir Tharife, mais fon humeur & fon tem-
peramment ont fi fort changé
qu'il n'a pas été en fon pouvoir
de le cacher; fombre, trifte &
melancholique dans les inftans où
fa gayeté naturelle l'emportoit
fou-

fouvent fur notre infortune : Xamire, Thimante & moi nous nous
en apperçûmes. La Princeffe attentive à fes moindres actions fe
flatta d'abord qu'elle étoit l'objet
de ce changement, & cette penfée fe fortifia d'autant plus que
Fornary brûlant d'amour pour
Tharife, & ne fongeant jamais
qu'à elle, jettoit quelquefois de
tendres regards fur la Princeffe,
& les en détournoit auffi-tôt en
voyant que ce n'étoit pas celle
qu'il cherchoit : je fus auffi plufieurs jours dans la même erreur,
j'en parlai même à Thimante en
le priant de lui arracher fon fecret, mais Fornary rendit fa difcrétion égale à fon amour, & le
myftere qu'il en faifoit nous donnant lieu de croire que Xamire
en étoit la caufe, nous nous affli-
geâmes véritablement de l'état
où nous le voyons. La Princeffe
de fon côté ne pouvant plus vivre
dans fon incertitude fe réfolut
d'en fortir à quelque prix que
ce fût; & comme le jour qu'elle
vint vous vifiter Fornary tenoit

fa robbe, & qu'elle l'entendit foupirer plufieurs fois d'une maniere à lui perfuader que l'amour en
étoit le motif, elle ne fut pas plûtôt
rentrée dans fon apartement que
nous retenant près d'elle, mon
époux, mon frere & moi: Fornary, lui dit-elle, mes bontés & mes
complaifances, & l'eftime que je
vous ai témoignée me font de
fûrs garans que ce n'eft point la
rigueur de votre efclavage qui
vous met dans l'état où vous êtes,
cependant votre mélancholie, vos
foupirs & vos regards ne me font
que trop voir le trouble de votre
ame, le filence que vous obfervez
l'augmente encore: rompez-le
donc en ma faveur: reconnoiffez
ce que j'ai fait pour vous par une
entiere fincerité: apprenez-moi,
le fujet de vos inquietudes; je le
veux fçavoir, je vous l'ordonne,
& ce n'eft qu'à ce prix que je mets
vos libertés: craignez de m'irriter
en me refufant, je puis beaucoup
ici pour vous trois, mais je fuis
encore plus puiffante pour vous
nuire fi vous m'y forcez: fongez
donc

donc que je puis me vanger de
votre défiance , non-feulement
fur vous, mais fur cette fœur &
fur ce frere qui vous font fi chers.

Ces paroles furent un coup de
foudre pour Fornary ; incertain
de ce qu'il devoit répondre , il
parut agité de la plus vive douleur :
enfin prenant fon parti , il fe jetta
aux pieds de Xamire, & la regardant avec des yeux remplis de
tendreffe. Ah ! Princeffe , lui dit-
il , qu'exigez-vous de moi ; & faut-
il que pour nous garantir d'un péril vous me forciez à tomber dans
un autre, en vous avoüant que le
Palais de Mahomet & d'Ofmin
renferme l'objet qui caufe mes
tourmens, & que l'amour le plus
ardent fait à préfent tout le malheur de ma vie. Cet aveu ne fuffit-il pas pour calmer votre colere? Non, lui répondit Xamire en
rougiffant , il faut me nommer
celle dont les attraits ont vaincu
votre indifférence. Fornary voulut héfiter, mais la Princeffe le
preffa fi vivement, que ne pouvant s'en défaire autrement : Hé
H 3   bien ,

bien, Madame, hé bien, lui dit-
il, c'eft une des femmes d'Ofmin;
c'eft l'aimable Tharife qué mon
cœur adore.

Tharife ! s'écria Xámire , O
Ciel! A ces mots pérdant l'ufage de fes fens ; elle tomba évanouie fur la pile de carreaux qui
lui fervóit dé fiége. Je courus pour
la foutenir. Thimanté & Fornary
troublés de cet accident, & prefqu'immobiles d'étonnement , ne
fçavoient s'ils dévoient appeller
du monde, ou reftér près de cette
belle mourante. Tandis qu'ils é-
toient dans cette irréfolution j'em-
ployois mes foins pour la faire revenir. J'y réuffis, elle ouvrit les
yeux, & voyant encore Fornary,
elle lui fit figne de fortir avec Thimante. Je reftai feule avec elle;
& me regardant triftement : Ah,
Julie, me dit-elle, que j'ai de honte de ma foibleffe ; pardennez-la
moi, elle n'ira pas plus loin ; mais
que Fornary ne s'offre plus à ma
vûë: je vais travailler à vous rendre la liberté ; je tiendrai ma parole; la trifte épreuve que je fais
du

du pouvoir de mes charmes m'apprend qu'on doit se contenter d'être sage, & que la beauté n'est pas un bien dont on doive se glorifier. Cependant vous êtes adroite, faites en sorte de sçavoir quelle est cette fatale Tharise; sçachez si Osmin l'aime; s'il la quitteroit sans regret: enfin ne négligez rien pour le bonheur de votre frere, puisque mon repos en dépend; & sur tout cachez lui le motif de toutes mes actions.

J'admirai véritablement la vertu de cette jeune Princesse qui s'étoit fait un systême d'amour si différent de celui des autres, en mettant son bonheur, sa félicité & son repos dans la seule satisfaction de l'objet de sa tendresse sans se regarder elle-même, & sans songer à ce que pouvoit lui couter un pareil effort. Je retournai à Fornary qui nous crut tous perdus, & qui s'accusoit d'indiscrétion & de foiblesse pour avoir avoüé son secret. Ses yeux s'étoient ouverts; toutes les actions de Xamire étoient revenuës à sa

pen-

penfée, & l'avoient inftruit de fes
fentimens. Cette connoiffance le
fit trembler pour Tharife, & Thimante ne pouvoit parvenir à le
confoler, lorfque je fus les joindre : je les raffurai en lui peignant
le caractere de la Princeffe. Il le
trouva fi beau qu'il eut de la peine
à me croire ; mais lorfqu'il apprit
qu'elle l'avoit aimé depuis fix mois
fans lui en avoir donné la moindre
connoiffance, il jugea qu'une
femme qui avoit été maîtreffe de
fa paffion pendant un tems fi confidérable étoit capable des efforts
les plus généreux, & qu'il ne devoit rien appréhender d'une ame
fi noble & fi parfaite. Mon frere
étoit trop intereffé à la recherche
que Xamire m'avoit ordonnée
pour ne me pas preffer de la faire :
je vous ai donc vû l'une & l'autre
avec affiduité, je vous ai étudiées ;
& fans pouvoir démêler vos avantures, j'ai reconnu que vous n'êtes
pojnt ce que vous paroiffez être :
que Zumane & Ofmin font liez
de l'amour le plus tendre ; que
Tharife a le cœur libre & ne fent

de

de peines que les vôtres, & que cependant vous êtes ici toutes deux malgré vous ; qu'il ne feroit pas impoſſible de vous engager à nous ſuivre, ou du moins que la belle Zumane pourroit obtenir d'Oſmin la liberté de la charmante Thariſe, qui feroit la felicité de mon frere & la mienne, ſi l'amour qu'il a pour elle, & l'offre qu'il lui fait de ſon cœur & de ſa foi pouvoit ne lui pas déplaire, Je vous ai découvert mes avantures, mes obſervations & nos projets ; c'eſt à vous préſentement à répondre à ma confiance.

L'aimable Genoiſe finit ſon récit de la ſorte, & les deux belles couſines étonnées & confuſes de tout ce qu'elles venoient d'entendre, ſe regardoient l'une & l'autre comme pour ſe demander conſeil ſur ce qu'elle devoient répondre. Cependant la franchiſe de Julie demandant une pareille confiance, elles ſe réſolurent preſqu'en même tems à ne lui plus rien déguiſer. La belle Salucre, moins timide que l'aimable Irene,

à

à qui la déclaration qu'on venoit
de lui faire, de l'amour de Fornary donnoit une espece de crainte
à s'expliquer, fut la derniere à
prendre la parole. Il ne seroit pas
juste, charmante Julie, lui dit-
elle, de vous laisser ignorer qui
nous sommes, après nous avoir
communiqué ce que vous avez
de plus secret, & je crois que je
ne puis mieux reconnoître votre
sincerité qu'en vous avoüant que
nous ne sommes toutes deux ni
Mahometanes de naissance ni de
Religion, & que vous voyez en
nous non la fille ni la niece d'un
barbare, mais deux Chrétiennes
comme vous, d'un sang illustre,
Françoises de Nation, & d'une
des plus belles Provinces du Roi
très-Chrétien.

A ces mots l'épouse de Thimante, transportée de joye &
d'admiration, se jetta dans les bras
d'Henriette & d'Irene, & les preffant tendrement dans les siens :
Je l'avois bien jugé, s'écria-t-elle,
que de si parfaites créatures né
pouvoient être les esclaves de
l'imposteur

l'impofteur Mahomet. Alors ces trois charmantes perfonnes s'étant données & renduës toutes les careffes qu'invente une amitié fincére, Henriette Saluére inftruifit Julie de tout ce qui lui étoit arrivé avec Charles Brachy, & ne lui cachant rien de fon amour & de la cruelle douleur qu'elle avoit euë en voyant que cet époux fi cher étoit d'une créance fi fort oppofée à la fienne, & qu'il lui conduifoit parmi les ennemis de fa Religion, elle lui peignit l'état de fon ame avec des couleurs fi vives que l'aimable Genoife en répandit des larmes. Cependant mettant fin à fes regrets; & regardant Irene : il ne dépend donc plus que de vous lui dit-elle, de finir nos malheurs; aimez Fornary, confentez à le fuivre, & je vous promets que Xamire nous délivrera tous.

Vous demandez bien des chofes à la fois, répondit cette belle fille en fouriant : comment voulezvous que mon cœur fe détermine pour un homme que je n'ai jamais vu ? & comment Xamire peut-el-

le

le nous rendre la liberté fans donner la mort à l'époufe d'Ofmin,
puifqu'il n'eft rien de plus fur qu'-
elle ne pourra s'en féparer fans
mourir. M'en féparer ! s'écria-t-
elle les yeux baignés de pleurs ;
Ah, ne l'efperez jamais. Si Julie
veut terminer nos malheurs, il
faut qu'Ofmin nous fuive.

Il eft vrai , reprit la fpirituelle
Armide, que ce dernier article eft
embaraffant ; mais laiffons agir la
Providence , elle n'a pas conduit
les chofes jufqu'à ce point pour ne
les pas terminer à notre avantage.
Ofmin eft vertueux, on ne lui
connoît ici aucun défaut ; il adore
Henriette , & l'on doit tout attendre d'un homme dont l'honneur
& l'amour font les conducteurs.
Pour vous, ma chere Irène, continua-t-elle galamment, je ne prétends pas vous obliger d'aimer
mon frere ; fans que vous jugiez
vous-même s'il en eft digne ; vous
le verrez, & j'ofe me flatter que
vous briferez les chaînes qui vous
retiennent dans ce Palais pour en
porter de plus douces &de moins
faciles

faciles à rompre. Irene fe défendit encore quelques momens fur cet engagement ; Julie qui vouloit que le mérite de fon frere achevât ce qu'elle avoit commencé , ceffa de la preffer fur cela pour fonger férieufement aux mefures qu'elles devoient prendre pour fortir d'Alger, & mettre Ofmin de leur parti.

Mais tandis qu'elles cherchent vainement par qu'elles voyes elles y peuvent parvenir , le Ciel leur en préparoit une qui leur parut d'abord un grand obftacle, & qui fut cependant la caufe de leur liberté lorfqu'elles s'y attendoient le moins. Mahomet impatient de voir Zumane , & de donner un libre cours à l'ardeur dont il commençoit à brûler , quoiqu'il n'eût vû fon vifage qu'à travers un voile, fe détermina à fe choifir un confident capable de le fervir dans ce nouvel amour, & de lui faciliter les moyens d'en voir entierement l'objet. Pour cet effet , il s'adreffa à Thimante à qui Xamire permettoit d'aller chez Ofmin

H 7 *beaucoup*

beaucoup plus souvent qu'à Fornary ; & faisant briller à ses yeux
l'or & les pierreries , en lui van-
tant les avantages qu'il trouveroit
en le servant fidelement : il lui découvrit son amour naissant , & le
desir extrême qu'il avoit de se faire
aimer de la belle Zumane disant
qu'il ne croyoit pas offenser en cela son frere , puisqu'il avoüoit lui-
même qu'il ne pouvoit parvenir à
la toucher en sa faveur, ajoûtant
qu'il n'y auroit jamais pense sans
l'assurance qu'il lui avoit donnée
qu'il n'en étoit point aimé. Thimante, qui sçavoit toutes les remarques secrettes que son épouse
avoit faites sur Zumane & sa compagne , & qui d'ailleurs avoit pris
une estime particuliere pour elle
& pour Osmin, se résolut de profiter de la confiance de Mahomet
pour se mettre en état de leur
être utile ; mais conservant le caractere de noblesse que lui inspi-
roit sa naissance, il refusa tous les
présens de Mahomet, en lui promettant de travailler au bonheur
de Zumane sans aucune vûë d'interêt

terêt : le Turc qui croyoit que la
félicité de cette belle femme ne
pouvoit regarder que lui, prit
cette promeffe à fon avantage, &
laiffa Thimante en liberté d'agir.
L'époux de Julie ne l'eut pas plûtôt quitté, qu'il courut rendre
compte de fa commiffion à Fornary, & confulter avec lui fur ce
qu'ils dévoient faire. Après bien
des réflexions, ils conclurent que
le meilleur étoit d'avertir Xamire
de l'amour de Mahomet ; & de
prendre d'elle les confeils dont ils
avoient befoin dans une affaire
auffi délicate : ce qu'ils firent auffi-
tôt qu'il leur fût poffible de l'entretenir fans autres témoins que
Julie. Cette belle Genoife l'avoit
déja inftruite des avantures d'Henriette Saluere, & venoit d'obtenir fa protection pour elle & l'aimable Irene, lorfqu'ils entrèrent
dans fon cabinet.

Thimante qui craignoit tout de
l'amour de Mahomet, ne tarda
pas à le lui découvrir, ainfi que
la commiffion qui lui avoit été
donnée. La Princeffe parut moins
furprife

furprife qu'indignée de cette infi-
delité.; & quoique fon cœur fut
fenfible pour un autre, comme elle
avoit maîtrifé fon amour, & n'en
avoit pas moins fait fon devoir,
elle croyoit ne pas mériter une
pareille ingratitude. Cependant
ce qu'elle venoit d'apprendre lui
faifant connoître que Zumane
n'aimeroit jamais qu'Ofmin, elle
ne balança point à chercher les
moyens de la tirer des perils qui
la menaçoient. Ces quatre gêné-
reufes perfonnes en propoferent
plufieurs tour à tour fans fe déterminer, les trouvant tous trop dangereux ou trop difficiles : enfin
Xamire confeilla à Fornary de
tout déclarer à Ofmin, efperant
que la crainte & la jaloufie le feroient confentir à la fuite d'Henriette. Alors, continua-t-elle,
ayant Ofmin dans nos interêts, il
me fera facile de vous faire fortir
de ce Palais, & de vous faire embarquer fur le premier vaiffeau
prêt à mettre à la voile. Cet avis
ayant été approuvé, on jugea qu'il
étoit de la prudence de cacher à
Zu-

Zumane l'amour de Mahomet, afin de ne pas renouveller ſes inquiétudes. Tout étant reglé de la ſorte, Fornary ne ſongea plus qu'à pouvoir entretenir Oſmin ſecrettement ; & comme ſon amour pour Irene le conduiſoit ſans ceſſe du côté qu'Oſmin occupoit dans ce Palais, il ne fut pas difficile d'en trouver l'occaſion ; elle ſe préſenta même auſſi favorable qu'il la pouvoit deſirer ; la ſituation de l'ame de cet aimable Turc lui faiſant chercher la ſolitude dans les délicieux jardins dont cette ſuperbe demeure étoit entourée. En effet, l'amoureux Brachy, combattu entre l'amour & l'ambition, gémiſſoit au milieu des douceurs dont l'un & l'autre l'avoient comblé : la poſſeſſion d'Henriette Saluere faiſoit le bonheur de ſon cœur, & celle d'une immenſe richeſſe ſembloit ne lui laiſſer rien à ſouhaiter.

Cependant cette félicité n'étoit pas parfaite: Henriette étoit Chrétienne, & ne répondoit jamais à ſa tendreſſe qu'en répandant un tor-

torrent de larmes qui lui faifoit
connoître le regret qu'elle avoit
d'avoir été trompée ; & les biens
dont il joüiſſoit étant communs
avec ceux de ſon frere , il n'en
étoit le maître qu'autant qu'il ne
feroit rien de contraire aux Loix
& à la Religion. Il ne lui étoit pas
permis d'époufer une Chrétienne
à moins qu'elle ne fe fît Mahometane , & le refpect qu'il avoit pour
la belle Saluere lui permettoit encore moins de la force à changer
de créance. Avoüer à ſon frere qui
elle étoit , c'étoit l'expofer aux
plus cruelles perfécutions , & fe
mettre lui-même en danger de
fubir la rigueur des Loix qui con-
damnent à la mort tout Mahometan qui fe lie avec une Chrétienne.
Tous ces différens embarras le ré-
duifoient à foupirer mille fois le
jour en fecret du bonheur même
qu'il avoit tant defiré , & ce fut
dans un de ces triftes momens que
Fornary trouva celui de l'aborder
fans témoin. Ofmin guidé par fa
rêverie, s'étoit jetté fur un lit de
verdure dans un cabinet de char-
mille;

mille, où le murmure de plusieurs
fontaines jaillissantes s'accordant
aux doux chants des oiseaux, l'in-
vitoient à calmer le trouble de son
ame, lorsque le frere d'Armide y
conduisit ses pas dans le dessein de
se livrer en liberté aux aimables
chimeres que forme un amour
naissant. Le bruit qu'il fit en entrant ayant contraint Osmin à
tourner les yeux de son côté, &
Fornary l'ayant apperçu presqu'au
même instant, ils se regarderent
l'un & l'autre avec une égale admiration, quoique dans des postures
différentes. Osmin se leva dès qu'il
le vit, & remarquant en lui un air
de noblesse que l'habit d'esclave
ne pouvoit effacer, il fut à lui
avec cette politesse que lui avoit
acquis le commerce qu'il avoit eu
avec les Nations civilisées qu'il
avoit parcouruës, & qui le rendoit un des plus aimables hommes
du monde ; & Fornary s'avançant
au-devant de ses pas avec soumis-
sion: Pardonnez, Seigneur, lui
dit-il, à un malheureux esclave
qui venoit en ce lieu rêver à ses

infor-

infortunes, & non dans le deſſein d'y troubler votre repos, quoi-qu'il cherche depuis longtems le bonheur de vous entretenir ſans témoin.

Les graces qui accompagnoient l'action du Genōis, ſa jeuneſſe & ſa reſſemblance avec Armide, pré-venant Oſmin en ſa faveur : Je crois, lui répondit-il en le regar-dant obligeamment, que des eſ-claves tels que vous valent bien ceux dont ils portent les chaînes, & je me trouverois trop heureux ſi je pouvois en être l'ami ; ainſi n'héſitez point à m'inſtruire de ce qu'il faut que je faſſe pour mériter ce titre auprès de vovs. Vos traits ne me ſont point inconnus, & je me trompe fort, ou l'aimable Ar-mide a quelque proximité avec vous.

Il eſt vrai, Seigneur, reprit For-nary, qu'Armide & moi ſommes unis par les nœuds du ſang, elle eſt ma ſœur. Alors Oſmin, cu-rieux de ſçavoir leurs noms, leur naiſſance, & par quelle avantu-re ils avoient été faits eſclaves, le
pria

pria de le lui apprendre, en l'aſſurant qu'ils étoient danſ un endroit
où Mahomet ne portoit jamais ſes
pas. A ces mots, s'étant placé ſur
le lit de gazon, & forçant Fornа-
ry de ſe mettre à ſes côtez, le jeune Génois commença ſon récit
par les amours & le mariage de
Thimante avec Julie, & le continua juſqu'à leur entréę dans le
férail de Mahomet ; mais cachant
avec ſoin l'amour que Xamire
avoit pris pour lui, & ne donnant
à toutes ſes actions que le motif de
la plus haute généroſité, il inſpira
tant d'eſtime pour elle à Oſmin,
qu'il projetta dès ce moment de
-lui confier ſon ſecret. Cependant
Fornary continuant ſa narration,
l'inſtruiſit de l'amour qu'il avoit
pris pour Irene ; & de l'aveu que
Zumane & elle avoient fait à Julie de leur naiſſance ; enſuite venant à Mahomet, il lui dit mot à
mot l'entretien qu'il avoit eu avec
Thimante, & l'amour qu'il avoit
pour Zumane, ainſi que le deſſein
qu'il avoit formé de l'épouſer,
puiſqu'elle ne pouvoit l'aimer, la
Re-

Religion Mahometane permettant d'avoir jusqu'à trois femmes légitimes; & c'est, continua Fornary, pour vous, informer de cet important secret que je cherchois, Seigneur, le moment de vous entretenir en particulier , Xamire ayant jugé qu'il falloit que ce fût moi qui vous en instruisît, n'étant que très-peu connu de Mahomet; au lieu qu'ayant choisi Thimante pour son confident, il le pourroit soupçonner de trahison s'il le voyoit vous parler. Fornary finit son récit en cet endroit. Et l'amoureux Osmin pénétré de douleur: Quoi! s'écria-t-il, mon frere est mon rival! Ce n'étoit donc pas assez d'avoir à combattre les scrupules de Zumane, il faut encore que je me garantisse des ruses de Mahomet ? Rien n'est plus aisé , Seigneur, repliqua promptement Fornary, que de remporter la victoire & sur l'un & sur l'autre: sortez des erreurs d'une Religion incompatible avec celle de Zumane; vous l'avez épousé comme Chrétien, vous en avez les vertus;

fuyez

fuyez avec elle fous le même titre,
profitez des offres de Xamire ;
brifez vos chaînes & les nôtres ;
quittez des biens périffables pour
une éternelle félicité : ouvrez les
yeux, Seigneur, & vous jugerez
comme nous que les groffieretez
des Loix de Mahomet ne s'accordent nullement avec la délicateffe des fentimens que Dieu nous
a donné. Pardonnez, Seigneur,
la hardieffe de mes paroles ; je
n'ignore point qu'elle feroient
l'Arrêt de ma mort avec un autre ;
mais outre que je fuis prêt à fouffrir les plus affreux fupplices pour
ma Religion, je fçai que je n'ai
rien à craindre avec le généreux
Brachy.

N'en doutez point, lui répondit-il, j'ai trop longtems vécu parmi les Chrétiens pour ne pas connoître ce qu'ils valent, & j'aime
trop Zumane pour haïr ceux de fa
créance ; je vous avouërai même
que je fens parfaitement ce qu'il
peut y avoir de mauvais dans la
nôtre, & qu'il eft des chofes où
je n'ai nulle foi ; mais, mon cher
For-

Fornary, j'y fuis né, ma vie &
mes biens dépendent de la fidélité que je conferverai au Prophete
Mahomet, & je ne me fens pas
comme vous affez de force pour
quitter l'une & l'autre avec modération. La mort dans les combats
n'a rien d'affreux pour moi ; & foit
que je me figure n'y courir que les
mêmes dangers que j'offre à ceux
qui me combattent, j'affronte les
perils, & les prévois fans crainte ;
mais les fupplices me font horreur, & je fuis capable de tout
pour les éviter : c'eft donc m'expofer à les mériter que de fuir avec
vous, on peut nous trahir, nous
fuivre & nous arrêter. Il m'eft encore moins poffible de me féparer d'Henriette, en la laiffant partir ; cependant je ne fouffrirai jamais que mon frere l'enleve à
mon amour, & je périrai plutôt
que de lui céder un cœur qui fait
ma felicité. Voilà, charmant
Chrétien, l'état de mon ame ; je
ne m'oppoferai point à votre bonheur ; profitez des bontez de Xamire ; foyez avec Irene, j'y confens,

fens, & je faciliterai même votre
fuite ; mais laiffez-moi Zumane,
& puifque Mahomet déclare qu'il
renonceroit à fon amour s'il fçavoit qu'elle en eût pour moi, fouffrez que j'éteigne fa flamme en lui
découvrant le bonheur de la mienne, & qu'il apprenne dès ce jour
que je fuis fon époux.

Ah ! Seigneur, répartit Fornary,
quel confident allez-vous donner ?
fongez qu'un rival eft toujours à
craindre & que l'amour & la jaloufie
triomphent fouvent des nœuds les
plus facrez ? Non, non, interrompit Ofmin ; Mahomet m'aime,
fon amour ne fait que de naître ; le
fecret que je lui ai fait de mes
avantures en eft la feule caufe, &
l'a flatté d'un doux efpoir : il eft gé-
nereux & jufte ; & lorfque la vérité lui fera dévoilée, je fuis affuré
qu'il vaincra fes fentimens en faveur des miens ; enfin quoiqu'il en
puiffe arriver, mon cher Fornary, laiffez-moi tenter ce moyen,
d'être heureux. Et s'il ne réuffit
point, reprit le Genois, que ferez-
vous ? Ofmin rêva un moment en

témoignant beaucoup d'irréfolution ; puis tout-à-coup hauffant la
voix avec un air qui faifoit voir
qu'il avoit pris fon parti. Je ferai,
lui répondit-il, tout ce qu'il fau-
dra pour vivre & mourir l'époux
de Zumane.

Le frere de Julie jugeant qu'il
ne parviendroit pas à le faire changer en fi peu de tems, ne voulut
pas le preffer davantage, & s'étant
donnez l'un & l'autre mille marques d'une eftime véritable, ils fe
féparerent en fe promettant de fe
revoir tous les jours au même endroit après la troifiéme Priere.
Fornary fut rejoindre Xamire &
Julie, & le trifte Ofmin reprit le
chemin du Palais dans une agitation d'efprit qui le rendoit mé-
connoiffable. Il étoit prêt d'y rentrer, lorfque Mahomet s'offrit à
fes regards ; il fortoit de l'appartement de Xamire ; il y venoit de
voir la belle Zumane, & cette vûë
avoit fi fort augmenté fon amour,
qu'il ne s'étoit arraché d'auprès
d'elle que dans la crainte que
quelques-unes de fes actions ne
fif-

fiſſent éclater l'ardeur dont il brûloit. La rencontre d'Oſmin l'em-
baraſſa, & quoiqu'il ne le crût pas
aimé, il ne laiſſa pas de ſentir de
ſecrets remords de l'obſtacle qu'il
alloit mettre à ſa flamme. Il voulut
l'éviter: Oſmin s'en apperçut, &
rompant ſon deſſein en s'avançant
à lui, il l'aborda en s'efforçant de
cacher le trouble de ſon ame. Je
vous cherchois, Seigneur, lui dit-
il, & venois vous apprendre l'heureux changement de mon ſort.
Mahomet de qui l'eſprit n'étoit
occupé que de ſon amour, & qui
ne ſe figuroit pas qu'Oſmin pût
avoir fléchi Zumane, crut que le
changement dont il parloit étoit
la victoire qu'il avoit remportée
ſur lui-même, & qu'il avoit éteint
ſa flamme. Prévenu de cette idée,
je ſuis charmé, lui dit-il, que vous
ayez triomphé d'un amour malheureux, vous ne pouviez mieux

renvoyer Zumane, & quoique
vous n'ayez plus de prétention ſur
elle vous devez ſonger à lui faire
une deſtinée digne d'elle; je l'ai

vûë,

vûë, elle mérite qu'on s'intereſſe pour elle, & puiſque vous ne l'aimez plus, je veux, mon cher Oſmin, vous acquitter envers ſon pere de la parole que vous lui avez donnée, en l'épouſant moi-même. Seigneur, reprit promptement Oſmin, je ne vous dis point que j'aye ceſſé de l'aimer ; le changement dont je parle ne regarde point un amour qui ne finira qu'avec ma vie ; & ce que j'avois à vous apprendre, c'eſt l'aveu que Zumane m'a fait de ſa tendreſſe. Elle vous aime ? reprit Mahomet en reculant quelques pas. Elle m'en vient d'aſſurer, reprit Oſmin, & j'eſpere que vous ne voudrez pas vous oppoſer à mon bonheur. Cet amour eſt bien prompt, interrompit-il avec fureur, & je doute qu'il ſoit ſincere ; cependant vous êtes libre de faire ce que vous jugerez à propos, & moi je le ſuis de m'informer de la vérité ; & le quittant en finiſſant ces mots, il le laiſſa perſuadé de ſon amour & des obſtacles qu'il alloit mettre à ſa félicité.

Cet

Cet époux malheureux se rendit auprès de Zumane, le cœur
percé des plus funestes traits : cette belle femme qui ne perdoit
jamais l'espoir de le convertir,
avoit une si grande attention à
toutes ses actions, qu'elle s'apperçut bientôt de l'état de son ame, &
lui demanda avec empressement
la cause de sa tristesse. Osmin la
regarda, soupira, & pour toute
réponse la questionna sur la visite
qu'elle avoit renduë à Xamire.
Zumane ne lui en cacha aucune
circonstance, fit l'éloge de la
Princesse. Et comme elle ne parloit de Mahomet que très-succin-
tement : & mon frere, interrompit Osmin, vous a-t-il long-tems
entretenuë? Xamire, vous a-t-elle
donnée la liberté de vous parler?
ne vous a-t-il rien dit de contraire
à l'amitié qu'il doit avoir pour
moi? Zumane surprise de cette
demande & de l'air dont son
époux la lui faisoit, se douta dans
l'instant d'une partie de son malheur. Mais dissimulant sa pénétration, Seigneur, lui dit-elle, vous
m'avez

m'avez vous-même contrainte à voir Mahomet ce n'eſt que par vos ordres que je me ſuis renduë chez Xamire pour m'offrir à ſa vûë, & je ne puis comprendre à quel deſſein vous me queſtionnez ſur une choſe que vous ſçavez auſſi-bien que moi.

Oſmin ne répondit rien, & s'abandonnant à ſa mélancholie, il reſta dans un morne ſilence, Zumane véritablement allarmée de cet excès de triſteſſe, le preſſa ſi vivement de lui confier ſes chagrins, & mêla tant de tendreſſe & d'eſprit dans ſes ſollicitations, que ne pouvant réſiſter à de ſi touchantes attaques, il lui apprit l'amour de Mahomet & la converſation qu'il venoit d'avoir avec lui. La belle Saluere ſe flattant que le Ciel lui procuroit cette occaſion de faire changer Oſmin de Religion, s'efforça de paroître tranquille à cette nouvelle, & regardant ſon époux avec des yeux qui portoient leurs traits juſqu'au fond de ſon ame : Hé bien, Seigneur, lui dit-elle, l'amour de Mahomet eſt-il

un

un fi grand malheur que vous ne
puiffiez l'éviter ; je crois que vous
me connoiffez affez pour être perfuadé qu'Ofmin eft le feul homme
que je puiffe aimer, & le feul capable de diminuer l'horreur que
m'infpire la loi du faux Prophète.
Ainfi je ne penfe pas que la crainte
de me voir changer de fentimens
foit le fujet de votre inquiétude: le
mal que peut nous faire Mahomet
Brachy doit en être l'unique motif, & le remede eft fi facile que
j'aurai lieu de croire que vous ne
m'avez jamais aimée fi vous refufez de l'y apporter. Fuyons, Seigneur, abandonnez un féjour où
la vertu ne habite qu'en tremblant,
Xamire eft prête à nous ouvrir
un chemin facile à notre liberté:
partons, Seigneur, retournons à
Marfeille, n'attendez pas que votre frere me traitte en efclave &
qu'il vienne m'arracher d'entre
vos bras, & fongez que les plus
affreux fupplices nous feront préparez s'il vient à découvrir que
vous êtes l'époux d'une Chrétienne.

Of-

Ofmin parut touché &. même
ébranlé du difcours de Zumane ,
mais trop attaché encore à fes
richeffes il ne put fe réfoudre à
lui donner une réponfe pofitive.
Cependant il la pria de ménager
Xamire, de la maintenir dans le
deffein qu'elle avoit de les fervir,
& lui promit que s'il ne réuffiffoit
pas dans une tentative qu'il vouloit faire auprès de Mahomet il
ne balanceroit plus à quitter Alger
pour jamais. Tandis que ces chofes
fe paffoient du côté d'Ofmin, fon
frere à qui l'amour venoit d'ôter
tout fentiment d'humanité fe réfolvoit à lui ravir Zumane à quelque prix que ce fut ; & comme il
étoit incertain fur la maniere dont
il devoit s'y prendre, une Efclave
de Zumane, jaloufe de la préference qu'elle avoit donnée en
entrant au Palais de Brachy à
une jeune Grecque qui s'étoit attachée à elle, cherchant quelque
occafion de s'en venger, fe rendit
de telle forte l'efpion de fes actions
qu'elle vint à découvrir qu'elle
étoit Chrétienne, ce qu'elle re-
con-

connut par un Oratoire que Zumane avoit pratiquée dans son
appartement dont Irene & elle
avoient seules la clef ; cette clef
s'étoit égarée, & l'inquiétude que
sa perte leur donna excitant la
curiosité de la vindicative Esclave,
elle chercha avec tant de soin
qu'elle trouva la clef; mais bien loin
de la porter à sa Maîtresse, elle la garda, & prenant son tems elle ouvrit
l'Oratoire, y entra ; & la trouvant
remplie des choses les plus sacrées
parmi les Chrétiens, elle ne douta
point que Zumane ne fût Chrétienne, & qu'Osmin ne trompât
Mahomet. Pleine de cette idée &
plus encore de sa vengeance elle
courut l'en avertir au moment
qu'il rêvoit aux moyens d'obliger
Osmin à lui ceder l'objet de sa
flâmme. La perfide Esclave n'ayant
trouvée que cet instant depuis
huit jours pour parvenir à s'échapper de ses compagnes, sa trahison
fut récompensée magnifiquement;
Mahomet charmé de cette nouvelle qui lui donnoit une entiere
autorité sur Zumane, en témoigna

I 5

sa

fa joye par un préfent fuperbe. Cependant la précaution qu'Ofmin avoit prife de la faire paffer pour Mahometane lui donnant de cruels foupçons, il refolut de s'en éclaircir avec lui, & d'employer la rufe & l'artifice pour découvrir ce myftere : pour cet effet, il fe rendit à fon appartement. Et l'ayant prié de faire retirer fes efclaves, mon cher Ofmin, lui dit-il, je viens terminer l'embarras où je vous mis hier ; s'il eft vrai que Zumane vous aime, je ne mettrai nul obftacle à votre bonheur, mais pour meriter l'effort que je me fait en votre faveur, il faut être plus fincere que vous ne l'avez été. Zumane eft Chrétienne, j'en fuis averti, pourquoi me l'avez vous caché ? que craignez-vous d'un frere qui vous aime, & par où me fuis-je attiré une défiance fi outrageante ?

Ofmin quoique réfolu de tout avoüer à Mahomet, ne laiffa pas d'être furpris de ce qu'il étoit fi bien inftruit ; & fe figurant qu'il en fçavoit encore davantage, il

ne

ne vouloit pas lui donner le tems
de lui apprendre ce qu'il vouloit
lui dire lui-même. Il eft vrai, Seigneur , lui répondit-il , Zumane
eft Chrétienne , & je fuis coupable
de vous l'avoir caché : mais la
crainte qu'on ne traitât en efclave celle que j'ai rendu maîtreffe de
toutes mes volontés, en eft la caufe. Zumane n'eft point fon nom,
fa naiffance eft illuftre, fa famille
eft Françoife , & Marfeille l'a
vû naître ; elle eft libre, & ce ne
font ni les loix de la guerre , ni
celles de la force qui l'on mife
en ma puiffance ; l'amour feul en
a décidé , elle m'aime, je l'adore ,
& nous perirons plûtôt l'un & l'autre que de nous jamais féparer.
Mais, lui répondit Mahomet, elle
ne peut être votre époufe fans
changer de Religion, & ne doit
avoir près de nous que le rang
d'efclave étant Chrétienne ; comment, mon cher Ofmin, prétendez-vous accorder ce que vous
défirez avec la Loi de Mahomet.
En reftant comme je fuis, lui dit
Ofmin, & laiffant à Zumane la

I 6   liberté

liberté de fa confcience ; c'eft fous
les fermens que j'en ai fait, que je
fuis fon époux, & que je l'ai conduite ici.

Son époux ! s'écria Mahomet
avec fureur, quoi vous avez époufé une Chrétienne ! Oui, Seigneur,
reprit Ofmin, & je n'en aurai jamais d'autre. Va, malheureux,
interrompit Mahomet furieux,
va, fort de ce Palais & du Royaume d'Alger, fi tu ne veux pas que
je te livre à la rigueur des loix,
ou romps des nœuds odieux ; tu
ne peux éviter la mort que tu merite, qu'en abandonnant ton Efclave ou qu'en la forçant de reconnoître Mahomet. Il s'en fallut peu
que le brave Ofmin ne fe vengeât
fur le champ de l'audace de ce
Barbare ; il mit la main fur fon
cimetere & regardant fon frere
avec un air qui le fit trembler,
rends grace, lui dit-il, à la Religion de Zumane qui m'a fait connoître qu'on doit refpeǎer les
nœuds du fang ; fans cette confideration tu fentirois en ce moment la force de mon bras. La
fin

fin de cette converſation ſe fit
avec tant d'emportement, que les
Eſclaves d'Oſmin l'entendirent &
vinrent tous ſe ranger près de lui
avec empreſſement. Mahomet
qui jugeoit de ſon frere par lui-
même, craignant qu'il ne profitât
du nombre pour l'accabler, ſe
retira promptement. Oſmin ne fit
aucun effort pour le retenir, & ne
doutant pas qu'il ne donnât des ordres violens contre ſa chere Zumane; il aſſembla ſes Eſclaves noirs &
blans, & leur défendit ſous peine
de la vie de laiſſer l'entrée de ſon
appartement libre à Mahomet,
ainſi qu'à ceux qui s'y préſente-
roient de ſa part, leur commandant
dant de la garder à vûë; ils en
répondirent tous ſur leurs têtes,
& jurerent par leur Prophète de
périr plûtôt que de lui manquer
de fidelité. Oſmin n'eut pas de
peine à les croire, tout le Palais
lui étoit ſoumis; ſes manieres ge-
nereuſes & franches lui avoient
gagné tous les cœurs, au lieu que
Mahomet dur, cruel, ſevere &

avare avec fon domeftique , en étoit craint & haï.

Cette rupture entre les deux freres fut bientôt fçuë des hommes & des femmes du Palais ; les fentimens fe partagerent, & chacun prit le parti qu'il croyoit le mieux convenir à fes interêts. La vertueufe Xamire fut la feule qui parut neutre dans cette affaire, fe refervant, difoit-elle, la gloire de l'accommoder, mais en effet pour pouvoir agir avec plus de liberté dans le grand projet qu'elle avoit formé. Mahomet outré de rage , ne fut pas plûtôt forti d'avec Ofmin , qu'il envoya ordre au Chef des Eunuques de la garde des femmes de faire fortir Zumane & Tharife de leur appartement, & de les mettre au rang des Efclaves qui refufoient de reconnoître Mahomet , & qui étoient diftinées aux travaux les plus vils, efperant que cette cruauté les forçeroit à changer. Mais il fut bien furpris d'apprendre que le Chef des Eunuques entouré de tous les Efcla-

ves avoit fait retirer les fiens , en
les menaçant de les tuer , s'ils
ofoient approcher du quartier
d'Ofmin, Cette révolte mit le
comble à fa fureur ; & fans l'ardent
amour qu'il reffentoit pour cette
même Chrétienne dont il faifoit
un crime à fon frere, il auroit été
dès ce moment dénoncer Ofmin
au Bey : mais réfléchiffant qu'il ne
pouvoit accufer l'un fans l'autre ,
& qu'il couroit rifque de les perdre tous deux, il fe contraignit
dans l'efpoir d'obliger Zumane à
fuivre la loi de Mahomet. Tandis
qu'il étoit encore dans l'irréfolution, Xamire pleine de fon projet,
étoit paffée chez Zumane avec
Julie, Thimante & Fornary ; elle
y trouva Ofmin & Tharife qui
cherchoient envain à calmer fon
inquiétude fur les menaces de
Mahomet.

Elle ne vit pas plûtôt entrer
Xamire, que courant fe jetter dans
fes bras : Ah ! Madame , s'écria-
t-elle , rempliffez vos genereufes
promeffes , délivrez-nous du fort
qu'on nous prépare. C'eft mon
deffein

deſſein belle Zumane , répondit
la Princeſſe : mais pour y
parvenir il faut vous forcer à
feindre à adoucir Mahomet , &
me laiſſer conduire le reſte. J'ai
des vûës que vous ignorez , & que
je ne puis vous déclarer préſentement ; mais fiez-vous à la parole
que je donne que vous ferez dehors d'Alger avant qu'il ſoit huit
jours , ſi vous voulez ſuivre mes
conſeils. Oſmin que la jalouſie
avoit déterminée à quitter un ſéjour ſi funeſte à ſon repos , la
ſupplia de dire promptement ce
qu'il falloit faire pour tirer Zumane du péril qu'elle couroit.

La ſuivre , lui répondit Xamire , & nous jurer ſolemnellement que vous ne l'abandonnerez
point quoyqu'il arrive. Oſmin
n'héſita pas , & promit tout ce
qu'on voulut. Alors , Xamire dit
à Zumane qu'elle la conjuroit de
permettre qu'elle l'emmenât dans
ſon appartement, & qu'elle fit dire
à Mahomet qu'elles s'étoit miſe
ſous ſa protection dans le deſſein
de ſe faire inſtruire par les Docteurs

teurs de l'Alcoran. Cet effort
coûta beaucoup à la belle Salucre,
elle fut même quelque tems à s'y
réfoudre; mais les inftances d'Ofmin & les prieres d'Irene & de julie
la déterminerent; & n'ofant douter des promeffes de Xamire, ellè
fe livra à fa conduite. Quand cette
Princeffe fe vit affurée de cè côté,
pour vous aimable Irene, lui dit-
elle en rougiffant, nous fçavons
que vous aimez trop Zumane pour
la quitter: mais nous ignorons fi
vous confentez à rompre les chaînes de Fornary: le voilà; continua-t-elle en le lui montrant, qui
pâlit de l'effroi de nous voir or-
donner qu'il refte auprès de Mahomet.

Notre Religion, Madame, lui
répondit cette aimable fille en
fouriant, nous engage à fouhaiter le bonheur des autres, & je
refpecte trop fes loix pour les en-
fraindre à l'égard d'un Efclave que
vous protegez. La Princeffe parut
fatisfaite des ces paroles, & ne
voulant pas retarder l'execution
de ce projet, elle emmena les
deux

deux Amies en difant qu'on ache-
veroit la converfation chez elle.
Ofmin ne les fuivit pas, étant arrêté dans ce petit Confeil qu'il ne
paroîtroit plus aux yeux de fon
frere, & qu'il attendroit des nouvelles de Xamire. Lorfqu'elle fut
rentrée dans fon appartement,
elle envoya Thimante à Mahomet, pour le prier de ne rien tenter
contre Ofmin ni Zumane, qu'elle
ne lui eût parlé. Mahomet qui
flottoit encore entre le défir de
perdre fon rival, & la crainte d'en-
traîner Zumane dans le même
péril, reçut ce meffage avec plaifir,
efperant que Xamire irritée ou
compatiffante, l'affermiroit dans
fa fureur ou lui donneroit les
moyens de la calmer fans honte. Il
fuivit de près l'efclave de la Princeffe, qui ne fut pas plûtôt avertie
de fon arrivée, qu'elle fit cacher
l'époufe d'Ofmin avec Irene, &
le recevant d'un air ouvert &
rempli de charmes capables de
toucher tout autre qu'un Barbare,
elle le conjura avec tendreffe de
pardonner à fon frere un empor-
te-

tement dont il fe repentoit, &
dont il ne pouvoit mieux lui marquer fa douleur que par l'action
qu'il venoit de faire, en confiant à
fes foins la deftinée de Zumane,
qui de fon aveu s'étoit venuë mettre fous fa protection, ajoûtant,
que cette belle perfonne confentoit à fe faire inftruire de la loi
de Mahomet, pourvû que les
deux freres vécuffent dans leur
concorde accoutumée, & qu'on
n'ufât d'aucune violence envers
elle ; & c'eft continua l'adroite
Princeffe, une grace que vous ne
pouvez refufer fans vous expofer
à déplaire au Bey, s'il étoit inftruit
de cette avanture , puifqu'il ne
balanceroit pas à la lui accorder.

J'ofe donc vous fupplier, Seigneur, de ne point inftruire le
Roi mon pere d'un differend que
votre interêt vous oblige à cacher,
étant très-certain que le Bey con-
fentiroit au mariage d'Ofmin &
de Zumane fi cette fille fe faifoit
Mahometane, & vous défendroit
de vous y oppofer, & fi cette union
vous déplaît vous ne ferez plus en
pou-

pouvoir de l'empêcher : au lieu
que par la douceur, & pardonnant
à votre frere, vous le ferez rentrer
en lui-même, & détruirez dans
le cœur de Zumane la haine que
nous portent les Chrétiens. Mahomet charmé de voir par ce difcours que Xamire ignoroit la véritable caufe de fa rupture avec
Ofmin, & de l'efpoir qu'elle lui
donnoit du changement de Zumane, feignit de ne fe laiffer fléchir
que par le pouvoir qu'elle avoit fur
lui; & que malgré l'offenfe qu'il
avoit reçûë d'Ofmin il vouloit
bien ne s'en pas plaindre au Bey,
non par les raifons qu'elle lui
oppofoit, mais par la crainte de
le perdre, à condition que Zumane abjureroit fa Religion entre ci &
huit jours, ou qu'Ofmin renonceroit autentiquement à fa poffeffion, & qu'il auroit la liberté de
voir & d'entretenir Zumane à
toute heure fans que fon frere pût
avoir la même liberté, ce qu'il ne
demandoit, difoit-il, que pour
être perfuadé que l'un & l'autre
ne le trompoient pas.

Le

Le terme étoit court, & les conditions fâcheuses ; mais Xamire les accepta pour ne lui donner aucun soupçon, en le priant seulement qu'il lui permit d'y préparer Osmin & Zumane. Il y consentit, & dès le même jour cette habile Princesse ayant employé toute son éloquence à les déterminer à se soumettre à ce qu'elle avoit promis pour eux, & y étant parvenuë avec toutes les peines du monde, elle fit embrasser les deux freres qui feignirent également dans cette reconciliation, mais qui ne se tromperent pas de même. Mahomet s'imaginant être fort redoutable, crut son frere sur les apparences : & Osmin persuadé du mauvais cœur de Mahomet, ne retrancha rien des résolutions qu'il avoit prises. Cependant la vûë de Zumane lui fut interdite, & permise à son rival, & les Docteurs de la loi furent appellez pour convertir les deux belles Chrétiennes. Il est impossible de bien exprimer les craintes & les inquietudes d'Osmin pendant cinq jours en-

entiers que durerent les viſites de Mahomet & les conférences des Docteurs : tout ce que la jalouſie a de plus terrible déchira ſon cœur, cent fois il fut tenté de rompre les conditions & de forcer l'appartement des femmes, & cent fois il en fut empêche par l'appréhention de perdre Zumane. Cette belle femme n'avoit pas moins d'agitations ; les empreſſemens de Mahomet, & les diſcours inſenſés de ſes Docteurs lui faiſoient ſouffrir le plus cruel tourment. Thimante & Fornary étoient les ſeuls que je trouvois les moins malheureux ; le premier, par la tranquille poſſeſſion de Julie ; & le ſecond, par la liberté qu'il avoit de voir & d'entretenir Irene, qui ne fut pas long-tems à connoître le prix du cœur qui lui étoit offert.

La belle Xamire réellement malheureuſe, aimant ſans être aimée & ſans même le deſirer, favoriſoit également deux rivales dangereuſes ; l'une pour en faire la ruine des eſperances dont l'amour ſe nourrit toujours ; & l'autre,

tre,

tre , pour adoucir un tigre qu'elle
ne pouvoit fouffrir , & cependant
avec lequel elle vivoit & fuivoit
un devoir dont fa vertu lui rendoit
les loix inviolables ; vertu d'autant
plus admirable qu'elle eft rarement connuë des femmes de ces
climats barbares, que la retraite
& la contrainte rendent mille fois
plus fufceptibles que celles qui
jouiffent de toute leur liberté :
généreufe , compatiffante , douce , humaine, ferme dans fes réfolutions , fidelle à fes promeffes,
folide dans fes confeils , aimant les
grandes actions , & capable de les
executer, il ne manquoit à cette
jeune Princeffe que les lumieres
du Chriftianifme pour être parfaite ; comme fon parti étoit pris
& qu'elle ne vouloit pas fervir
Ofmin & Zumane à demi , elle
n'avoit donné nulle de fes nouvelles à ce malheureux époux pour ô-
ter tout foupçon à Mahomet. Cette
fage conduite redoubloit le defefpoir d'Ofmin , dont l'imagination
frappée lui préfentoit fans ceffe
les plus triftes objets : tandis qu'il
s'agite

s'agite & se tourmente, Xamire mettoit tous ses soins à le délivrer de ses peines sans qu'il le sçut. Pour cet effet, elle fit sortir plusieurs fois Fornary sous divers prétextes ; & comme on sçavoit qu'elle envoyoit tous les jours au Palais du Bey, on n'étoit pas surpris qu'elle choisit cet Esclave pour faire ses messages, n'ignorant pas que ce fut ce Prince qui le lui avoit donné. Le Génois cependant n'étoit pas toujours chargé de simples complimens, ses ordres étoient d'une plus grande importance. Xamire avoit été nourrie par une Esclave Greque qui avoit abjuré sa Religion pour faire sa fortune, sa beauté lui avoit fait trouver un parti considerable dans un Algerien nommé Haly, homme de mer, habile dans son métier, & fort estimé de l'Amiral d'Alger qui lui avoit fait amasser de grandes richesses dans ses courses : il avoit épousé la Greque dont je parle, & cette femme ayant été choisie pour nourrir la Princesse, elle en étoit tendrement aimée,

&

& la Greque l'aimoit au point de
sacrifier même sa vie pour elle
s'il l'eût fallu ; elle étoit retirée
dans une maison de plaisance sur
les bords de la mer depuis le mariage de la Princesse. Xamire
avoit en elle une confiance d'autant plus grande , qu'elle étòit
instruite de ses sentimens pour les
Chrétiens, qu'elle ne pouvoit s'empêcher d'aimer malgré son abjuration , se plaisant à leur être utile
& à les tirer souvent d'esclavage
par des moyens secrets. Ce fut
donc à cette femme qu'elle envoya Fornary avec des présents
surperbes pour l'engager à lui faire
avoir un vaisseau pour sauver une
famille Chrétienne qu'elle lui
manda prête à perir , & qu'elle
avoit mise sous sa protection.

Elle ne lui marquoit point le
nombre de ces malheureux , mais
elle la conjuroit de tout employer
pour les garantir du péril qu'ils couroient avant huit jours. La Greque reçut les présents & la priere
de Xamire ainsi qu'elle s'y étoit
attenduë : tout ce qui l'embarrassa

fut le peu de tems qu'elle lui donnoit pour une entreprife fi difficile-
le ; mais fe faifant un point d'honneur de remplir la confiance que
la Princeffe lui témoignoit, elle
affura Fornary qu'elle alloit tout
mettre en ufage pour la fatisfaire,
& le pria de venir tous les jours,
pour fçavoir ce qu'elle auroit fait.
Xamire ne manqua pas de l'y envoyer, il ne s'y préfentoit jamais
fans quelque nouveau préfent ;
c'étoit là le veritable motif de
tous fes voyages, qui eurent enfin
le fuccès qu'il efperoit ; Haly avoit
fait équiper un vaiffeau pour aller
en courfe dont il avoit confié le
commandement à un vieux Turc
avare, intereffé & prêt à tout ha-
farder pour le gain le plus medio-
cre.

La Greque qui connoiffoit le
caractere de cet homme ; fe réfolut de s'adreffer à lui, & faifant
briller à fes yeux l'or & les pierreries dont la Princeffe avoit compofé les préfents qu'elle lui avoit
envoyez, elle fçut fi bien le perfuader qu'il lui promit fur l'Alcoran

ran de faire tout ce qu'elle exige-
roit de lui. Alors lui faifant une
fauſſe confidence, elle lui dit que
pluſieurs Algeriens curieux de
viſiter les pays étrangers, & n'ayant
pû en obtenir la permiſſion du
Bey, s'étoient adreſſez à elle pour
obtenir de lui de les recevoir dans
ſon vaiſſeau, & le prier de les mettre ſur les côtes d'Italie par laquelle ils vouloient commencer leurs
voyages : que ces Algeriens é-
toient les plus riches d'entre les
Négocians d'Alger, qui dans le
déſir de s'inſtruire de près des différentes manieres de commercer
qui ſe pratiquoient parmi les autres Nations, le récompenſeroient
liberalement de ce ſervice, & le
feroient plus gagner en leur accordant cette grace, que ne pourroit lui rapporter ſa courſe.

L'avide Turc qui dévoroit des
yeux les richeſſes que la Greque
lui montroit & celles qu'elle lui
faiſoit eſperer, ne balança point
à lui jurer qu'il conduiroit ſûre-
ment ces Algeriens, pourvu qu'elle fit en ſorte qu'on ne ſçut jamais

qu'ils

qu'ils avoient été dans son vaisseau.
Cette femme lui en fit tous les ser-
mens qui pouvoient le mettre en
repos ; & lorsqu'ils furent convenus de leurs faits elle lui livra l'or
& les pierreries qui n'étoient , di-
soit-elle , que le prélude de ce
qu'on devoit lui donner. Comme
il devoit mettre à la voile le troisiéme jour d'après cet entretien,
& que c'étoit justement le sixiéme
des huit que Xamire avoit prescrit, la Greque se pressa d'instruire
Fornary de ce que ses compagnons & lui dévoient faire , & ce
dont elle étoit convenuë avec le
Turc, qui étoit, qu'ils se rendroient
de nuit au port, qu'ils seroient tous
en habits d'esclaves, & ne feroient
ni ne diroient rien qui pût faire
soupçonner au Turc qui ils étoient.
Fornary au comble de la joye, vint
rendre un compte exact à la Princesse de ce qu'avoit operé le zèle
de sa nourrice. Xamire alors ayant
tout mis en état pour ce départ,
trouva moyen de faire avertir secretement Osmin de se trouver
la nuit du sixiéme jour dans le

Sàllon des bains du Palais, dont
une porte rendoit dans une ruë
détournée, de laquelle Mahomet
& lui avoient seuls chacun une
clef. L'époux de la belle Salucre
un peu remis de ses agitations par
cette nouvelle, attendit ce moment avec une impatience extrême, tandis qué Mahomet soupi-
roit après celui de voir Zumane
engagée dans les erreurs de son
faux Prophéte. Le cinquiéme jour
veille pu départ de tant d'Illuſtres
malheureux, Xamire engagea
Zumane à paroître moins attachée à sa créance, & plus favorable à Mahomet Brachy, qui
rempli d'eſperance s'en sépara le
plus content & le plus amoureux
des hommes. Le lendemain, la
Princeſſe ayant fait venir Zumane,
Irene & ces trois Esclaves, leur
témoigna un vif regret de les
quitter, & en même tems une
joye sincere de leur procurer la
liberté. Cette action, leur dit-elle,
me coûte infiniment, & cependant
elle me satisfait; mais malgré la
victoire que je remporte sur moi-
même

K 3

même, je ne me fens pas capable de vous voir partir : recevez donc à préfent mes adieux & ne me revoyez plus. Voilà , continua-t-elle , en remettant une caffette de bois de Cedre entre les mains de Fornary, de quoi vous acquitter envers le Turc des promeffes de ma Nourrice. Ce foir après la derniere priere, un Efclave en qui je me fie ira vous joindre & vous conduire au Port ; s'il veut vous fuivre, recevez-le , s'il vous quitte laiffez le aller fans chercher à le retenir' A ces mots fes yeux s'étant couverts de larmes. elle embraffa Zumane , Irene & Julie qui n'étoient guères moins affligées qu'elle, tant il eft vrai que la vertu a de pouvoir fur les cœurs en quelque endroit qu'on la trouve. Timanthe & Fornary fe mirent à genoux , & lui baiferent la main, & ne furent pas infenfibles à cette féparation, fur-tout Thimante qui ne pouvoit fe laffer d'admirer la fermeté de cette Princeffe dans une occafion fi délicate , dans laquelle fon cœur étoit fi fort intereffé. Enfin

Enfin paroiſſant ne pouvoir plus
ſoutenir cette touchante vûë, elle
les pria de ſe retirer & d'attendre
ſon Eſclave ſans inquietude ; ils
lui obéïrent, & malgré ſes aſſuran-
ces, ils ne furent pas tranquilles
juſqu'au moment de leur embar-
quement. Tandis qu'ils s'y préparoient, Xamire qui vouloit être
libre le reſte de la journée, fit dire
à Mahomet qu'elle le prioit de ne
la voir que le lendemain, & qu'elle lui donneroit ce jour-là une
ſatisfaction à laquelle il ne s'attendoit pas ; que Zumane étoit con-
vertie, & paſſoit cette derniere
journée dans les cérémonies néceſſaires & accoutumées avant
l'abjuration. La ſuperſtition des
Turcs ne leur permettant pas de
troubler des momens ſi reſpecta-
bles, Mahomet n'oſa ſe préſenter
chez Xamire, & lui laiſſa tout le
tems qu'elle déſiroit. Enfin l'heure du départ étant arrivée, Thimante & Fornary ſe rendirent
auprès de Zumane qui les attendoit avec Irene & Julie. Ils ne fu-

rent

rent pas plûtôt raſſemblée dans
une chambre ſecrette que Xamire leur avoit indiquée, qu'ils virent entrer un jeune Eſclave noir,
qui leur fit ſigne de le ſuivre; ils
étoient ſi fort occupez de l'action
qu'ils alloient faire, qu'ils ne donnerent que très-peu d'attention à
la figure de l'Eſclave qui les conduiſit par des détours obſcurs &
ſans aucun accident au Sallon des
Bains : ils y trouverent Oſmin qui
les attendoit dans un état difficile
à décrire.

Son impatience lui avoit fait
devancer l'heure du rendez-
vous, & l'on peut s'imaginer tout
ce qui roula de funeſte dans ſon
eſprit juſqu'au moment qu'ils parurent ; ſa joye fut ſi grande en
voiant Zumane, qu'il alloit oublier le péril qu'ils couroient pour
ſe jetter à ſes peids, & faire éclater ſes tranſports, ſi l'Eſclave noir
ne l'eut retenu en lui faiſant ſigne
d'obſerver le ſilence, & d'éteindre
un flambeau de cire blanche qui
étoit dans le Sallon. Oſmin obéït,

ou-

ouvrit la porte qui donnoit fur la
rüe, fit paffer tout fon monde, &
la referma. Il fe mit à la tête de fa
petite troupe avec Fornary Thimante fe tint auprés des Dames,
& l'Efclave noir marchoit derriere
eux comme pour faire l'arriere-
garde. L'heure étoit fi favorable,
étant celle où l'on ne voit aucun
Turc dehors dé fa maifon, que
perfonne ne mit obftacle à leur
marche; ils arriverent au Port où
ils trouverent la chaloupe du vaiffeau d' Haly qui les mit bientôt à
bord du vaiffeau qui étoit à l'ancre plus avant dans la mer. L'Efclave noir y fit monter fa compagnie en les comptant à voix baffe,
& n'y entra que le dernier. Le
Corfaire les reçut d'un air affez
farouche & les fit tous mettre
dans l'endroit le plus écarté du
vaiffeau fans leur dire un feul mot.
Fornary lui donna une lettre de
la Greque qu'il lut avec attention
enfuite dequoi il les enferma , &
mit à la voile l'inftant d'après.
Cependant lorfque nos fix Amants

K 5 fe

fe virent en liberté de fe parler,
fans crainte, ils s'abandonerent
à la joye que leur donnoit l'efpoir
d'être bientôt en lieu de fûreté.
Ofmin qui dans ce moment n'a-
voit écouté que fon amour, ne put
s'empêcher de témoigner quelque regret pour les biens immenfes qu'il laiffoit en Barbarie, craignant beaucoup plus l'indigence
qu'il prevoyoit, que les périls qu'il
couroit encore ; la belle Saluere
qui s'apperçut de fon inquiétude,
en prit occafion de lui réprocher
dans combien d'erreurs entretenoient cet amour pour les richeffes.
Songez , lui dit-elle , dans quel
abîme de maux vous m'aviez plon-
gée pour n'ofer perdre un bien
dont on ne joüit qu'en paffant :
l'homme mortel amaffe des tréfors comme s'il ne devoit jamais
mourir, ou qu'il dût les emporter
avec lui en mourant, & ne fait
pas attention que fon ame eft
l'unique tréfor dont il devroit
avoir foin. Ah , Brachy , continua-t-elle , oubliez une patrie
barbare,

barbare, fortez de vos opinions criminelles, reconnoiffez les verités Chrétiennes; & vous mépriferez bientôt tout ce qui vous paroît eftimable.

Thimante & Fornary fe joignant à cette aimable femme, mirent toute leur éloquence à lui prouver la fauffeté de fa Religion ; & comme leurs raifons étoient fondées fur la verité, Ofmin les écoutoit avec plaifir, & paroiffoit même ébranlé, lorfque l'Efclave noir qui fe tenoit éloigné par refpect, & qui n'avoit pas dit un feul mot, s'avança près d'eux, & s'adreffant au jeune Brachy : Si ce n'eft que la crainte de la pauvreté, lui dit-il, qui vous retient de fuivre la Loi des Chretiens, & qui vous fait regreter Alger, voila dequoi vous en confoler, ajouta-t-il en lui préfentant un grand écraint rempli de plus d'un million de pierreries qu'il avoit caché fous fon vêtement; Xamire m'a commandé de vous en faire préfent, à condition que vous ne me féparerez jamais de la belle Zumane, & que vous

me

me conduirez avec elle à Marseille.
Tandis que l'Esclave parloit, les six
fugitifs le regardoient avec une
attention prodigieuse, le son de
sa voix les avoit frappé ; & sa rare
beauté qui brilloit au travers de
la noirceur de son visage, les jettant dans l'étonnement & l'admiration ; ils l'entourerent, & ne l'eurent pas sitôt examiné qu'ils le
reconnurent, & s'écrierent à la
fois, ô Ciel ! c'est Xamire, c'est la
Princesse elle-même ! Oui, c'est
elle, repondit cette vertueuse
femme : c'est la fille du Bey d'Alger, & l'épouse de Mahomet qui
quitte sans regret sa patrie pour
vous suivre, & pour se faire Chrétienne. Sur-tout, continua-t-elle,
en baissant les yeux, ne donnez
nulle interpretation désavanta-
geuse à mon action ; votre con-
stance dans vos malheurs, votre
patience dans vos souffrance, &
votre fermeté dans votre Religion, sont les uniques motifs qui
m'ont fait désirer de l'être : heureuse si mon exemple peut engager Osmin à se rendre aux sollici-

tations de Zumane, & fi Zumane
veut bien m'accepter pour compagne.

Jamais furprife ne fut plus grande que celle des illuftres Captifs ;
ils voulurent d'abord témoigner
leur joye & leur reconnoiffance,
en rendant à Xamire les refpects
qu'ils croyoient lui devoir ; mais
elle leur défendit de la traiter autrement que comme leur fœur &
leur égale, en les priant de la laiffer
dans fon déguifement jufqu'au
débarquement. Ofmin frappé d'u-
ne telle réfolution, & charmé d'a-
voir un fi bel exemple à fuivre,
promit alors à fon aimable femme
de vivre & de mourir dans la Religion Chrétienne, & de l'embraffer dès qu'ils auroient touché les
terres d'Italie. Ce fut alors que la
joye fut univerfelle entre ces fept
perfonnes, & qu'animées du même
efprit, elles firent éclater l'eftime,
la confiance & l'amitié qui les devoient unir jufqu'à la mort.

Le Corfaire Turc leur tint parole,
& jettant l'ancre fur les côtes du
Royaume de Corfe, il les fit met-

tre

tre dans la chaloupe, après que
Fornary lui eut donné pour re-
compenſe la caſſette dont Xamire
l'avoit chargé en partant ; elle
étoit remplie d'une ſomme ſi conſiderable en or, que le Turc benit
mille fois le ſervice qu'il leur avoit
rendu. La chaloupe les ayant mis à
Terre dans un Port qui juſtement
n'étoit pas éloigné d'une Terre qui
appartenoit à Thimante, il y conduiſit cette belle troupe, non ſans
donner un grand étonnement &
beaucoup de curioſité à tous ceux
qui les virent paſſer. Thimante
arriva dans ſon Château où quatre
ans d'abſence & ſon habillement
extraordinaire ne l'empêcherent
pas d'être reconnu. Son nom vo-
lant de toutes parts, ſa mere qui
s'y étoit retirée, & qui vivoit dans
une perpetuelle triſteſſe depuis la
perte de ſon époux & de ſon fils,
dont elle n'avoit eu nulles nouvelles, accourut aux cris redou-
blez de ſes gens ; & voyant tant de
Turcs entrer dans ſa maiſon, fut
d'abord ſi troublée qu'elle penſa
tomber évanouie de frayeur.

Thi-

Thimante se jetta à ses pieds, & lui embrassoit les genoux, tandis que Julie la serroit dans ses bras, & moüilla son visage de larmes, sans qu'elle pût encore sçavoir qui étoient ceux qui lui faisoient de si tendres carresses. Mais enfin les noms de deux personnes si cheres à son souvenir s'étant encore repetez plusieurs fois, elle se remit, les examina & les ayant reconnus : Ah, mon fils, ah ma fille, s'écria-t-elle, en s'élançant dans leurs bras, est-ce vous que je vois ! A ces mots les embrassemens recommencerent ; les questions réïterées, les discours sans suite & sans arrangement furent employez : & cette agréable confusion formoit un spectacle si touchant, que nos feints Esclaves ne purent se dispenser de l'accompagner de leurs larmes. Thimante cependant ayant fait treve à ces premiers transports, lui présenta Xamire, Zumane, Irene & Osmin, en l'instruisant succintement de leur aventure. Elle les reçut avec con-

confideration, & leur témoigna
vivement fa reconnoiffance fur la
délivrance de fon fils & de Julie.
Thimante prit ce moment pour
lui apprendre la mort de fon pere.
Cette vertueufe femme qui s'en
doutoit depuis long-tems, en fut
moins furprife qu'affligée: fa douleur fut amere ; mais réfléchiffant
fur les effets de la Providence qui
compaffoit avec tant de bonté les
maux avec les biens, & qui ne
lui faifoit apprendre la mort de
fon époux, qu'en lui rendant un
fils qui devoit être fa confolation,
elle fe foumit à fes décrets, &
lui rendit grace encore de ce
que cette mort avoit donné occafion à la converfion de deux perfonnes auffi confidérables qu'Ofmin & Xamire. Cette belle compagnie fe repofa quinze jours dans
la maifon de Thimante, après lefquels Ofmin brûlant de remplir
fes promeffes, voulut partir pour
Rome avec Zumane, Xamire &
Irène. Fornary qui ne pouvoit plus
s'en féparer, les y accompagna.

Thi-

Thimante preffa long-tems pour être de cette partie; mais Ofmin & Fornary s'y oppoferent abfolument, voulant le laiffer joüir de fon bonheur après tant de travaux. Ils s'embarquerent munis de plufieurs lettres de recommandations que Thimante leur fit avoir des premieres perfonnes du Royaume de Corfe pour fes Refidents à la Cour de Rome, où ils arriverent fans aucun accident. Les Ambaffadeurs d'Efpagne & de Génes, aufquels ils étoient auffi recommandez, tinrent Ofmin & Xamire fur les fonds de baptême. Le mariage d'Ofmin & d'Henriette fût réhabilité, & celui d'Irene & de Fornary s'y fit avec pompe. Après toutes ces cérémonies Irene & Fornary charmez l'un de l'autre, retourrerent au Royaume de Corfe, Charles Brachy, Henriette & Xamire s'embarquerent pour Marfeille, cette admirable Princeffe ayant préferé de vivre avec la belle Saluere plûtôt qu'avec Irene, afin que le fouvenir de fa tendreffe

pour

pour Fornary ne troublât jamais
leur félicité. Henriette n'eut pas
comme Thimante la douce satisfaction de retrouver son pere ou
sa mere ; ils étoient mort dans la
douleur d'ignorer son sort, ayant
plusieurs fois écrit à Messine & en
Calabre pour en sçavoir des nouvelles sans qu'on eut pû jamais
leur en donnér. Ce récit que les
sœurs d'Henriette lui firent, la
toucha sensiblement, & il ne fallut
pas moins que les tendres attentions de Brachy, & la douce societé
de Xamire pour la consoler. Elle
prit possession de la Terre que ce
généreux époux leur avoit laissé,
elle la trouva en bon ordre, & s'y
établit avec la Princesse Algerien-
ne, de qui la beauté fit autant d'a-
dorateurs qu'il se présenta d'hommes à ses regards ; mais insensible
à leurs feux, elle refusa constam-
ment les plus illustres partis pour
se donner entierement à Dieu :
& quoiqu'elle ne se fit pas Religieuse, elle vécut avec la même
regularité à la Terre de Brachy.

Pour

Pour lui, comme son âge & son
humeur ne s'accordoient pas avec
l'oisiveté, & qu'un peu d'ambition
le dominoit, il se servit des biens
que Xamire lui avoit donné pour
rentrer dans le commerce. Mais
comme l'honneur, la probité &
la Religion le guidoient alors,
Dieu benit ses travaux par une
prosperité si constante, qu'il se
trouva dans peu un des plus riches
Négocians de l'Europe; il fit plusieurs voyages auprès de Thimante & de Fornary dont les heureuses épouses conserverent toujours
un tendre commerce avec Henriette & Xamire La posterité des
quatre époux fut nombreuse &
fortunée, & la vertueuse Xamire eut la satisfaction d'élever
les enfans de Brachy, & de leur
inspirer les sentimens qui l'avoient
renduë si digne elle-même d'entrer dans le giron de l'Eglise. Henriette Saluere, qui joignoit beaucoup d'esprit à beaucoup de beauté, écrivit elle-même ses aventures. Cette histoire fut si fort recherchée,

cherchée, que plusieurs personnes
en firent des copies pour la conferver ; & c'est du langage Pro-
vençal que je l'ai traduite pour la
mettre au jour.

LES EFFETS

DE

L'AMITIE'

XXVIII. NOUVELLE.

TOUS les hommes font inftruits que l'Amitié eft le nœud, le fondement & l'unique foutient de la fociété civile ; ils fça-vent que c'eft un fentiment qui les enchaîne les uns aux autres pour fe fecourir, s'aider, & fe fervir réci-proquement fans avoir d'autre ob-jet que le plaifir d'en faire. Cepen-dant rien n'eft plus rare qu'un veritable

ritable ami, & rien de plus commun que d'en prendre & que d'en
donner le titre ; l'Amitié n'eſt plus
aujourd'hui qu'un jeu de mots,
qu'un arrangement de belles paroles, compoſé par l'amour propre
qui fait dire ce qu'on ne ſent pas,
pour obliger les autres à le ſentir.
On ſe dit ami pour s'en acquerir,
& l'on ne fait rien pour ſe conſerver le cœur que l'on s'eſt acquis.

Autrefois les malheurs, les peines & les adverſités trouvoient
des cœurs ſenſibles & des mains
ſecourables. On voit toujour des
infortunes, mais on ne voit plus
d'amis ; tout le monde ſe vante de
l'être & de connoître les devoirs
de l'Amitié, & perſonne ne s'em-
preſſe de les pratiquer. Cherchons
donc dans l'Antiquité, des exemples capables de ranimer dans les
ames un ſentiment ſi néceſſaire
aux humains ; & puiſque l'homme
eſt le même qu'il étoit jadis, prou-
vons lui qu'il peut faire aujourd'hui
ce qu'il faiſoit autrefois.

Publius-Quintus-Fuivius, illuſtre
Romain,

Romain, qui confervoit au milieu
de la Cour d'Augufte l'ancienne
liberté de la République, également eftimé des Grands & des petits, eut un fils & une fille, qui lui
devinrent auffi chers par leurs vertus que par les nœuds du fang. En
effet Titus & Fulvie n'eurent pas
plutôt atteint l'âge de raifon, qu'ils
firent briller tout ce que la nature
peut donner de graces, d'efprit &
de beauté. Fulvie élevée en Romaine par une mere vertueufe,
fit les d'élices de fon pere, & Titus
lui donna fouvent occafion de rendre graces au Ciel de l'avoir fait
naître. Pour achever de le perfectionner & le mettre en état
de poffeder ainfi que lui l'eftime
de fa Patrie, il l'envoya à Athénes
pour étudier fous le fameux Ariftippe, mais trop jeune encore pour
le confier à lui-mêmé, il remit
le foin de fa conduite à Crèmes,
fage & venérable Grec, avec lequel il avoit lié une forte amitié
dans les voyages qu'il avoit fait en
Grece. Publius en faifant partir
Titus, lui recommanda d'almer

&

& de respecter Crèmes comme
un second pere, & de vivre avec
ses enfans comme s'ils étoient ses
freres. Le jeune Romain qui ne
sçavoit qu'obéir, se rendit dans
Athénes, resolu de suivre exactement les ordres paternels. Le sage
Grec le reçut de façon à l'affermir
dans ses sentimens ; mais les belles
qualités du jeune Gisippe son fils y
contribuerent encore davantage.

Jamais amitié ne fut si prompte
& si solide, que celle dont leurs
cœurs se sentirent unis dès le premier moment qu'ils se virent. Gisippe charmé du Romain, crut que
la Grece n'avoit rien qui lui fût
comparable, & Titus se persuada
sans peine que Rome ne possédoit
aucun homme qui ne dût céder
en tout à Gisippe. Une prévention
si favorable, l'un pour l'autre, fit
bien-tôt naître entr'eux l'estime
& la confiance ; ils s'admirerent,
s'embrasserent, & se jurerent une
éternelle amitié. Crémes qui étoit
present à cette entrevûë, & qui,
malgré l'absence & l'éloignement,
conservoit à Publius-Quintus une

tendresse

tendreſſe à l'épreuve du tems , pénetré de joïe en voyant Titus & Giſippe dans des ſentimens ſi conformes aux ſiens, leur en témoigna ſa ſatisfaction , & les conjura de ne rompre jamais de ſi beaux nœuds.

Les deux amis l'en aſſurerent , & ſe firent une douce loy de répondre à ſes intentions. Depuis ce jour ils furent inſéparables ; comme une même volonté les animoit, ils ne faiſoient rien ſans ſe le communiquer. Les plaiſirs , les occupations, les biens , les maux, les habitudes & les compagnies , tout leur étoit commun. Quiconque vouloit être aimé de Giſippe, devoit aimer Titus ; & l'on ne pouvoit plaire à Titus , ſi l'on n'aimoit pas Giſippe. Le hazard même parut ſe joindre au deſſein qu'il avoient de ne jamais rien faire l'un ſans l'autre. Lorſque Titus arriva dans Athénes, Crèmes avoit choiſi Ariſtippe pour inſtruire Giſippe , & ce fut une augmentation de joïe pour ces jeunes amis , de ſçavoir qu'ils ſeroient unis juſques dans leurs

Tome V.   L   plus

plus férieufe études. Le Philofophe Ariftippe trouva de fi bélles
difpofitions dans fes deux difciples, qu'il mit toute fon application à les inftruire ; & comme les
Grecs eftimoient extrêmement
ceux qui ne violoient jamais les
loix de l'Amitié, Ariftippe s'en fit
une de maintenir l'union de Titus
& de Gifippe, en faifant rouler la
plûpart de fes leçons fur ce que
deux vrais amis fe doivent l'un à
l'autre. Ils profiterent fi parfaitement de fes inftructions, qu'ils faifoient l'admiration d'Athénes.

On les propofoit pour exemple
dans toutes les familles, & toutes
defiroient également que leurs
fils, leurs freres ou leurs parens
fuffent de leurs fociéte. Ils ne fe firent pas moins remarquer dans
les Sciences, & fur-tout dans la
Philofophie qu'Ariftippe leur enfeignoit avec foin. Enfin leurs
noms fe rendoient celébres, &
commençoient à donner de la
jaloufie à ceux qui ne pouvoient
les imiter, lorfque Crèmes pere
de Gifippe tomba malade, & mourut

rut vivement regreté des deux
amis. Les biens immenſes qu'il
laiſſa à ſon fils, ne purent de long-
tems le conſoler de cette perte ;
& ce ne fut que la conſidératiou
de Titus qui le contraignit à mettre des bornes à ſon affliction, qui
par ſon amitié pour lui y prenoit
une part ſi ſenſible, qu'on croyoit
en le voyant qu'il avoit perdu un
pere ainſi que lui. La triſteſſe des
deux amis intereſſa toute la Ville ,
chacun s'employa pour la diſſiper
en leur procurant des divertiſſe-
mens ; & comme Ariſtippe n'étoit
pas de ces Philoſophes rudes &
ſéveres, qui ne font conſiſter la
ſageſſe que dans le dégoût des plaiſirs les plus innocens, il ne voulut
pas être le dernier à contribuer à
la conſolation de ſes diſciples.
Perſuadé que rien n'eſt plus propre à bannir la mélancolie, qu'une
compagnie agréable, & qu'il poſ-
fedoit chez lui un treſor capable d'adoucir bien des maux, il
ſe reſolut d'en faire part aux deux
amis. Ariſtippe étoit veuf & n'a-
voit d'enfans qu'une fille, en qui

le

le Ciel avoit raſſemblé ſes dons les
plus précieux : Sa beauté, quoíque
ſurprenante, étoit encore audeſ-
ſous de ſon eſprit ; & ſon pere, qui
dès ſon enfance en avoit connu
tout le prix, s'étoit ſi fort attaché
à le perfectionner, en lui dévoi-
lant ce que la Philoſophie a de
plus ſublime, qu'il l'avoit renduë à
l'âge de dix-ſept ans qu'elle avoit
alors, un prodige de ſcience & de
ſageſſe. Cette incomparable fille
ſe nommoit Sophronie, & vivoit
à quelque mille d'Athénes, dans
une maiſon de plaiſance où le Philoſophe Ariſtippe alloit ſouvent ſe
délaſſer des peines que lui donnoit
l'inſtruction de la Jeuneſſe ; &
c'étoit dans ce ſejour tranquile &
délicieux, que rendu tout à lui-
même il ſe contemploit à loiſir
dans les rares vertus de ſon aimable fille, & qu'il les ornoit de cet
air aiſé, & attrayant & facile, qui ne
ſuit preſque jamais les Sciences, &
qui peut ſeul en adoucir l'éclat.

Sophronie belle, ſage, ſçavante, & Philoſophe, n'en étoit pas
moins douce, humble & modeſte ;
contente

contente de fon fçavoir, elle ne
s'en fervoit jamais pour primer fur
perfonne, & donnant des bornes
à fon efprit, elle ne s'en fervoit
fouvent que pour faire briller celui
des autres. Son amour pour l'étude
lui faifant préferer l'innocence de
la Campagne au tumulte des Vil-
les, elle ne venoit à Athénes que
dans des tems indifpenfables, foit
pour des facrifices, foit pour
des cerémonies folemnelles. Mais
comme Ariftippe n'avoit pas des-
fein de la priver des plaifirs qui
femblent être faits pour la Jeuneffe, il lui avoit formé une fociété agréable des principales Dames d'Athénes, qui venoient tour
à tour, & qui quelque fois étoient
accompagnées des plus fameux
génies de la Grece, qui ne dédai-
gnoient pas de converfer avec
cette fçavante fille. De pareils entretiens ne reftoient pas dans l'ou-
bli; chacun s'empreffoit de les ra-
conter à ceux qui n'en avoient pas
été, & la charmante Sophronie
fut bien-tôt admirée & celébrée
de tous les citoyens d'Athénes :

Quoi-

Quoiqu'elle ne fe communiquat qu'à très-peu de monde, fa réputation avoit déja fait naître à plufieurs le defir de la poffeder. Ariftippe qui ne la vouloit point contraindre, fouhaitoit lui-même qu'elle fift choix d'un époux ; mais ne pouvant vaincre l'averfion qu'elle fe fentóit pour les jeunes gens en genéral, & n'ayant pû parvenir à l'obliger d'en recevoir, il avoit été contraint d'éloigner de fa maifon tous ceux qui pouvoient prétendre à fon alliance.

Les chofes étoient dans cette fituation, lorfque Titus arriva dans Athénes, & que Gifippe & lui devinrent fes difciples. Leur mérite & le progrès qu'ils faifoient dans les Sciences, donnerent fouvent occafion à Ariftippe d'en parler à fa fille. La parfaite union de ces deux amis dont il lui faifoit fans ceffe le récit, la prévint d'abord en leur faveur ; s'imaginant que, puifqu'ils étoient capables d'une amitié folide, ils ne devoient avoir aucun des défauts ordinaires à la Jeuneffe, qui prefque toujours in-

conftante,

conftante, légere & volage, ne
connoît de plaifir que dans la di-
verfité des objets, & ne peut s'af-
fujettir aux plus foibles des bien-
féances qu'exige la fociété civile,
enfuite le portrait qu'Ariftippe lui
faifoit des belles qualitez de leurs
ames, de la fageffe de leurs mœurs,
& de la nobleffe de leurs fentimens lui donna de la curiofité, &
la força bien-tôt après à lui témoigner qu'elle les verroit avec joïe.

Ariftippe charmé de cette prié-
re, efperant que Gifippe dont il
fçavoit la richeffe, pourroit vaincre
entierement le cœur de cette belle
fille, fe préparoit à lui annoncer
cette vûë, lorfque la mort de Cre-
mes fufpendit pour quelques tems
l'execution de fon projet. Mais
lorfque les premiers momens
qu'on doit donner à la douleur, furent écoulés, & qu'il vit que celle
de Gifippe & de Titus fe changeoit en mélancolie, il crut que
le moyen le plus doux de les en
tirer, étoit de leur procurer une
compagnie qui pût les diftraire,
les amufer & les occuper d'une

maniere digne de leurs fentimens ;
mais comme la Patrie l'emporte
toujours dans le cœur des hommes, Gifippe fut le premier à qui
il découvrit l'envie que Sophronie
avoit de les connoître.

Le jeune Grec avoit fouvent
entendu chanter les loüanges de
cette fçavante fille, fon cœur même avoit pris pour elle une fecrette
eftime ; mais comme il fçavoit
que le difciple ne doit rien exiger
du maître, & qu'il n'ignoroit pas
qu'aucun homme de fon âge n'a-
voit la permiffion de la voir, il
s'étoit contenté d'en entendre parler fans témoigner nulle curiofité.
L'arrivée de Titus, l'amitté qu'ils
avoient contractée, & les differentes occupations que leur donnoit
une profonde étude, le détour-
nerent enfuite de tout ce qui pouvoit le porter à penfer au bruit qui
fe répandoit de Sophronie. Mais
Ariftippe ne lui eut pas plutôt déclaré qu'il vouloit lui faire un honneur qu'il avoit refufé aux plus illuftres des jeunes Athéniens, que
fes premieres idées fe réveillerent
&

& lui firent regarder cette préfé-
rence avec des tranſports de joïe
dont il ne parut pas le maître, &
qu'il n'attribuoit cependant qu'à
la ſatisfaction d'être aſſez eſtimé
d'Ariſtippe pour en recevoir une
pareille diſtinction.

Ne pouvant goûter de vrais
plaiſirs ſans les partager avec Titus, il ſuplia Ariſtippe de le mettre
de cette partie. Le Philoſophe y
conſentit d'autant plus volontiers,
que c'étoit ſon deſſein, & qu'il ne
s'étoit d'abord adreſſé au jeune
Grec, que pour ſatisfaire l'inclination naturelle qui nous entraîne
plutôt vers nos Compatriotes que
vers les Etrangers. La conſidération particuliere qu'il avoit pour
Titus ne lui permettant pas de le ſéparer de Giſippe dans une occaſion
qui pouvoit la lui prouver, ſe faiſant d'ailleurs une eſpece de gloire
d'offrir aux yeux d'un Romain une
fille qui pouvoit égaler & même
ſurpaſſer les Beautés Romaines, il
aſſura le fils de Crémes que Sophronie recevroit Titus avec plaiſir, & lui recommanda de ſe pré-

L 5   parer

parer à cette viſite poùr le lendemain. Giſippe étoit vif , ardent,
ſenſible à la gloire , ferme dans
ſes reſolutions , les prenant ſans
balancer & même avec trop de
promptitude ; ſon tempérament
qui le portoit à la joïe , le rendoit
amateur de la nouveauté dans toutes les choſes qui lui ſembloient
indifferentes ; & comme il croyoit
que la connoiſſance de Sophronie
étoit de ce nombre, & que la ſeule
envie de voir une fille ſçavante
faiſoit le motif de ſa curioſité , il
quitta le Philoſophe Ariſtippe ,
avec une forte impatience d'apprendre à Titus une avanture dont
il ne ſe formoit qu'une idée agréable. Il courut le chercher, & l'ayant
trouvé qui ſe promenoit ſeul dans
les jardins dont ſon Palais étoit
entouré, il l'aborda d'un air de ſatisfaction qui fit croire au jeune
Romain qu'il avoit reçu quelque
grand ſujet de conſolation , ne
l'ayant point encore vû dans cet
état depuis la mort de Crémes.

Quelle heureuſe nouvelle m'ap-
portez-vous, mon cher Giſippe,
lui

lui dit-il en l'embraſſant ? Le changement avantageux que je remarque en vous, m'annonce de grands
bonheurs, & je me flate qu'après
avoir vû la part que j'ai priſe à votre douleur, vous ne me refuſerez
pas de partager auſſi votre joïe.
Non ſans doute, répondit Giſippe,
& ce n'eſt que dans ce deſſein que
j'interromps votre ſolitude : Apprenez, mon cher Titus, continua-t-il avec tranſport, qu'Ariſtippe nous donne aujourd'hui une
marque de diſtinction, dont nous
ne pouvons trop lui rendre grace,
vous comme Étranger, & moi
comme Compatriote, puiſqu'il l'a
toujours refuſée aux uns & aux
autres, & que c'eſt uniquement
pour nous ſeuls qu'il ſe relâche de
ſa ſéverité, en voulant nous faire
connoître ſon admirable fille à laquelle il doit nous preſenter demain ; je vous avoüe que je ſuis
d'autant plus ſenſible à cette amitié, que je ne l'en croyois pas ca-
pahle, le connoiſſant très-difficile
dans le choix de ceux à qui il donne entrée chez lui. Enfin, mon

L 6   cher

cher Titus, nous verrons donc ce
miracle de la Grece, cette fille
qu'on dit joindre une beauté mer-
veilleufe à l'efprit le plus fçavant
& le plus orné; ne trouvez-vous
pas comme moi, que rien n'eft
plus charmant que cette partie?

Gifippe avoit à peine expliqué
la caufe de fa joïe, que Titus s'é-
toit fenti atteint d'un trouble extraordinaire; une fombre mélancolie le faifit, fans fçavoir pourquoi; fon caractere, qui étoit l'op-
pofé de celui de Gifippe, lui faifoit
envifager les chofes d'une maniere
differente. Il étoit naturellement
férieux & pofé, il réflechiffoit long-
tems avant que de fe déterminer;
il falloit des occafions preffantes
pour l'obliger à prendre fon parti
fur le champ, & jamais il ne fe
livroit à quelque plaifir que ce fût,
fans examiner auparavant s'il n'entraînoit point dans quelque péril
caché. Ces fentimens fe joignant
à ce qu'il fe paffoit en fecret dans
fon cœur, il parut étonné que Gifippe, encore pénetré de la mort de
fon pere, trouvât un motif de joïe &
de

de confolation dans la vûë d'une perfonne qu'il ne connoiſſoit point, & ſur tout d'une fille qui par ſes charmes féducteurs pouvoit lui cauſer des peines plus grandes que la ſatisfaction dont ſa preſence le flatoit:Enſeveli dans ces réflexions, il ne répondit point à ſon ami, & le regardoit avec une ſurpriſe qui penſa le déconcerter.

Mais le jeune Grec ſuivant le feu de ſon tempérament : Hé quoi! Titus, lui dit-il en riant, vous ne me dites rien ? Avez-vous quelque ſecrette antipatie pour Sophronie, & la Philoſophie vous a-t'elle appris qu'on doive prendre de l'averſion pour ceux qu'on ne connoît pas ? Non, répondit Titus; mais elle ne m'a pas enſeigné non plus, continua-t-il froidement , à deſirer avec tant d'ardeur de faire de nouvelles connoiſſances , & je ne vois pas qu'une fille belle & ſçavante ſoit une choſe ſi rare, pour la chercher avec cet empreſſement; je ne ſçai ſi c'eſt l'habitude d'en voir à Rome, qui me rend de cette indifference, mais vous me

ferez

ferez plaifir, mon cher Gifippe, de me dipenfer de vous fuivre chez Sophronie. Les Dames Romaines, lui repliqua le fils de Crémes, vous doivent être fort redevables de votre peu de curiofité pour nos Greques ; cependant en attendant qu'elles vous en marquent leur reconnoiffance, vous m'accorderez de voir la fille d'Ariftippe : j'ai promis que vous m'accompagneriez, je ne puis manquer à ma parole fans offenfer & le pere & la fille, & je fuis perfuadé que Publius-Fulvius ne vous pardonneroit pas de vous être broüillé avec Ariftippe pour un femblable fujet.

Titus n'eut rien à répondre à cet article, & jugeant en effet qu'il y auroit du mépris à refufer une chofe où tant de gens avoient inutilement afpiré, il fe rendit aux raifons de fon ami : mais fon chagrin n'en diminua point ; il fut inquiet & trifte le refte du jour, & la nuit n'offrit à fon imagination que des objets de douleur. Comme il étoit extrêmement raifonnable & fenfé, il s'efforça de furmonter

ter ces preʃʃentimens, & s'armant
contre lui-même il les traita de
foibleʃʃes indignes d'un Romain,
& prit enfin la reʃolution de paroître aux yeux de Sophronie, tel
qu'il devoit être pour faire honneur à ʃa Patrie & à ʃon ami. Gi-
ʃippe le trouva dans cette diʃpoʃi-
tion, lorʃqu'il le vint prendre pour
aller chez Ariʃtippe; il vit même
avec plaiʃir qu'il avoit pris un ʃoin
dans ʃon habillement qui ne lui
étoit pas ordinaire, & qui témoignoit quelqu'envie de plaire: Il
s'en railla agreablement, & le jeune Romain y répondit de façon à
ne rien faire connoître de ce qui
l'agitoit intérieurement. Ils ʃe rendirent enʃemble près d'Ariʃtippe,
qui les reçut avec tendreʃʃe: Je
vais faire bien des jaloux, leur dit-
il, & je ne ʃçai comment Sophronie ʃe juʃtifiera à la Jeuneʃʃe d'A-
thénes, de la préference qu'elle
vous donne.

. Les deux amis répondirent à ce
diʃcours obligeant avec leurs graces accoutumées, enʃuite de quoi
le Philoʃophe les fit monter dans
ʃon

fon char, où s'étant placé avec eux
il fit prendre le chemin de l'aimable retraite de Sophronie. Cette
belle perfonne, qui étoit-avertie
dès la veille de leur arrivée, avoit
tout fait préparer pour les recevoir
dignement. Tant que le chemin
dura, Gifippe fut d'une humeur
charmante, & Titus s'efforça de
paroître auffi guai que lui. Ariftippe
qui, lorfqu'il fe rendoit à fa maifon de plaifance, laiffoit fa Philofophie dans Athénes, leur fournit
plufieurs matieres propres à faire
briller leur efprit, & jamais partie
de plaifir ne fe fit avec plus de fatisfaction. Ils arriverent, & les beautez de cette maifon furent d'abord
le fujet des acclamations des deux
amis, qui s'empefferent à l'envi d'y
donner les loüanges qu'elle méri-
toit, non-feulement par fa fituation, mais encore par les agrémens
qu'elle tenoit du goût d'Ariftippe.

Les applaudiffemens de Gifippe
& de Titus n'étoient pas finis, lorfque la belle Sophronie s'avança
audevant de fon pere, & parut à
leurs yeux avec tous fes appas.
Cette

Cette compagnie étoit defcenduë
du char; Ariftippe marchoit au
milieu des deux amis, qui ne virent pas plutôt Sophronië, que
ceffant tout à coup de parler, ils
refterent comme immobiles, d'é-
tonnement & d'admiration, à l'afpect de tant d'attraits. Gifippe qui
ne s'étoit rien imaginé de ce qu'il
voyoit, en fut frappé; & Titus qui
s'en étoit formé une idée plus certaine, mais dangereufe, fut fi troublé de voir qu'il ne s'étoit pas
trompé fur le péril que le cœur
couroit dans cette entrevûë, &
de celui dont il avoit eû la veille
de fi forts preffentimens, qu'il ne
put proferer un feul mot. Chacun
d'eux étoit occupé de telle forte
des mouvemens qui les agitoient,
qu'ils ne firent nulle attention l'un
fur l'autre. Sophronie avoit trop de
pénetration pour ne fe pas appercevoir de l'effet de fes charmes;
elle en rougit, & fon embarras alloit
augmenter celui des difciples d'A-
riftippe, fi ce Philofophe ne les en
eût tiré tous trois, en prenant le
premier la parole. Il faut, dit-il
en

en foûriant, que Titus & Gifippe foient plus fenfibles à la vûë d'une belle maifon qu'à celle d'une belle perfonne, puifqu'ils n'ont pas ceffé de fe récrier fur les agrémens de l'une, & qu'ils gardent un profond filence à l'approche de l'autre.

On trouve aifément des termes, dit alors Titus, pour loüer l'ouvrage des hommes, mais il n'en eft point qui puiffent exprimer l'admiration qu'infpire celui des Dieux. Il eft vrai, ajouta Gifippe en reprenant fon enjoûment, qu'on peut s'énoncer facilement fur les beautés des jardins & des bâtimens, aufquelles nous ne devons applaudir par aucune contrainte; mais lorfqu'en eft forcé d'adorer ce que l'on voit, je crois que le filence marque mieux l'adoration, que les paroles les mieux choifies. Cette galanterie de part & d'autre ne parut pas déplaire à Sophronie, elle y répondit avec modeftie, mais avec tant d'efprit & de grace, qu'elle acheva d'enchanter les deux amis. Ariftippe qui n'avoit d'yeux que pour fon aimable fille,

&

& qu'on ne pouvoit flatter plus
agréablement qu'en lui rendant
la juftice qui lui étoit duë, anima
cette converfation par plufieurs
attaques qu'il fit à Gifippe, dont
il defiroit ardemment l'alliance.

Le jeune Grec, que l'amour
venoit de foumettre fans nulle
refiftance, y repliqua en homme
auffi fpirituel qu'amoureux, & fit
affez connoître fes fentimens pour
donner lieu de croire au pere & à
la fille qu'il feroit fon bonheur
d'une fi douce union. Mais fi cette
idée donna de la joïe au Philofophe, elle porta le defefpoir dans
l'ame de Titus; l'Amour l'avoit
encore moins épargné que Gifippe, & jamais paffion ne fut fi violente dès fa naiffance, que celle
qu'il prit pour Sophronie à cette
premiere vûë. Sa flamme dès cet
inftant lui fit fentir tout ce qu'une
ardeur affermie par le tems fait
fentir aux amans délicats; la crainte & la jaloufie s'emparerent de fon
cœur, & fans que Gifippe s'expliquât ouvertement, il le reconnut
pour fon rival auffi-tôt qu'il eut
parlé.   Cet-

Cette connoiſſance le pénetra de la plus vive douleur ; mais ca- chant dans le fond de ſon ame les divers mouvemens dont il étoit agité, il ſe contraignit ſi bien, qu'Ariſtippe & Giſippe ne purent s'en appercevoir. Sophronie ce- pendant qui ne ſçavoit pas que cette viſite étoit un piège que ſon pere tendoit à ſa liberté, voyant qu'il témoignoit au Grec une ami- tié de pere, s'efforça ſans autre deſſein que de lui plaire, de faire un accueil gracieux à Giſippe, ce qui augmentoit à chaque inſtant ſon amour, & la triſteſſe de Titus. Ariſtippe ayant conduit la compa- gnie dans un ſallon ſuperbe, cha- cun y prit ſa place ; & la converſa- tion étant devenuë reglée, le Phi- loſophe qui vouloit étaler tous les charmes de ſa fille aux yeux de ſes diſciples, la fit rouler ſur les ma- tieres les plus relevées, en propo- ſant les queſtions les moins faciles à décider.

L'aimable Sophronie y fit écla- ter à la fois la juſteſſe de ſon eſ- prit, la profondeur de ſon ſçavoir,

&

& les graces de l'éloquence : mais
fi elle s'attira les acclamations des
deux amis, ils mériterent auffi fon
admiration ; la fageffe de leurs dé-
cifions, leur modération en fou-
tenant des opinions differentes,
la confidération qu'ils fe témoignoient en difputant l'un avec
l'autre, fans jamais fortir des bornes de l'exacte civilité, la défé-
rence qu'ils faifoient voir réciproquement pour leurs fentimens,
quoiqu'ils fuffent quelquefois oppofés, & la douleur qu'ils confervoient dans la chaleur même de
la difpute, les lui firent regarder
comme des hommes extraordi-
naires & dignes de toute fon eftime ; l'égalité de leur mérite l'empêchant de mettre aucune difference entr'eux, fon cœur ne pancha pas plus d'un côté que de l'autre : Tous deux aimables, tous
deux fçavans, fages & fpirituels,
elle leur difpenfa fans préference
les loüanges qui leur étoient duës,
& fe fentit pour eux une égale amitié. Il eft vrai que le tempérament
férieux & tendre de Titus, qui
con-

convenoit au fien, le lui eût rendu plus agréable fi elle eût dû faire un cboix; mais comme elle ne croyoit pas qu'il fût jamais queftion de décider entr'eux, elle leur fut également favorable.

Les deux amis trop conformes dans leurs fentimens en cette occafion, prirent auffi pour elle une égale ardeur ; & cette journée fut enfin marquée par la perte du repos de Gifippe & de Titus. Le premier, fuivant fon humeur entreprenante & vive, ne put fe contraindre affez pour ne pas kaiffer échaper quelques éteincelles du feu qui commençoit à le brûler. Ariftippe s'en apperçut avec joïe, & l'attention qu'il donnoit aüx actions de ce nouvel amour, ne lui permettant pas de s'arrêter à celle de Titus, il lui fut aifé de fe fouftraire à fa pénetration. Mais l'amoureux Romain qui tiroit de fa propre flamme les lumieres qui l'éclairoient fur les mouvemens de fon ami, ne pouvant douter de fon amour pour Sophronie, & jugeant qu'Ariftippe préfereroit toujours

le

le citoyen d'Athénes au Chevalier
Romain, s'impofa dès ce moment
un filence éternel, refolu de mourir plutôt que de traverfer Gifippe
dans cette alliance.

Le jeune Grec de fon côté, perfuadé que Titus étoit deftiné pour
une Romaine, & qu'il ne' s'engageroit jamais que par les ordres de
Publius, ne s'imagina point que la
fille d'Ariftippe lui eût infpiré autre chofe que de l'admiration; &
cette penfée s'étoit fi bien gravée
dans fon efprit, que c'étoit toujours à lui qu'il s'adreffoit lorfqu'il
vouloit faire remarquer quelqu'action ou quelques paroles de Sophronie. L'amoureux Gifippe eût
bien voulu que le jour n'eût jamais fini; l'heure du départ l'inquiétoit, & la néceffité de fe féparer de Sophronie étoit la feule
chofe qui troubloit le plaifir qu'il
avoit en ce lieu. Titus au-contraire
qui fentoit à chaque moment redoubler fon amour, attendoit avec
in patience celui qui devoit l'en
chaffer; & fi la confidération qu'il
devoit avoir pour Ariftippe ne
l'eût

l'eût retenu, il feroit parti fans lui
pour Athénes. Enfin, après que le
Philofophe & fa charmante fille
eurent mis en ufage tout ce que le
goût, la délicateffe & la magnificence peuvent faire inventer pour
régaler les deux amis, Arifippe
voyant la nuit s'approcher, remonta dans fon char avec Gifippe &
Tituts, en les priant en prefence
de Sophronie d'y venir auffi fouvent qu'ils le voudroient, & même
fans lui ; cette belle perfonne ayant
près d'elle des femme qui ne la
quittoient jamais, pour garder le
décorum, étant trop affuré de fa
vertu pour avoir befoin de précaution. Sophronie n'ajouta rien à la
prière de fon pere ; mais fon filence refpectueux leur fit affez connoître que leur prefence lui feroit
plaifir. Gifippe fe propofa dès lors
de profiter exactement de cette
permiffion ; & le malheureux Titus, déchiré par l'amour & par l'a-
mitié, foupira de ne pouvoir en
dire autant.

Sophronie s'étant retirée, le
char reprit la route d'Athénes, &

ra-

ramena les deux amis dans leur
Palais, bien differens de ce qu'ils
étoient en partant. Comme Ariftippe ne vouloit montrer aucune
affectation à Gifippe, & qu'il fouhaitoit fçavoir les fentimens de fa
fille avant que de faire connoître
les fiens, il avoit brifé dans le chemin les loüanges & les remercimens que fes deux difciples s'em-
preffoient de faire éclater fur les
rares qualitez de Sophronie, & la
maniere dont ils en avoient été reçus; & par fon adreffe la converfation étant tombée fur des chofes
genérales, & par conféquent indifferentes, Titus enfeveli dans fes
penfées, laiffa le foin à Gifippe
d'entretenir Ariftippe, & ne parla
que très-peu, jufqu'au moment
que le char les arrêta chez eux.

Le Philofophe les embraffa l'un
& l'autre en les quittant, & les
ayant vûs rentrer, fe rendit à fon
Palais, très-fatisfait de la réception
que fa fille avoit faite à Gifippe,
fe flattant qu'elle ne s'oppoferoit
point au deffein qu'il avoit formé
de le lui donner pour époux. De

leur côté, les deux amis ne furent pas plutôt en liberté de s'expliquer fans contrainte, que Gifippe enyvré de fon amour, & regardant Titus avec des yeux qui découvroient tout ce qu'il avoit dans l'ame : Eh bien, mon cher Titus, lui dit-il, eft-il rien de fi parfait que Sophronie, & vous repentez-vous d'avoir vû cette adorable fille ? Que de graces, continua-t-il fans attendre fa réponfe, que d'attraits ! J'en fuis enchanté, & je fens que je ne puis plus vivre fans elle. Je vous l'avoüe cher ami, l'amour le plus violent s'eft emparé de mon cœur, & je mourrois fi je pouvois croire qu'Ariftippe me refusât pour fon gendre.

Vous ne mourrez point, répondit Titus ; Ariftippe & Sophronie ont l'efprit trop éclairé pour ne pas voir tout le mérite de Gifippe. Titus prononça ces paroles d'un ton de voix fi changé & d'un air fi trifte, que Gifippe malgré fa préoccupation en fut allarmé. Qu'avez-vous, cher Titus, lui dit-il avec vivacité ? vous me paroiffez

accablé de quelque grande douleur. Titus, qui ne pouvoit plus
foutenir l'entretien, faifit cette
occafion de le rompre: Je me
trouve un peu mal, lui repliqua-
t-il; je n'ai pas même été dans mon
affiéte ordinaire toute la journée:
vous étiez occupé trop agréablement pour vous en appercevoir,
mais je crois qu'Ariftippe & Sophronie n'ont pas eû lieu d'être
fort contens de moi; fouffrez que
je me retire, peut-être qu'un peu
de repos diffipera les douleurs que
je fens.

Le jeune Grec pendant ce difcours fe fouvenant qu'en effet Titus avoit été d'une mélancolie extrême tout le long du jour, & fenfible au reproche qu'il lui faifoit:
Mon cher Titus, dit-il en l'embraffant, pardonnez ma négligence aux nouveaux mouvemens qui
font venus m'agiter aujourd'hui;
malgré leur violence, ils n'ont rien
diminué de ma parfaite amitié
pour vous; & j'attefte les Dieux
que Titus m'eft auffi cher que
Sophronie, & qu'il me feroit im-

pofpossible d'être heureux, si je ne pouvois accorder l'amitié de l'un avec l'amour de l'autre : allez donc rétablir dans les bras du sommeil une santé qui m'est mille fois plus précieuse que ma vie. Le tendre Romain ne répondit à ce discours que par des soupirs qu'il ne put retenir ; & son silence faisant croire à Gisippe qu'il étoit véritablement malade, il le conduisit à son appartement, où l'ayant laissé, il retourna dans le sien pour s'abandonner sans reserve au plaisir de penser à Sophronie, quoique ce ne fût pas avec la même tranquilité qu'il l'avoit espéré ; son attachement pour Titus lui donnant une inquiétude qui mêla quelqu'amertume aux douces idées dont l'amour le flattoit.

Le malheureux Titus payoit bien cher en ce même moment le repos qu'il ôtoit à son ami. Ce jeune Romain de qui la vertu cherchoit à surmonter l'amour, aussi fidele ami qu'amant passionné, passa la nuit dans les plus cruels combats. Sophronie, qui se presentoit à son

ima-

imagination avec tous ſes charmes, lui perſüadoit qu'étant auſſi
jeune, auſſi riche & d'un ſang auſſi
noble que Giſippe, il pouvoit bien
prétendre à s'en faire aimer, &
qu'il ne ſeroit pas impoſſible qu'il
lui fût préferé; mais lorſqu'il ſe
livroit à cet eſpoir, Giſippe s'offroit
à ſes regards, lui reprochant ſa
perfidie; & ſe rappellant l'amitié
qu'ils s'étoient jurée, & la honte
qui rejailliroit ſur lui d'en violer
les loix par une ſemblable infidé-
lité, il frémiſſoit d'en avoir eû
ſeulement la penſée. Cependant
l'amour ne s'éteignoit point, &
tandis que Giſippe triomphoit de
Sophronie d'un côté, cette fatale
image le tiranniſoit de l'autre
d'une maniere impitoyable. Non,
non, s'écrioit-il, belle & dange-
reuſe Sophronie, il ne ſera pas dit
que vous aïez rendu Titus ennemi
de Giſippe; Giſippe a parlé le premier, c'eſt à moi de me taire: Si
j'ignorois ſon amour, s'il m'avoit
caché ſes intentions, n'en doutez
point, je céderois à vos charmes;
mais helas! continuoit-il, après

M 3 l'al'aveu qu'il vient de me faire, quelqu'efpoir peut-il m'être permis, & ne ferois-je pas le plus indigne de tous les hommes, fi je mettois obftacle à fon bonheur?

Cette réflexion que l'honneur & l'amitié affermiffoient de toutes les raifons qu'infpire la fageffe, fut long-tems feule maîtreffe de fon efprit; mais fa paffion avoit déja pris trop d'empire fur fon cœur, pour ne la pas combatre avec violence. Cependant, ne pouvant triompher de l'amitié, & l'amitié ne pouvant vaincre l'amour outré de la refiftance de l'un & de l'autre : Eh bien ! ajouta-t-il, funeftes mouvemens du cœur, je vous accorderai malgré vous; j'adorerai Sophronie, & je ferai fidele à Gifippe ; je couvrirai des voiles du filence le feu dont je fuis embrâfé, & mon cher Gifippe ne connoîtra jamais qu'un deftin rigoureux m'a rendu fon rival.

Comme il avoit employé toute la nuit à ces differentes penfées, le jour le furprit dans cette derniere refolution; il n'en changea
point,

point, & ajouta celle de fuir la vûë de Sophronie avec un foin extrême, perfuadé que l'abfence pourroit détruire facilement une flamme qu'un feul inftant avoit allumée. Lorfqu'il fe crut afluré fermement de lui-même, il fit fon poffible pour prendre le repos dont il n'avoit encore pû joüir; mais l'agitation de l'efprit avoit fatigué le corps de telle forte, qu'il fe fentit atteint d'une fiévre ardente auffi-tôt qu'il voulut fe livrer au fommeil.

Gifippe qui n'en avoit goûté qu'imparfaitement les douceurs, ayant été troublé tantôt par fon amour, & tantôt par la crainte que Titus ne fut malade, fe leva de grand matin, & fe rendit à l'appartement de fon ami, où fes Efclaves lui annoncerent qu'il étoit fort mal. Cette nouvelle le toucha vivement, il en oublia même Arif-tippe & Sophronie; & croyant tout perdu s'il perdoit Titus, il entra & s'approcha de fon lit dans un état digne de pitié. Titus le remarqua; & ce témoignage deſon amitié le confirmant dans le deſſein qu'il avoit formé : Mon cher Giſippe, lui dit-il, ceci n'eſt rien, ne vous affligez point ſi vous voulez que mon mal finiſſe; votre inquiétude eſt ſeule capable de l'augmenter; & pour la diſſiper, livrez-vous à tout ce qui peut vous donner de la joïe, cherchez des objets plus agréables, allez vers Sophronie, & me laiſſez le ſoin de ma güeriſon.

Ah! cher Titus, reprit Giſippe qui voyoit dans ſes yeux un trouble qui l'effrayòit, mon amour pour Sophronie ne me fera jamais oublier l'amitié que je vous dois; je ſens même qu'il diminuë par la crainte de vous perdre; je ne puis rien aimer ſans vous; je n'ai plus nul deſir de plaire, lorſque vous n'êtes pas témoin des efforts que je fais pour y parvenir: plaiſirs, joïe, eſperance, amour propre, enfin tout s'évanoüit & ſe perd quand je ſuis ſans vous.

Titus vivement touché d'un diſcours ſi tendre, ſoupira de douleur de ne pouvoir ſacrifier ſon amour

à

à un ami fi parfait; mais trouvant
dans ces témoignages de fon amitié de nouvelles forces pour s'impofer filence, il s'affermit dans la
refolution de mourir plutôt que
de mettre obftacle à fa félicité:
Et moi, lui répondit-il, je ne puis
jamais être heureux, que vous nè
le foycz véritablement; la vie me
deviendroit infupportable, fi vous
négligiez pour moi ce qui peut faire le bonheur de la vôtre; fi vous
aimcz la fille d'Ariftippe, allez,
mon cher Gifippe, allez lui prefenter un cœur fi digne du fien, &
foyez affuré que je n'aurai de repos
que lorfque j'apprendrai que vous
êtes aimé.

Gifippe voulut encore lui repliquer pour l'obliger à fouffrir qu'il
ne le quittât point; mais Titus le
pria fi férieufement de le laiffer
feul, qu'il fut contraint de lui céder: & comme il étoit fincerement amoureux de Sophronie, il
fe rendit dans le moment chez
Ariftippe, qu'il trouva fort occupé à faire préparer dans fon Palais
un appartement commode & fé-

paré de tous les autres pour Sophronie, qu'il lui dit devoir arriver
à Athénes dès ce même jour. Cette
nouvelle furprit Gifippe & le com-
bla de joïe, par l'efpoir qu'elle lui
donna de pouvoir accorder les
foins qu'il vouloit donner à fon
ami, & ceux que fon amour prétendoit rendre à l'objet de fes
vœux. Cependant n'ofant fe déclarer fi promptement, il demanda
au Philofophe fi la belle Sophronie
feroit pour long-tems chez lui, &
comment elle s'étoit pû refoudre
à quitter fa folitude.

Une converfation particuliere,
lui répondit-il, que j'eûs hier avec
elle tandis que vous étiez occupés
Titus & vous à confiderer mes ta-
bleaux, m'a fait obtenir cet effort
de fon obéïffance; je veux qu'elle
refte deformais à Athenes, & qu'elle ne prenne les plaifirs de la campagne, que dans les faifons propres pour cet amufement. Gifippe
ne manqua pas d'approuver cette
refolution & de l'appuyer par de
fortes raifons, dont le pénetrant
Ariftippe connut aifément la caufe,

fe ; & pour en être encore plus
certain & voir jufques au fond du
cœur de fon difciple, il lui dit avec
un vifage affez trifte, que ce qui
l'avoit obligé de faire refter fa fille
hors d'Athénes, étoit la crainte
qu'elle fût trop expofée chez lui
aux yeux de ceux qu'il enfeignoit ;
mais qu'il avoit trouvé un moyen
de tout accorder, en obligeant fes
difciples à ne les plus voir que fous
les portiques, & de n'en recevoir
aucun chez lui.

Gifippe frappé de ces paroles
comme d'un coup de foudre,
changea de couleur ; & n'étant
pas maître de fon premier mouvement : Quoi, s'écria-t-il, je ne
verrai plus l'adorable Sophronie !
Ces mots lâchés malgré lui ayant
confirmé Ariftippe dans fes foupçons, & voyant Gifippe qui gardoit
un morne filence par la confufion
d'en avoir déclaré plus qu'il ne le
vouloit, il foûrit ; & le regardant
d'un air ouvert : Gifippe, lui dit-
il, la Philofophie ne vous a-t-elle
pas appris à vaincre vos paffions,
à furmonter vos defirs, & à vous

M 6. pré-

préparer à tous les évenemens de
la vie ?

Non, Seigneur, lui répondit-il
en rougiſſant, la Philoſophie a fait
tous ces progrès dans mon eſprit,
& par malheur n'a rien fait encore
ſur mon cœur. Eh bien, lui repliqua le ſage Ariſtippe, j'ordonnerai
à Sophronie d'achever de vous
perfectionner. Ce peu de paroles
ayant raſſuré Giſippe, il en rendit
graces au Philoſophe, & tous deux
ſans ſe découvrir entierement
leurs penſées, s'en dirent pourtant
aſſez pour connoître leurs ſentimens. Mais tandis que Giſippe ſe
flatte, que Titus cherche envain à
vaincre ſon amour, & que les
maux de l'eſprit augmentent ceux
du corps par tous les ſimptômes
d'une grande maladie, l'admirable
Sophronie prête à quitter ſon ſejour champêtre, n'étoit pas ſans
inquiétude. Elle n'avoit entretenu
ſon pere qu'un moment ; Ariſtippe
l'avoit employé à lui commander
avec autorité de venir dès le lendemain dans Athénes, & à lui
vanter les belles qualités de Giſippe :

pe : elle n'avoit eu que le tems d'obéïr fans replique. Cependant lorfque le départ d'Arippe lui eut laiffé la liberté de réflechir fur la journée qu'elle avoit paffée, il lui parut qu'elle s'étoit écoulée trop promptement , & que les deux amis avoient emporté avec eux tout le plaifir qu'elle avoit goûté.

De-là s'examinant avec rigueur, elle rappella dans fa mémoire les paroles d'Ariftippe en faveur de Gifippe ; & cherchant au-dedans d'elle-même fi ce n'étoit point ce jeune Athénien qui caufoit le trouble dont elle étoit agitée, elle reconnut avec joye que la feule eftime formoit les fentimens qu'elle avoit pour lui. Enfuite fon imagination s'arrêtant fur Titus, elle lui trouva les mêmes qualités & les mêmes agrémens ; mais lorf-qu'elle voulut en détourner fa penfée ,elle n'y trouva pas la même facilité. En vain elle s'efforçoit de s'occuper de Gifippe , Titus le feul Titus s'offroit à fon efprit ; & comparant malgré elle les char-

mes

mes de fa perfonne, ceux de fon
humeur & de fa converfation
avec ceux du Grec, elle y remar-
quoit une difference qui contrai-
gnoit fon cœur d'en mettre auffi
dans l'admiration que l'un & l'autre lui avoient infpirée, & qui
la faifoit pancher infenfiblement
du côté du jeune Romain. Elle
étoit trop fçavante pour ignorer
le danger d'une telle préoccupation; & jugeant que fon pere ne
lui avoit pas parlé de Gifippe fans
deffein, elle combattit avec fermeté les fecrets mouvemens qui
l'entraînoient vers Titus, pour fe
conferver la liberté de fuivre fans
répugnance les volontés d'un pere
qu'elle aimoit & redoutoit également.

Pour cet effet, elle fe reprefenta
qu'il devoit lui être indifferent
lequel des deux fût fon époux, la
focieté de l'un ou de l'autre lui
promettant une égale félicité,
puifqu'étant de caracteres fi fort
oppofés, ils ne laiffoient pas de
s'aimer & de vivre enfemble
dans une parfaite inteligence;

preuve inconteftable de la bonté
de leurs cœurs & de la docilité de
leurs efprits. Fuyons donc, difoit-elle , une prévention préjudiciable à notre repos. Si Titus eft
choifi par mon pere pour être le
maître de mon cœur, qu'il foit
alors le plus aimable à mes yeux;
mais fi ce choix doit tomber fur
Gifippe, qu'il l'emporte à jamais
fur Titus. Cette réfolution fut la
derniere que prit cette fage & belle
perfonne, qui fe fervant de toute
la force de fa Philofophie fe rendit
maitreffe abfoluë des mouvemens
de fon ame, en banniffant de
fon idée tous les autres objets
pour n'y laiffer regner que fon
devoir & fa raifon. Ses fentimens
la fuivirent dans Athénes où elle
arriva le foir du jour que Gifippe
avoit en quelque façon découvert
à Ariftippe le fecret de fon cœur.
Cet amoureux Grec n'eut pas plûtôt quitté le pere de Sophronie,
qu'il courut fçavoir l'état où fe
trouvoit Titus, & lui apprendre
les nouveaux fujets qu'il avoit d'efperer. Le Romain étoit feul dans
fon

ſon appartement; la fiévre l'avoit
quitté, mais une langueur mortelle l'avoit ſuivie, il s'y étoit aban-
donné; & lorſque Giſippe entra,
comme il ne ſe faiſoit jamais annoncer, il le ſurprit panché ſur
ſon ſiége, les yeux baignés de larmes & dans l'attitude d'un homme
pénétré de la plus vive douleur.

Cet objet l'attendrit: il fit du
bruit, & s'approchant de lui le
conjura de lui déclarer ce qui le
mettoit dans une ſi cruelle ſituation. Titus au deſeſpoir de paroître en cet état, inventa pluſieurs
prétextes pour fonder ſa mélancolie; la violence de la fiévre, l'ab-
battement qu'elle lui avoit laiſſé;
& quelques lectures touchantes
furent les raiſons dont il ſe ſervit
pour cacher la véritable : mais
Giſippe connoiſſant à ſon air qu'il
ne parloit pas avec ſincerité, n'é-
pargna ni prieres ni tendreſſe pour
l'obliger à lui dire la verité. Titus
n'en fut point ébranlé, & lui fit tant
de proteſtation qu'il n'avoit rien
de plus, que le fils de Crèmes ne
le preſſa pas davantage, & changeant

geant de difcours l'inftruifit du retour de Sophronie chez fon pere,
& des favorables difpofitions qu'il
avoit remarquées pour lui dans
l'efprit de ce Philofophe. L'infortuné Titus fe vit alors attaqué de
mille penfées differentes. L'arrivée
de Sophronie dans Athénes déran-
geoit toutes fes réfolutions; à portée de la voir tous les jours, il ne
douta point que fon amour n'en
prit de nouvelles forces, & que
le bonheur de Gifippe dont il alloit être témoin, ne le fît mourir
de défefpoir.

Cependant ayant encore affez
d'empire fur lui-même pour diffimuler ce renouvellement de douleur, il fe compofa fi bien, qu'il
félicita Gifippe de façon à lui perfuader la fatisfaction qu'il reffentoit
de la fienne. L'amoureux Grec,
charmé de l'approbation qu'il paroiffoit donner à fon amour, l'entretint long-tems des attraits de
Sophronie, de la gloire de s'en
faire aimer, & du bonheur de la
poffeder ; & fans s'apperçevoir que
chaque mot qu'il prononçoit fur
cet

cet article étoit autant de coups
de poignards dont il lui perçoit le
cœur, il fit durer cette converfation jufqu'au foupé qu'ils firent
enfemble, où la préfence de leurs
efclaves ne lui permit pas de la
continuer. Titus mangea très-peu,
& parla encore moins ; fon ami
qui vit bien qu'il fe gênoit pour lui,
& qu'il avoit peut-être befoin de
repos, le reconduifit dans fon appartement, & fe retira dans le fien
pour rêver en liberté comment il
inftruiroit Ariftippe & Sophronie
de l'excès de fa flamme. Pour Titus,
plus malheureux encore que la
veille, il congedia fes gens &
s'abandonna à tout fon defefpoir ;
il paroîtra furprenant que la paffion
de ces deux amis eût pris de fi fortes racines en un feul jour : mais on
ne s'étonnera plus quand on voudra
réflechir fur le pouvoir invaincible
qu'ont fur les cœurs l'efprit & la
beauté joints enfemble, & que les
traits de l'amour portent des coups
d'autant plus certains, qu'on eft
moins préparé à s'en défendre :
Gifippe & Titus en allant chez
So-

Sophronie ne s'attendoient qu'au plaifir de voir une belle maifon & d'entendre une fille fçavante; fa prefence leur fit oublier ce qu'ils étoient venus chercher, la fcience & la curiofité difparurent: uniquement attachez aux charmes qui s'offrirent à leurs yeux, leurs cœurs en furent frappés & faifis à la fois, la furprife & l'extafe donnerent à l'amour tout le tems néceffaire pour fe gliffer dans leurs ames; & lorfqu'ils entendirent parler cette admirable fille, le feu dont ils commençoient à brûler n'eut plus de peine à les embrâfer tout-à-fait. Titus aima dès ce moment avec excès, quoique fans efpoir, par la connoiffance qu'il eut d'abord des fentimens de Gifippe, qui par la vivacité de fon tempérament ne put les dérober à fa pénétration ; le défir de ceder à cet ami une fi charmante conquête ne. fit que redoubler fon ardeur, les combats qu'il rendit pour l'éteindre en augmenterent la violence.

En ce funefte état tout ce que fa vertu put faire, fut de le refoudre

à

à garder le silence, de se priver de
la vûë de Sophronie, & de chercher sa guerison dans le bonheur
de son ami ; Mais que cette vertu
devint foible, lorsqu'il apprit que
cette belle fille alloit habiter la
même Ville que lui, qu'il la verroit
tous les jours ou chez Aristippe ou
dans les Temples ; & qu'enfin, malgré toutes ses résolutions, il couroit
risque de voir son rival réellement
heureux. Cette derniere pensée le
troubla de telle sorte, qu'il n'en put
prendre aucun repos de toute la
nuit ; & quoique son amitié pour
Gisippe n'en fut point ébranlée,
son amour & son desespoir n'en
eurent pas moins de force.

Dans cette perplexité le seul
moyen qu'il trouva de terminer
une si triste aventure fut de retourner à Rome, & d'abandonner
pour jamais Aristippe, Sophronie
& Gisippe ; mais comme Fabius
son pere avoit marqué le tems de
son séjour dans Athénes, & qu'il
craignoit de l'irriter en partant sans
son consentement, il résolut de lui
écrire que l'air d'Athénes, contraire

à

à fa fanté, l'obligeoit à le prier de le rappeller près de lui. Content d'avoir imaginé cet expedient, il fe promit de l'exécuter dès le jour fuivant, malgré l'oppofition que l'amour & l'amitié y mettoient tour à tour.

Pour Gifippe il ne s'occupa que du doux efpoir d'obtenir la charmante Sophronie, & cette aimable fille, qu'Ariftippe avoit reçuë en pere qui connoît tout le prix du tréfor dont il étoit redevable au Ciel, n'eut point d'autre inquiétude que celle de fe rendre toujours maîtreffe de fes volontés afin de les foumettre aux ordres d'Ariftippe. Elle ne fut pas long-tems à les recevoir; le Philofophe l'ayant prife en particulier dès le foir de fon arrivée, la fit affeoir devant lui; & la regardant avec une bonté paternelle: Sophronie, lui dit-il, je vous connoît fi fage & fi fenfée, que je ne fais nulle difficulté de vous parler à cœur ouvert. La fortune, ma chere Sophronie, continua-t-il, qui ne fuit prefque jamais le merite, ne m'a pas favorifé de façon à vous pro-

procurer une établiſſement digne
de vous. Juſqu'ici la Philoſophie
m'en avoit conſolé, & je me croyois
aſſez riche en me voyant pere
d'une fille à qui les Dieux n'ont
rien refuſé de ce qui peut la rendre parfaite ; mais aujourd'hui que
l'âge m'apprend que la fin de ma
carriere approche , je penſe bien
differemment : plus vous avez de
perféctions, & plus je crains de vous
laiſſer dans l'indigence ; il me ſem-
ble qu'il eſt de mon devoir envers
les Dieux , auſſi-bien que de ma
tendreſſe envers vous, de vous procurer un établiſſement capable de
marquer au Ciel ma reconnoiſſance , & de récompenſer votre ſageſſe guidée par des mouvemens ſi
purs. Je crois ne pouvoir m'égarer
en choiſiſſant Giſippe pour votre
époux ; Crémes ſon pere étoit mon
ami, il a laiſſé à ſon fils des biens
qui le rendent un des plus conſidérables de la République , & pour
comble de bonheur je me ſuis
apperçu que vos jeunes attraits ſe
ſont emparés de ſon cœur ; il eſt
jeune, aimable, rempli d'eſprit &
de

de vertu, & je me flatte que vous ne vous oppoferez pas à fon alliance, fi je vous commande de lui donner la main.

Sophronie n'hefita point ; & fans vouloir écouter les fecrets mouvemens de fon cœur, elle fe hâta d'affurer Ariftippe de fon obéiffance. Je ne connois Gifippe que depuis deux jours, lui dit-elle, mais puifque vous le croyez digne d'être votre gendre, ces deux jours me fuffiffent ; mon cœur foumis à vos defirs y reglera toujours les fiens : je ne me fuis point donnée la vie, c'eft un bien que je ne tiens que des Dieux & de vous ; ainfi je ne dois avoir aucun égard pour moi-même en cette occafion. Puifque je ne puis vous marquer ma reconnoiffance, qu'en vous facrifiant des jours qui ne m'appartiennent que parce que vous m'en avez procuré la lumiere ; difpofez donc de moi de telle maniere que vous le jugerez à propos : j'aimerai Gifippe dès que vous me l'ordonnerez, & je n'aurai pour lui que de l'indifférence, fi vous ceſſez de l'honorer de votre eſtime.

Cette haute ſageſſe pénétra Ariſtippe d'admiration ; il embraſſa ſa fille & l'aſſura que s'il ne ſçavoit pas la rendre heureuſe par cet himen, il n'y auroit jamais penſé; enſuite l'ayant inſtruite de la conduite qu'il vouloit tenir avec Giſippe, il la pria de le recevoir avec conſidération, & de la lui témoigner particulierement par beaucoup d'eſtime pour Titus : c'eſt un moyen preſque certain, lui dit-il, de gagner la ſienne ; jamais amitié n'a lié perſonne comme Giſippe & Titus; quiconque veut engager l'un, doit aimer l'autre ; & je crois ne rien exiger de trop de votre complaiſance en vous recommandant de le chérir comme un frere, puiſqu'à vous parler ſans déguiſement je vous avoüerai que s'il étoit Athénien, & qu'il eût pour vous les mêmes ſentimens que Giſippe, je le préfererois à tous les hommes de la terre. Ce diſcours mit l'obéiſſance de Sophronie à la plus rude des épreuves, en rappellant à ſa

pen-

penſée un homme qu'elle vouloit
en bannir pour jamais ; moins
prompte dans cette réponſe qu'elle
ne l'avoit été dans l'autre, elle balança à promettre d'aimer Titus,
dans la crainte de le trop aimer.

Elle n'avoit pas heſité pour Giſippe : ſûre de ſes ſentimens, elle
avoit tout promis croyant ne rien
haſarder ; mais incertain ſur ce
qui regardoit Titus, elle frémit de
s'engager dans un mouvement où
ſon cœur n'avoit déja que trop de
panchant. Elle ſe remit cependant,
& témoigna à ſon pere qu'elle ſui-
vroit aveuglément toutes ſes volontés. Ariſtippe extrêmement ſatisfait de ſa fille, attendit avec impatience que Giſippe ſe rendit chez
lui : Il en avoit autant que lui ; mais
ſon amitié pour Titus ne lui permettant pas de faire aucunes démarches ſans l'en avertir, il le fut
trouver, & le voyant en aſſez bonne ſanté pour ſortir, il le pria de
l'accompagner chez Ariſtippe. L'a-
moureux Romain qui cachoit également les maux du corps & de
l'eſprit pour ne pas affliger ſon ami,

s'en défendit du mieux qu'il lui fut
poſſible, & le conjura avec tant
d'inſtance de l'en diſpenſer, que
Giſippe ne voulant pas le contraindre, ſe rendit ſeul chez le Philoſophe. Ariſtippe lui fit toujours le
même accueil, & le conduiſit lui-
même à l'appartement de Sophronie.

Cette belle fille ne put s'empêcher à ſa vûë de rougir, ce qui ſe
paſſoit au fond de ſon ame la mettoit dans un embarras difficile à d'é-
crire. Giſippe ne lui déplaiſoit pas,
mais Titus lui plaiſoit davantage;
& tandis qu'elle s'efforçoit à bien
recevoir le Grec, ſes yeux cherchoient le Romain & ſon cœur le
déſiroit. Cependant attentive à toutes ſes actions, elle ne parut ni trop
ſevere ni trop favorable; & laiſſant
agir ſon pere elle ne fit voir à Giſippe que beaucoup d'eſprit & beaucoup de ſageſſe. Ariſtippe qui ſouhaitoit qu'elle vainquît entierement le jeune Athénien, les quitta
ſous prétexte de quelques affaires
pour leur laiſſer plus de liberté; &
comme Sophronie avoit près d'elle
une

une femme de merite qui l'avoit élevée & qui ne l'abandonnoit jamais, Ariftippe ne fe gênoit pas avec ceux qu'il vouloit bien recevoir chez lui.

Gifippe étoit trop amoureux pour ne pas profiter d'une telle faveur ; cette feconde entrevûë achevant de l'enflammer, il fit parler fes yeux, & fecondant leur langage de tout ce que le refpeét lui permettoit de dire, il mit Sophronie hors d'état de douter de fon triomphe : elle n'en parut ni plus tendre ni plus fiere, & fe ménagea de façon à lui faire entendre que les volentés d'Ariftippe pouvoient feules difpofer de fon cœur. Gifippe charmé de ne trouver en elle aucune prévention pour un autre, & ne voulant pas donner le tems à Ariftippe de s'engager ailleurs, fe réfolut de lui demander Sophronie dès ce même jour ; mais le Philofophe occupé aux affaires de la République ne put retouner chez lui : & toutes les Dames d'Athénes étant venus voir Sophronie, Gifippe, que tant de monde avoit de-

tourné

tourné d'une converſation intereſ-
ſante, s'échappa de la compagnie
& fut retrouver Titus.

Mais ayant apris de ſes Eſclaves
qu'il étoit allé ſe promener ſur les
bords de la mer, il ſortit dans le
deſſein de le joindre.

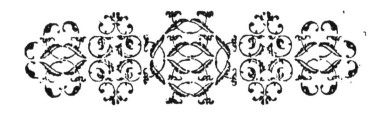

SUITE

DES EFFETS,

D E

L'A M I T I É

XXIX. NOUVELLE.

L E tendre Romain plus agité que jamais & toujours incertain de ce qu'il devoit faire, avoit conduit ses pas du côté de la mer: il y rêvoit à la fatalité de son destein, & s'abandonnoit à toute sa douleur, quand le bruit d'un char qui sembloit être tiré par des chevaux aîlés, le fit revenir de sa rêverie; un moment

de

de curiofité, dont il ne fut pas le maître, lui fit jetter les yeux fur les perfonnes qui le rempliffoient. Mais quel fut fon étonnement lorfqu'il y vit Sophronie au milieu des principales Dames de la Ville, qui plus belle encore que le jour qu'il avoit commencé de l'adorer, fembloit avoir raffemblé tous les traits de l'amour pour lui percer le fein.

Sa premiere penfée fut d'abord de fuir, mais fa paffion plus forte que fa vertu le retint immobile, & les regards fixés fur ce fatal objet, il vit arrêter le char, & les Dames en defcendre pour fe promener à pied. Alors fans fonger à ce qu'il faifoit, oubliant toutes fes réfolutions, il courut à elles leur donna la main, & Sophronie étant defcenduë la dernierïe, il ne la quitta plus, & but à longs traits le doux poifon qui de fes yeux paffoit jufqu'à fon cœur. Toutes ces Dames le connoiffoient, il en étoit également eftimé, & plufieurs d'entre elles euffent bien voulu le rendre fenfible; fa préfence aug-

men-

menta le plaifir qu'elles s'étoient promis de prendre à la promenade : elles le raillerent agréablement fur la folitude dans laquelle elles le trouvoient, & lui demanderent avec empreffement par quel hafard Gifippe n'étoit pas avec lui. Le plaifir de plaire eft fi naturel à tous les hommes, qu'il effaça dans ce moment les funeftes idées dont fon efprit étoit offufqué ; animé par la préfence de Sophronie, il reprit cet air enchanteur qui lui gagnoit tous les cœurs, & répondit avec autant de délicateffe que de vivacité aux fines railleries des Dames.

Pour Sophronie inquiète, férieufe & prefque hors d'elle-même, elle ne fçavoit s'il falloit parler ou fe taire, fi elle devoit fe réjoüir de cette rencontre ou s'en allarmer. Le même trouble dont Titus avoit été faifi en la voyant l'avoit agitée en lui donnant la main : elle avoit pâlie, elle avoit rougie ; & n'avoit pû proferer une parole. L'amoureux Titus s'en apperçut, mais comme il n'attribuoit

rien

rien à fon avantage & qu'il évitoit
de fe flatter, il crut que le chagrin
de le voir fans Gifippe étoit la
caufe de fes divers mouvemens;
& voulant du moins fe rendre
agréable par quelque endroit, il fe
réfolut de parler pour fon rival. La
compagnie s'étant difperfée & les
Dames marchant à quelque diftance les unes des autres, il fit fi
bien qu'il fe trouva comme engagé à donner le bras à Sophronie
pour l'aider à les fuivre. Alors fai-
fiffant cette occafion : Si Gifippe,
lui dit-il, Madame, avoit pû deviner que vous vinffiez ici, il s'y
feroit rendu avec empreffement;
& quoique je fois affuré de fon
amitié, je ne fais point de doute
qu'il ne porte envie au bonheur
dont je jouïs dans fon abfence.

Titus prononça ces mots d'une
maniere fi paffionée, qu'il ne fut
pas au pouvoir de Sophronie de
n'y point faire d'attention; elle en
fut émuë, & fe trouvant offenfée
fans fçavoir pourquoi, que Titus
la crut capable de regreter quelqu'un : Le bonheur dont vous parlez,

lez, Seigneur, lui répondit-elle, est si peu de chose, que je crois Gisippe trop sensé pour en être jaloux ; & comme vous paroissez ne vivre que l'un pour l'autre, il doit être aussi content de ce qui vous vous fait quelque plaisir, qu'il le seroit pour lui-même: Pour moi, continua-t elle, je ne vois point Titus que je ne m'imagine voir Gisippe : & je ne vois point Gisippe que je ne pense à Titus.

Ah ! Madame, s'écria-t-il emporté par son amour, voyez donc toujours Gisippe. Ces paroles, qu'il avoit dites comme malgré lui, ne furent pas plutôt sorties de sa bouche, qu'il s'en repentit ; & voyant sur le visage de Sophronie un mêlange de surprise & de confusion qu'elle ne put cacher, il baissa les yeux, soupira & garda le silence. La fille d'Aristippe, non moins embarrassée que lui, cherchoit ce qu'elle devoit faire pour rompre cet entretien, quand, par bonheur pour eux, toute la compagnie se rassembla. La conversation devint générale ; & Titus allarmé du

N 5 pre-

précipice où fon amour l'avoit
conduit , retombant dans fa mélancolie ordinaire , ne prit plus
aucun interêt à ce qui fe paffoit.
Sophronie n'étoit pas dans une
fituation plus tranquile ; mais s'é-
tant remife plus promptement que
Titus , elle fe contenta d'évitèr de
fe touver feule avec lui , fans lui
rien témoigner qui pût lui faire
croire qu'elle avoit compris fes
paroles. Cependant malgré leurs
foins , & l'attention qu'ils appor-
toient l'un & l'autre d'éviter leurs
regards , ils fe rencontroient fi
fouvent, qu'ils ne purent s'empé-
cher d'y lire ce qu'ils juroient en
fecret de ne fe jamais dire. Ils
étoient dans cette mutuelle contrainte , lorfqu'ils virent arriver
Gifippe, qui prêt à fe rendre au
bord de la Mer avoit été forcé de
s'arrêter avec plufieurs de fes amis
qui s'étoient raffemblez pour le
venir voir: Débarraffé de leur vifite
il avoit continué fon projet , & ce
fut avec une joïe inexprimable ,
qu'il vit que le hazard lui faifoit
rencontrer dans le même lieu ce
qu'il

qu'il avoit de plus cher au monde.

Il aborda la compagnie d'un air d'enjoûment qui témoignoit aſſez l'excès de ſa ſatisfaction ; & lorſqu'il eut rendu aux Dames en general ce que le reſpect & la politeſſe exigeoient de lui , s'attachant à la belle Sophronie , il laiſſa le ſoin à Titus d'entretenir les autres. Ce malheureux Amant, qui croyoit avoir vû dans les yeux de la fille d'Ariſtippe une lueur du feu dont il brûloit, céda ſa place avec une douleur ſi vive, que Giſippe qui le vit changer de couleur à ſon abord , s'en apperçut. Cette connoiſſance diminua un peu de ſa gayeté ; & trouvant Sophronie plus reſervée que lorſqu'il l'avoit quittée , ne comprenant rien à ce qu'il croyoit remarquer , une ſecrette inquiétude s'empara de ſon cœur ; & quoique la preſence de Sophronie fiſt ſon bonheur, il brûloit d'être ſeul avec Titus pour l'éclaircir de ce qui le troubloit malgré lui.

Il ne fut pas long-tems dans cette peine. Sophronie qui ne pouvoit plus ſupporter la gêne qu'elle

im-

impofoit à fes moindres actions,
ayant fait entendre qu'elle étoit
laffe de marcher, la compagnie
remonta dans le char; Gifippe &
Titus entrerent dans le leur, & fuivirent celui des Dames. Les deux
amis ne furent pas plutôt feuls, que
Gifippe regardant Titus attentivement : Sophronie, lui dit-il, me
paroît bien trifte; mon cher Titus,
l'avez-vous entretenuë ? vous a-
t'elle parlé de moi, & m'avez-vous
rendu en ce moment les fervices
que je vous rendrois en pareille
occafion ?

La fille d'Ariftippe, lui répond-t-
il, eft arrivée de la même humeur
qu'elle eft partie ; je l'ai très-peu
entretenuë, nous avons toujours
parlé de vous, & je crois que vous
ne doutez pas que ce ne foit comme vous le méritez. Titus parloit
d'un ton fi naturel, que Gifippe
fe figura s'être trompé, & fur
de fon ami il changea de difcours, & ne s'entretint pendant
le chemin que du deffein qu'il
avoit formé d'époufer Sophronie.
Titus qui fe repentoit à chaque

inſtant de ce qu'il avoit dit à cette belle fille, ne trouva point de meilleur moyen de s'en punir, que d'approuver le choix de ſon ami, & de l'encourager à terminer promptement cette affaire; il lui fit même un détail éloquent des douceurs que lui promettoit une ſi belle union; & voulant ſe perſuader à lui-même qu'ils étoient nés l'un pour l'autre, il ſe ſervit d'expreſſions ſi vives & de raiſons ſi fortes pour maintenir ſon ami dans ſa reſolution, que Giſippe, convaincu qu'il parloit du fond du cœur, l'embraſſa & le remercia avec tendreſſe de l'approbation qu'il donnoit à ſon amour.

Cet entretien les conduiſit juſqu'aux portes du Palais d'Ariſtippe & du leur, qui étant dans la même place leur donna la facilité de remettre Sophronie chez elle, & de rentrer dans le leur au même inſtant. Giſippe & Titus ſouperent enſemble comme à l'ordinaire, après quoi s'étant retirés dans leurs appartemens, ils ſe livrerent chacun en particulier à leurs differen-

tes

tes penfées. Gifippe rempli d'efperance n'en eut que d'agréables,
& Titus outré de defefpoir n'en
eut que de funeftes : Eperdu d'a-
mour, fatigué de fe contraindre,
& trop honnête homme pour s'oppofer au bonheur de fon ami, la
mort lui paroiffoit mille fois plus
douce que fa fituation ; il paffa la
nuit dans un tourment continuel,
& revit le jour avec auffi peu de
tranquilité ; enfin refolu de partir
& de quitter au plutôt la Grece, il
prit la plume & fe détermina d'é-
crire à Fulvius. Tandis qu'il étoit
dans cette occupation, Gifippe
ayant obtenu le confentement de
Chrifis fa mere, Dame venérable
& qui vivoit dans une perpétuelle
retraite depuis la mort de Crémes,
fe rendit au Palais d'Ariftippe ; &
fans chercher de détours, l'abordant avec refpeét, il lui déclara
fon amour, & lui demanda Sophronie en mariage, avec toute
l'ardeur d'un homme qui faifoit
confifter fa félicité dans cette
union.

Ariftippe qui n'avoit pas d'autres

tres defirs, l'embraffa & lui accorda fa fille fans balancer. On ne
peut exprimer la joïe de Gifippe,
il fe jetta mille fois aux pieds d'A-
riftippe, & le conjura de preffer
fon bonheur. Il y confentit, &
pour l'en mieux affurer il le conduifit à Sophronie, & le lui prefenta comme l'époux qu'il lui avoit
chofi. Cette vertueufe fille qui
venoit de triompher des mouvemens favorables qui la faifoient
pancher vers Titus, les ayant com-
battus avec force pendant toute la
nuit, témoigna à Gifippe qu'elle
obéiffoit fans peine aux ordres de
fon pere; & quoiqu'elle ne fit paroître qu'une foumiffion modefte
& dépourvuë de tout tranfport de
joïe, Gifippe ne s'en crut pas moins
heureux. Ariftippe extremement
fatisfait du fort qu'alloit avoir fa
fille, difpofa toutes chofes pour
que cet himen fe fift inceffamment;
& Gifippe ne pouvant renfermer
dans fon cœur l'excès de fon ra-
viffement, courut en apprendre
la nouvelle à fon cher Titus. Le
trifte Romain s'occupoit alors à
com-

compofer la Lettre qui devoit
obliger fon pere à le rappeller à
Rome, & Gifippe entra comme
il achevoit d'écrire. Il ne lui donna pas le tems de cacher ce qu'il
écrivoit; & l'embraffant fans prendre garde à ce qu'il faifoit: Mon
cher Titus, lui dit-il, prenez part
à ma félicité; Ariftippe vient de
m'accorder fon admirable fille, &
dans trois jours je ferai fon époux.
Titus frappé de cette nouvelle
qu'il n'attendoit pas fi-tôt, quoiqu'il eût fait fes efforts pour s'y
préparer, perdant en ce moment
jufqu'à la connoiffance de celui
qui lui parloit: Hé quoi! dit-il,
c'eft donc Gifippe qui me donne
la mort? & tomba fans nul fentiment en achevant ces mots.

Si le Palais de Crèmes & celui
d'Ariftippe fe fuffent écroulés fous
les pieds de cet Amant, il n'auroit
pas été plus furpris qu'il le fut au
difcours & à l'état de fon ami; l'un
& l'autre lui firent ouvrir les yeux
dans l'inftant même, & fe rappellant mille chofes qui le convain-
quoient de la verité, il reconnut
Titus

Titus pour ſon rival : Il en fut pénetré de douleur, mais il n'heſita
pas dans le parti qu'il devoit prendre ; & ſongeant d'abord au plus
preſſé, il appella promptement du
ſecours, & n'épargna rien pour
faire revenir Titus de ſon évanoüiſſement ; il fut long, & jamais
on ne vit une deſolation comme
celle de Giſippe. Enfin après cinq
heures de peines & de ſoins, le
jeune Romain ayant repris ſes eſprits, la joie ſucceda aux pleurs;
mais ce ne fut que pour un moment. Titus n'étant revenu à lui
qu'avec une fiévre des plus violentes, & ne donnant nulle marque de raiſon, on le mit au lit.
Les plus fameux Doĉteurs furent
appellés ; & le deſolé Giſippe ne
ſe fiant qu'à lui du ſoin d'un ami
ſi cher, ſe fit mettre un lit près du
ſien, & jura de mourir avec lui
ſi l'on ne pouvoit le réchaper.

Tout fut en combuſtion dans
ce Palais ; Titus y étoit adoré, &
les Eſclaves, auſſi touchés que le
Maître, pouſſoient les cris les plus
pitoyables. La veuve de Crèmes
ap-

apprenant le danger de l'ami de
fon fils, fe rendit auffi-tôt près
d'eux, & ne put voir l'un aux portes du trépas, & l'autre couvert de
larmes, fans y mêler les fiennes.
Dans les divers mouvemens que
chacun fe donnoit, Gifippe ayant
apperçu les tablettes de Titus, &
craignant qu'elles ne renfermaf-
fent quelque chofe d'importance,
il les prit & les ferra dans l'intention de les lui rendre lorfqu'il feroit mieux. Tout le monde paffa
la nuit à le veiller; fon agitation,
fes difcours fans fuite & fans ordre
durerent jufqu'au jour: mais la
fiévre ayant diminué & donné le
tems aux Medecins de connoître
la nature de fon mal, ils l'exami-
nerent avec attention ; & jugeant
que la caufe étoit au fond de fon
cœur, ils dirent à Gifippe qu'ils
ne répondoient pas de fa vie, fi
l'on ne prenoit foin de lui donner
autant de joïe qu'il paroiffoit être
accablé de douleur; que fon mal
n'étoit que l'effet d'une profonde
mélancolie, & que la fource leur
en étant inconnuë, ils ne pouvoient

voient y apporter que de foibles remedes.

Il n'en fallut pas davantage à Gifippe pour le déterminer, & fur le champ ayant prié Chrifis de fe retirer, il congedia tous fes gens, ne fe refervant que ceux dont le fervice lui étoit abfolument nécef-faire. Il pria les Medecins de pren-dre foin des maux du corps, fe chargeant de lui donner le repos de l'efprit fi-tôt qu'ils l'auroient mis en état de parler & d'entendre. Ils commencerent d'y travailler avec application, & promirent d'y réuffir fi on les fecondoit, en ôtant la caufe de la trifteffe. Tandis qu'ils y employent tout leur fçavoir, Gi-fippe fe flattant encore fur le motif du mal de Titus, rêvoit aux moyens de le pénetrer, lorfque croyant en trouver quelque marque dans les tablettes qu'il avoit ferrées, il les chercha & les ouvrit avec précipi-tation.

La premiere feüille qui s'offrit à fa vûë le faifit de crainte & d'éton-nement, par les funeftes paroles dont elle étoit remplie. Mourons, difoit

difoit cet Amant defefperé; la vie doit elle être chere en adorant une femme qui me peut faire haïr Gifippe : Ah : continuoit-il comme par réflexion, ne l'efperez pas, cruelle Sophronie, je ne cefferai jamais d'aimer Gifippe.

. Fuyons donc , reprenoit-il, & puifque fuir & mourir eft pour moi la même chofe, délivrons ce parfait ami de l'horreur de me fçavoir fon rival. Quelques mots venoient enfuite, qui n'étant pas achevés, faifoient voir qu'il avoit été interrompu ; mais le commencement fuffit à Gifippe pour l'inftruire de fon malheur. Quelques feüilles plus loin il en vit une féparée, que Titus avoit fans doute eû deffein d'envoyer dans d'autres tablettes, avec cette foufcription :

A PUBLIUS-FULVIUS.

Des raifons importantes, Seigneur, me font vous fupplier de permettre mon retour à Rome. La crainte d'offenfer l'amitié de Gifippe

fippe, en le quittant avant le tems préfcrit pour mon départ, ne pouvant lui en déclarer la caufe, m'oblige à vous fupplier de prétexter votre ordre de quelques affaires confidérables, afin de ne lui en point donner de me retenir. Il eft abfolument néceffaire que vous me laiffiez fortir d'Athénes, fi vous voulez me conferver la vie.

Gifippe n'en voulut pas lire davantage; tout ce qu'il voyoit ne lui prouvoit que trop l'état funefte de fon ami, & les combats qu'il devoit avoir rendus contre lui-même pour cacher fon amour & conferver fon amitié. Ce genéreux Grec touché fenfiblement d'une telle avanture, & de l'obftacle qu'elle mettoit à fon bonheur, balança quelque tems fur ce qu'il devoit faire pour accorder fa félicité & la vie de Titus; mais connoiffant fon caractere, & jugeant que l'amour avoit pris fur lui trop d'empire pour efperer qu'il en triom-

triomphât fans mourir, il fe refolut à fe facrifier lui-même en cette
occafion. Il lui parut qu'il feroit
honteux de préferer une femme à
fon ami, & qu'il devoit donner à
Titus une preuve effentielle de
l'amitié qu'il lui avoit jurée, puifqu'il lui vouloit témoigner la fienne aux dépens de fa vie, en cherchant à mourir plutôt que de découvrir fon amour. Nous trouvons
aifément, difoit-il, des objets capables de nous charmer; mais on
ne remplace jamais la perte d'un
véritable ami : c'eft un bien que
l'on doit préferer à tous les autre ;
Titus en connoît tout le prix, puifqu'il aime mieux mourir., que de
ceffer d'êtrer le mien. Serois-je
donc moins genéreux que lui? &
lorfqu'il meurt pour me marquer
fon amitié, ne puis-je emloyer
un des jours de ma vie a lui prouver la mienne? Il mourra fi j'époufe
Sophronie, & je fens qu'il peut
devenir fon époux, fans me faire
mourir; cette difference doit décider en fa faveur.

Gifippe fit encore plufieurs ré-
fle-

flexions ; & quoique fa paffion fe
révoltât quelquefois contre les
mouvemens d'amitié, ils· l'emporterent fur elle, & le feu de fon
temperament fe joignant à fa genéroſité naturelle, il forma fon
plan dans le moment, & ne fongea
plus qu'à l'executer. Affermi dans
ces refolutions, il rentra dans l'appartement de Titus, à qui la force
des remedes avoit enfin rendu la
connoiſſance; mais la fiévre avoit
augmenté fi confidérablement,
que l'ardeur s'en faifoit fentir à
ceux-mêmes qui· l'approchoient.

Giſippe s'étant avancé près de
fon lit il le reconnut; & voyant fon
viſage couvert de larmes, qu'il ne
put retenir en le regardant : Mon
cher Giſippe, lui dit-il, je ne mérite
pas cet excès de douleur; Titus eſt
un malheureux que vous ne devez
point regreter. Le tendre Grec ne
pouvant fouffrir un difcours fi peu
conforme à fes fentimens, s'approcha de fon oreille, & lui preſſant
la main : Cruel ami, lui dit-il, vous
connoîtrez dans peu que fi vous
préferez la mort à Giſippe, Giſippe
pré-

préfere Titus à fa propre vie ; &
l'ayant embraffé, il le pria en hauffant la voix de prendre tout ce
qu'on lui donnéroit pour fon foulagement , & de remettre aux
Dieux le foin du refte ; & l'ayant
quitté après avoir donné fes ordres, il fe rendit chez Ariftippe.

Il étoit fi changé , que le Philofophe en fut allarmé & lui demanda promptement ce qu'il avoit.
Titus fe meurt , répondit-il , &
tout eft perdu pour moi, fi je le
perds. Ariftippe eftimoit Titus ;
c'étoit un difciple qui lui faifoit
honneur: Il ne put apprendre cette
nouvelle avec tranquilité , & fçachant l'extrême amitié qui étoit
entre Gifippe & lui, il ne douta
point de la fincerité de fa douleur ;
il lui témoigna la fienne d'une maniere touchante, & lui demanda
à voir Titus. C'étoit ce que Gifippe
defiroit ; ainfi il le mena chez lui
fans tarder. Le jeune Romain palit
en le voyant entrer. Gifippe le remarqua ; mais Ariftippe bien éloigné d'imaginer ce qui fe paffoit,
n'y fit pas d'attention , & s'approchant

chant de lui, lui parla dans les termes les plus tendres fur l'affliction
que lui donnoit fon mal. Titus n'y
répondit que par de profonds foupirs, & lui parut véritablement en
danger.

Il queftionna les Medecins fur
la caufe d'un mal fi prompt & fi
violent; & comme on ne leur
avolt pas ordonné le filence, ils
ne cacherent rien au Philofophe
des découvertes qu'ils avoient faites, & l'affurerent que cette maladie ne venoit que d'un exceffif
chagrin & d'un grand defefpoir.
Ariftippe étonné regarda Gifippe,
comme pour lui demander raifon
de ce qu'il entendoit. Le jeune
Grec, qui comprit fa penfée, le
pria de paffer dans le cabinet du
malade. Ils y entrerent; & lorfque
Gifippe put parler librement : Oüi,
Seigneur, lui dit-il, Titus meurt
de defefpoir, & c'eft l'amour qui
lui donne la mort. L'amour ! s'é-
cria le Philofophe; eh quelle eft
la Romaine, ou la Greque, qui
peut ne pas faire fon bonheur
d'être aimée de Titus ?

Cel-

Celle qu'il adore, reprit Gifippe, ignore fon amour : Elle eft Athénienne ; fa main eft deftinée à un autre, & cet autre eft ami de Titus ; & pour être trop fidele ami, il meurt le plus infortuné de tous les hommes. Ce difcours augmenta la furprife d'Ariftippe : il rêva un moment les yeux baiffés vers la terre ; puis les relevant fur Gifippe : Ce qui s'offre à mon efprit, lui dit-il, pourroit-il être vrai ? Ne feriez-vous point cet ami, & Sophronie le fatal objet de l'amour de Titus ?

Gifippe ne lui répondit qu'en lui prefentant les tablettes du malade ; il les lut plufieurs fois, & parut être agité d'un trouble extraordinaire. Gifippe qui ne vouloit pas lui laiffer le tems de faire de longues réflexions, fe jetta à fes pieds : Vous le voyez, Seigneur, lui dit-il, la vie de Titus eft en vos mains ; mais ce n'eft pas encore affez que de la fienne, la mienne y eft auffi ; je mourrai, n'en doutez point, du même coup qui le fera périr : fauvez-nous l'un & l'autre d'une mort

mort certaine ; je lui facrifie mon
amour, je vous rends votre parole, & vous demande pour lui
Sophronie & votre tendreffe :
nous ne perdons rien tous trois à
cet extraordinaire changement ;
fi je perds une femme adorable,
je recouvre un ami folide & véritable. Si la fortune vous offroit en
moi un gendre digne de vous,
elle vous en prefente un en Titus
mille fois plus digne encore : Sa
naiffance eft plus illuftre que la
mienne ; fes biens font plus grands
que les miens ; les rares qualités
de fon ame, les charmes de fa
perfonne l'emportent fur tous les
dons que j'ai reçus de la Nature.
Il eft votre difciple ainfi que moi ;
& s'il faut dire encore quelque
chofe de plus, fon amour eft au-
deffus du mien, puifqu'il meurt en
perdant Sophronie, & que je refpire encore malgré l'effort que je
me fais en la cédant.

Ariftippe étoit fi furpris de ce
qu'il apprenoit & de ce qu'il entendoit, qu'il ne put de longtems
s'exprimer ; enfin frappé d'admi-
ra-

ration : O Ciel! s'écria t-il, fe peut-
il trouver une amitié femblable !'
Quoi Titus veut mourir pour ne
pas trahir fon ami, & Gifippe re-
nonce à fon amour pour fauver les
jours de Titus! O jeunes hommes,
continuat-il, que n'ai-je deux
filles à vous offrir! je me croirois
trop heureux de poffeder un tel
tréfor dans ma famille. Genéreux
Gifippe, lui dit-il en l'obligeant
à fe reiever, calmez votre douleur, le fort de Sophronie ne peut
être que glorieux avec l'un ou
l'autre. Si fa main peut rendre la
vie à Titus fans mettre la vôtre
en péril, je vous laiffe le maître de
la lui promettre, & je jure de tenir
exactement ce que vous aurez promis. Ma fille foumife à mes volontés me donne lieu de croire qu'elle
ne s'oppofera pas à votre généreux
effort; je vais travailler à la préparer à cet échange, & vous laiffe le
foin du deffein de Titus.

Gifippe tranfporté de joïe à ce
difcours, embraffa les genoux d'A-
riftippe, en lui difant qui lui devoit
la vie en donnant fon confentement

ment au bonheur de celle de fon
ami. Ariftippe véritablement charmé d'une telle aventure, & qui
craignoit très - férieufement pour
Titus, mit fin à ces remercimens
en l'obligeant à retourner auprès
de fon ami. Ils s'approcherent de
lui l'un & l'autre, mais il étoit fi
mal qu'ils ne purent lui parler, &
qu'Ariftippe fe retira perfuadé
que ce qu'il alloit faire ne ferviroit
de rien, & que la mort alloit enlever cet époux à Sophronie, comme l'amitié lui faifoit perdre l'autre. Gifippe demeura auprès de
Titus, attendant un inftant de relâche à fon mal pour y apporter
le dernier remede ; & le Philofophe étant de retour chez lui, y
trouva prefque autant d'affliction
que dans le Palais de fes Difciples.
On y avoit appris l'état de Titus,
& ce jeune Romain étoit fi généralement aimé, qu'il n'y eut perfonne qui ne prit part à fon mal,
Sophronie en avoit été inftruite
comme les autres, & ne fe fentit
pas autant de fermeté pour cacher fa douleur, qu'elle en avoit

euë

euë pour empêcher son inclination
de paroître ; elle répandit des larmes, & ses beaux yeux en étoient
encore remplis lorsque son pere
entra dans son appartement.

Sa présence ne la contraignit pas,
& croyant qu'il étoit de la prudence de laisser plûtôt voir sa sensibilité, que d'affecter une indifference qui ne paroissant pas naturelle
la pourroit faire soupçonner de
dissimulation, elle lui témoigna
sans feinte le regret qu'elle avoit
de la perte d'un homme du mérite
de Titus. Je vois avec plaisir, lui
dit Aristippe, l'estime que vous en
faite, il n'est pas encore, mort,
un foible espoir nous reste de le rappeller à la vie ; mais Sophronie,
continua-t-il en la regardant
attentivement, croiriez-vous que
tout l'art des Medecins n'y peut
rien, & que vous seule après les
Dieux êtes en pouvoir de le sauver? Moi, Seigneur, interrompit-
elle avec surprise ? Oüi, ma fille,
vous-même, continua Aristippe,
cet aimable Romain ne peut guérir que de la même main qui le
fait .

fait mourir ; vous êtes ; cauſe de ſa mort, c'eſt donc à vous à lui rendre la vie. Un diſcours ſi ſurprenant mit Sophronie dans une ſituation difficile à décrire ; ſon trouble fut ſi grand, que ſes forces penſerent l'abandonner, elle ſe laiſſa tomber ſur ſon ſiège comme une perſonne perduë ; & regardant languiſſamment ſon pere : Je ne vous entends point, Seigneur, lui dit-elle, de grace expliquezvous ſi vous ne voulez pas me mettre dans le même état que Titus.

Ariſtippe jugeant de ſon inquiétude par les changemens de ſon viſage, lui raconta mot à mot ce qui venoit de ſe paſſer entre Giſippe & lui, & l'état déplorable où la ſcrupuleuſe amitié de Titus les reduiſoit l'un & l'autre. La belle Sophronie qui s'étoit remiſe pendant ce diſcours, ne laiſſa pas que d'être ſurpriſe en apprenant la complaiſance d'Ariſtippe pour ce changement ; elle fut même un inſtant dans la penſée qu'il ſe ſervoit de cette ruſe pour ſçavoir ſes

vériveritables fentimens ; mais ne voyant dans fes yeux que de la douleur & de la fincerité : Seigneur, lui dit - elle , une autre trouveroit peut-être étrange, de fe voir donnée & cedée tant de fois fans fon confentement ; mais , pour moi qui ne fçai qu'obéïr lorfque vous commandez , je veux me foumettre fans replique à tout ce que vous exigez ; je cefferai de penfer à Gifippe puifque vous le voulez, & mon cœur & mes vœux vont êfre pour Titus : cependant j'ofe vous fupplier que ce foit la derniere épreuve où vous mettiez mon obéïffance , & de fonger que quelque foit le fort de Titus, il me doit être toujours plus doux de me dire femme de celui qui meurt de la douleur de me perdre, que de celui qui me céde avec tant de facilité.

Ariftippe qui vit dans ces paroles un effet de l'amour propre, ne voulut pas y répondre, & fe contenta de lui jurer que Titus feroit fon époux fi fon cœur n'y fentoit point de répugnance ,

&

& que ce jeune Romain vécût.

Cette affurance l'obligea à prendre un air moins refervé, en faifant entendre à fon pere que fi le choix eût d'abord dépendu d'elle, Titus auroit eu la préference. Cet aveu acheva de déterminer Ariftippe, qui n'attendit plus que la décifion du mal de ce difcret Amant pour le déclarer fon gendre. Tandis que Sophronie & lui demanderent aux Dieux le retour de fa fanté avec une égale ardeur, l'un par les avantages qu'il trouve dans fon alliance du côté de la fortune, & l'autre par ceux qui regardant le repos de fon cœur, Gifippe n'étoit occupé que de ce qui pouvoit lui rendre fon ami.

Il avoit paffé la journée entre la crainte & l'efperance, felon les differens effets des remedes qu'on lui donnoit, fans que les Medecins puffent rien encore affurer de favorable : mais enfin, foit que leur Art leur eût indiqué la maniere de le fauver, foit que la jeuneffe eût furmonté le mal, il parut le foir plus tranquile ; la fiévre diminua,

minua, & l'abandonna tout-à-fait
au milieu de la nuit ; & dès le
point du jour les Medecins añ-
noncerent à Gifippe que Titus
étoit en état d'en revenir, fi l'on
pouvoit déraciner de fon cœur le
mortel chagrin qui fembloit s'en
être emparé. Gifippe leur promit
d'y travailler ; cependant il attendit encore quelques jours pour lui
parler, dans l'apprehenfion que la
joïe ne fift ce que la douleur avoit
manqué de faire. Pendant ce tems
Ariftippe ne ceffa pas de le voir,
& de lui dire fouvent que Sophronie s'en informoit exactement.
Titus qui n'ofoit s'oppofer aux fe
cours qu'on lui donnoit, quoique
la vie lui fût infupportable, ne répondoit jamais au nom de Sophronie que par des foupirs ou des
paroles dont l'embarras dénottoit
celui de fon cœur, ce qui confir-
moit Gifippe & le Philofophe
dans l'idée que fon mal ne pouvoit être guéri que par le repos
de l'efprit. Le genéreux Grec ne
voulant pas retarder le remede
falutaire qu'il avoit en main, le
voyant

voyant un jour moins abattu qu'à l'ordinaire, mais refusant avec quelqu'espece d'opiniâtreté une liqueur qu'on lui affura devoir le tirer d'affaire, il s'approcha de lui ; & faifant fortir tout le monde de fa chambre : Mon cher Titus, lui dit-il, nous fommes feuls, je puis vous ouvrir mon cœur & vous demander le fecret du vôtre ; je fuis forcé de vous avoüer que j'ai un jufte fujet de me plaindre de vous. Quoi ! Titus, continua-t-il fans lui donner le tems de répondre, eft-il poffible que fçachant à quel point je vous aime, vous cherchiez plutôt à mourir qu'à me déclarer vos chagrins ? Qu'ai-je fait pour mériter une pareille défiance ?

Vous ne fouffrez qu'avec peine le foin que je prends de vos jours ; vous refufez autant qu'il vous eft poffible les chofes qui peuvent fervir à les prolonger ; votre vifage fe couvre de mille couleurs, lorfque je vous approche ; vos yeux évitent les miens ; & pour m'accabler entierement, vous ne

fongez

songez qu'aux moyens qui peuvent vous féparer de moi, foit en fuyant Athénes, ou bien en quittant la vie : je le fçai , je n'en puis douter ; mais j'en voudrois apprendre la caufe de votre bouche ; un aveu fincere terminera mon tourment & le vôtre : fi je vous ai manqué , je jure par tous les Dieux de réparer ma faute. Parlez donc , cher Titus , fi vous ne voulez pas que je croye que la haine a pris dans votre ame la place d'une amitié qui devoit être éternelle.

Titus convaincu par ce difcours que Gifippe avoit vû ce qu'il écrivoit à fon pere , mais ne croyant pas qu'il fût inftruit de fon amour, & toujours perfuadé que c'étoit le trahir que de rompre le filence fur un article fi délicat, fe refolut d'avoüer l'un pour mieux cacher l'autre ; & s'efforçant de paroître tranquile : Je ferois le plus ingrat de tous les hommes, lui dit-il, fi j'ofois vous rien imputer de contraire à la tendre amitié que vous m'avez juré : vous n'êtes coupable

ble de rien, mon cher Gifippe ; &
bien loin qu'une injufte haine fe
foit emparée de mon cœur, je ne
meurs que. du regret de ne vous
pouvoir prouver combien je vous
aime. Vous avez trouvé, je le vois,
la Lettre que j'écrivois à Fulvius,
& vous en avez conçu des foupçons indignes & de vous & de moi.
Je voulois partir, je l'avoüe ; mais
je n'en avois pris la refolution qu'a-
près vous avoir vû dans celle de
vous marier. Perfuadé que l'himen
devoit changer le plan que nous
avions formé de ne nous jamais
féparer, & que vous n'oferiez me
le faire entendre, je voulois obliger Fulvius à me rappeller, pour
vous épargner le chagrin de me le
dire, & à moi là douleur d'un
pareil compliment.

Ah! Titus, interrompit Gifippe
d'un air à lui marquer qu'il n'ajou-
toit nulle foy à fes paroles, ne
pouffez pas plus loin une feinte
qui m'outrage ; vous me connoiffez affez pour être certain que
mon himen n'eût rien changé à
mon amitié., Nous nous fommes

juré, il eſt vrai, une éternelle union, mais nous ne nous ſommes pas promis de n'en faire avec per-ſonne; & comme la difference de nos Patries en doit mettre dans nos 'établiſſemens, que je ſuis Grec, & vous Romain, nous n'avons pû nous engager l'un & l'autre à nous en éloigner. Je n'ai point ignoré, en vous chériſſant plus que moi-même, que Rome devoit vous enlever à mon amitié; & vous ſçaviez, en devenant mon ami, qu'Athénes ne me permettoit pas de chercher d'autres climats : ainſi des raiſons que vous cherchez à déguiſer, vous ont forcé d'en agir de la forte. Si mon himen avec la fille d'Ariſtippe vous a fait croire que je pourrois ceſſer d'être le même à votre égard, pourquoi me cacher vos penſées? Je vous aurois détrompé, mon cher Titus, & je vous aurois plutôt ſacrifié mon amour, que de vous cauſer la moin-dre inquiétude. Cependant, ſi c'eſt cet engagement qui vous oblige à vouloir me quitter, & que ce ſoit l'effort que vous vous êtes fait pour foutenir cette féparation, qui vous a mis dans l'état où vous êtes, raffurez-vous, rendez-moi toute votre confiance, puifque je viens vous apprendre que je n'époufe point Sophronie, & que d'autres idées nous occupent aujourd'hui fon pere & moi.

O Ciel, qu'entens-je! s'écria Titus, quoi vous n'aimcz plus Sophronie? Ariftippe vous manque-t'il de parole? fa fille s'oppofe-t'elle à votre bonheur, ou quelque rival y met-il obftacle?

L'amoureux Romain prononça ces derniers mots avec tant de véhemence, que quand Gifippe n'auroit rien fçu de fa paffion, il l'auroit apprife par ce mouvement de jaloufie; mais comme il vouloit ménager fa furprife, & ramener la joïe dans fon cœur par gradations, pour qu'elle ne lui fût pas funefte, il continua comme il avoit commencé. Ariftippe, lui dit-il, ne manque point à fes promeffes: fa fille me fera toujours chere, elle obéiffoit à fon pere fans répugnance; mais véritablement

ment un rival s'oppofe à ma félicité, & je ne puis m'oppofer à la
fienne; j'ai parlé pour lui, j'ai dégagé ma foy, & nous n'attendons
que le retour de votre fanté pour
les unir à jamais.

Ah! cruel ami, dit alors Titus,
que ne m'avez-vous appris plutôt,
que vous pouviez céder Sophronie
fans mourir?

Ingrat Titus, reprit Gifippe en
lui jettant les bras au col, à qui
pourrois-je la céder fans perdre
la vie, qu'au fils de Publius-Fulvius?
quel autre ne périroit pas de ma
main, en venant troubler mon
repos? quel autre rival mériteroit
un pareil facrifice? enfin quel autre que Titus peut être digne de
Sophronie? Ne me traitez donc
plus de cruel ami : vous feul méritez ce titre, ajouta-t-il en le preffant dans fes bras, pour m'avoir
caché votre amour; fi vous euffiez
été auffi fincere que moi, j'aurois
étouffé le mien dès fa naiffance,
je n'aurois pas éprouvé votre injufte défiance, & vos jours n'auroient pas été en danger.

Titus

Titus étoit dans un étonnement
fi prodigieux de ce qu'il entendoit,
qu'il n'avoit ni la force de répondre, ni celle de rendre à Gifippe
fes tendres carreffes : mais comme
ce genéreux Grec avoit conduit
cette Nouvelle avec art, elle ne
produifit que l'effet qu'il fouhaitoit. Le jeune Romain dont le
defefpoir avoit cédé à la foibleffe
que lui donnoit la maladie du
corps, ne pouvant plus s'exprimer
par des tranfports ni par la violence, ne trouva que des larmes
pour faire connoître fes differens
mouvemens : elles fortirent avec
abondance ; & ce foulagement
auffi néceffaire aux grandes joïes,
qu'aux grandes douleurs, en fut un
fi efficace au mal qu'une conti-
nuelle contrainte lui avoit caufé,
que lorfque les pleurs & les fanglots lui eurent laiffé la liberté de
parler, il parut en lui un changement qui ne laiffa plus douter de
fa guérifon. En effet prenant la
parole d'une voix ferme, & regardant Gifippe avec des yeux remplis de tendreffe : Pardonnez, cher

&

& genéreux ami, lui dit-il, les premiers mouvemens d'un cœur pénetré de furprife & de reconnoiffance, non que je veüille profiter
des effets de votre amitié. Sophronie, il eft vrai, s'eft renduë maî-
trefle de mon ame ; les efforts que
j'ai faits pour triompher de mon
amour, pour ne pas troubler le
vôtre, m'ont conduit aux portes
du trépas : mais revenu à la vie par
vos tendres foins, je ne puis m'en
rendre digne qu'en vous facrifiant
ce qui pourroit me la faire aimer.
J'adore Sophronie, mais la recon-
noiflance & l'amitié me mettent
en état de vous la céder ; & fi je
dois mourir. j'aime mieux emporter au tombeau le nom de malheureux Amant, que celui d'ingrat Ami.

De pareils fentimens font dignes
de Titus, reprit froidement Gifippe, mais ils ne feront pas changer
les miens ; je connois à prefent vos
forces, & je ne les mettrai point
à de fi rudes épreuves. Ma parole
eft donnée pour vous, j'ai reçu
celle d'Ariftippe ; Sophronie eft
in-

inſtruite de votre amour, elle
conſent à vous donner la main, &
j'ai fait partir pour Rome le plus
fidele de mes Eſclaves, afin d'a-
vertir Fulvius de ce qui ſe paſſe &
d'apporter ſon conſentement; il
doit être demain de retour, &
j'atteſte les Dieux que vous ſerez
l'époux de Sophronie, ou que je
perdrai le jour. La vivacité avec
laquelle Giſippe prononça ces
dernieres paroles, ne firent que
trop voir à Titus que ce généreux
ami avoit pris ſon parti, & qu'il
n'étoit plus tems de chercher à le
vaincre en genéroſité. Cependant
ne pouvant ſe reſoudre à ſe rendre ſi promptement, il employa
tout ce que l'eſprit, accompagné
des graces de l'éloquence & de la
force de la verité, peut fournir
de raiſons ſenſibles & ſolides pour
perſuader; & jamais l'Amitié ne
fit naître de combat plus tendre,
plus touchant & plus extraordinaire que celui de ces deux parfaits amis, pour ſe céder l'un à
l'autre un bien qui leur étoit également cher, & pour lequel ils euſſent

fent volontiers perdu la vie. Ariftippe entra dans l'appartement de
Titus, qu'ils étoient encore dans
la chaleur de cette genéreufe difpute : fa prefence n'en interrompit point le cours ; & cet illuftre
Philofophe, plus amateur de la
vertu, que fenfible à fes interêts,
les écouta long - tems fans les interrompre, pour joüir d'un fpectacle qui le rempliffoit de joïe &
d'admiration. Enfin voyant qu'aucun des deux ne vouloit s'avoüer
vaincu, il prit la parole ; & tendant
la main à l'un & à l'autre : Si je
voulois choifir entre vous deux,
leur dit-il, le plus digne d'être
mon gendre, je ferois dans le plus
étrange de tous les embarras ;
égaux en mérite, je ne pourrois
décider pour l'un fans faire un
outrage à l'autre, & je ne pourrois
vous refufer tous deux fans me
faire tort à moi-même ; mais
puifqu'il eft en mon pouvoir de
vous accorder en choififfant le
plus amoureux, je prononce fans
crainte en faveur de Titus, Gifippe ayant avoüé qu'il peut céder
So-

Sophronie fans mourir, & qu'il
ne peut perdre Titus fans perdre
auffi la vie. Vivez donc, rares &
généreux amis, continua-t-il en
les embraffant, vous Titus pour
être l'époux de Sophronie, vous
Gifippe pour être fon frere, &
tous deux pour être aimées d'A-
riftippe comme fes enfans,

Ce difcours termina le diffé-
rend; Gifippe en parut fatisfait,
par les remercimens qu'il en fit au
pere de Sophronie : mais le paffionné Titus que l'ardeur de fon
amitié avoit abufé jufqu'alors,
en lui faifant croire qu'il pouvoit
triompher de l'amour, ne vit pas
plutôt fon fort affuré, que la joïe
l'emportant fur toutes fes refolutions, le fit éclater par des tranfports qui prouverent malgré lui,
qu'il lui eût été impoffible de vivre
fans Sophronie. Ariftippe & Gifippe convaincus de cette verité,
le conjurerent de fe calmer, puifqu'ils étoient tous d'accord, & de
ne plus fonger qu'à fe mettre en
fituation de poffeder l'objet de fa
flamme. Une fi douce efperance
fit

fit plus d'effet fur lui en un jour,
que tous les remedes qu'on lui
avoit donnés : un fommeil tranquile ayant fuccedé à tant d'agitations, remit bien-tot le corps des
fatigues de l'efprit ; fes forces fe
rétablirent, & l'Efclave de Gifippe ayant apporté le confentement
de Fulvius pour fon mariage, à
condition qu'il ameneroit Sophronie à Rome auffi-tôt qu'il le pourroit fans bleffer ce qu'il devoit à
Ariftippe & à Gifippe, il n'eut plus
d'autre inquiétude que l'impatience de voir la charmante Gré-
que : le contentement & les foins
de Gifippe joints enfemble furent
fi puiffans, qu'il fut en état de fortir très-peu de jours après l'arrivée
du confentement de fon pere.

Sa premiere vifite fut chez Ariftippe, où Gifippe ne voulut jamais
l'accompagner, voulant éviter de
revoir Sophronie & de donner
quelques foupçons à fon ami. Le
Philofophe propofa Titus à fa fille,
& cet Amant par fon trouble, fa
timidité, & le feu qui brilloit dans
fes yeux, lui fit bien connoître la
diffe-

difference de fon amour & celui de Gifippe. Ariftippe qui depuis cette aventure s'étoit apperçu du panchant de fon cœur pour le jeune Romain, par l'interêt qu'elle avoit pris à fa fanté en s'en informant fans ceffe, voulant épargner à fa pudeur l'aveu de fa tendreffe, pria Titus en badinant de fe contenter de l'obéiffance qu'elle témoignoit dans une occafion fi délicate, & d'attendre à connoître le fecret de fon ame qu'elle ne fût plus la maîtreffe de lui rien cacher.

Ce difcours renfermoit quelque chofe de fi flatteur pour ce tendre Amant, & Sophronie dans ce moment le regarda d'un air fi charmant, qu'il n'eut pas de peine à s'impofer la difcretion qu'on exigeoit de lui. Ariftippe qui n'étoit pas de l'opinion de ceux qui croyent que le fafte & les magnificences fervent d'avant-coureurs au bonheur des époux, jugeant bien que celui de Titus ne confiftoit que dans la promptitude de fon himen, le fit célébrer fans cérémonie & fans éclat dès le len-

de-

demain. Gifippe ne voulut voir
Sophronie qu'au moment qu'elle
fe donnoit à Titus pour jamais,
quelques inftances qu'Ariftippe &
lui lui euffent faites d'en ufer autrement: mais le jour de l'himen
il fe rendit au Temple; & fervant
au jeune Romain de pere & d'ami
tout enfemble, le prefenta lui-
même à Sophronie. Cette belle
perfonne qui tenoit fon bonheur
de fa genérofité, ne put le revoir
fans en témoigner de la joïe. La
cerémonie étant achevée, Ariftippe emmena chez lui Gifippe &
les nouveaux époux; & ce fut alors
que l'amour, l'amitié, l'admiration & la confiance parurent dans
leur plus haût éclat.

Ces quatre perfonnes n'ayant
plus rien qui les obligeât à fe
contraindre, fe firent une mû-
tuelle confidence des fentimens
de leurs cœurs, par laquelle Titus
apprit de la bouche de Sophronie
le tendre panchant qui l'avoit
entraînée vers lui du premier
moment qu'il s'étoit offert à fes
regards; & Gifippe reffentit une

fa-

fatisfaction d'autant plus grande
de l'action qu'il avoit faite, qu'il
apprit qu'en ne la faifant pas il auroit rendu malheureufes les deux
feules perfonnes qui pouvoient lui
être cheres. Ariftippe, Sophronie
& Titus lui en marquerent leur
reconnoiffance par de fi tendres
preuves d'amitié, que fon cœur
les préféra en fecret à toutes les
douceurs de l'amour. Titus refta
encore à Athénes près de deux
mois, ne pouvant fe refoudre à
quitter Gifippe, & la venérable
Chrifis fa mere, qui avoit pris
pour Sophronie une eftime particuliere, & que cette incomparable femme avoit trouvé digne de
tout fon attachement. Cette agréable fociété faifoit prefqu'oublier
Rome à Titus, lorfqu'il y fut rappellé par la nouvelle de la mort
de Publius-Fulvius fon pere.

Cette perte lui fut extrêmement
fenfible, & quoiqu'elle le laiffât
dans la plus brillante fortune, il ne
fe feroit pas confolé fans les tendres attentions de fa charmante
époufe & celles de Gifippe; mais

ce qui lui rendit cette mort encore
plus douloureufe, fut l'obligation
de quitter un ami fi cher. Cette
féparation fut des plus touchantes, malgré les promeffes que fit
Gifippe de les aller voir à Rome;
Titus l'en conjura, & Sophronie
n'oublia rien pour en tirer des
affurances certaines. La fage Chrifis eut auffi fa part des pleurs que
cet adieu coûta à ces illuftres perfonnes, & le fçavant Ariftippe eut
befoin de toute fa Philofophie pour
ne pas montrer en cette occafion
les foibleffes de la nature humaine:
enfin voyant que plus ils tardoient
à partir, & plus ils avoient de peine à s'y refoudre, ils fe firent un
effort, & fe féparerent en fe jurans
de s'aimer jufqu'à la mort. Titus
conduifit fon époufe à Rome, où
fa rare beauté & les charmes de
fon efprit lui firent des adorateurs
de tout âge & de toute condition;
mais fa vertu l'emportant encore
fur tant d'avantages, ils furent
forcées de changer en admiration
les autres fentimens de leurs cœurs.
Mécenes & Agrippa l'eftimerent;
　　　　　　　　　　Ovide

Ovide n'ofant foupirer pour elle,
la célébra dans fes vers ; & les
Dames Romaines ne pouvant lui
rien difputer, furent contraintes de
la combler d'amitié. L'Empereur
Augufte reçut Titus comme le
fils d'un homme qu'il avoit beaucoup aimé, lui fit les mêmes honneurs qu'à fon pere, & lui donna les
mêmes charges.

L'aimable Fulvie fa fœur charmée de Sophronie, lui cedant fans
peine le premier rang dans le Palais de Titus, fe lia avec elle par
les nœud de la plus tendre eftime.
L'on peut dire qu'il ne manquoit
que Gifippe à la félicité de cet
heureux Romain. Il lui écrivit un
détail exaƈt de fon arrivée, des
honneurs dont il avoit été comblé,
& de l'éclat dans lequel fes grands
biens le faifoient vivre ; étant en
effet un des plus riches habitans
de Rome : & fouvent il lui témoignoit dans fes lettres avec délicateffe une efpece de regret de ce
que la fortune l'ayant traité auffi
favorablement que lui, le privoit
du plaifir de lui offrir de venir

par-

partager la fienne ; que cependant il le conjuroit, quoiqu'il n'en eut pas affaire, de regarder fes richef-fes comme étant à lui, & d'en ufer comme de fon propre bien.

. Gifippe étoit fi perfuadé que Titus parloit du fond du cœur, qu'il recevoit ces marques de ten-dreffe & de générofité avec au-tant de joïe que s'il eût été en fituation d'en profiter, & lui répon-doit toujours là-deffus avec con-fiance. Les chofes demeurerent près de quatre mois dans cet état, les deux amis continuant de s'ai-mer ardemment, & de fe le dire par écrit très-exactement. Lorf-que les réponfes de Gifippe ceffe-rent, Ariftippe ne donna plus de fes nouvelles à Sophronie, & l'un & l'autre juftement allarmés d'un filence de plus de deux mois, fe réfolvoient à partir pour Athénes, quand ils reçurent un courier de Chrifis mere de Gifippe, qui leur apporta la nouvelle du plus cruel de tous les revers. Le mariage de Titus avec Sophronie avoit en fe-cret irrité les Athéniens contre

Arif

'Ariftippe ; la préference qu'il fembloit avoir donnée au Romain fur Gifippe, les avoit indignés. Tant qu'ils avoient crû que Sophronie feroit le partage du Grec, ils n'avoient ofé faire éclater leur jaloufie ; mais elle n'eut plus de bornes en voyant Titus fon époux : & cette Nation naturellement ingrate envers fes compatriotes, chercha dès ce moment les moyens de perdre Ariftippe, & de fe venger de Gifippe, dont les ennemis traitoient l'action de foiblefle & de lâche complaifance.

Mais, comme on ne pouvoit rien dire contre leurs mœurs & la fidelité qu'ils devoient à leur Patrie, les Athéniens cacherent leur haine jufqu'à ce que quelque occafion favorable leur permit de la faire éclater ; elle n'offrit que trop tôt pour le malheur d'Ariftippe, qui fe fiant à la Philofophie qu'il croyoit infaillible, entreprit de foutenir des opinions contraires à la Religion des Grecs, & de les enfeigner publiquement : il n'en fallut pas davantage à ceux

qui

qui le vouloient perdre. Il fut
accufé d'héréfie ; & comme il ne
fe vouloit jamais juftifier qu'en
donnant des preuves de verité de
ce qu'il avançoit, il fut condamné
à la mort. Gifippe le plus zelé de
fes difciples, fe hazarda de le défendre ; ce qu'il fit avec tant de force,
que la crainte qu'il ne gagnât le
peuple , obligea les Juges qui
étoient ennemis d'Ariftippe à l'interrompre en lui commandent de
fe taire : cet affront parut fi cruel
à Gifippe , que fe laiffant emporter
à la violence de fon tempérament,
il dit des chofes fi outrageantes
contre les Atheniens, qu'ils l'exi-
lerent & confifquerent tous fes
biens ; défendant fous peine de la
vie à tous les Citoyens de lui donner retraite , ni le plus petit fé-
cours.

Il ne lui fut pas même permis
de rentrer chez lui & de dire
adieu à fa mere. L'infortuné Gifippe , plus indigné de la cruauté de
fa Patrie que touché de fa funefte
fituation, fortit d'Athénes dans le
même moment, & la malheureufe
Chrifis

Chrifis fa mere apprenant cette funefte aventure ne trouva point d'autre foulagement à fa douleur que d'en faire part à Titus, auquel elle dépêcha un Exprès pour l'inftruire de ce qui s'étoit paffé. On conçoit aifément en quel état de telles nouvelles mirent Titus & Sophronie ; cependant laiffant les larmes à fon époufe, il ne fongea qu'à remedier promptement au fort de fon ami ; & fachant à quel point il aimoit & refpectoit fa mere, il renvoya fur le champ fon courier, & le faifant accompagner de plufieurs de fes gens, leurs ordonna d'amener Chrifis à Rome, & de ne rien épargner pour lui adoucir les fatigues du voyage. Il fit partir le-même jour deux de fes fideles efclaves pour faire marcher fur les traces de Gifippe par des routes differentes, foit qu'il eût choifi fa retraite chez les ennemis des Athéniens, ou dans quelques Provinces foumifes aux Romains.

Ces ordres furent ponctuellement executés, mais avec plus de fuccès du côté de Chrifis, que de

celui

celui de Gifippe. On lui amena la mere de cet illuſtre malheureux; mais ceux qu'il avoit envoyés pour trouver ſon fils, revinrent après trois mois de recherche ſans en avoir eu nulle nouvelle. Titus en fut dans un véritable deſeſpoir, & mit toute ſa conſolation à faire oublier à Chriſis le revers de ſa fortune. En effet, il la rendit maî-treſſe dans ſon Palais, la fit ſervir & obéïr comme ſi elle eût été ſa propre mere; Fulvie & Sophronie le ſecondant dans ſa généroſité, ne paſſoient point de jours ſans lui donner des preuves ſenſibles de leur tendreſſe; & la venérable Chriſis avoüoit à chaque inſtant que ſi ſon cœur avoit pû ſe déta-cher de Gifippe, elle n'auroit eu rien à regreter, & que Titus avoit trouvé le ſecret ſur ſes vieux jours de la rendre mere une ſeconde fois, en faiſant naître pour lui dans ſon ame les mêmes mouvemens que la nature lui donnoit pour ſon fils.

Tandis que ces quatre perſon-nes ſongent ſans ceſſe à Gifippe,

&

& qu'il eſt le ſujet de tous leurs entretiens, cet infortuné traînoit ſa vie & la miſere dans les lieux qu'il croyoit le plus propres à les cacher. Il avoit bien quelquefois penſé à ſe rendre auprès de Titus, eſperant qu'un ami ſi tendre ne lui manqueroit pas au beſoin : mais la timidité, inſeparable de la pauvreté, s'étoit ſi fort emparée de ſon cœur dans le bouleverſement de ſa fortune, qu'il craignoit autant de paroître aux yeux du Romain, qu'il avoit autrefois ſouhaité de le voir. De quel front, diſoit-il, puis-je m'offrir aux regards de Titus dans un état ſi miſerable ? oſeroit-il lui-même reconnoître pour ami un malheureux banni, dépoüillé des choſes les plus néceſſaires à la vie ? quel honneur lui peut faire un homme proſcrit, ſans ſecours, ſans appui, & de qui l'amitié ne pouvant être qu'à charge, doit plûtôt être évitée que recherchée ? Titus élevé dans la gloire, comblé de biens, coulant ſes jours dans l'opulence & nourri dans la volupté, ne rougiroit-il pas d'entendre crier

Gi-

Gifippe à la porte de fon Palais,
pour lui dire qu'il eft cet ami qui
pour empêcher fon trépas s'eft
privé de ce qu'il aimoit le plus ?
Quel langage dans la bouche
d'un miferable ! Ce qui ne feroit
qu'un fouvenir agréable dans un
tems également heureux à l'un &
l'autre, pafferoit pour un lâche
reproche en l'état où je fuis. Qui
fçait même, qui fçait fi Titus eft à
Rome ce qu'il étoit à Athénes ?
Non, non, ne nous expofons point
à de nouveaux affronts, & pour ne
point changer à l'égard de Titus,
n'allons point éprouver fa vertu.
L'idée que je m'en forme me foutient dans mon malheur ; j'aime à
croire qu'il ne dépend que de
moi de partager fa fortune, & fi
j'allois éprouver le contraire, je
mourois de honte & de douleur.

C'étoit dans ces reflexions que
Gifippe paffoit fes jours & dans
cette réfolution qu'il parcourut
inconnu une partie de l'Afie, fe
fervant de fa Philofophie pour
foutenir le poids de fa mifere. La
na-

nature cependant livroit d'étranges combats à fon ame: Chrifis chargée d'années, d'infirmitez & d'indigence, s'offroit fans ceffe à fes regards ; le fort de cette tendre mere étoit un fpectacle fi cruel à fon cœur, qu'il n'en fortoit jamais que comme un homme qui s'eft échappé du naufrage à force de bras & de fatigue, la fueur au front & la pâleur de la mort fur le vifage. Enfin, après avoir éprouvé près d'un an tout ce que la mifere a de plus affreux un refte d'amour pour la vie lui fit tourner les yeux du côté de Rome ; & l'excès de fa pauvreté lui faifant voir les chofes differemment qu'il ne les avoit imaginées au commencement de fon infortune, il crut que c'étoit faire une trop longue offenfe à Titus que de le fuir avec cette opiniâtreté, & qu'il auroit un jufte fujet de fe plaindre de ne l'être pas venu cherchèr dans cette extrémité. S'il m'aime toujours, difoit-il, je ne bazarde rien ; & s'il n'eft plus le même, le defefpoir de fon ingratitude me fera fortir

d'une

d'une vie qui me devient infupportable. Affermi dans cette réfolution, il prit le chemin de Rome,
& s'y rendit enfin après des peines
& des fatigues incroyables, mais
dans un état fi deplorable qu'il ne
put gagner fur lui d'entrer de cette
forte dans le Palais de Titus; il fut
même quelques jours à fe fortifier
dans l'envie de s'offrir à lui. Lorfqu'il y fut déterminé, il fe plaça
dans les endroits par où fon char
paffoit ordinairement lorfqu'il alloit au Senat ou chez l'Empereur,
& fe préfenta plufieurs fois à fes
yeux, de façon qu'il ne pouvoit
éviter de le regarder; mais Titus
bien éloigné d'imaginer que c'é-
toit fon cher Gifippe qu'il voyoit
fous ces méchans haillons, paffoit
& repaffoit fans faire la moindre
attention à cet objet. Tout choque
les malheureux ; cette indifférence
paffa pour un mépris dans l'efprit
de Gifippe, perfuadé qu'il en avoit
été reconnu, & que la honte de
fa fituation avoit endurci fon
cœur. Il tomba dans le plus affreux defefpoir; & cette violence

na-

naturelle, qui lui faifoit toujours
prendre fon parti trop tôt, fe joignant à la cruauté de fa deftinée,
il détefta la clarté du jour, & s'é-
tant dérouté fans fçavoir où fes pas
s'adreffoient, marcha toute la nuit
fans autre deffein que de mourir ;
& trouvant fur fon chemin une
efpece de caverne qui pouvoit le
dérober aux yeux des paffans , il y
entra. Mais à peine y eut-il fait
cent pas, qu'il fut arrêté au milieu
de fa courfe par quelque chofe
qu'il fentit à fes pieds ; il fe baiffa &
portant les mains fur cet obftacle,
il reconnut que c'étoit un corps
fans aucun mouvement, mais qui
par un refte de chaleur paroiffoit
n'être pas encore mort, ou ne faire
que fortir de la vie. Pour s'en affurer & lui procurer du fecours, fa
douleur n'ayant pas banni la piété
de fon ame, il le tira dehors la
caverne, & vit à la clarté de l'aftre
de la nuit que c'étoit un homme
percé de plufieurs coups d'épée
qui venoit de rendre les derniers
foupirs.

Cet objet qui ne pouvoit infpi-

rer que de l'horreur, produifit tout
un autre effet dans le cœur de
Gifippe; & fon defefpoir lui faifant
trouver dans cette aventure une
occafion favorable pour s'y livrer,
il rendit graces aux Dieux de l'a-
voir conduit en ce lieu, & perfuadé qu'il ne pouvoit éviter la mort
en paffant pour le meurtrier de
cet homme affez richement vêtu
pour donner lieu de croire qu'il
l'avoit voulu voler, il tira fon épée,
la trempa dans le fang du mort,
& fe tint près de lui dans la pofture d'un voleur qui cherche à profiter de fon crime, afin que la Garde de nuit venant à paffer, elle le
prît pour le coupable. Ce funefte
deffein eut tout le fuccès qu'il en
efperoit; le jour commençoit à
peine à paroître, que les Gardes
achevant leur ronde paffèrent devant la caverne; & voyant un
corps mort & un homme qui
cherchoit à fe cacher, l'arrêterent, & le conduifirent fur le
champ devant le Préfet. Varron,
illuftre & fameux Romain, l'étoit
alors; & quoique Gifippe fût dans

un

un état à donner plus de pitié que
d'admiration, fa jeuneffe, la beauté de fes traits, fon air noble &
même un peu fier, que fa trifte
fituation n'avoient pû détruire, le
lui firent regarder avec furprife;
& ne voyant rien en lui qui fentit
l'affaffin : Si j'examine ta phifionomie, lui dit-il, tu me parois incapable de faire un crime; fi je
m'arrête au contraire à l'état de
pauvreté répandu dans l'exterieur
de ta perfonne, je puis croire que
la mifere te l'a fait commettre :
inftruis-moi de la vèrité, & m'apprens ce qui t'a porté à cette lâche
action ? Si j'avois quelqu'amour
pour la vie, lui répondit Gifippe,
je profiterois de ce qui peut te
prévenir en ma faveur, & chercherois à me juftifier; mais comme la mort eft un bien pour moi,
je n'ai rien à dire; finon que j'ai
tué cet homme, & qu'ayant été
pris fur le fait tu dois me faire
mourir. Cette ferme réponfe
étonna Varron & tous les affiftans,
chacun en parut troublé, & le
Préfet balançoit fur ce qu'il devoit
pro-

prononcer, lorſque Titus paſſant
devant le Prétoire, & voyant tant
de peuple aſſemblé, demanda ce
que c'étoit; on le lui rapporta avec
les paroles du criminel, qui lui
donnant une extrême curioſité
de voir celui qui les avoit dites,
entra dans le Prétoire, & s'avança
le plus qu'il lui fut poſſible du côté
du Préfet. Mais, ô Ciel! que devint-il en jettant ſes regards curieux ſur cet aſſaſſin prétendu, &
qu'il le reconnut pour Giſippe.

Sa funeſte ſituation ne lui donna pas lieu de douter de ſon crime,
mais le tems lui parut trop précieux pour le paſſer en réflexions:
coupable ou non, il lui ſuffiſoit de
ſçavoir que c'étoit le plus cher de
ſes amis, pour l'obliger à périr plûtôt que de ne le pas ſauver ; &
liſant dans les yeux de Varron
qu'il alloit prononcer: Arrête, Préfet, arrête, s'écria t-il, & ne con-
damne pas un innocent. Je t'amene le criminel, c'eſt moi qui cette
nuit ai donné la mort à cet homme, & qui l'ai laiſſé mourant de
mes coups à l'entrée de la caverne:

cet

cet inconnu n'a point de part à
l'action ; j'ignore par quel hazard
on l'a trouvé près du mort, &
que le raifon le porte à s'accufer
d'un crime qu'il n'a pas commis,
mais je fçai que moi feul ait fait
le meurtre.

Titus avoit à peine commencé
de parler, que Gifippe levant les
yeux fur lui, & voyant dans fa
perfonne & dans fes difcours le
même ami qui lui avoit été fi cher,
jugeant par fon action qu'il l'aimoit
toujours, puifqu'il venoit avoüer
fon crime pour empêcher fa mort,
& que s'il avoit voulu le méconnoître, il l'auroit laiffé périr pour
fe fauver, touché d'un trait fi généreux, & croyant véritablement
qu'il avoit tué cet homme, ne
foutint plus le perfonnage de criminel pour terminer fon defefpoir ; mais pour garantir les jours
d'un fi parfait ami : animé par un
motif fi preffant, il ne donna pas
le tems à Varron de répondre ; &
prenant la parole d'une voix éclatante : Ne te laiffe point abufer
Varron, lui dit-il ; ce Romain à
des

des raifons fecrettes pour parler
de la forte, ou peut-être la piété
le force-t-elle à fe charger de mon
crime : mais il eft certain qu'il n'en
eft point l'auteur, & que dans cette
étrange difpute toutes les preuves
font pour & contre moi : pour
moi, parce que j'ai raifon en difant la verité ; & contre moi, parce que la verité fait l'arrêt de ma
mort. J'ai feul été trouvé près de
l'affaffiné, & mon épée encore
teinte de fon fang ne doit te laiffer
aucun doute.

C'eft la mienne, interrompit
Titus, que j'ai laiffé tomber près
du vaincu, & que je n'ai pû trouver dans l'obfcurité de la nuit. Ah,
Titus! s'écria Gifippe, laiffe-moi
la gloire du combat. Cruel Gifippe, reprit le jeune Romain, ne te
lafferas-tu point de l'emporter fur
moi? Pendant cette extraordinaire conteftation, Varron plus embarraffé que jamais, les regardoit
l'un & l'autre, & les écoutoit avec
une furprife d'autant plus grande,
qu'il ne pouvoit concevoir qu'un
homme du rang de Titus prît affez
d'in-

d'interêt à un miferable tel que le paroiffoit Gifippe, pour le venir déclarer innocent aux dépens de fa propre vie. Tandis qu'il étoit dãns cette perplexité, un jeune homme nommé Publius, connu par mille actions indignes de fa naiffance, & qui fe faifoit honneur d'être du nombre d'un tas de débauchés qui terniffoient la gloire du nom Romain, & qui étoit préfent à cet évenement, touché des paroles de Titus & de Gifippe, preffé par les remords que lui donna ce généreux exemple, fendit la preffe; & fe préfentant à Varron: Sors d'intrigue, regarde, lui dit-il en montrant un bras en écharpe ; que cet objet t'ouvre les yeux pour diftinguer le coupable de l'innocent: ni Titus, ni cet étranger n'ont commis le meutre dont il s'agit, c'eft moi qui cette nuit dans la chaleur du vin me fuis battu près de la caverne contre Triphénius mon ami, qui l'a tué, & l'a traîné dans le fouterrain: ce bras porte les marques de la réfiftance qu'il m'a faite ; & comme ce combat
bat

bat n'a rien eu que de honteux pour moi, je ne m'en ferois jamais vanté fans l'opiniâtreté de Titus & de cet inconnu, qui par des raifons que j'ignore, veulent s'accufer d'un crime dont ils n'ont pas même la moindre connoiffance.

Si le commencement de l'aventure avoit troublé Varron, la fin le déconcerta tout-à-fait : Trois criminels au-lieu d'un, & tous trois s'attribuant le même crime avec autant de chaleur & d'affurance, que d'autres auroient voulu prouver leur innocence, lui parut un fait trop grave pour être décidé de la forte, & ne voulant pas s'en rapporter à fes propres lumieres, il fit conduire les trois prétendus coupables au Senat, & s'y étant rendu avec eux il inftrufit l'Empereur Augufte de ce qui venoit de fe paffer. Cet Empereur, que les actions genéreufes touchoient jufques au fond de l'ame, fit avancer Titus, Gifippe & Publius ; & les regardant avec cette bonté majeftueufe qui le rendoit maître de tous les cœurs : Je ne puis douter,

ter,

ter, leur dit-il, qu'un de vous ne foit coupable; mais quelque chofe de fi grand eft renfermé dans l'aveu que vous en faites, l'un ne fe chargeant du crime de l'autre que pour lui fauver la vie, qu'il feroit honteux d'en condamner aucun : ainfi donc, je fais grace au meurtrier de Triphénius quel qu'il foit de vous trois; mais pour reconnoître ma clémence, dévoilez à mes yeux cet étonnant myftere : Parle, Titus, continua-t-il en s'adreffant à lui, & m'apprens par quelle fatalité la vie t'eft fi peu chere, que tu veüilles la perdre pour ce pauvre homme.

Seigneur, lui répondit le jeune Romain, celui que vous nommez pauvre, cache fous fes miférables vêtemens les véritables richeffes de l'homme, la fageffe & la fcience. C'eft le fils de Crémes. l'Athenien . le difciple du malheureux Ariftippe : enfin c'eft le plus cher de mes amis ; c'eft Gifippe en un mot, dont je vous ai fi fouvent parlé, lui que je fais chercher par-
tout

tout, lui que j'attends depuis un
an, lui de qui je tiens un bien plus
rare & plus précieux que tous les
trefors dont je puis réparer fon
infortune, puifque Sophronie eft
un prefent de fa main, & que fa
poffeffion fait le bonheur de ma
vie. Je crois que c'eft en dire affez
au magnanime Augufte pour l'inftruire du motif qui m'a porté à
m'accufer d'un crime que je n'ai
pas commis : je l'ai crû coupable,
& que par quelqu'avanture fâcheufe il avoit été forcé de tuer
Triphénius ; & la mort me paroiffoit douce, en la recevant pour
fauver Gifippe.

Eh quoi ! dit alors Augufte en
regardant le Grec, eft-ce donc
pour mourir que tu venois dans
mes Etats ? Ami de Titus, t'eft-il
permis d'ignorer qu'Augufte ché-
rit la vertu dans quelque fituation qu'elle fe trouve ? Le defefpoir m'avoit aveuglé, répondit
Gifippe ; j'ai fupporté fans murmure le banniffement & la pauvreté, mais je n'ai pû m'imaginer
avoir perdu Titus fans chercher à
perdre

perdre la vie : las de la traîner de
Province en Province & de Ville
en Ville pour cacher ma honte &
ma mifere, je me fuis refolu de
venir à Rome, & d'éprouver fi
Titus né rougiroit point d'avoüer
un miférable pour fon ami ; je me
fuis plufieurs fois préfenté à fes
yeux, je l'ai fuivi dans les Temples, je me fuis même rendu im-
portun aux portes de fon Palais,
& je l'ai vû fouvent attacher fes regards fur moi & les en détourner
comme d'un objet indigne de les
arrêter. Je l'avoüerai, Seigneur,
je me fuis crû méprifé, & qu'il
feignoit de me méconnoître dans
la crainte d'être obligé de foulager
ma mifere ; outré de rage & de
douleur, j'ai porté mes pas fans fçavoir où j'allois, jufques à la caverne ; le corps fanglant de Triphénius s'eft offert à ma vûë, & trouvant cette occafion favorable pour
me procurer une mort certaine en
me declarant fon meurtrier, je l'ai
fait, & j'allois en voir le fuccès,
lorfque le genéreux Titus eft venu
me détromper en s'accufant pour
moi :

moi : je croyois qu'il difoit la verité, mais fon action ne m'en paroiffoit pas moins belle & fon amitié
moins tendre, puifqu'étant coupable il pouvoit fe difpenfer de
l'avoüer, & me laiffer mourir :
Pénetré de joïe & de reconnoiffance je n'ai plus cherché la mort
par defefpoir, mais uniquement
pour empêcher mon ami de périr;
cependant les Dieux touchés de
mes malheurs me le font retrouver innocent & fidele. Ah trop injufte ami! s'écria Titus, celui qui
donne à la mere un pouvoir abfolu dans fon Palais, & qui partage
fes biens avec elle, eft-il capable
d'abandonner le fils? Quoi! Chrifis eft à Rome, interrompit Gifippe, Chrifis voit encore le jour &
tient fa confolation des foins de
mon cher Titus? A ces mots, ces
deux parfaits amis s'élançans dans
les bras l'un de l'autre, tirerent
des larmes d'admiration de toute
l'affemblée.

Augufte charmé d'une fi belle
union, leur donna mille marques
d'eftime, & dit hautement qu'il
regar-

regardoit ce jour comme le plus beau de fa vie., puifqu'il le rendoit témoin d'un fi parfait exemple de tendreffe & de vertu. Enfuite fe tournant vers Publius : Je ratifie ta grace, lui dit-il, tu t'en es rendu digne en venant éclaircir nos doutes par l'aveu de la verité ; acheve ce que tu viens de commencer ; imite ces deux illuftres amis, reviens de tes égaremens, reconnois de quel prix eft un cœur fur qui on peut compter, compare ton crime & leurs vertus ; Titus & Gifippe fe croyoient coupables, & vouloient périr l'un pour l'autre ; Triphénius étoit ton ami, & tu l'as mis au tombeau : vois quelle difference d'un homme à l'autre., & dans quels abîmes la débauche nous précipite. Le criminel Publius vivement touché de ces paroles & de tout ce qu'il venoit de voir, fe jetta aux pieds de l'Empereur, & promit d'être fage. Les deux amis comblés de loüanges & d'honneurs, après avoir remercié ce Prince, fortirent du Senat, aux acclamations de tout le Peuple.

Titus

Titus tenant Gifippe embraffé, le conduifit à fon Palais & le remplit d'allegreffe par un évenement fi peu attendu. Sophrónie reçut Gifippe comme le frere le plus chéri ; la vénérable Chrifis le revit en mere tendre & qui ne refpiroit qu'après fon retour : la charmante Fulvie marqua fa fenfibilité par fes larmes ; & fa généreufe compaffion augmentant le pouvoir de fes charmes, porta des traits invincibles dans le cœur de Gifippe, qui fentit dès cet inftant que s'il avoit pû céder Sophronie fans mourir, il ne pourroit vivre fans Fulvie. Titus attentif à tous ces mouvemens, s'en apperçut avec joie, & voulant lui faire oublier à jamais la Grece & fes infortunes, lui fit époufer cette belle Romaine, qui par fa tendreffe & fa vertu l'obligea de convenir avec Titus, que le premier bonheur de la vie étoit d'avoir un véritable ami, & le fecond de poffeder une femme fidelle.

LE BONHEUR
IMPREVU.

XXX. NOUVELLE.

IL n'eſt rien de plus accablant entre tous les accidens qui peuvent arriver dans la vie, que d'être né dans l'opulence & de ſe voir tomber dans la néceſſité par des revers d'autant plus cruels, qu'on s'y attend le moins. Celui qui d'un état médiocre ou rampant devient par un caprice de la Fortune dans une ſituation brillante, ne doit pas s'étonner ni même ſe plaindre quand par un autre caprice elle le fait rentrer dans le

néant;

néant ; comme elle s'eft divertie en l'élevant, il lui peut être permis de fe divertir encore en l'abaiffant. Mais ceux qui de pere en fils ont accumulé par leurs foins, leurs peines & leurs travaux des biens affez confidérables pour joüir d'une heureufe aifance, & qui s'en voyent privés par des coups inopinés , font véritablement à plaindre.

Et ce qui les rend encore plus miférables que ceux qui de rien deviennent quelque chofe , c'eft que pour redevenir ce qu'ils étoient, ils font incapables de faire ce que les autres font pour devenir ce qu'ils n'ont jamais été. Les richeffes donnent les moyens de l'éducation, l'éducation forme les fentimens, & les fentimens éloignent le cœur de toutes baffeffes; on craint de faire des pas trop humilians, & pour ne rien faire contre l'honneur, ou contre l'amour propre, on refte dans le malheur. Que de maux feroient adoucis, fi l'on trouvoit fouvent des aventures pareilles à celles que je vais conter ! Un

Un riche Négociant (que je nommerai Nicanor) qui devoit moins ſes richeſſes à ſon propre commerce, qu'aux ſoins & aux fatigues de ſes ayeux, qui de tous les tems s'étoient diſtingués dans le négoce, avoit non-ſeulement herité de leurs biens, mais encore de leur réputation, en paſſant pour un des plus honnêtes hommes qu'il y eût au monde. En effet Nicanor uſoit de ſa fortune d'une maniere ſi noble & ſi peu ordinaire, qu'il n'y avoit perſonne qui ne ſe fiſt honneur d'être de ſes amis. Comme il joignoit beaucoup d'eſprit, de monde & de ſçavoir aux aiſances de la vie; que ſa naiſſance, ſans être noble, n'êtoit pas à dédaigner, & que l'on ſçavoit que l'inclination plutôt que la néceſſité avoit porté ſes peres à commercer, ſa maiſon étoit le rendez-vous de tous les honnêtes gens. Il étoit veuf, mais chargé d'une nombreuſe famille; cinq garçons & quatre filles la compoſoient. Ses fils étoient tous dans le Service, & par ſes ſoin y faiſoient une figure qui les mettoit

au

au rang de ceux dont la qualité l'emportoit fur les revenus. Des quatre filles trois avoient pris le parti du Convent, & s'étoient fait une vie tranquille à l'abri des groffes dots dont leur pere les avoit avantagées ; la plus jeune & la dernierē de tous, nommée Iphife, étoit élevée chez lui fous les yeux d'une ancienne & fage Gouvernante de la maifon.

On juge aifément par-là que Nicanor n'étoit plus jeune ; mais n'ayant rien des incommodités ni des défauts de la vieilleffe, on ne trouvoit de vrais plaifirs que chez lui : le goût, l'aifancé & la politeffe y regnoient fi parfaitement, que pour être bien il falloit aller chez Nicanor. Iphife étoit alors fi jeune, qu'elle n'avoit encore nulle part aux vifites qu'on rendoit à fon pere ; & lorfqu'elle fut en âge d'y attirer du monde, il l'envoya auprès d'une fœur de fa mere, qui vivoit affez fimplement dans une Terre dont elle faifoit valloir le revenu. Ainfi libre de recevoir fans fcrupule & fans

crain-

crainte. tous ceux qui fe difoient
fes amis, il paffoit fa vie d'autant
plus agréablement, qu'il ne s'occupoit qu'à faire plaifir aux uns &
aux autres, foulager les malheureux, tirer d'embarras un galant
homme, avancer les frais d'un
procès dont le gain pouvoit empêcher la perte de la veuve ou de
l'orphelin, prêter de l'argent à l'un,
employer fes amis pour l'autre,
étoient fes affaires journalieres, &
celles qui le rendoient auffi cher
qu'utile à ceux qui le fréquen-
toient.

Tandis qu'il couloit fes jours de
la forte, Iphife croiffoit & parvint
à l'âge ou la beauté brillé avec le
plus d'éclat; la fienne qu'aucune
ne pouvoit effacer, fit bien-tôt
l'admiration de toute la Province
que fa Tante habitoit. Cette Dame
qui fçavoit que la jeuneffe n'aime
pas la folitude, procuroit à fa Niéce
tous les innocens plaifirs qui pouvoient la confoler de n'être pas à
Paris; & comme les Provinces fe
piquent d'imiter cette Ville, &
cherchent fouvent à la furpaffer

Q 4 pour

pour ſe railler de ceux qui croyent
qu'il n'eſt rien de comparable à
cette Capitale, il n'eſt point d'a-
muſemens que celle où l'on tenoit
la belle Iphiſe n'inventât chaque
jour pour le divertiſſement de ſes
Habitans : les bals . les concerts,
les feſtins, les cavalcades & les
ſpectacles de toutes eſpeces en faiſoient l'occupation ; & la charmante Iphiſe paroiſſoit par-tout
avec tant d'avantage, ſoit pour la
danſe, le chant, l'eſprit & la délicateſſe du goût, qu'aucune de ces
parties ne ſe faiſoit qu'à condition
qu'elle en ſeroit. Sa Gouvernante
l'accompagnoit toùjours , & juſques-là n'avoit pas eû beaucoup de
peine à ſuivre ſes pas. Cette aimable fille étant auſſi ſage que belle,
elle touchoit à ſa dix-ſeptiéme année, & Nicanor ſe préparoit à la
faire revenir chez-lui pour chercher à la marier avantageuſement,
ſçachant qu'elle n'avoit aucune inclination pour le Convent, quand
par un revers épouvantable il ſe
trouva en une nuit auſſi pauvre,
qu'il étoit riche avant que de ſe
cou-

coucher & de s'endormir. Comme
il fçavoit que l'argent comptant é-
toit le bien le plus convenable pour
terminer promptement toutes fortes d'affaires,& qu'il en vouloit toujours avoir pour être prêt à rendre
fervice à fes amis, ou pour en envoyer à fes fils, il n'en avoit mis
que très-peu en rentes ; & ne voulant dépendre d'aucun de fes enfans après qu'il leur auroit partagé
fes biens, il ne s'étoit refervé que
fix mille livres de rentes viageres,
comptant que cela fuffiroit pour
un homme qui vouloit vivre en
Philofophe.

Le refte de tout fon bien confiftoit en argent comptant & en
Lettres de change, dont le mouvement perpétuel , & ce qu'on
appelle le crédit en terme de
Commerce, le faifoient rouler avec
opulence. L'argent étoit entre les
mains d'un homme de confiance,
qui poffedant une Charge publi-
que le rendoit un Caiffier fûr &
fidele felon toutes les appaiences.
Mais que l'avidité ou la mauvaife
conduite des hommes rendent

leur probité incertaine ! Les affaires de cet homme ayant mal tourné fans que perfonne en eût connoiffance, & ne pouvant plus faire face aux chofes qu'on lui avoit confiées, ni reprefenter celles dont il étoit dépofitaire, il difparut une nuit, & fe fauvant dans les Païs étrangers, emportant ce qu'il put des effets qui lui reftoient, apauvrit en trois heures de tems nombre de Particuliers que le travail de plufieurs années fembloit avoir mis à couvert de la néceffité.

Le malheureux Nicanor étant un des plus riches, fut auffi le plus maltraité. L'homme ayant emporté ou diffipé fon argent, les Lettres de change qui arriverent en foule ne purent être acquittées ; le crédit ne tarda pas à s'évanoüir ; les correfpondans voyant leurs lettres proteftées, protefterent auffi celles ne Nicanor, & tout devint dans une confufion d'autant plus grande, qu'il n'avoit rien mis à couvert pour y apporter du remede. Ses perquifitions contre le banqueroutier furent inutiles ; il ne s'étoit

pas

pas fauvé pour revenir, ni pour
réparer le mal qu'il avoit.fait: Les
maifons de Nicanor furent faifies
& fes rentes arrêtées : enfin il fe
trouva non-feulement fans bien ;
mais fans reffource ; & pour comble d'infortune, ceux qui lui faifoient le plus la cour l'abandon-
nerent, & ceux qu'il avoit fi fouvent obligés ne fervirent qu'à lui
prouver que la reconnoiffance eft
une vertu qu'on ne pratique qu'au
moment des bienfaits, & qui s'en-
vole lorfqu'ils finiffent.

Cependant malgré tant de malheurs à la fois, fe fervant de toute
fa raifon pour n'y pas fuccomber,
il ne s'affligea que pour fes enfans;
il falloit foutenir fes fils dans le
Service & marier fa fille, & cela
devenoit impoffible par ce funefte
accident. Les garçons pouvoient
encore fe maintenir, ils étoient
avancés ; les Régimens des uns, les
Compagnies des autres & des penfions de la Cour les mettoient en
état de ne pas beaucoup fouffrir
de cette perte : mais pour la jeune
Iphife il n'étoit plus queftion de

dot, & l'unique reſſource de Nicanor étoit de la faire Religieuſe
dans un des Convens de ſes ſœurs,
où il ſçavoit qu'on la prendroit
volontiers pour la beauté de ſa
voix. Dans cette penſée il écrivit
à ſa belle-ſœur le bouleverſement
de ſa fortune, en la priant d'en
ménager la nouvelle à ſa fille, mais
de lui faire entendre que le Voile
étoit le ſeul parti qui lui reſtoit à
prendre. Arimene (c'étoit le nom
de cette Dame) fut extrêmement
ſenſible à ce revers ; elle aimoit ſa
nièce, elle l'avoit élevée pour être
du monde, & ne lui paroiſſant pas
poſſible de la faire tourner tout
d'un coup du côté du Convent,
elle lui apprit le malheur de ſes
biens, mais elle lui cacha avec
ſoin l'intention de ſon pere ; & ſe
flattant que ſa beauté lui tiendroit
lieu de fortune, & que la déclarant ſon unique heritiere elle en
auroit aſſez pour quelque vieux
Gentilhomme de ſa Province, elle
l'encouragea à ne ſe point abattre,
lui promit de ne la jamais abandonner, & voulut qu'elle continuât

nuât à goûter les plaisirs qui sembloient naître sous ses pas.

L'aimable Iphise brillante de mille charmes, & n'ayant nulle affaire de cœur, ne fit alors que très-peu d'attention au changement de sa fortune : elle en fut touchée par la seule sensibilité de son ame, qui la portoit à plaindre son pere puisqu'il se trouvoit à plaindre ; mais pour elle, contente de son sort present, l'avenir lui paroissoit trop éloigné d'elle pour y porter les yeux. Ainsi remerciant sa tante de ses bontés, & la priant de les lui continuer, elle n'en fut ni moins belle ni plus triste. La politique d'Arimene lui fit approuver cette tranquilité, ne voulant pas ébruiter dans sa Province le malheur de son beau-frere, pour ne pas écarter ceux qui pourroient prétendre à l'himen d'Iphise. Les choses étoient dans cet état, quand cette belle personne fut priée d'une fête dont elle devoit faire tout l'ornement. Un Gentilhomme, dont la Terre étoit contiguë de celle d'Arimene, se divertissoit

avec

avec quatre filles qu'il avoit, à repréfenter fouvent chez lui des Piéces de Théatre, tantôt de celles qui
avoient eû le plus de fuccès , &
tantôt de celles de fa compofition :
il étoit Poëte, aimoit la joïe, amateur de la Mufique ; & croyant
s'y connoître, il donnoit alternativement dans fon Château des
concerts & la Comédie. Tout charme en Province, tout paroît bon ,
& chacun s'empreffe de contribuer à prendre & donner du plaifir. La Nobleffe des environs en
hommes & en femmes briguoit
avec chaleur les rôles les plus éclâ-
tans ; Iphife avoit toujours les premiers, & s'en acquittoit avec tant
de graces , que perfonne n'ofoit
les lui difputer. Les vieux Gentilhomme dont je parle ayant compofé une Tragedie intitulée *La
jeune Cléopatre* ; & prévenu de la
bonté de fa Pièce comme un Auteur , voyant arriver chez lui une
compagnie de Paris , qui venoit
paffer un mois à fa Terre, il la voulut régaler de ce divertiffement;
& comme il y avoit entre les nouveaux

veaux venus un jeune Cavalier
doüé de tous les avantages de la
Nature, il lui propofa le role de
Coriolan. Le Marquis d'Orfimond
(c'étoit le nom du Cavalier) qui
s'étoit fouvent diverti à Paris à ces
fortes d'amufemens, y confentit;
à condition, dit-il en badinant,
qu'on lui donnât une Cléopatre
auffi belle qu'étoit celle d'Antoine!

Le vieux Gentilhomme lui répondit fur le même ton, qu'il ne
fçavoit pas fi la jeune Cléopatre
reffembloit à fa mere, mais qu'il
lui répondit que celle à qui il
deftinoit le rôle, les auroit effacées
toutes deux fi elle eût été de leur
tems. Ce difcours piqua la curiofité du jeune Marquis; & le fit preffer le Gentilhomme de difpofer
promptement fa Piéce, afin qu'il
eût le plaifir de voir celle dont il
parloit. La chofe ne fut pas remife,
le Gentilhomme monta en carroffe fur le champ, & fe rendit
chez Arimene qu'il conjura d'être
de la fête; & de permettre que la
charmante Iphife en fift un des
principaux perfonnages.

On

On n'avoit pas coûtume de refuſer ces ſortes de parties, ainſi
celle-là fut acceptée avec joïe ;
mais, Arimene ſçachant que la
plûpart de ceux de la compagnie
étoient de Paris, elle pria le Gentilhomme de ne point dire qui
étoit Iphiſe, & de ſe contenter de
répondre à ceux qui pourroient
le demander, que c'étoit ſa nièce,
ſans entrer dans aucun détail ſur
ſa famille, afin d'éviter les diſcours
des uns & des autres. Le Gentilhomme qui n'avoit jamais l'eſprit
occupé que de muſique ou de vers,
trop content de ce qu'elles vouloient bien venir chez lui, les aſſura de ſa diſcretion, & leur tint
parole. Il les fit monter en carroſſe
& revint dans ſon Château, em-
menant comme en triomphe celle
dont les attraits devoient l'emporter ſur toutes les beautés de Rome
& de l'Egypte ; en effet Iphiſe parut telle aux yeux de la compagnie, & la converſation ne roula
long-tems que ſur ſa beauté. Les
uns admiroient l'éclat de ſon teint
d'autres ſa taille, ſes yeux, ſa bouche

che, la forme de fon nez, fon ris
fpirituel & fin ; & tous enfemble
fon air noble, modefte. & cependant aifé : enfin chacun lùi prodi-
gua fes louanges felon fon goût &
ce qui le frappoit le pius ; & cette
charmante fille fut en ce moment
auffi embarraffée d'être belle,
qu'une autre l'auroit pû être de fa
laideur.

D'Orfimond fut le feul de la
compagnie qui ménagea fes acclamations : véritablement furpris de
ce qu'il voyoit, il ne dit prefque
rien pour avoir trop de chofes à
dire ; & laiffant agir fes yeux au
défaut de la voix, il les promenoit
fur Iphife d'une maniere à mieux
exprimer fes fentimens, que ne
faifoient les autres avec toutes
leurs paroles. Il fe fentit même
atteint d'une efpece de chagrin
d'entendre tant de difcours inutiles, & qui fembloient plutôt
accabler celle qui les faifoit tenir,
que lui rendre juftice ; il eût fouhaité que chacun eût gardé le filence à ce charmant afpect, afin
que n'étant pas confondu dans la
foule,

foulé, Iphise, eût eû le tems de
s'appercevoir de sa secrette admiration ; & sans connoître encore
ce qui se passoit au fond de son
cœur, il devint jaloux des applau-
dissemens qu'on lui donnoit. La
jeune Iphise qui cherchoit à se
débarasser de ce fatras de complimens qui faisoient souffrir sa modestie, détournant ses regards de
ces fatiguans objets, les attacha
sans autre dessein sur d'Orsimond,
qui seul dans une embrasure de
fenêtre, appuyé sur une table de
marbre, les yeux fixés sur elle sans
faire aucun mouvement, lui parut
d'un air à mériter toute son attention. Leurs yeux se rencontrerent,
Iphise rougit, d'Orsimond se troubla ; & sans sçavoir d'où partoient
les mouvemens dont ils se sentirent agités, ils se saluérent avec
une mutuelle satisfaction. Cependant le tumulte qu'avoit causé la
vûë d'Isiphe étant cessé, & chacun
s'étant assis, d'Orsimond se mit
au rang des autres, mais se plaça
de façon à pouvoir toujours regarder aisément cette belle personne.

sonne. Pour elle , extrêmement
surprise de n'avoir pas apperçu
plutôt un objet si digne d'être dis-
tingué de cette assemblée , elle ne
cessa pas de l'examiner avec soin ;
& remarquant qu'il avoit pour elle
une pareille attention , elle en eut
une secrette joïe , & poussée par
quelque chose de plus fort que sa
raison , le desir de lui plaire la saisit
de telle sorte, qu'elle en parut cent
fois plus belle & plus spirituelle
qu'à l'ordinaire.

Le même amour - propre animant le Marquis , ils firent bien-
tôt l'un & l'autre tout le plaisir de
la compagnie ; mais celui d'Iphise
fut encore augmenté , lorsqu'elle
apprit que cet aimable Cavalier
feroit Coriolan. Comme ils étoient
tous deux , sans sçavoir pourquoi ,
dans l'impatience de jouer ensemble la Comédie , on ne parla que
de la piéce. Les rôles furent distri-
bués , & chacun voulant remplir
dignement le sien , on ne s'occupa
qu'à les bien sçavoir. Le Gentilhomme avoit fait construire un
Théatre dans les formes, où les Acteurs

teurs de la *jeune Cléopatre* avoient
déja reprefenté plufieurs Trage-
diés ; mais d'Orfimond ne le connoiffant pas , demanda à faire des
répetitions de celle qu'il alloit
joüer, pour que les chofes fuffent
dans les regles & plus parfaites.
Dans cette Pièce Coriolan étoit
amoureux de Cléopatre ; cette
jeune Princeffe l'aimoit , l'Empereur Augufte paroiffoit favorifer
leurs feux ; mais Tibere, rival caché de Coriolan, appuyé de l'autorité de l'Imperatrice Livie fa
mere, s'oppofoit fourdement à leur
bonheur , & par de fecretes intrigues faifoit détourner Augufte du
deffein de les unir enfemble.

Ce fujet parut fi favorable à
d'Orfimond pour expliquer à Iphife les fentimens qu'elle lui avoit
infpirés, qu'il fut en état de joüer
le troifiéme jour quoique fon rôle
fût des plus grands , & par un pareil
mouvemens Iphife fe trouva prête
auffitôt que lui. Comme les autres
Acteurs n'étoient pas guidés par
les mêmes motifs, & qu'ils n'é-
toient pas encore fûrs de leur mémoire ,

moire, Iphife & d'Orfimond en
les attendant répétoient les fcénes
qu'ils avoient enfemble, avec un
foin qui plaifoit infiniment à l'auteur, s'imaginant qu'il ne prenoient tant de peine que pour l'a-
mour de lui ; mais celui qui s'étoit
emparé du cœur du jeune Marquis
en étoit la feule caufe : cette paffion dont il ne tarda pas à connoître l'empire, l'avoit fi fortement
enchaîné dans les fers d'Iphife, qu'il
n'auroit pû s'empêcher de la faire
éclater fans l'heureux prétexte de
Coriolan, qui lui facilitoit les
moyens de dire fous les vers d'un
autre tout ce qu'il reffentoit véritablement. Iphife qui n'étoit pas
encore auffi fçavante fur fes propres fentimens, qu'il l'étoit fur les
fiens, & qui cependant en avoit
d'auffi tendres, croyant ne joüer
qu'une Tragedie, laiffoit voir dans
fon jeu tout le feu dont fon jeune
cœur commençoit à brûler, & jamais Acteurs ne firent remarquer
un fi beau naturel.

D'Orfimond charmé de fa Cléopatre auroit voulu que la Pièce
n'eût

n'eût point été fçuë, pour faire durer plus long-tems les répetitions ; mais enfin il fallut la repréfenter. Tout ce que la Province avoit de gens de diftinction accourût à ce fpectacle, & le maître du Château en fit les honneurs d'une maniere à contenter fon auditoire. Ce fut alors que nos jeunes amans firent briller avec éclat les graces & les charmes dont ils étoient ornés ; Cléopatre & Coriolan emporterent tous les fuffrages, & tous deux donnerent fouvent lieu de regretter qu'ils ne fuffent pas réellement ce qu'ils feignoient d'être. Cependant la jeune Cléopatre à force de dire à Coriolan qu'elle étoit fenfible à fes feux, la devint en effet ; ou, pour m'exprimer mieux, elle vint à s'appercevoir du trouble de fon cœur ; elle en frémit, & voulut combattre fa tendreffe, mais il n'étoit plus tems. L'amour ayant profité de fon peu d'experience s'étoit rendu maître abfolu de fon ame, & lorfqu'elle l'eut reconnu & voulu le chaffer, il ne fut plus en fon pouvoir. Le

défir

défir de plaire, & le plaifir d'être
fans ceffe avec le plus aimable
homme du monde, l'avoient em-
portée plus loin qu'elle ne cróyoit
aller. La honte de s'être laiffée
vaincre ne l'empêcha pourtant pas
d'être inquiéte fur les fentimens
de d'Orfimond ; lorfqu'elle refle-
chiffoit fur l'air paffionné dont il
joüoit Coriolan, elle fe flattoit d'en
être aimée, ne pouvant s'imaginer
qu'un homme de condition pût
s'acquitter de cette forte de fon
perfonnage fi fon cœur n'y étoit
pas intereffé. Comme elle faifoit
cette remarque fur elle auffi bien
que fur lui, & qu'elle fentoit qu'elle
n'auroit jamais joüé fi parfaitement fans l'intérêt fecret qu'elle
prenoit à la Piéce, elle ne douta
point que l'amour ne les eût bleffés
d'un même trait. Mais que cette
certitude lui dönna de douleur !
Ce fut alors que la fituation des
affaires de fon pere lui parut terrible, & que le manqué de fortune
la trouva fenfible.

Effrayée d'une indigence qui
l'éloignoit des meilleurs partis,
&

& fur-tout de celui qu'elle eût
défiré ; la beaute, les graces & la
jeuneffe lui parurent de foibles
avantages dans une occafion où
le bien lui devenoit fi néceffaire.
Elle avoit appris que d'Orfimond
joignoit à beaucoup de naiffance
des richeffes immenfes, & qu'il
étoit fils unique d'un pere qui le
regardant comme le foutien de fa
maifon, non-feulement ne le mes-
allieroit pas, mais qu'il voudroit
encore un bien proportionné au
fien. Que de raifons pour s'affliger
d'une paffion qui ne pouvoit être
que malheureufe ! L'aimable Iphife
s'abandonnant à fa douleur & ne
pouvant triompher de fon panchant, ne trouva point de plus fur
moyen d'empêcher le progrès de
l'un & l'autre, que de s'impofer un
filence éternel, afin que d'Orfimond ne pût tirer aucun avantage de fa foibleffe, & que fa tante
& Nicanor n'en euffent jamais
connoiffance. Dans cette penfée
elle crut qu'il falloit paroître plus
refervée avec le Marquis, & lui
marquer moins de tendreffe dans

fon

ſon rôle pour mieux cacher celle
qu'elle avoit dans le cœur ; &
comme elle avoit une vivacité
d'eſprit extraordinaire , elle retrancha la plûpart des vers qui diſoient trop bien ce qu'elle ſentoit,
& en compoſa d'autres à la place
qui venoient au même ſujet, mais
qui étoient moins expreſſifs ; & ce
qui ſelon ſon idée devoit empêcher ſon amour de paroître, fut
juſtement ce qui le découvrit à
d'Orſimond.

Il ſçavoit trop bien ce que Cléopatre devoit lui répondre pour ne
ſe pas apparcevoir du changement
des vers : cela le ſurprit , & voulant
en pénétrer la cauſe il examina
Iphiſe avec tant d'attention , que
trouvant dans ſes regards les expreſſions qui manquoient aux vers,
& qu'elle affectoit de joüer avec
moins de feu, il ſe perſuada facilement qu'elle vouloit lui dérober
la connoiſſance de ſes ſentimens,
& qu'ils ne pouvoient que lui être
favorables, puiſqu'elle craignoit de
les faire éclater ; & comme la Piéce finiſſoit par leur himen malgré

les rufes de Tibere, il prit le moment qu'il lui donnoit la main en
fortant du Théatre, pour lui reprocher fon artifice fans que perfonne pût l'entendre ; & la regardant
avec tout l'amour qu'il reffentoit :
Charmante Iphife, lui dit-il, les
intrigues de Livie & de Tibere ne
purent empêcher le bonheur de
Coriolan, & les détours de l'incomparable Iphife n'empêcheront
jamais d'Orfimond de l'adorer.

Cette déclaration troubla de telle
forte cette belle fille, qu'elle ne put
y répondre fur le champ ; & lorfqu'elle fe fentit affez remife pour
parler, elle en fut diftraite par l'arrivée de tant de monde qui s'em-
preffoient à leur donner des loüanges, qu'il lui fut impoffible de rien
dire. L'amoureux d'Orfimond qui
ne vouloit pas que fa bouche le
détrompât de ce qu'il lifoit dans
fes yeux, évita de renoüer cet entretien, & fe contenta de confir-
mer fes difcours par fes actions. La
jeune Iphife ignoroit l'art de feindre, elle aimoit avec tendreffe ;
& connoiffant qu'elle étoit aimée
de

de même, elle ne put fi bien fe
contraindre, qu'elle ne fît paroître
une partie de ce qui fe paffoit dans
fon cœur: le hazard de concert
avec d'Orfimond fit même naître
un incident qui ne lui laiffa aucun
lieu de douter de fa victoire. Ce
jeune Cavalier montroit à une autre compagnie une épée dont la
lame étoit finguliere: ils étoient
affez éloignés du refte de l'affemblée pour qu'on n'entendit pas ce
qu'ils difoient, mais dans une diftance qui laiffoit voir toutes leurs
actions. L'ami de d'Ofimond voulant effayer l'épée contre le mur,
mais la pouffant avec trop de violence, la fit voler en plufieurs
éclats; & croyant avoir fait un
grand malheur il fit un cri perçant,
& courut embraffer d'Orfimond
pour l'empêcher de fe fâcher. Le
cri & l'action précipitée de ce Cavalier ayant fait tourner fur eux les
regards de toute la compagnie,
Iphife s'imagina que d'Orfimond
étoit bleffé, & que fon ami ne le
tenoit dans fes bras que pour le
foutenir; frappée de cette idée &

fai-

faifie de crainte, elle s'évanoüit dans le fauteüil fur lequel elle étoit affife.

Les hommes coururent à d'Orfimond, tandis que les Dames faifoient revenir Iphife qui fut dans une confufion des plus grandes, en reprénant fes efprits de voir rire avec excès tous ceux qui l'entouroient, & le Marquis fans aucun mal, mais qui gardoit un profond filence, parce qu'il n'ofoit montrer l'interêt fenfible qu'il prenoit à fon mal Cette belle fille qui vouloit juftifier fon accident demanda d'abord fi perfonne n'étoit bleffé ; les éclats de rire redoublerent à cette queftion, & commençoient à la déconcerter, lorfque le Marquis voyant fon embarras, s'approchant d'elle avec foumiffion lui demanda pardon d'avoir été caufe de fa frayeur, & lui apprit que l'épée en queftion étoit de verre, mais fi parfaitement imitée qu'on ne pouvoit manquer de s'y tromper; que fon ami l'avoit été comme les autres par l'effay qu'il en avoit fait; que fon cri n'avoit

été

été que de furprife, & de la crainte que la perte de cette lame ne l'eût chagriné, la croyant véritablement de conféquence, & que fon étonnement en voyant qu'elle n'étoit que de verre occafionnoit les ris qu'elle entendoit. Ce difcours l'ayant raffurée, elle en remercia le Marquis, & dit hautement que fon averfion étant de voir badiner avec des armes, la peur l'avoit faifie & l'avoit mife dans l'état où l'on l'avoit vuë. Tout le monde l'excufa, & comme perfonne n'avoit pénétré dans le cœur des deux amans, on crut facilement ce qu'ils vouloient faire croire.

Mais d'Orfimond ne s'y trompa point; il avoit trop d'attention à fes moindres actions pour n'avoir pas démêlé une crainte naturelle d'avec une frayeur qui partoit du cœur, & reconnut avec une joïe extrême qu'il étoit feul l'objet de cette foibleffe. L'ardeur de fon amour ne lui permettant pas de garder le filence dans une femblable occafion, il fit fi bien qu'il trouva le moyen le même jour d'entre-

te-

tenir Iphife en particulier ; il fe jet-
tà à fes pieds, & lui découvrant tout
l'excès de fa flamme, la conjura
de n'être pas moins fenfible à la
profonde bleffure qu'elle lui avoit
faite, qu'elle l'avoit été à celle
qu'elle s'étoit imaginée qu'il avoit
reçûë de la main d'un ami.

La nièce d'Arimene voyant que
rien ne pouvoit échapper à la pénétration de fon amant, ne voulut plus feindre une indifférence
qu'elle ne fentoit pas , & lui
avoüant le progrès qu'il avoit fait
fur fon cœur, le charma d'abord
par la modeftie & les fages expref-
fions dont elle accompagna un
aveu fi délicat. Il fe préparoit à
lui marquer fa reconnoiffance par
les fermens d'une inviolable fidelité, lorfque l'arrêtant au milieu de
fes tranfports en continuant fon
difcours : D'Orfimond, lui dit-elle,
j'ai crû pouvoir donner à notre
commune confolation la déclaration que je viens de vous faire ;
mais je ne prétends pas que nous
en tirions aucun avantage l'un &
l'autre ; trop d'obftacles s'oppofent

à

à nos défirs pour nous y livrer ; votre rang & vos richeſſes ne ſont pas deſtinés pour Iphiſe, mon peu de fortune ne me permet pas non plus d'y aſpirer ; vous n'êtes pas votre maître, & je dépends d'un pere : ainſi donc, que ce ſoit aujourd'hui la premiere & la derniere fois que nous nous faſſions connoître nos ſentimens ; & contens de nous être trouvés dignes l'un de l'autre, préparons-nous à ne nous voir jamais. L'amoureux d'Orſimond qui ne goûtoit point de tels raiſonnemens, les combattit de toutes les armes de l'amour ; & ſe flattant de l'emporter ſur elle en la connoiſſant mieux, il la conjura de lui apprendre le nom de ſon pere & ſa demeure à Paris, & qu'il mettroit les choſes en état que le ſien le verroit, & ne s'oppoſeroit pas à ſon bonheur.

Mais Iphiſe craignant que le nom de ſa famille ne fît naître le mépris dans le cœur du Marquis ; ne voulut jamais le lui dire ; & malgré ſes preſſantes ſollicitations ſe ſépara de lui ſans ſe découvrir.

D'Or-

D'Orſimond au deſeſpoir de cette opiniâtreté, eſperant ſçavoir ce qu'il ſouhaitoit du maître de la maiſon, le pria de l'en inſtruire. Le Gentilhomme prévenu par Arimene ſur cet article, lui dit qu'il ne la connoiſſoit pas, qu'elle paſſoit pour la nièce de la Dame qu'il voyoit avec elle, & qu'il ignoroit la famille de l'un & de l'autre. Soit que cette réponſe fiſt penſer quelque choſe de deſavantageux pour Iphiſe à d'Orſimond, ou ſoit que ce ne fût que parce qu'elle le laiſſoit dans l'ignorance, il en conçut un chagrin violent; une ſombre triſteſſe s'empara de ſon cœur, & parut ſi viſiblement ſur ſon viſage, que la jeune Iphiſe ſe ſeroit peut-être reſoluë à l'en tirer ſans une lettre preſſante de Nicanor à la belle-ſœur, qui lui marquoit de faire partir Iphiſe pour Paris ſans aucun retardement.

Cet ordre qu'Arimene communiqua en ſecret à ſa nièce, la remplit de douleur, & la fortifia à ne rien apprendre à d'Orſimond, d'autant plus qu'Arimene ſe voyant
prête

prête à s'en féparer lui apprit les
intentions de fon pere, & qu'il ne
la demandoit avec tant d'empreffement que pour la mettre dans un
Convent. La belle Iphife ne s'effraya pas fort de cette deftinée, c'é-
toit celle qu'elle s'étoit déja impo-
fée ; ne pouvant efperer d'avoir
d'Orfimond pour époux, elle préferoit la retraite à toutes chofes. Il
fallut donc qu'Arimene prît congé
du Gentilhomme & de fa compagnie, ce qu'elle fit fans rien dire
du fujet d'un fi prompt départ,
le prétextant d'affaires qui lui
étoient de conféquence. Tout le
monde parut véritablement fâché
de cette féparation ; mais comme
on ne la croyoit pas longue, on fe
confola par des promeffes récipro-
ques de fe rejoindre dans un autre
tems. Pour le Marquis, il avoit fi
bien accoutumé les yeux à le voir
trifte, qu'on ne s'apperçut pas de
l'augmentation que la perte d'Iphife apportoit à fa mélancolie ; mais
cette belle fille ne put l'ignorer,
elle lut fon defefpoir dans fes yeux ;
& voulant lui donner les dernieres

mar-

marques de fon eftime, elle s'approcha de lui tandis qu'Arimene entretenoit quelques Dames ; & lui
parlant bas : D'Orfimond lui dit-
elle, foyez perfuadé que je ne
vous quitte pas fans regret, & que
ne pouvant être à vous, vous n'apprendrez jamais qu'Iphife foit à
perfonne.

Ce malheureux amant lui prit
la main, la baifa avec ardeur, foupira & ne put proferer un feul mot.
Iphife attendrie & craignant que
fes larmes ne vinffent la trahir, fe
retira promptement, & rejoignant
Arimene prit congé de la compagnie, & monta en caroffe avec fa
tante dans un état qu'on ne peut
exprimer. Le tendre d'Orfimond
ne trouvant plus aucun plaifir en
ce lieu après ce départ, n'y demeura que deux jours de plus, & fe
rendit à Paris accablé de douleur
& le plus malheureux de tous les
hommes.

Pendant que ces deux amans
s'étoient procurés tant de joïe &
tant de peine, Nicanor n'avoit pas
épargné fes foins pour tâcher de

fe

fe tirer d'embarras ; & fa prudence
l'avoit fi bien guidée, qu'il étoit parvenu à rendre libres & quittes fes
fix mille livres de rente viagere, en
vendant tous les biens que la ban-
queroute de fon Caiffier lui avoit
laiffés , qui confiftoient en trois
belle maifons, grand nombre de
vaiffelle d'argent & quantité de
meubles fuperbes, fans fe rien ré-
ferver ; moyennant quoi il avoit
appaifé fes correfpondans & remis
le calme dans les efprits : mais il
n'avoit plus que cette rente , le
crédit étoit mort & les fonds dif-
parus ; ainfi il fallut fe réfoudre à
vivre très-fimplement, & à faire
Iphife Religieufe. Ce qui lui donnoit d'autant plus de chagrin, qu'A-
rimene lui avoit toujours écrit
qu'elle n'y avoit aucune difpofition ; cependant voulant s'y porter
lui-même & la mettre auprès d'une
de fes fœurs pour qu'elle la gagnât ;
il avoit mandé, comme je l'ai dit,
qu'on la fît promptement partir.

La veille de fon arrivée, comme
il rêvoit aux moyens qu'il prendroit pour lui donner au moins

R 6   quel-

quelqu'agrément dans fa retraite,
il vit entrer chez lui un Gentilhomme nommé le Comte de Mirmonde, homme de grande condition, extrêmement riche, qui de
tous tems lui avoit marqué de l'a-
mitié, & qu'il n'avoit point vû depuis plus d'un an. Cette vifite re-
nouvella tous fes chagrins, étant
obligé de paroitre dans une fi
cruelle fituation aux yeux d'une
perfonne de cette qualité, & qui
l'avoit vû dans un état fi brillant;
fon chagrin qu'il ne put cacher,
s'étant manifefté au Comte par la
froideur de fa reception: Hé quoi,
lui dit-il en l'embraffant, mon cher
Nicanor, ne connoiffez-vous plus
vos amis? quelques mois d'abfence les ont-ils effacés de votre fouvenir? Votre amitié, Monfieur, lui
répondit Nicanor, m'a toujours
été trop précieufe pour en perdre
la mémoire; mais je vous avoüe
que l'état où vous me trouvez, &
l'abandon de tous ceux qui prenoient le nom dont vous m'hono-
rez, me fait voir avec furprife une
vifite à laquelle je ne m'attendois
pas.   Je

Je vois bien, reprit le Comte,
que vous ne m'avez jamais bien
connu, puifque vous m'avez crû
capable de me mêler avec ces gens-
là : apprenez donc aujourd'hui,
mon cher Nicanor, continua-t-il,
que ma naiffance me donne de
plus nobles fentimens, & que mes
richeffes m'empêchent de jetter
les yeux fur les autres ; ce n'eft pas
la fortune que je cherche dans mes
amis, & qui me les fait eftimer :
cela pofé vous devez croire que fi
votre malheur m'a furpris, il n'a
rien diminué de mon amitié ; &
pour vous le prouver, je ne viens
que pour vous offrir mes fervices,
& fçavoir par le détail de vos affaires, fi je ne puis vous être utile.

Le Comte de Mirmonde étoit
de ces hommes hauts, fiers, & qui
fe diftinguent autant par leurs airs
imperieux que par leur naiffance ;
mais franc, fincere, liberal, prompt
dans fes réfolutions, & ne démor-
dant jamais de celles qu'il prenoit.
Nicanor qui fçavoit à peu près fon
caractere, & qui d'ailleurs ne pouvoit que lui être obligé du deffein

qui

qui l'amenoit, ne jugeant pas à
propos de fe l'attirer pour ennemi
én lui cachant fa fituation, le remercia de fes bontés, & lui rendit
ún compte exact de ce qui lui étoit
árrivé & de fon état prefent : Mais
ce qui me touche le plus, continua-t-il, c'eft ma fille, qui jeune,
belle & faite pour le monde, fera
réduite à renoncer à tous ces avantages pour prendre le parti du
Convent, ne pouvant plus lui en
donner d'autre. Ce récit me touche, interrompit le Comte, votre
fort m'attendrit ; cependant fe
peut-il que de tant d'amis que vous
aviéz autrefois, il n'y en ait aucun
qui vous ai fecouru ? Bien-loin de
me fecourir, repliqua-t-il, ils ont
tous difparu dès qu'ils m'ont vû
ruiné. Ainfi donc, reprit le Comte,
il ne vous refte que fix mille livres
qui mourront avec vous ; cinq
gárçon & une fille aufquels vous
ne pouvez rien láiffer, & même
rien donner à préfent. Pour vos fils,
ajoûta-t-il en fe levant & fe promenant à grands pas, ils ne font
point à plaindre ; ce qu'ils ont déjà,
avec

avec la protection que je puis leur
procurer, les mettent en aſſez bon
état; il n'y a, comme vous dites, que
votre fille de malheureuſe : belle,
jeûne, ſage & n'aimant point le
Convent; être Religieuſe, n'eſt pas
fort agréable, & cela me pénetre
d'une véritable compaſſion.

Enſuite de ces paroles, ayant rêvé
un moment, il reprit ſa place; &
regardant Nicanor attentivement:
Mon cher ami, lui dit-il; je veux
vous tirer de peine, & vous relever de l'abattement où vous
êtes; il ne ſera pas dit, moi vivant,
qu'un homme qui n'a preſque pas
paſſé de jours ſans obliger quelqu'un, n'en trouvera point qui l'o-
blige à ſon tour: il y a trente ans
que je cherche à me ſignaler par
quelque généroſité ſolide en faveur d'un malheureux qui ne ſoit
pas digne de l'être, ſans que l'occaſion s'en ſoit préſentée; j'ai quelquefois fait du bien, mais je n'ai
jamais enrichi perſonne: je veux
donc commencer & finir par vous.
Vous avez une fille remplie d'attraits, & j'ai un fils qui peut paſſer
pour

pour un trés-aimable cavalier ;
uniſſons-les enſemble : je n'ai que
lui d'enfans ; je leur donnerai tout
mon bien & ne me réferverai
que pour vivre honorablement ;
nous paſſerons nos jours avec eux
& jouirons paiſiblement de leur
opulence : voilà le deſſein que je
viens de former; s'il vous convient,
mettons-le en exécution.

Quoique tout cela fut dit d'un
air, d'un ton, & d'une vivacité
à le faire croire, Nicanor s'imagina rêver, ou que le Comte avoit
perdu l'eſprit; ne pouvant prendre
une ſemblable propoſition pour
une vérité, il reſta immobile &
comme hors de lui-même.

Le Comte de Mirmonde pénétrant ſa penſée:Ce que je vous pro-
poſe eſt réel, lui dit-il ; il n'eſt pas
beſoin de beaucoup de formalités
pour vous le prouver ; faites venir
un Notaire, nous ferons dreſſer les
articles & nous les ſignerons ; nous
n'avons que faire de nos enfans
pour cela, je ſuis le maître de
mon fils, & vous devez l'être de
votre fille. Nicanor, ne pouvant
plus

plus douter des paroles du Comte,
lui annonça son étonnement; & lui
rendant mille graces d'une générofité qui n'avoit point d'exemple,
lui dit qu'il croïoit de son devoir
de lui répréfenter les confequences d'une pareille union ; que fa
fille étant fans aucun bien s'attireroit par cette alliance l'inimitié
de toute fa famille , & peut-être
même le mépris ; qu'il fçavoit fe
rendre juftice, & que dans fa plus
haute fortune il n'auroit pas ofé
lever fes penfées fi haut; qu'outre
ces réflexions générales il en devoit faire une particuliere, qui pouvoit paffer pour la principale , qui
étoit que fon fils moins généreux
que lui n'approuveroit peut-être
pas cette himenée : qu'il n'ignoroit
pas la fierté de la jeune Nobleffe
fur cet article , & qu'il aimeroit
mieux facrifier cent fois fa fille à
la plus auftere retraite, que de lui
donner un époux dont elle ne
pourroit efperer que des mépris.

Le Comte le laiffa parler tant
qu'il voulut ; & lorfqu'il eut ceffé :
Vous jugez bien, lui dit-il, que des
gens

gens capables d'une pareille action
ne le font pas d'en mal ufer avec
une femme ; ma famille n'a befoin ni de bien ni de nobleffe ,
& penfe à peu près comme
moi : mon fils eft un jeune homme
que j'aime, mais qui doit m'obéir
quand je commande ; jufqu'icy
j'ai tout lieu de m'en loüer, mais
s'il balance, ou qu'il me refufe ,
j'époufe moi même votre fille &
le deshérite ; la chofe eft réfoluë :
l'autorité fuprême ne me feroit
pas changer de fentimens. Qu'on
améne un Notaire , & n'en parlons
plus. Tant de fermeté donnant à
connoître à Nicanor que cette a-
venture étoit un coup du Ciel qui
vouloit réparer fes malheurs , &
qu'il feroit blâmé généralement
de refufer un femblable bonheur,
il n'hefita plus,& fe rendant à l'empreffement du Comte on envoya
chercher le Notaire, qui dreffa les
articles que le Comte fit faire des
plus avantageux pour la fille de
Nicanor : ils les fignérent l'un &
l'autre ; & comme le jeune Comte
de Mirmondë n'étoit pas à Paris,
qu'il

qu'il ne devoit arriver que dans'
trois jours, & Iphife le lendemain,
ils priérent le Notaire de venir le
quatrième jour pour achever de
remplir le contrat des noms dés
deux futurs époux : enfuite de
quoi le Comte & Nicanor s'é-
tànt demandé le fecret jufques à
la parfaite conclufion de la chofe,
ils fe féparérent également fatisfaits, l'un de pouvoir relever un
homme de mérite, & l'autre de
fortir fi glorieufement de fon infortune. La belle Iphife arriva le
lendemain : jamais pere ne fût plus
charmé de fa fille, que le parut
Nicanor à la vuë de la fienne.

Sa beauté, fa grace & fa douceur
lúi firent bénir mille fois le bonheur imprévu qui l'empêchoit de
s'en féparer. Il l'embraffa tendrement, & lui déclara avec dés tranfports de joïe inexprimable, que'
le Ciel favorable à fes vœux la
faifóit rentrer dans le fein paternel ; non pour la mettre au Convent, comme il l'avoit crû, mais
pour lui donner un époux digne
de toute fa tendreffe, & la plus
éclae

éclatante fortune à laquelle une
femme pût afpirer. La jeune Iphife
qui s'étoit fait une cruelle contrainte pour cacher à fon pere la
trifteffe dont elle étoit pénétrée,
fut fi furprife du changement qu'il
lui annonçoit, que n'étant plus
maîtreffe d'elle-même, fes yeux
fe remplirent de larmes, & fe jettant à fes pieds le conjura de ne
la pas fitôt ôter d'avec lui, & que
puifqu'il ne vouloit plus la faire
Religieufe, il eût du-moins la bonté
de la laiffer joüir du plaifir d'être
avec un pere dont elle avoit été
fi long-tems éloignée.

Nicanor qui ne prit fa douleur
& fon action que pour un effet de
la crainte de le quitter, & d'une
pudeur affez ordinaire aux jeunes
perfonnes en pareille occafion, la
releva tendrement en l'affurant
que malgré fon mariage ils feroient toûjours enfemble ; & mê-
lant à fes carreffes des inftructions
fur l'obéiffance qu'elle dévoit à
fes volontés, la pria très-férieufe-
ment de laiffer les larmes, & de ne
lui plus montrer qu'un vifage content.

tent. La jëune Iphife ayant paffé des
l'âge de neuf ans de la maifon de
fon pere dans les bras de fa tante,
ignorant les tendres reffources
que l'amour paternel fait trouver
aux enfans dans le cœur de ceux
dont ils 'tiennent le jour n'appor-
tant dans le fien pour Nicanor que
les feuls mouvemens de la nature,
accompagnés de beaucoup de crainte & de timidité, n'ola repliquer;
& fe contentant d'un refpectueux
filence, fe força d'arrêter fes pleurs:
mais elle ne fut pas plûtôt en liberté, que s'abandonnant à fon
defefpoir en préfence de fa Gouvernante, à laquelle elle avoit confié le fecret de fon cœur: Que vais
je devenir, lui dit-elle, ma chere
Marine! A peine revois-je un pere
dont je crois être aimée, qu'ufant
avec rigueur de toute fon autorité il me commande de prendre
pour époux un homme que je ne
connois point & que je n'ai jamais
vû: hélas! je me confolois de ne
pouvoir être au Marquis d'Orfimond, dans l'efpoir qu'une fainte
retraite l'arracheroit de mon fou-

venir. N'accufez point Nicanor
de rigueur, lui répondit Marine
(c'étoit le nom de la Gouvernante)
fa tendreffe pour vous, & le foin
qu'il prend de vous donner un é-
tabliffement honorable, ne mé-
ritent pas de pareilles reproches ;
vous n'en n'auriez point à lui faire
fi votre cœur s'étoit confervé libre : vous fçavez que je n'ai point
flatté votre panchant, & que j'ai
fait au-contraire tous mes efforts
pour le détruire : mais croyez moi,
ma chere Iphife, mon âge & le
tems qu'il y a que je fuis près de
vous, me permettent de vous
parler de la forte ; faites triompher
votre raifon d'une paffion qui ne
peut avoir d'heureufes fuites.

Effacez pour un moment d'Orfimond de votre mémoire, & voyez
celui qu'on vous deftine pour é-
poux ; peut-être que fa vuë vous
fera changer de fentimens : fongez que vous aviez une répugnance invincible pour le Cloître avant
que le Marquis fe fût offert à vos
regards ; & que du-moins vous
devez à votre pere la complaifance

ce de ne vous pas oppofer d'abord
au premier de fes commandemens : Si le jeune Comte de Mirmonde vous déplaît quand vous
l'aurez vû, foit par fa figure ou
par fes manieres, alors ménagez
la tendreſſe de Nicanor, & faites-lui
connoître que vous étiez prête à
lui obéïr, mais que le Comte
n'ayant rien de ce qu'il faut pour
plaire, vous ne pouvez efperer d'ê-
tre heureufe avec lui, j'appuirai
même vos raifons ; & quelque
peine que je puiſſe reſſentir de
vous voir Religieufe, il me fera toûjours plus agréable de vous fçavoir confacrée à Dieu qu'à des
chagrins éternels : mais gardez
vous d'aller marquer une réfiftance qui ne pourroit donner que des
foupçons contre vous à Nicanor,
& qui découvriroit peut être ce
que vous devez cacher, puifqu'il
ne lui paroîtroit pas raifonnable
de vous voir refufer un homme de
cette importance fans le connoître,
& qu'il n'épargneroit rien pour
en pénétrer la véritable caufe.

Iphife étoit douce & fenfée,

les fages confeils de fa Gouvernante lui parurent bons à fuivre,
elle s'y rendit en la conjurant de
la guider & de la confoler ; cependant le vieux Comte de Mirmonde ayant appris fon arrivé fe
rendit chez Nicanor, & fut fi fort
enchanté de l'efprit & de la beau-
de cette charmante fille, qu'il
en fortit rempli d'impatience pour
le retour de fon fils. Ce Cavalier ne le fit pas languir long-tems,
& dès le lendemain il eut la fatif-
faction de le revoir. Le Comte préoccupé de ce qu'il avoit réfolu, lui apprit en l'embraffant qu'il
le marioit & lui donnoit pour é-
poufe la plus belle perfonne de
Paris. Le Cavalier, de qui le cœur
étoit encore moins libre que celui
d'Iphife, penfa tomber à la ren-
verfe à cette nouvelle ; mais déguifant le fujet de fon étonnement:
Je croyois, Monfieur, dit-il au
Comte, qu'avant que de me donner
une femme vous me permetteriez
de fuivre mon inclination pour la
guerre, & que ce ne feroit qu'a-
près avoir fait connoître que je fuis
digne

digne de votre nom , que je le ferois paſſer dans la famille d'un autre.

Mon intention, lui répondit le
Comte, n'eſt pas que vous preniez
le parti des armes ; vous êtes mon
unique héritier, & je ne prétends
point qu'un coup malheureux vous
enlevant à la vie, faſſe paſſer mon
bien à des gens qui n'en ont que
faire; en un mot, je veux vous marier. Quand vous aurez eu des enfans & que notre poſterité me
paroîtra bien affermie par le nombre de mes petits-fils, vous ferez
ce qu'il vous plaira & prendrez tel
parti que vous voudrez ; mais pour
à préſent vous épouſerez la fille
de Nicanor mon ancien ami, dont
je me fais un plaiſir de rétablir la
fortune ; & comme je vous crois
auſſi généreux que moi, je me
perſuade que vous devez être
charmé d'avoir une femme qui
joindra la reconnoiſſance à ſon devoir : préparez-vous donc à la voir
demain à ſigner le contrat, & à vous
marier dans huit jours au plûtard,
ſi vous ne voulez pas que je vous

deshérite & ne vous voye jamais.

Il le quitta après ces mots, & le laiſſa dans le plus cruel état du monde. Le jeune Comte avoit les ſentimens auſſi noble que ſon pere, & beaucoup plus de délicateſſe ; dans une autre ſituation d'eſprit, il ſe ſeroit trouvé trop heureux de faire la fortune d'une femme ; il eût même été capable de s'y offrir comme ſon pere avoit fait, mais ſon cœur étoit pris, il ne pouvoit plus en diſpoſer ; un amour violent s'en étoit emparé, & lui faiſoit enviſager avec le dernier effroi, de paſſer ces jours avec une autre que celle qui l'avoit charmé.

Cependant il connoiſſoit ſon pere : ſes menaces n'étoient jamais frivoles ; celle de le deshériter le mettoit dans l'inquiétude, auſſibien que les moyens de rompre un mariage auquel il ne pouvoit conſentir. Dans cette perplexité, il réſolut de gagner du tems pour avoir celui de ſe déterminer ; pour cet effet il fut rejoindre le Comte dans ſon appartement, & le ſupplia avec ardeur de lui donner

trois

trois ou quatre jours avant que de
se repréfenter à Nicanor, lui promettant de faire aveuglément tout
ce qu'il voudroit après ce retardement qu'il lui demandoit à genoux;
& qu'il le pouvoit d'autant plus
aifément, qu'il n'avoit qu'à feindre
qu'il n'étoit pas encore arrivé.

Le Comte qui l'aimoit véritablement, & qui s'imagina qu'il
vouloit peut-être rompre quelque
intrigue de jeune homme, ne
trouvant pas d'ailleurs qu'il dût
refuser une si foible grace à un fils
qui ne lui avoit jamais donné que
de la fatisfaction, la lui accorda en
tirant de lui tous les fermens qui
pouvoient l'affurer de fon obéiffance. Le Cavalier extrêmement
content d'avoir obtenu ce répit,
ne fongea plus qu'à l'employer
utilement: une idée qui le faifit
l'obligea à s'informer fourdement
du caractere de la fille de Nicanor,
dont le Comte abftrait & brufque
ne lui avoit point dit le nom, ne.
lui donnant jamais que celui de
fon pere. Les informations du Cavalier fe firent auffi fur le même

ton, & tout ce qu'il en put ſçavoir
fut qu'elle n'avoit point encores
paru dans le monde ; & qu'on ne
la connoiſſoit que par le récit des
gens de ſa maiſon, qui s'en loüoient
beaucoup & diſoient qu'elle joignoit une grande beauté à beaucoup de raiſon & de ſageſſe.

Ce portrait confirmant le jeune
Comte dans ſon deſſein, il prit la
plume & traça cette Lettre pour la
faire tenir à la fille de Nicanor.

LETTRE.

Vous ſerez ſans doute ſurpriſe,
MADAME *, qu'un homme deſtiné*
par ſon pere & le vôtre pour être
votre époux ; vous conjure de lui
accorder une heure d'entretien ſe-
cret, avant qu'il paroiſſe à vos
yeux en cette qualité ; mais cette
faveur eſt ſi fort néceſſaire à notre
commun repos, que j'oſe vous ſup-
plier de ne me la pas refuſer.
Donnez à celui qui vous remet
ma Lettre l'heure & le lieu par
écrit ; il aura ſoin de me le rendre.

Ne

Ne vous offensez pas , MA-
DAME , si je ne mets ici ni sous-
cription ni seing ; je n'en use de
la sorte que pour éviter de nous
commettre l'un & l'autre en cas
d'accident , sçachant trop ce que
le respect exige de moi pour y
manquer sans cette importante
raison.

Il cacheta sa Lettre, & s'étant
vêtu d'un habit d'un de ses gens il
se rendit le soir sur la brune dans
la rüe de Nicanor , pour guêter
quelqu'un de la maison. Le hazard
en fit bien-tôt sortir un Laquais
pour quelque commission: il l'a-
borda , & le traitant de camarade
lui mit deux loüis dans la main,
en le priant de lui rendre un service. Ce domestique prévenu par
une telle libéralité , lui demanda
de quoi il s'agissoit : De rendre en
secret , lui répondit le Cavalier déguisé, cette Lettre à votre jeune
Maîtresse & de m'en apporter la
réponse, sans donner connoissance
à personne que je sois ici. Vous

S 3   serez

ferez content, lui dit le Laquais en le quittant promptement, elle eſt ſeule & j'y cours. En effet, du même pas ſe rendant dans l'appartement d'Iphiſe, il lui remit le papier en lui rapportant très-fidelement ce qui venoit de lui arriver.

Iphiſe que l'image du Marquis d'Orſimond ſuivoit par-tout, s'imaginant que ce Billet pouvoit être de lui, l'ouvrit précipitament; mais la lecture l'ayant détrompée, elle fut dans une ſurpriſe inconſevable, & ne ſçachant à quoi ſe reſoudre elle appella Marine, lui fit part de la Lettre & lui demanda conſeil. La Gouvernante rêva long-tems, ainſi que la Maîtreſſe, pour pénétrer le deſſein du Cavalier; enfin ne pouvant s'arrêter à rien : N'importe, Madame, lui dit-elle, voyons ce que c'eſt; acceptez le rendez-vous, je ne vous quitterai point : peut-être le jeune Comte eſt-il auſſi embarraſſé que vous, & que vous trouverez occaſion dans cet entretien de rompre l'himen que vous craignez tant.

La penſée de Marine flatta ſi
fort

fort le cœur d'Iphife, qu'elle fe
détermina à écrire ; & s'étant
confultées toutes deux fur le lieu
du rendez-vous, elle fit cette réponfe.

BILLET.

*Je ferai fans faute demain à
huit heures du matin, fur la terraffe des Thuileries, du côté des
Capucins.*

La Gouvernante rappella le Laquais, lui donna le Billet ; & lui,
il fut retrouver le Cavalier qu'il
croyoit fon égal, & le lui rendit
en lui faifant force excufes de ce
qu'il avoit attendu fi long-tems.
Le jeune Comte charmé d'avoir
fi bien réuffi, rentra chez lui, lut
le Billet & fe prépara au rendez-
vous avec d'autant plus de joïe,
qu'il crut qu'en apprenant à la
fille de Nicanor qu'il en aïmoit
une autre, il ne pouvoit la rendre
héureufe ayant une paffion dans
le cœur : & la fuppliant de s'oppofer à leur union, ayant moins à
crain-

craindre du couroux de son pere,
qu'il n'avoit du sien, elle ne pourroit, étant aussi raisonnable qu'on
la dépeignoit, épouser un homme
qui lui faisoit un semblable aveü.

Iphise de son côté trouvant cette occasion trop favorable pour
n'en pas profiter, se resolut à déclarer au Cavalier qu'ayant une
répugnance invincible pour le mariage, & s'étant proposée dès son
plus bas âge d'être Religieuse, elle le conjuroit de ne plus prétendre à sa main.

La Gouvernante avoit eû ses
idées aussi en conseillant le rendez-vous ; persuadée qu'un joli
homme devoit en effacer un autre,
elle esperoit que la vûë du
jeune Comte triompheroit du
souvenir du Marquis, & que la
beauté de sa Maîtresse romperoit
toutes les resolutions du Cavalier
telles qu'elles puissent être. Ces
différentes pensées occuperent
ces trois personnes toute la nuit,
& le lendemain Iphise & Marine
étant sorties sous prétexte d'aller
à l'Eglise, pour éviter les regar-
dans

dans fe rendirent aux Thuileries
fur la terraffe en queftion. A peine
y avoient-elles fait cent pas, qu'I-
phife qui promenoit par-tout fes
regards, vit venir à elle le Marquis
d'Orfimond, qui de fon côté furpris de la recontrer s'avançoit
avec l'empreffement d'un homme
charmé de revoir ce qu'il aime.
La Gouvernante, qui le reconnut
auffi de loin, voulut obliger Iphife
à l'éviter, dans la crainte que le
Comte & lui ne vinffent à fe rencontrer.

Mais cette belle fille, pouffée
par un mouvement inconnu, n'y
put confentir & fit même quelques
pas au-devant de fon amant. O
Ciel! s'écria-t-il en l'abordant,
en croirai-je mes yeux? eft-ce
vous, adorable Iphife? Helas! il ne
falloit pas moins qu'une fi chere
vûë pour calmer le trouble dont
je fuis agité. Je ne fçai, lui répondit-elle, fi ma prefence peut adoucir vos maux; mais quoique je
vous revoye avec plaifir, la vôtre
cependant ranime toutes mes douleurs. Ah! belle Iphife, reprit-il,

fi vous fçaviez mes malheurs, vous
me trouveriez bien plus à plaindre
que vous ; mais depuis quand êtes-
vous à Paris ? Par quel hazard vous
rencontrai-je ici. J'y fuis depuis
quatre jours, interrompit-elle ; une
affaire importante. m'amene aux
Thuileries, il m'eft de conféquence qu'on ne vous voye pas
avec moi, & c'eft ce qui me force
à vous prier de nous quitter. Iphife
commençant à craindre l'arrivée
du Comte, parut d'une telle inquiétude en difant ces paroles, que
d'Orfimond plus amoureux que
jamais en conçut de jaloux foupçons ; & la regardant d'un air mécontent : Quoi ! belle Iphife, lui
dit-il, à peine ai je eû le tems de
vous dire deux mots, que vous
m'ordonnez de m'en aller. Une
affaire peut-être plus importante
que la vôtre m'appelle comme
vous ici ; je ne croyois pas vous y
rencontrer , & cependant vous
m'avez tout fait oublier, & je ne
puis me refoudre à me féparer de
vous. Quelle difference de fentimens, grand Dieu ! Ah fans doute
un

un Rival plus heureux que moi,
vous oblige à me chaſſer ; & tandis que je n'y viens que pour rompre des nœuds contraires à ma fidelité, cruelle vous n'y venez peut-
être que pour aſſurer de la vôtre
ce Rival inconnu : jeune & belle
comme vous êtes, & ſi matin aux
Thuileries, je ne puis rien penſer
que de fatel à mon amour.

Iphiſe épouvantée de l'emportement du Marquis , & perſuadée
qu'il y alloit de ſon honneur de le
deſabuſer : D'Orſimond , lui dit-
elle en rougiſſant, vous mériteriez
que je vous laiſſaſſe dans votre
erreur ; mais ma gloire s'y trouve
trop intereſſée , pour ne vous en
pas tirer. Oüi, continua-t-elle ,
vous avez un rival , & je l'attends
ici ; peut-être l'eſt-il malgré lui ,
& qu'il ne doit y venir que dans le
même deſſein qui m'a fait accepter
ſon rendez-vous : mais quoiqu'il
en ſoit, je ne m'y ſuis renduë que
pour lui déclarer que je ne veux
point être à lui, & que je préfere
le Convent à toutes les fortunes de
la terre.

Lé

Le Marquis changeant de couleur à ce difcours, fit voir un trouble extraordinaire : O Ciel ! dit-il, adorable Iphife., nommez-moi ce rival infortuné, ne craignez rien ; refpectueux & foumis à vos ordres, vous ne devez pas apprehender que je manque à ce que je dois : parlez & me tirez de la plus cruelle des incertitudes. Le Comte de Mirmonde, répondit-elle, eft fon nom. Iphife ma chere Iphife, interrompit le Marquis en fe jettant à fes pieds, helas ! qu'allions-nous faire ? Il n'en put dire d'avantage ; la joïe & les tranfports lui couperent la parole, & mirent Iphife dans une fituation qu'on ne peut décrire. Enfin le Marquis ayant recouvré la voix : Iphife, continuat-il, n'en doutez point, je fuis le Comte de Mirmonde, s'il eft vrai que vous foyez la fille de Nicanor. L'ignorance de nos noms à penfé nous jetter dans un abîme affreux; je ne vous connoiffoit que fous celui d'Iphife, & je porte celui de Mirmonde depuis fi peu de tems, que l'habitude de m'appeller d'Orfimond

ſimond n'eſt pas encore perduë parmi ceux qui ſçavant le mieux qui
je ſuis ; enfin, je vois que c'eſt moi
qui vous écrivis hier , que c'eſt
vous qui m'avez répondu ; & que
nous voulions , ſans le ſçavoir,
rompre des nœuds qui vont faire
toute notre félicité.

, Une aventure ſi ſinguliere parut
un ſonge à la belle Iphiſe : ſes yeux
brilloient d'une douce joïe ; mais
ſa bouche gardoit le ſilence, ne
trouvant point de termes pour
s'exprimer ; & ce qui ſuivit cet
heureux éclaircissement, augmentant ſon embarras, ne lui permit pas
de s'expliquer de long-tems. Pendant que ces deux amans s'étoient
levés dans une intention ſi peu
conforme à leur amour, le vieux
Comte étoit venu prendre Nicanor pour une affaire où ſon conſeil lui étoit néceſſaire ; & l'ayant
mené aſſez loin dans la ruë S. Honoré où demeuroit celui à qui il
devoit parler, ils furent en le quittant entendre la Meſſe aux Capucins ; la matinée étant très-belle :
il leur prit enſuite la fantaiſie de
fai-

faire un tour de promenade. Pour
cet effet le Comte ayant ordonné
à son Cocher d'aller les attendre à
une autre porte, ils passerent par
celle qui rend des Capucins dans
les Thuileries ; mais quel fut
leur étonnement, lorsqu'avençant
sur la terrasse, ils apperçurent leurs
enfans dans une conversation des
plus sérieuse, & qui les attachoit
de maniere a ne faire aucune attention à ce qui se passoit près
d'eux. Leur étonnement leur faisant imagimer la même chose, ils
se firent signe, & marchant à petits
pas se placerent immédiatement
derriere le banc sur lequel Iphise,
le jeune Comte & la Gouvernante
s'étoient assis dès le commencement de l'entretien, dont ils entendirent la meilleure partie, &
sur-tout la fin qui leur faisant comprendre qu'ils s'étoient déja vûs
quelque part, qu'ils s'aimoient, &
que pour se conserver une exacte
fidelité, ne se connoissant point
par leurs véritables noms, ils
s'étoient donnés des rendez-vous
pour tâcher de rompre l'himen

re-

refolu. Ils éclaterent de rire à cet
évenement, & par ce mouvement
involontaire s'étant fait appercevoir de ceux qui les croyoient bien
loin de là ; ils les jetterent dans une
confufion difficile a concevoir.

Celle où la jeune Iphife étoit
déja ne fit que redoubler à la vûë
de fon pere ; mais d'Orfimond s'é-
tant promptement remis, courut
au fien, & lui embraffant les genoux lui demanda pardon d'avoir
refifté à fes volontés, en lui apprenant qu'il venoit de fçavoir que
celle qui caufoit fa defobéïffance
étoit la même qu'il vouloit lui faire
époufer. Tandis qu'il fe juftifioit,
Marine inftruifit Nicanor de l'a-
venture de fa fille, à laquelle il
fit de tendres reproches de ne lui
avoir pas ouvert fon cœur, puifque
cette confiance l'auroit tirée de
toutes fes peines ; mais voulant fçavoir pourquoi le jeune Comte s'é-
toit toujours fait appeller d'Orfimond , le Comte fon pere lui
apprit qu'ayant un oncle qui fe
nommoit Mirmonde comme lui,
il avoit fait prendre à fon fils le
nom

nom d'un de ſes Fief pour ne-les
pas confondre tous trois , & que
cet oncle n'étant mort que depuis
un mois , & le Marquis n'ayant pris
ſon nom que de ce moment, il n'é-
toit pas ſurprenant qu'on l'appellât
encore d'Orſimond.

Pendant cette explication Iphiſe
s'étant raſſurée , ſalua le vieux
Comte avec les graces qui ne la
quittoient jamais , & le conjura
d'obtenir de ſon pere le pardon du
myſtere qu'elle lui avoit fait. Nicanor l'embraſſa, en l'aſſurant qu'il
ne ſongeoit qu'à rendre graces au
Ciel de tant de bienfaits. Le Comte charmé comme lui de cette
aventure, les fit tous monter dans
ſon carroſſe, & s'étant rendu chez
Nicanor ils acheverent de conclure la félicité de leurs enfans ;
chacun d'eux béniſſant mille fois
ce bonheur imprévu , qui l'étoit
doublement pour Iphiſe & d'Orſimond , dont le mariage ſe fit avec
autant de ſatisfaction que de magnificence.

Fin du Tome V.

LES CENT

NOUVELLES

NOUVELLES,

De Madame **DE GOMEZ.**

TOME SIXIEME.

A LA HAYE,

Chez **PIÉRRE DE HONDT.**

M. DCC. XXXV,

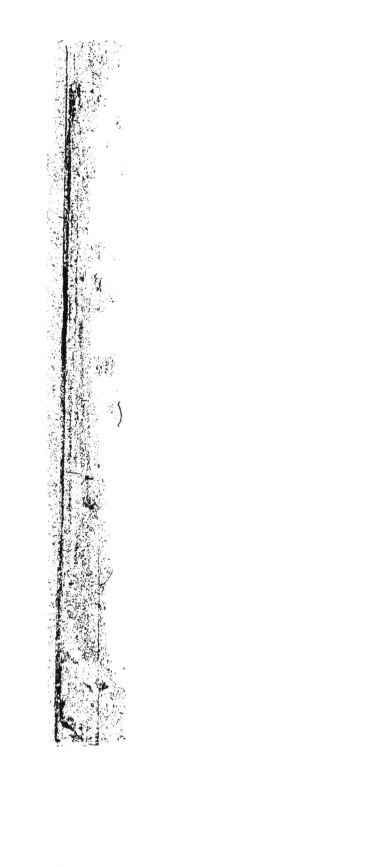

TABLE

DES

NOUVELLES

Contenuës dans ce Volume.

A P.

APPROBATION.

J'Ay lû par ordre de Monseigneur le Garde des Sceaux un Manuscrit qui a pour titre: LES CENT NOUVELLES NOUVELLES, DE MADAME DE GOMEZ: *A Paris ce dix-huit Octobre* 1733.

JOLLY.

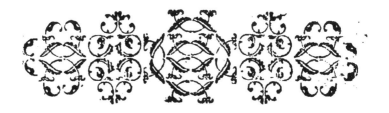

LE MAGNANIME

INDIEN,

XXXI. NOUVELLE.

L'ENVIE eſt la ſource des malheurs de la plûpart des hommes qui ne peuvent faire de difference entre les vices & les vertus. L'émulation eſt une vertu, lorſqu'elle ne porte qu'à vouloir imiter ce qui eſt eſtimable dans un autre, & que l'on ne ceſſe point d'eſtimer ceux que l'on s'efforce d'imiter : mais cette même émulation ſe tourne en vice, lorſqu'elle pouſſe à mépriſer ceux que l'on veut égaler, & que l'envie de les ſurpaſſer monte juſqu'au point de les haïr & de chercher à les détruire.

La Cochinchine est un assez vaste Empire des Indes au-delà du Gange ; il a le Royaume de Camboia au Couchant, & celui de Tunquin au Septentrion ; sa Ville capitale se nomme *Coccian*, dans laquelle le Roy de Cochinchine fait sa résidence ordinaire. La Cour de ce Monarque est brillante & superbe par la quantité des grands Seigneurs qui la composent ; les peuples y sont vaillans, civilisés & spirituels : & quoique leurs Coutumes & leur Religion soient absolument differentes des nôtres, la justice que l'on doit rendre à toutes les Nations, oblige d'avoüer ce qu'elles ont de bon, aussi librement qu'on blâme ce qu'elles ont de mauvais ; d'autant plus que ce qui nous paroît blâmable par rapport à nous, ne l'est peut-être pas par rapport à elles. Les Rois de Tunquin & de Camboia sont alliées de celui de la Cochinchine, & les peuples ont un grand commerce

les

les uns avec les autres, qui confifte
en or, en argent, en étoffes à l'u-
fage du Païs, & en porcelaines pré-
cieufes.

Les caravanes y font fréquentes
& nombreufes, mais n'arrivent fouvent pas à bon port d'un Royaume
à l'autre, par les courfes des Indiens ennemis qui ne manquent jamais de faifir ces occafions pour
fatisfaire à la fois leur haine &
avidité. Un des Grands de la Cour
du Roy de Cochinchine, nommé
Zamet, jeune, aimable, rempli de
vertus, d'une valeur éprouvée en
plufieurs combats, & d'une richeffe extrême, avoit une affez belle
étenduë de terre fur la route que
tenoient les caravanes qui venoient de Tunquin à Coccian.
Comme il étoit auffi généreux que
riche & puiffant, il avoit fait bâtir
un Palais fuperbe fur ce terrain,
où de quelques païs que vinffent les
caravanes, elles trouvoient une
porte commode pour entrer dedans, en ayant trente-deux, donnant fur autant de chemins oppofés les uns aux autres. Ce riche-édi-

fice

fice étoit compofé d'un grand
corps de logis pour la commodité
des voyageurs, d'un autre corps
de logis pour donner retraite aux
pauvres qui fatigués du chemin
voudroient fe repofer, d'un hôpi-
tal pour les malades, de plufieurs
vaftes écuries pour les bêtes de
fomme, d'autres pour les chariots,
& d'un manifique pavillon élevé
par-deffus les autres, où le généreux Zamet recevoit lui-même les
voyageurs de diftinction, & duquel il découvroit tout ce qui entroit & fortoit dans fon Palais. On
juge aifément de la quantité de
domeftiques qu'il avoit à fa fuite,
dans un lieu qui n'étoit conftruit
que pour le fervice du Public.

Ce Palais étoit enrichi de ce
que les Indes ont de plus beau &
de plus éclatant, foit en meubles,
ou foit en ornemens finguliers: à
quelques ftades de-là, Zamet avoit
encore fait bâtir un Palais au milieu des bois, entouré de jardins
délicieux, qu'il regardoit comme
fa maifon de plaifance, dans lequel il alloit fe délaffer de fes
oc-

occupations journaliers. Là le nombre de ſes gens étoit reglé, n'ayant avec lui que ceux qui lui étoient abſolument néceſſaires, & en qui il avoit le plus de confiance; aucun de ceux du grand Palais ne venant dans le petit ſans un ordre exprès de ce Prince, qui ne s'étoit fait cette belle retraite que pour y être en liberté avec ſes amis particuliers qu'il y regaloit ſouvent, & pour y reſter ſeul quand il étoit las des honneurs & de la foule, dont il étoit ordinairement environné comme favori du Roi, & comme le plus riche Prince de la Cochinchine.

Les courtiſans s'attachant toujours à la faveur & à la fortune, celle de Zamet ſe trouvoit ſi bien placée, que perſonne n'oſoit y porter envie; la prudence avec laquelle il uſoit de l'une & de l'autre, ne pouvoit lui faire que des ennemis injuſtes, & lui acqueroit chaque jour de véritables amis. La maniere ſurprenante dont il avoit ſçû concilier ſon goût pour la magnificence avec la piété, dans la

A 3　　con-

conftruction du Palais à trente-
deux portes, le couvrit d'une gloire
immortelle. L'hofpitalité qui en
étoit le principal fondement, y
étoit obfervée avec un foin extrême; la charité s'y rencontroit de
tous côtés, nul voyageur n'en fortoit mécontent, nul pauvre fans
bienfaits, & nul malade fans foulagement. Les fommes immenfes
que cela coûtoit chaque jour, s'y
dépenfoient fans peine, fans chagrin, fans crainte d'en trop faire,
& d'un air d'aifance qui donnoit
de l'admiration à tous les étrangers.

Avec tout cela, Zamet comblé
de loüanges n'en étoit ni plus vain,
ni plus fier; fage, affable, tendre
& compatiffant, il fe communi-
quoit aux petits comme aux
grands: il fuffifoit qu'on eût befoin de lui pour le trouver, & perfonne dans le monde ne fçavoit
obliger avec tant de graces; il fembloit rendre plûtôt que donner, &
que fa joïe de pouvoir s'acquitter
l'emportoit fur celle de celui qu'il
obligeoit. Comme il étoit jeune,
bien

bien fait, d'une grande naiſſance
& d'un merite diſtingué, la plûpart
des Grands du Royaume déſiroient
ſon alliance ; & malgré l'étrange jalouſie des Indiens envers les femmes, & l'auſtere retraite de ces dernieres, ily en eut pluſieurs qui paſſerent par-deſſus l'uſage & les coutumes pour l'engager à prendre
une épouſe dans leur famille, en
lui donnant une libre entréé chez
eux. Mais Zamet, plus charmé de
la plus douce tranquilité dont il
joüiſſoit, que de tous les attraits
qu'on expoſoit à ſa vûë, recevoit
les témoignages de bienveillance
avec conſidération, ſans pourtant
ſortir de ſon indifference, & paſſoit
ſes jours d'autant plus agréablement, qu'il joignoit au plaiſir d'en
faire à tout le monde, celui d'être
ſans inquiétude du côté du cœur.

Mais l'amour ſe venge tôt ou
tard, & frappe au moment où l'on
s'y attend le moins. Zamet connut
cette verité & l'éprouva dans le
tems qu'il ſe croyoit le plus en ſûreté. Il étoit allé dans cette maiſon
de plaiſance dont j'ai parlé, que

A 4　　　　par

par rapport à fa fituation on nommoit le Palais de la Forêt ; & comme cette folitude avoit des beautés
naturelles qu'il préferoit à celles
que l'art & l'induftrie des hommes
lui préfentoient fans ceffe à Coccian & dans fon grand Palais, il
étoit déja refté près de quinze jours
fans autres compagnies que fes
confidens ; lorfqu'une nuit, ne pouvant fe livrer au fommeil, & l'efprit
agité d'un trouble qui ne lui étoit
pas ordinaire, il defcendit dans fes
jardins fuivi de deux des fiens qui
ne le quittoient jamais afin de
recevoir fes ordres : il fe promena
quelque tems en rêvant profondement ; & fa rêverie l'entraînant
comme malgré lui, il ouvrit une
porte qui rendoit dans la Forêt, &
s'y enfonça fi avant, qu'un des Indiens de fa fuite qu'il aimoit beaucoup s'approcha de lui pour lui
remontrer avec refpect que l'heure
qu'il avoit choifie pour fe promener étoit plus dangereufe que favorable, ce Bois étant fouvent rempli
de voleurs & de brigands, & qu'il
ne devoit pas s'expofer de la forte.

Ce

Ce difcours ayant comme réveillé Zamet d'un profond fommeil: Mon cher Tahir, dit-il à fon confident, je fuis d'une inquiétude que je n'ai jamais reſſentie; il me femble que ma préfence eſt néceſſaire ici, quelque chofe de plus fort que moi y conduit mes pas & m'y retient avec violence; ne crains rien, la nuit eſt belle & claire, nous fommes armés, & je me flatte que le bien que je fais chaque jour retiendra les bras accoutumés à faire du mal. Tahir n'ofa repliquer, & Zamet continua de marcher en gardant le filence. Il y avoit près d'une heure qu'il parcouroit les routes de la Forêt, lorſque des cris perçans vinrent frapper fon oreille; ces cris qui paroiſſoient être formés par la crainte & la douleur, paſſant juſqu'au cœur de Zamet: Ah Tahir! s'écria-t-il en courant du côté d'où les voix partoient, volons au fecours de ces malheureux. Tahir & fon camarade ne répondirent qu'en marchant fur fes pas. Le jeune Indien, guidé par les gemiſſe-

mens

mens qu'il entendoit toujours, arriva bien-tôt auprès de ceux qui de-
mandoient juſtice au Ciel & à la
Terre de leur cruelle aventure,
& vit d'abord pluſieurs hommes morts ou mourans, une femme percée de pluſieurs coups &
qui prête d'expirer en tenoit une
dans ſes bras, comme voulant la défendre encore de la violence d'un
homme qui vouloit l'en arracher.
Le généreux Indien ne balança
point ſur ce qu'il devoit faire, &
ſe jettant ſur l'inconnu avec autant de fureur que d'indignation,
lui fit voler la tête d'un ſeul coup
de ſabre.

Cette prompte expédition ayant
rempli d'étonnement celle de ces
femmes qu'on vouloit enlever: Qui
que vous ſoyez, dit-elle à Zamet,
vaillant défenſeur de l'innocence,
ſecourez mon pere, s'il en eſt tems
encore, que les compagnons de ce
Barbare aſſaſſinent dans le bois qui
va juſqu'au grand Palais de l'illuſtre
Zamet. Le jeune Indien ſurpris de
s'entendre nommer & du charmant ſon de voix de celle qui lui
par-

parloit, étoit fur le point de lui
répondre, lorfque le bruit de plufieurs gens armés l'en empêcha
pour ne fonger qu'à celui qu'elle
venoit de lui recommander. En
effet, courant du côté qu'elle lui
avoit indiqué, il vit huit hommes
contre trois qui fe défendoient
avec affez de courage, mais, fur-
tout un vieillard qu'il jugea devoir
être le pere de cette perfonne
épleurée. Alors fondant fur cette
troupe, le fabre d'une main & le
poignard de l'autre, foutenu de fes
deux Indiens, il ne porta point de
coup qui ne fût montel : des huit,
cinq perdirent la vie de fa main ;
& les trois autres bleffés par Tahir
& fon camarade, intimidés du
carnage qu'on venoit de faire des
leurs, quitterent la partie, & s'en-
fonçans dans le plus épais de la
Forêt, difparurent comme des
éclairs aux yeux du brave Zamet,
qui ne voyant plus d'ennemis à
combattre, s'approcha de ceux
qu'il avoit fecourus. Mais quelle fut
fa douleur en trouvant le vieillard
& fes deux camarades près à ren-

dre

dre les derniers foupirs ! Un mouvement fecret le fit d'abord aller à
celui qu'il croyoit le pere de l'inconnuë. Le jour qui commençoit
à paroître laiffant aifément diftinguer les objets, lui fit voir dans le
mourant un homme d'affez bonne
mine, mais vêtu comme le peuple :
il s'en approcha. Le vieillard ouvrit
les yeux comme pour chercher
autour de lui ; & les arrêtant fur
Zamet : Je meurs, Seigneur, lui dit-
il, je vous rends graces de m'avoir
vengé, mais achevez votre ouvrage ; deux femmes que j'avois avec
moi font tombées au pouvoir des
brigands, employez votre pouvoir.
Raffurez-vous, interrompit Zamet, je les ai tirées du péril, &
vous ne devez plus vous inquiéter
que de vous. C'en eft fait, reprit le
vieillard d'une voix foible, je n'ai
plus rien à prétendre à la vie ; prenez foin de Zizumene, elle eft fille
du Prince.... Il ne put achever,
& mourut en prononçant ces dernieres paroles.

Le généreux Zamet qui fentoit
que fon cœur prenoit à chaque

inftant un nouvel interêt au fort
de ces inconnus, au defefpoir de
cette prompte mort qui le privoit
du fruit de fa victoire, & de fçavoir
à qui il avoit rendu fervice, s'approcha des deux autres pour en
tirer quelqu'éclairciffement, mais
ils avoient expiré tandis qu'il parloit au vieillard. Touché de cette
aventure, & n'ayant plus rien à faire en ce lieu, il fut rejoindre Tahir
qu'il avoit renvoyé auprès des
femmes à la fin du combat. Il le
trouva qui faifoit d'inutiles efforts
pour confoler la plus jeune de la
perte de l'autre qui venoit de mourir dans fes bras, des bleffures
qu'elle avoit reçûës.

La prefence de Zamet mit cependant quelque tréve à fa douleur, & le reconnoiffant pour fon
libérateur, elle s'avança au-devant
de fes pas; & fans lever fon voile:
Seigneur, lui dit-elle de ce ton de
voix qui l'avoit déja charmé, ces
brigands ont maffacré ma mere,
& fans doute mon pere a fubi le
même fort, puifque je vous revois
fans lui. Le jeune Indien, que le

difcours du vieillard avoit affez
inftruit pour être perfuadé qu'il
n'étoit pas le pere de l'Inconnuë,
l'abordant avec refpeét & fes graces accoutumées : Ce lieu, Madame, lui dit-il, vous offre des objets fi touchans, que j'ofe vous fupplier d'accepter un azile où l'innocence & la vertu n'ont jamais eu
rien à craindre, & dans lequel je
vous inftruirai de ce qui s'eft paffé.

En difant ces mots il lui préfenta la main, & cette trifte perfonne
jugeant qu'elle n'avoit point d'autre parti à prendre que de fe confier à celui qui venoit d'expofer fa
vie pour la garantir de la plus affreufe deftinée, ne lui répondit
que par des foupirs, qui en lui faifant
entendre qu'elle confentoit à ce
qu'il vouloit, lui témoignoient en
même tems la peine qu'elle reffentoit d'y être obligée. Zamet que
l'Amour commençoit à foumettré
à fes loix, lui donna le bras, & reprit le chemin de fon parc, fuivi
de fes deux fideles Indiens. A quelque diftance du lieu où le combat
s'étoit paffé, &dans des routes écar-

tées ils trouverent une maniere
de litiere rompuë ; & des chevaux
qui couroient çà & là, n'ayant plus
rien qui les retint ; la jeune Inconnuë qui les apperçut, dit à Zamet
que c'étoit ceux de son pere &
des gens qui les accompagnoient.
& que sa mere & elle étoient dans
la litiere lorsque les brigands les
avoient attaqués. Zamet ayant ordonné à ses gens de les prendre,
ils en amenerent trois, les autres
étant estropiés ou morts. Comme
le jour augmentoit de moment en
moment, & que le chemin étoit
très-court jusqu'au Palais dont la
porte du parc se découvroit déja, l'Inconnuë ne voulut pas ac-

rendirent à pied. A peine Zamet
étoit prêt d'y entrer, qu'il vit venir
tous ses domestiques armés, qui
sortoient dans le dessein de le
chercher & de le secourir s'il en
avoit besoin ; l'inquiétude qu'il
leur avoit causée augmenta la joïe
qu'ils eurent de le revoir, ce qu'ils
firent connoître par leurs differentes

tes actions. Les uns se jetterent à ses
pieds, les autres embrassoient ses
genoux, & plusieurs baisoient le
bas de sa veste, & tous généralement lui témoignerent une amour
d'autant plus estimable, qu'il est
rare de l'inspirer aux ames serviles.

Zamet les rassura, les loüa de
leur zele, & les ayant fait retirer,
conduisit son Inconnuë dans le
plus surperbe appartement de son
Palais. Cependant à mesure que
le jour avoit dissipé les ombres de
la nuit, le jeune Indien avoit aussi
découvert de nouvelles beautés à
celle qu'il conduisoit vêtuë simple-
ment & sans art; & ne tirant aucun
avantage de son ajustement, elle
ne laissa pas d'offrir à ses regards
une taille haute, fine & déliée, un
port noble & majestueux; avec
cela, quelque chose de si touchant
se faisoit entendre dans le son de
sa voix, qu'il étoit difficile de lui
refuser son cœur en l'écoutant
parler. Le voile qui couvroit son
visage déroboit une partie de ses
charmes au curieux Zamet; mais
ce qu'il voyoit lui faisant juger de

ce

ce qu'il ne voyoit pas, il ne douta
point que le reſte ne fût auſſi parfait, & l'Amour n'attendit pas qu'il
en fût convaincu pour lui donner
des chaînes. Il n'attribuoit cependant encore qu'à la compaſſion le
tendre interêt qu'il prenoit au ſort
de cette infortunée; & quoique le
diſcours du vieillard lui eût fait
comprendre qu'elle étoit d'une
haute naiſſance , comme elle le
nommoit toujours ſon pere , &
qu'il l'avoit trouvée avec une autre , ne pouvant ſçavoir préciſe-
ment de laqulle le mourant avoit
voulu parler, il plaignoit celle-ci
de ſe voir ſeule & ſans ſecours au
milieu de gens qu'elle ne connoiſſoit pas. Il avoit d'abord eſperé
qu'il n'étoit pas étranger pour elle,
puiſqu'elle l'avoit nommé ; mais
la ſuite de leur entretien lui faiſant
voir qu'elle ne l'avoit jamais vû &
qu'elle ne ſçavoit que ſon nom , il
reſta dans ſon incertitude , n'oſant
même en ſortir en la queſtionnant
ſur ſon aventure, les larmes qu'elle
répandoit avec abondance ne lui
permettant pas d'en renouveller
la

la caufe en la lui demandant. Il
porta cette difcretion jufques à la
laiffer en liberté dans l'appartement qu'il lui donna, en la fuppliant feulement de moderer fa
douleur, & d'être perfuadée qu'elle
pouvoit tout attendre de lui, &
commander en Souveraine dans
fon Palais ; & comme celui de
l'hofpitalité (c'eft ainfi qu'on nommoit le grand Bâtiment) étoit rempli d'un certain nombre de femmes pour le fervice de celles des
voyageurs, il en envoya chercher
fix des plus adroites pour être pres
d'elle, avec ordre d'être foumifes
à fes moindres volontés.

L'Inconnuë, à qui la douleur &
la crainte n'avoient pas ôté les fentimens que doit avoir une belle
ame, fut fi pénetrée de reconnoiffance du procedé genéreux de fon
libérateur, que ne pouvant s'empêcher de lui en donner quelques
marques, elle l'arrêta lorfqu'il fe
préparoit à la quitter ; & levant fon
voile pour lui témoigner plus de
confiance : Quoique j'ignore, Seigneur, lui dit-elle, à qui je dois
tant

tant de bienfaits, je n'y fuis pas
moins fenfible ; & mon fort tout
affreux qu'il eft ne me paroîtroit
peut-être pas fi rigoureux, fi je
pouvois n'être point ingrate. Cette
charmante perfonne prononça ces
paroles avec tant de graces, & fit
briller aux yeux de Zamet des attraits fi merveilleux, qu'il en fut
faifi d'étonnement & d'admiration. Tout ce qu'il s'étoit imaginé
étoit fi fort au-deffous de ce qu'il
voyoit, qu'il fut un inftant dans la
penfée que tout ce qui lui étoit
arrivé n'étoit qu'un fonge, & que
cette furprenante beauté n'étoit
qu'une illufion. Mais enfin s'étant
remis de fon trouble, & reconnoiffant la réalité de tant d'appas
à l'amour ardent qui commençoit
à le brûler: Je n'ai rien fait, Madame, lui dit-il ; qui puiffe mériter
la récompenfe que je reçois ; heureux ! fi tout mon fang verfé pour
vous pouvoit vous faire oublier
vos malheurs, & vous eût confervé
ceux dont la vie vous étoit précieufe.

Ces paroles ayant ranimé la
dou-

douleur de la belle Inconnuë , Zamet ne voulant pas l'augmenter davantage , & defirant qu'elle prît uh repos dont elle devoit avoir befoin, la falua refpectueufement ; & la laiffant avec les femmes qu'il avoit fait venir, fe retira dans fon appartement , le plus furpris & le plus amoureux de tous les hommes. Les differentes penfées dont il étoit agité ne l'empêcherent pourtant pas de fonger aux morts de la Forêt ; & faifant partir Tahir à la tête d'une vingtaine de fes autres domeftiques ; il lui ordonna de conduire les morts au grand Palais, d'avoir foin des funérailles de l'homme & de la femme à qui l'Inconnuë difoit devoir la naiffance , & lui recommanda de chercher fur eux s'il n'y auroit point quelqu'écrit qui pût faire connoître qui ils étoient. Toutes ces chofes ayant été reglées , il s'abandonna entierement à fon amour ; & bien-loin de pouvoir réparer les fatigues de la nuit, il trouva de nouvelles matieres d'agitation dans fon cœur & dans fon

efprit

efprit. Il ne s'occupa point à combattre fa flamme ; comme l'objet
en étoit digne, il ne s'allarma pas
des progrès qu'elle pourroit faire
fur fon ame. Toutes fes craintes &
fes réflexions ne tendirent qu'aux
moyens de fe faire aimer, & de
connoître celle dont il vouloit
l'être. Ce n'eft pas que la noblefſe
de fon fang lui parut néceffaire
dans une occaſion où l'amour devoit l'emporter fur toutes les autres confidérations ; d'autant plus
que n'ayant befoin ni du rang ni
des grandeurs d'une haute alliance
pour en poffeder les avantages,
étant Prince lui-même & le plus
puiffant après le Roy, la feule différence d'expliquer fes fentimens
à l'Inconnuë l'embarraffoit. Une
naiffance obfcure le mettoit en
droit de lui faire honneur en fe
déclarant ; au-lieu que s'il étoit
vrai qu'elle fût Princeffe, il devoit
agir avec circonfpection, & l'obtenir d'un pere autant que de fa
propre volonté. S'il en croyoit la
majefté répanduë fur toute fa perfonne, il ne pouvoit douter de la
no-

nobleſſe de ſon ſang ; mais lorſqu'il réflechiſſoit ſur le ſimple équipage dans lequel elle étoit, & ſur le peu de ſuite qui l'avoit accompagnée, il ne pouvoit ſe perſuader que nul Prince de cette partie de l'Aſie eût confié ſa fille, ſa femme, ou ſa ſœur, à ſi peu de monde, & ſur-tout à des gens qui ne lui avoient paru que très-peu de choſe. Cependant malgré ces obſervations, l'Amour, qui met au même rang les Bergers & les Rois, le fit reſoudre à traiter l'Inconnuë en Princeſſe, puiſqu'il lui ſuffiſoit qu'elle méritât de l'être, à ne rien épargner pour ſe rendre maître de ſon cœur & pour l'obliger à lui découvrir de ſon propre mouvement ſon nom, ſon rang & ſa famille ; jugeant qu'il étoit plus digne de lui faire des honneurs qui pouvoient ne lui être pas dûs, que de ne lui en pas rendre aſſez ſi ſa naiſſance étoit véritablement illuſtre. Cette penſée à laquelle il s'arrêta, comme étant la plus conforme à la nobleſſe de ſes ſentimens, le fit reſoudre à ne déclarer ſa

paſ-

paſſion que par ſes ſoins, ſes com-
plaiſances & ſes bienfaits.

Tandis qu'il prenoit des reſolutions ſi favorables pour la belle
Inconnuë, elle n'étoit pas dans
une moindre agitation. L'important ſervice qu'elle venoit de recevoir de Zamet, par une délivrance qui lui paroiſſoit auſſi mira-
culeuſe que prompte, les reſpects
qu'il lui avoit rendus, les offres
généreuſes qu'il lui avoit faites, ſa
valeur ſurprenante & ſur-tout les
charmes de ſa perſonne avoient
fait une vive impreſſion ſur ſon
cœur. Le ſilence que ſa douleur
l'avoit obligé d'obſerver lorſqu'il
la conduiſoit, lui ayant donné le
tems de l'examiner avec attention, elle l'avoit trouvé ſi digne
d'admiration, que s'étant inſenſiblement livré à la ſienne, &
confondant les mouvemens de la
reconnoiſſance avec ceux de la
tendreſſe dont elle ſe ſentoit atteinte, ſon ame ſans qu'elle s'en
apperçût fut bleſſée du même trait
dont elle venoit de triompher de
l'indifferent Zamet. Jeune & ſans
ex-

experience, elle ne connut pas
d'abord ſa défaite; mais un curieux
déſir de ſçavoir le nom de ſon libérateur la preſſant de s'en informer,
elle ne ſe vit pas plutôt ſeule avec
ſes femmes, qu'elle ne ſongea
qu'aux moyens de s'en inſtruire :
l'occaſion s'en preſenta bien-tôt,
comme elle le ſouhaitoit.

La principale de celle que Zamet avoit miſes près d'elle, étoit
ſœur de Tahir : jeune, vive & ſpi-
rituelle, elle ne tarda pas à ſe faire
aimer de l'Inconnuë. L'aimable
Araxa (c'étoit le nom de cette
fille) enchantée & ſurpriſe de la
beauté de ſa nouvelle Maîtreſſe, ne
douta point de la victoire qu'elle
devoit avoir remportée ſur le cœur
du genéreux Indien; & les trouvant ſeuls dignes l'un de l'autre,
elle jugea qu'elle ne pouvoit mieux
faire pour ſécher les pleurs de cette
belle perſonne, que de lui inſpirer
le deſir de plaire à ſon libérateur,
& que pour y parvenir elle devoit
lui vanter l'excès de ſon bonheur
d'être tombée en de ſi glorieuſes
mains. Pour cet effet, après l'avoir

mife

mife en état de prendre quelques momens de repos , & voyant par fes foupirs & fes fanglots qu'elle n'en pouvoit goûter , elle s'en approcha ; & s'étant mife à genoux devant le fofat fur lequel elle étoit couchée : Vos pleurs , Madame , lui dit-elle , ne rendront pas la vie à ceux que vous regretez , & peuvent alterer une fanté qui nous devient précieufe par l'ordre exprès que nous avons reçu d'en prendre un foin particulier. Songez qu'on vient de vous tirer d'un péril plus cruel que la mort, que vous êtes dans le plus beau lieu de l'Univers , & que celui qui vous y rend maîtreffe abfoluë eft votre libérateur & le plus grand & le plus magnifique des Princes de la Cour du Roy de Cochinchine. Que ces confidérations tariffent vos larmes & vous portent à profiter d'une conjonéture fi favorable à tout ce que vous pouvez fouhaiter dans l'état où vous êtes !

Je vous protefte, lui- répondit cette charmante affligée, qu'on ne peut être plus fenfible que je le fuis

& plus reconnoiſſante de la faveur
que j'ai reçuë du Ciel par les mains
de vôtre vaillant Maître. Il eſt vrai
que le ſort de ceux qui ſont morts
pour garantir mon honneur & ma
vie , ont une forte part aux pleurs
que je répands, mais ils n'en ſont
pas la ſeule cauſe; des autres raiſons
& d'autres infortunes en rendent
la ſource intariſſable : cependant
ſi mon libérateur exige de ma reconnoiſſance que je lui cache mes
larmes, j'aurai cette complaiſance,
puiſque c'eſt le moins que je puis
faire pour lui marquer ma gratitude ; mais j'eſpere qu'il ne s'offen-
ſera pas de ma douleur , quand il
en ſçaura les juſtes ſujets ; & je
n'attends à lui faire cette confidence , qu'à ſçavoir comment je
dois nommer mon bienfaiéteur ,
quel il eſt, par quel heureux hazard il m'a ſecouruë ſi promptement.

Eh quoi ! lui répondit Araxa,
ignorez-vous encore que c'eſt au
magnanime Prince Zamet que
vous devez cet important ſervice,
que vous êtes dans ſon Palais, &
que

que c'eſt enfin le plus ſage & le plus
vertueux de tous les Indiens, qui
vous offre pour vous conſoler tout
ce qu'il a dans ſon pouvoir?O Ciel!
s'écria l'Inconnuë en marquant une
joïe ſincere, c'eſt l'illuſtre Zamet,
ce Prince dont j'ai tant de fois entendu chanter les vertus, à qui je
dois & l'honneur & la vie? Helas!
je ſçavois ſon nom ſans le connoître. Aimable Araxa, continua-t-
elle, n'en doutez point, la plus
grande partie de mes malheurs
ceſſe à cette nouvelle : non, je n'ai
plus rien à craindre, puiſque je ſuis
ſous la puiſſance du vertueux Zamet protecteur des malheureux,
je dois tout eſperer de ſon cœur
genéreux. Araxa, qui s'apperçut
que cette idée la rendoit plus tranquile, n'oublia rien pour la fortifier, & ſçut ſi bien ménager ſon
eſprit, que cette belle perſonne
preſque conſolée des pertes qu'elle
venoit de faire, & remplie d'une
ſecrette eſperance, ſe ſentit en
état de goûter quelques heures de
repos. Accablée du tourment de
la nuit, un doux ſommeil vint fer-

mer

mer fes paupiéres, & par les foins
de fes femmes ne fut interrompu
que très-tard.

Tandis qu'elle réparoit de la
forte fa fatigue paffée, l'amoureux
Zamet à qui rien n'étoit difficile,
parce qu'il employoit l'or avec
profufion quand il le falloit, avoit
fait partir plufieurs Couriers pour
la Ville de Caccian, munis de
fommes confidérables pour en
rapporter les étoffes les plus fuperbes, & les plus riches ajufte-
mens dont une Princeffe fe pût
parer, afin que l'Inconnuë les
trouvât à fon réveil. Il fut fervi
comme il le defiroit ; & comme
les Indiens font des plus legers à
la courfe, les fiens revinrent chargés d'habits, de pierreries & de
tous les bijoux convenables à une
femme. Ses ordres furent executés
par Tahir à l'égard des morts de la
Forêt avec la même promptitude,
& ce fidele domeftique lui rendit
compte le même foir de ce qu'il
avoit fait, & lui apprit qu'il n'avoit
rien trouvé fur aucun de ces inconnus, qui pût indiquer d'où ils

ve-

venoient ni qui ils étoient ; mais
que le Gouverneur de son grand
Palais lui avoit dit en les voyant,
qu'ils y avoient couché la nuit de
devant, qu'ils avoient avec eux une
jeune personne dont il n'avoit jamais pû voir le visage, ni les femmes de service non plus que lui,
celle qui l'accompagnoit n'ayant
pas permis qu'aucune d'entr'elles
en approchât, & qu'il falloit que
les brigands les eussent attaqués
bien avant dans la Forêt, puisque
le bruit ne s'en étoit pas fait entendre aux Gardes des portes.

· Zamet ne laissa pas d'être touché
de n'avoir aucun éclaircissement
certain sur cette aventure, craignant que Zizumene ne lui cachât
la verité : car il ne douta plus que
ce ne fût elle dont le vieillard avoit
parlé, le récit de Tahir l'ayant
instruit que la femme qu'on avoit
poignardée n'étoit ni d'âge ni de
figure à méritet la crainte & les
recommandations de cet homme.
Cependant resolu de ne pénetrer
ce mystere qu'avec précaution,
& ne pouvant plus vivre sans voir

B 3   l'ob-

l'objet de son amour, il se préparoit à lui en faire demander la
permiſſion, lorſqu'Araxa vint l'a-
vertir qu'elle étoit éveillée & le
prioit de ſe rendre près d'elle. On
ne peut exprimer l'effet que produiſit ce meſſage ſur le cœur de
Zamet; il pâlit, il rougit; la crainte, la joïe & l'eſperance l'agiterent
à la fois; il vouloit obéir, & cependant s'arrêtoit pour s'informer
d'Araxa des moindres actions de
Zizumene. La jeune Indienne qui
connut à tous ces mouvemens
l'état de ſon ame, y mit auſſi-tôt
le remède en lui rapportant mot
à mot les paroles de cette belle
perſonne, y ajoutant la ſurpriſe
qu'elle avoit témoignée à la vûë
des riches preſens qu'il venoit de
lui envoyer: Mais, Seigneur, continua-t-elle, elle n'a point voulu
s'en parer qu'elle ne vous ait entretenu des raiſons qui l'obligent
d'en uſer de la ſorte; & s'il m'eſt
permis de vous dire ce que j'en
penſe, ſes ſentimens me paroiſſent
fort au-deſſus des grandeurs & des
richeſſes.

Zamet

Zamet charmé que la noblesse
de l'ame de l'Inconnuë se décou-
vrît même à ses Esclaves, fit paroître à la jeune Araxa la joïe que
lui donnoit l'attachement qu'elle
paroissoit prendre pour elle, lui
recommanda de la faire servir
avec toutes sortes de respects, &
la renvoya pour annoncer sa visite
à Zizumene. Cette belle personne
se prépara à cette entrevûë. Comme si la presence de Zamet lui eût
été nouvelle, une secrette crainte
la saisit ; & malgré la resolution
qu'elle avoit prise de lui parler
avec franchise, ce qu'elle avoit-à
lui dire lui faisant apprehender
d'en être dédaignée, elle flottoit
dans une espece d'incertitude.
Lorsqu'il entra dans son appartement, il étoit précedé de plusieurs
Esclaves qui portoient des flambeaux devant lui : son habillement
étoit simple, mais galand ; & son
grand air relevoit si parfaitement
la sagesse de son ajustement, qu'on
le croyoit toujours mis plus superbement qu'un autre. Cet appareil
éclatant intimidoit déja l'inno-

cen-

cente Inconnuë, quand Zamet, encore plus troublé qu'elle, l'aborda & la ſalua comme ſi elle eût été Reine & qu'il fût ſon ſujet. Ses reſpects & la tendreſſe de ſes regards la raſſurerent ; & la mutuelle admiration qu'ils témoignerent l'un pour l'autre, donnant plus de tendreſſe à l'Etrangere : Pardonnez, Seigneur, lui dit-elle avec une douce majeſté, ſi l'état où je me ſuis trouvée cette nuit m'a fait manquer à ce que je vous dois ; j'aurois dû connoître l'illuſtre Zamet aux effets de ſa valeur & de ſa genéroſité. La Renommée m'en avoit aſſez appris, pour qu'il ne fût pas néceſſaire de me le nommer ; mais j'avoüe que me croyant la plus infortune perſonne de la terre, un ſemblable bonheur ne s'eſt pas offert à ma penſée.

- Il m'eſt bien glorieux, Madame, lui répondit-il, d'apprendre de votre bouche qu'on vous a quelquefois entretenuë de moi : Mais que je crains de ne pas remplir la bonne opinion qu'on vous en a donnée, & que vous ne mé-
pri-

priſiez ce que vous appellez généroſité ! puiſque vous dédaignez
déja les foibles marques de l'attachement que je vous ai voüé.
Zizumene connoiſſant à ce diſcours, qu'il lui reprochoit adroitement de ne s'être pas parée de
ſes preſens : Ah Seigneur ! lui repliqua-t-elle d'un air charmant,
ne vous offenſez pas l'infortunée
Zizumene veut paroître à vos yeux
dans toute ſa ſimplicité ; j'accepte
tous vos dons, j'eſtime tous vos
bienfaits, mais je ne crois pas les
mériter : cependant, Seigneur, ſi
vous m'en trouvez digne après
avoir appris ma deſtinée, je ne
balancerai point à vous donner
la ſatisfaction que vous deſirez.
L'admirable Inconnuë s'expli-
quoit avec tant de graces & ſes
regards étoient ſi touchans, que
Zamet tranſporté d'amour ſe jetta
à ſes pieds, en lui proteſtant que
quelque choſe qu'elle lui déclarât
il la trouveroit toujours au-deſſus
même de la Couronne de l'Univers. Cette action à laquelle elle
ne s'attendoit pas, & qui lui décou-

vrit

vrit une partie des fentimens de
fon libérateur, la fit rougir; fes
beaux yeux fe couvrirent de larmes; & prenant la parole d'un ton
de voix qui témoignoit l'agitation
de fon cœur: Venez, Seigneur,
lui dit elle en lui tendant la main,
venez apprendre à qui ces tranfports s'adreffent. A ces mots, l'ayant
priée de faire retirer fon monde à
la referve de la feule Araxa, elle
continua de la forte.

Ce que je vais vous dire, Seigneur, eft fi rempli d'obfcurités,
que je fuis obligée de vous conjurer avant toutes chofes de croire
que la verité même vous parle par
ma bouche, & que ce n'eft point
une fable inventée pour vous obliger à des confidérations que je ne
puis raifonnablement exiger dans
la fituation où le deftin m'a mife,
puifque je ne vous montre en moi
qu'une fille fans nom, fans parens
& même fans patrie. Oüi, Seigneur,
continua-t-elle, j'ignore non-feulement le lieu de ma naiffance,
mais encore celui de ceux qui me
l'ont donnée, cependant j'ai été
nour-

nourrie & élevée comme Princesse : mais pour vous éclaircir en
quelque sorte sur tant de faits ex-
traordinaires, il faut reprendre les
choses de plus loin, & vous les
rapporter avec le plus d'ordre qu'il
me sera possible.

Le vieillard que les brigands ont
assassiné, & que je nommois mon
pere, né l'étoit pas. Sa femme m'a
nourrie, & l'un & l'autre m'ont
élevée comme leur fille jusqu'à
l'âge de huit ans, auquel téms
Xumchèm & Mirpha (c'étoit les
noms de ces deux infortunés)
m'apprirent qu'ils n'étoient pas de
ce Païs-ci, qu'ils étoient Sujets
d'un autre Roy que celui de la
Cochinchine; que ma naissance
étoit illustre, mais qu'ils n'en
étoient point les auteurs ; que
mon pere, qui étoit un grand
Prince, pour des raisons importantes m'avoit exilée de ma Patrie
dès le berceau, & leur avoit confié
ma destinée, en leur commandant
de me mener dans un autre Royaume & de m'y élever secretement
dans des sentimens convenables

à

à ma naiſſance, & que ſes ordres
avoient été accompagnés de ſommes conſidérables pour me donner une noble éducation ; qu'ils
étoient venus à Caccian comme
étant le lieu le plus favorable à ce
deſſein ; qu'ils s'y étoient établis,
& n'en ſortiroient que pour me
rendre au Prince mon pere quand
il leur commanderoit. Quoique je
fuſſe trop jeune pour concevoir
quelqu'inquiétude ſur la cauſe qui
m'avoit arrachée des bras paternels, la nature m'avoit donné une
certaine élevation d'amé qui me
porta à me réjoüir de n'être pas la
fille de Xumchem & de Mirpha,
qui me paroiſſoient d'un état trop
médiocre pour convenir aux mouvemens de grandeur & d'ambition
dont mon jeune cœur étoit déja
rempli.

Je reçus donc cette nouvelle
avec une joïe extrème, & la témoignai à Xumchem par mon
application aux choſes qu'il vouloit m'apprendre, croyant que plus
je ſerois ſçavante & plus ma condition en ſeroit relevée. Je n'ai jamais
pû

pû fçavoir quelle étoit celle de
Xuinchem; mais ce que je puis
vous aſſurer, Seigneur, c'eſt que
jamais homme ne fut plus ſage ni
plus ſçavant. Il m'apprit trois ſortes
de Langues avec celle de ce Païs,
l'Arabe, la Perſane & la Chinoiſe,
m'inſtruiſit des mœurs & des coutumes de chacun de ces Peuples,
& m'enſeigna leurs differentes Phi-
loſophies; & croyant me trouver
capable des plus nobles impreſ-
ſions, il s'attacha à former mon
ame au bien & à la pratique des
vertus heroïques. La perte que je
viens de faire de ce grand homme
eſt la ſeule occaſion où je me ſuis
trouvée en état de connoître ſi j'ai
profité de ſes leçons; mais je n'oſe
attribuer à la force de mon eſprit
ma reſignation aux volontés du
Ciel dans ce moment, ni la tranquilité que je goûte depuis que je ſuis
dans ce Palais; je crains même de
m'en demander raiſon à moi-
même, dans l'apprehenſion de
ne trouver que foibleſſe où je me
flatte de fermeté.

Zizumene ne put s'empêcher

de rougir en prononçant ces paroles ; & l'amoureux Zamet qui
ne détachoit pas les yeux de deſſus
ellé, ayant rencontré lés ſiens en
cet inſtant, lui fit ſi bien comprenî-
dre qu'il ſentoit toute la délicateſſé
de ſa réflexion, que ſon trouble en
augmenta. Cependant s'étant remiſe, & détournant modeſtement
ſes regards : Quoi qu'il en ſoit,
continua-t-elle, à meſure que le
ſage Xumchem ornoit mon eſprit,
je prenois pour lui, non les ſentimens d'une fillè pour ſon pere,
mais ceux d'une éleve reconnoiſ-
ſantè pour un maître reſpectable:
l'amour qu'il m'avoit inſpiré pour
l'étude m'occupoit ſi fortement,
que depuis l'âge de huit ans juſqu'à
celui de dix-neuf que j'ai preſen-
tement, je ne me ſuis preſque jamais appèrçuë de l'exacte ſolitude
dans laquelle nous vivions. Jamais
aucun Indien n'a mis le pied dans
la maiſon de Xumchem ; jamais
Mirpha n'en éſt ſortie : ſon époux
ſeul faiſoit des voyages de tems en
tems, dans leſquels il ne paſſoit pas
trois mois & ce fut au retour du

der-

dernier qu'il a fait, qu'il m'entretint de vous, Seigneur, en me racontant les marques éclatantes de votre libéralité, la magnificence du Palais à trente deux portes que vous aviez fait conftruire, éternel monument de votre charité ; & qu'il me peignit enfin l'illuftre Zamet avec toutes les vertus qui le rendent l'admiration de tous les hommes.

Le jeune Indien de qui la modeftie souffroit de ces juftes loüanges se préparoit à les interrompre, lorfque Zizumene concevant fon deffein, acheva fon récit de la forte: C'eft de cette façon, Seigneur, que j'ai vêcu avec Xumchem & Mirpha, fans que l'un ni l'autre m'ayent jamais voulu inftruire de ce que je fuis, ni de ce qu'ils étoient eux-mêmes, quelques prieres que je leur en fiffe, ne pouvant tirer d'eux autre chofe finon que j'étois fille de Prince. Je ne puis nier que cette ignorance de mon fort ne me fift quelquefois de la peine ; j'étois perfuadée par mes fentimens que je ne leur devois point

la

la vie : je les aimois & je les refpec-
tols, mais je n'avois point pour
eux cette tendreffe affectueufe,
dont je m'imagine que l'ame eft
remplie pour ceux qui nous ont
donné le jour. Cependant malgré
toutes mes refléxions, je ne laiffois
pas de me confoler dans l'efperance dont ils me flattoient, de voir
bien-tôt mon pere & ma patrie. J'attendois cet heureux moment a-
vec impatience, lorfqu'il y a huit
jours que Xumchem m'apprit que
nous allions partir, & qu'il avoit
enfin reçu fes ordres pour me remettre dans le fein paternel ; mais
que je ne devois apprendre le nom
du Royaume ou j'allois, ni celui
de mon pere, que de fa propre
bouche.

J'avois paffé trop de tems fans
en être inftruite, pour m'affliger de
celui qu'il me falloit encore attendre pour le fçavoir : accoutumée
à ce trifte myftere, je ne marquai
nulle inquiétude à Xumchem fur
fon exacte difcrétion & ne fongeai
qu'a me préparer à partir. Le malheureux Xumchem croyant que
la

la fimplicité de notre équipage en
feroit la fûreté, & nous rendroit
une proïe méprifable aux voleurs,
nous fit monter dans une litiere
commune Mirpha & moi, n'ayant
pour toute fuite que trois hommes
à cheval comme lui, & le conduc-
teur de la litiere. Nous partîmes de
Caccian, & nous fûmes coucher
dans votre Palais, dont le Gouverneur, digne ferviteur de fon
Maître, nous reçut avec toutes fortes de civilités. Comme Xumchem
ne vouloit marcher que de nuit,
dans la crainte que l'exceffive chaleur du foliel ne m'incommodât,
nous y paffâmes la journée du lendemain, & n'en partîmes qu'au déclin du foleil, & n'entrâmes dans
la Forêt que bien avant dans la
nuit. Mais helas! toutes les précautions de mon infortuné conduc-
teur furent inutiles, puifque nous
fûmes fubitement attaqués par
une troupe d'hommes à cheval,
dont trois arrêterent notre litiere
après en avoir tué celui qui nous
guidoit, & nous en arracherent
malgré nos cris & nos efforts, &

vou-

voulurent contraindre Mirpha de
m'abandonner à leur fureur ; mais
cette généreuse femme me ferrant
dans fes bras, leur cria que s'ils vouloient m'avoir, ils n'avoient qu'à
nous emmener enfemble ; & malgré plufieurs coups de poignard
dont ils l'accablerent à la fois, elle
me tint fi ferme, qu'elle donna le
tems aux deux hommes qui nous
accompagnoient de fe jetter fur
eux : ils en blefferent deux mor-
tellement ; mais ils ne joüirent pas
de leur victoire, & rendirent les
derniers foupirs fur ceux qu'ils
avoient vaincus.

Le troifiéme de ces barbares
jugeant bien que Xumchem ne
pouvoit échapper à fes compagnons, qui l'avoient attaqué dans
le même inftant qu'ils étoient
venus à notre litiere, & croyant
que je ne lui réfifterois plus,
Mirpha étant aux abois, quoiqu'il fût feul près de moi par la
mort des fiens & des nôtres ;
employoit toutes fes forces pour
m'arracher des bras de la mourante Mirpha, lorfque le Ciel vous
con-

conduifit à mon fecours. au moment que je commençois à defefperer de mon falut. Vous fçavez le
refte Seigneur ; les brigands ont
fenti les effets de votre valeur furprenante., & le malheureux Xumchem ne pouvant éviter la mort à
du moins eu la confolation de la
voir vengée par mon libérateur ;
Mais helas ! en mourant il emporte
au tombeau le fecret de madeftinée,
il me laiffe ignorée de toute la terre,
ignorée de moi-même, fans appui,
fans ami & fans autre fecours que
celui de votre générofité. Elevée
pendant dix-huit ans dans l'efpoir
d'un rang glorieux, je me trouve
anéantie en un feul moment, &
dans la trifte incertitude. de douter
fi Xumchem même ne m'a point
trompée en me faifant croire
que j'étois fille d'un Prince, & fi
quelques raifons fecrettes ne l'ont
pas contraint à ce menfonge afin
de m'en infpirer la fierté.

Voilà, Seigneur ; ce que j'avois
à vous déclarer, voilà celle que
vous voulez traiter en Reine, celle
enfin à qui s'adreffent vos fuperbes
pré-

préfens : fi ma naiffance eft illuftre,
un noble orgueil me défend de les
accepter ; & fi je fors d'un fang
obfcur, je ne dois pas me méconnoître au point de m'en parer.

Ah! trop admirable Zizumene,
interrompit alors le paffionné Zamet, ne doutez point d'une illuftre
origine ; votre fageffe, la grandeur
de vos fentimens, & cette beauté
toute divine font des preuves in-
conteftables que les Dieux avoient
choifi Xumchem pour conferver
ce qu'ils ont formé de plus parfait:
cependant qui que vous puiffiez
être, foyez fouveraine en ces lieux.
Zamet, le trop heureux Zamet
met toute fa gloire à vous obéïr :
fur-tout ne croyez pas que mes
foins, mes vœux & l'amour extrême que vous avez fait naître dans
mon cœur, & que je n'ai pas la
force de contraindre au filence ,
tendent à profiter de votre infortune. Je vous adore, mais mon refpect égalera ma flamme ; efclave
foumis & tendre, je vous en parle
aujourd'hui pour la premiere & la
derniere fois, jufqu'à ce que mes
fer-

fervices qui vous en inftruiront
pour moi, vous la faffent approuver, & puiffent vous obliger à ne regreter ni rang, ni pere, ni patrie.

Je fçai, continua-t-il, en la voyant
rougir, que ce langage eft nouveau
pour vous, & qu'il doit vous paroître même trop hardi ; mais, Zizumene, vous feule m'avez appris à
le parler, & la pureté des fentimens
que vous m'avez infpirés ne me
faifant point craindre de les déclarer, ne vous doit pas faire rougir
de les apprendre. La vertu de Zamet m'a trop bien été dépeinte, lui
répondit-elle avec modeftie, pour
rien apprehender des mouvemens
de fon ame ; & queique foit l'état
où le Ciel m'ait fait naître, fon
eftime me fera toujours précieufe :
mais, Seigneur, attendez à me
mieux connoître, peut-être d'autres évenemens éclairciront ma
deftinée ; & foyez affuré que fi je
la défire telle qu'on me l'avoit fait
efperer, ce n'eft que pour être
plus digne des bien que vous
m'offrez.

Ces paroles renfermoient un
fens

sens trop obligeant pour demeurer
sans replique ; Zamet y répondit
avec des transports qui firent aisément concevoir à Zizumene la
grandeur de sa passion ; mais la
pudeur de cette belle Etrangere y
mettant des bornes, que son respect ne lui permettoit pas de fran-
chir, il fut contraint de s'imposer
silence & de laisser à ses yeux
le soin d'exprimer son ardeur ; &
changeant de conversation malgré
lui, il la conjura de lui dire librement si le séjour de la Ville de
Caccian lui seroit plus agréable
que le Palais de la Forêt ; qu'il l'y
conduiroit, & la rendroit aussi
maîtresse dans le Palais qu'il y
avoit, qu'il prétendoit qu'elle le
fût dans tous les lieux soumis à son
pouvoir. Zizume lui rendit de
nouvelles graces de ses généreuses
attentions, & le pria de la laisser
dans le Palais de la Forêt, dont la
solitude convenoit mieux à l'état
de son ame ; qu'elle desiroit même
n'y voir que lui, & que puisqu'il
étoit le premier homme à qui elle
eût parlé depuis qu'elle étoit au

mon-

monde, elle vouloit éviter les yeux de tous les autres.

L'amoureux Indien qui trembloit de la perdre de vûë, charmé de cette réfolution, ne fongea plus qu'à lui rendre fa retraite gracieufe. Pour cet effet, il lui forma une efpece de fociété par le choix des femmes qu'il mit près d'elle. Tahir dont la naiffance étoit noble, & qui par mille belles qualités s'étoit acquis fon eftime & fa confiance, avoit une époufe & deux filles qui conjointement avec Araxa furent deftinées à lui tenir compagnie. Douze jeunes Indiennes, ayant chacune leur emploi marqué, eurent ordre d'être foumifes à fes commandemens, & le généreux Zamet n'oublia rien de ce qui pouvoit lui prouver fon amour & fon refpect. Tant de bienfaits joints aux charmes de la perfonne du jeune Indien, ne pouvoient manquer de toucher le cœur de la belle Etrangere : elle y fut fenfible; & fa fituation lui perfuadant qu'elle ne devoit pas s'armer de fierté avec un homme que le

fort

fort avoit rendu son maître, elle
ne chercha point à lui déguiser sa
tendre reconnoissance , mais elle
sçut si bien ménager ses paroles &
ses actions, que l'amoureux Zamet
en se flattant de n'être pas haï,
ne pouvoit aussi s'assurer d'être
assez fortement aimé pour concé-
voir aucune esperance contraire
à sa vertu. Une conduite si sage &
si réservée ne fit qu'augmenter l'ardeur de cet illustre amant, & lui fit
passer près de trois mois depuis
son avanture dans une satisfaction
qu'il préferoit à toutes les grandeurs dont il étoit environné.

Son amour cependant ne ralen-
tissoit pas ses soins ordinaires pour
le secour des voyageurs , ni ses
devoirs en vers son Roi; & sçachant
avec art accorder ses affaires générales & celles de son cœur, personne ne s'apperçut de sa passion :
la Cour & la Ville étoient si fort
accoutumées à le voir des mois
entiers dans sa solitude , qu'on
ne trouvoit rien d'extraordinaire
dans ses fréquentes absences. Mais
tandis que son ardent amonr lui
faisoit

faifoit inventer chaque jour quelque nouveau divertiffement pour
plaire à Zizumene, qu'il cherchoit
à la faire confentir à l'époufer, &
que cette admirable fille plus jaloufe de la gloire de fon illuftre
amant,que de fa propre fatisfaction,
refufoit par générofité le bonbeur
que l'amour lui préfentoit, ne voulant pas qu'il unît fon fort à celui
d'une inconnuë; l'envie, la haine
& la vengeance leur préparoient
d'étranges évenemens.

Mohaban Prince du fang du
Roi de Tunquin, confiderable par
fes grands biens, & par le droit
qu'il avoit à la Couronne, le Roi
n'ayant point d'enfans, réünifloit
dans fa perfonne autant de mau-
vaifes qualités que de vertus : Il
étoit magnifique, liberal capable
de belles actions, & d'en être touché; mais avec cela il étoit fuperbe,
jaloux, envieux, ne pouvant fouffrir que quelqu'un l'emportât fur
lui ; fâché des loüanges qu'on donnoit aux autres, extrêmement fenfible à celles qui s'adreffoient à lui;
vain, faftueux, aimant à faire du

bien,

bien, moins pour foulager ceux à
qui il en faifoit, que pour s'acquerir
de la réputation. La haine s'emparoit facilement de fon cœur & lui
faifoit fouvent former des réfolutions indignes d'un Prince ; mais
elles n'étoient pas exécutées avec
la même promptitude qu'il les prenoit, fe laiffant aifément féduire
au merveilleux, & fe piquant de
furpaffer en générofité tous les
hommes de la terre. Le Prince de
Tunquin tel que je le dépeins, ne
fut pas long-tems fans entendre
publier les rares qualités de Zamet ;
le continuel commerce des Indiens de la Cochinchine avec ceux
de Tunquin, ne lui pouvoit faire
ignorer les vertus de ce jeune
Prince, dont le nom retentiffoit de
tous côtés par la bouche des voyageurs, qui comblés de fes bienfaits,
& pénetrés d'admiration, ne cef-
foient point de chanter fes loüanges ; enforte qu'on parloit autant
de Zamet & du Palais à trente-
deux portes dans le Royaume de
Tunquin, que dans celui de Cochinchine. Il n'en fallut pas davantage

tage à Mohaban pour prendre une
forte haine contre lui : une réputation de cet éclat lui paroissoit un
outrage à la sienne ; il crut qu'il
étoit de son honneur de l'étouffer
en la surpassant, ou de s'en venger
s'il ne pouvoit y parvenir.

· Pour cet effet, il augmenta son
train, ses équipages, redoubla ses
magnificences, fit bâtir des Palais
superbes, & répandit l'or avec pro-
fusion ; mais avec tout ce faste on
ne parloit point de lui, & le nom
de Zamet se faisoit entendre par-
tout. Il y avoit deux ans que Mohaban cherchoit vainement à l'emporter sur cet illustre Indien, lorsque le hazard de concert avec
l'envie qui lui étoit naturelle, fit
monter sa haine pour Zamet à son
dernier période. Le Prince de Tunquin avoit dans le fond de son
cœur une secrette inquiétude qui
troubloit tout le bonheur de sa vie :
des raisons importantes l'avoient
forcé de se séparer de quelqu'un
qui lui étoit cher ; plusieurs années
s'étoient écoulées depuis cette sé-
paration ; & les motifs qui l'avoient

cau-

caufée étant ceffés, il avoit pris fes
mefures pour raprocher de lui le
tréfor qu'il en avoit éloigné. Il l'attendoit de jour en jour ; mais trois
mois s'étant écoulés fans qu'il en
eût aucune nouvelle, il avoit fait
partir un des liens pour fçavoir
d'où venoit ce retardement ; & le
jour même qu'il efperoit revoir
fon courrier, fe promenant en rêvant dans les cours & les jardins
de fon Palais, une pauvre femme
l'aborda & lui demanda l'aumône.
Mohaban la lui donna, & continuant fa promenade paffa d'un autre côté ; la mendiante fe retira, &
rentrant dans le Palais par une porte
oppofée à la premiere, fe préfenta
encore à Mohaban pour lui demander. Ce Prince occupé de fes penfées la regarda, parut furpris, mais
lui donna la charité fans lui rien
dire : cette femme cependant continuant fon manège, & reglant fes
pas fur ceux du Prince, le voyant
entrer dans une autre cour, fit le
grand tour, & rentrant dans le
Palais par une troifiéme porte,
s'offrit de la même forte à fes yeux.

Mo-

Mohaban la reconnoiſſant, impa-
tienté de ſon importunité, lui donna une piéce d'or ; & la regardant
avec colere : Voilà trois fois que je
vous donne, lui dit-il, n'y revenez
plus, ſi vous ne voulez pas être
punie de votre audace.

O Ciel ! s'écria cette femme,
quelle difference de charité ! Le
Palais de Zamet a trente-deux portes, il m'y a vû entrer dans le même jour, & m'a donné l'aumône
autant de fois, ſans faire-ſemblant
de me reconnoître. La vôtre n'en
a que quatre, je n'en ai fait que
trois, & vous me le reprochez en
me menaçant ; & s'étant retirée
elle laiſſa Mohaban dans une telle
confuſion, qu'il fut long-tems comme immobile : mais revenu à lui-
même, la rage d'entendre nommer à toute heure le nom de Zamet, & dans des occaſions qui le
couvroient de honte, le mit dans
une ſi grande fureur, qu'il ne ſe
connoiſſoit plus. Il étoit en cet état
quand ſon courrier arriva après
un mois d'abſence ; ſa vûë le calma
d'abord, dans l'eſpoir d'en recevoir

de bonnes nouvelles. Mais que
devint-il lorſqu'il apprit que ce
Zamet qu'il deteſtoit ſi fortement, cet homme qui le ſurpaſſoit
en tout, & dont on célébroit la
gloire de l'un à l'autre bout des
Indes, étoit la cauſe qu'il ne voyoit
point arriver ce qu'il attendoit
depuis long-tems, & qu'il étoit
tranquile poſſeſſeur de ce qu'il
avoit de plus cher ! Outré de colere, d'indignation & de deſeſpoir,
& s'abandonnant entierement à la
haine dont il étoit aveuglé, il ſe
réſolut de partir de Tunquin, de
ſe rendre dans la Cochinchine &
de donner la mort à Zamet ; mais
comme les réſolutions criminelles
portent avec elles un trouble dont
la raiſon eſt toujours offuſquée,
celle de Mohaban étoit trop
prompte pour qu'il prît les précautions néceſſaires à ſa réuſſite. Rempli de l'opinion qu'il avoit de lui-
même, perſuadé qu'il n'avoit qu'à
ſe préſenter pour que tout lui fût
ſoumis, & que ſon rang & ſes
vêtemens ſuperbes ſuffiſoient pour
lui rendre tous les chemins libres,

il

il ne voulut prendre personne avec
lui, & magnifiquement vêtu ; le
sabre au côté, le poïgnard dans la
ceinture, monté sur un cheval fier
& vigoureux, & seulement guidé
par la haine & la vengeance, il
sortit une nuit de la Ville de Tunquin ; & par les routes les moins
longues, se rendit après trois semai-
nes de marche sur les frontieres
de la Cochinchine : il s'y reposa
quelques jours ; après quoi reprenant son chemin, il parvint sans accident jusques dans la vaste Forêt
qu'il falloit traverser pour se rendre
à Caccian, où son dessein étoit d'aller avant toutes choses afin d'y
prendre de justes mesures pour perdre l'objet de sa haine, & de chercher les occasions de le voir, ne le
connoissant en nulle façon. Mais
tous ses projets furent détruits au
moment qu'ils y attendoit le moins.
Il avoit déja traversé une assez longue espace de la Forêt, lorsque se
trouvant un peu fatigué de l'extrême chaleur du jour, & voulant respi-
rer l'aimable fraîcheur que le déclin
du soleil répandoit dans les bois, il

de-

defcendit de cheval, l'attacha à un arbre, & s'affit au pied d'un autre pour s'y délaffer.

Comme il n'avoit prefque point pris de véritable repos depuis fon départ de Tunquin, fon cœur & fon efprit étant fans ceffe agités du deffein qu'il avoit formé, & des moyens de l'exécuter ; le filence qui regnoit en ce lieu le provoquant au fommeil, il s'y abandonna fans réfiftance, le jour lui paroiffant encore trop grand pour avoir lieu de craindre quelque furprife : mais nē fçachant pas les routes de la Forêt, il avoit juftement choifi pour fe repofer la plus dangereufe de toutes, étant très-éloigné du chemin de Caccian, & par conféquent du Palais aux trente-deux portes. Les voleurs qui s'y retiroient le jour dans des cavernes qu'ils avoient pratiquées pour leur fûreté, n'en fortoient ordinairement que la nuit, pour y attendre ceux qui fe hazardoient d'y paffer à des heures induës ; mais ils avoient des batteurs d'eftrades qui rodoient inceffamment dans le bois, afin

qu'ils

qu'ils puſſent les avertir s'il ne s'offroit point quelque occaſion favorable. Un de ceux-là avoit déja vû
paſſer Mohaban ; la richeſſe de ſes
habits & la beauté de ſon cheval,
l'avoient tenté : cette magnificence lui faiſant croire qu'il n'étoit
pas ſeul , & que ſa ſuite alloit
venir le joindre , il n'avertit point
ſes camarades ; mais quand il le vit
endormi & que perſonne ne paroiſſoit, il donna le ſignal.

Alors une troupe de brigands
étant accouruë, il leur montra la
riche proïe que le hazard leur envoyoit. Le chef de ces miſérables
fit d'abord emmener le cheval, &
ſuivi de ſix des ſiens s'avança doucement où le Prince de Tunquin
joüiſſoit des douceurs du ſommeil:
mais ſoit qu'ils euſſent fait quelque
bruit, ou que ce fût l'inſtant marqué
pour ſon réveil , ſes yeux s'ouvrirent au moment qu'un d'entr'eux
levoit déja le bras pour le percer
de ſon poignard. Mohaban avoit
de la valeur ; le péril dans lequel
il ſe vit tout-à-coup, ne lui fit perdre ni le courage, ni la prudence ;

C 5 &

& s'étant relève avec une promptitude extrême, tira son sabre & son poignard, & s'adoslant contre l'arbre pour n'être point enveloppé fit face à ses ennemis d'un air qui les intimida. Ces sortes de gens ne font pas braves, leur valeur ordinairement ne consiste que dans leur nombre : ils étoient six contre un ; mais la façon dont Mohaban s'étoit posté détruifoit l'avantage qu'ils avoient sur lui ; l'arbre étant d'une groffeur prodigieufe, & ne pouvant l'entourer, ce qui les forçoit de ne l'attaquer que l'un après l'autre. Cependant le défir d'avoir en leur puiffance les fuperbes diamans dont fa vefte étoit toute brillante, les animant au combat, ils ne voulurent pas lâcher prife, quoique Mohaban en eût mis trois hors d'état de lui nuire ; mais malgré fes efforts il ne pouvoit éviter la mort, les voleurs ayant été renforcés de ceux qui avoient emmené le cheval si le Ciel n'eût envoyé le généreux Zamet à fon fecours.

Ce jeune Prince revenoit de la chaffe, & voulant profiter de la

beauté

beauté de la foirée, il avoit quitté
fa fuite qui prenoit le chemin du
Palais pour faire encore quelques
tours dans les bois, n'ayant que Tahir avec lui. Tous deux à cheval ils
s'avançoient lentement, lorfque l'é-
cho leur renvoyant le bruit du combat, les obligea de s'arrétér pour fçavoir de quel côté ils devoient tourner leurs pas. Zamet ne s'y trompa
point, & jugeant de l'endroit par la
maniere dont les voix parvenoient
jufqu'à lui, il donna des deux à fon
courfier; Tahir en fit autant & le
bonheur de Mohaban les fit juftement arriver au moment que n'en
pouvant plus, & que las de parer,
de bleffer & de fe défendre, il étoit
prêt de céder au nombre.

Zamet furpris de l'inégalité de
ce combat, & charmé du courage
de celui qu'on attaquoit avec tant
d'avantage, lui cria de tenir ferme
& qu'il venoit le feconder. En effet
Tahir & lui fondirent fur les affaffins avec une telle impétuofité,
que leurs chevaux en foulerent
d'abord deux à leurs pieds, & firent voler les têtes de deux autres

C 6 des

des premiers coups de leurs cime-
teres. Mohaban ſe trouvant par-là
dégagé de la contrainte où ces
miſérables le tenoient, quitta ſon
arbre, & combattit de façon à
faire connoître à Zamet qu'il
n'étoit pas indigne du ſecours qu'il
lui donnoit. Pour le jeune Indien,
ſa valeur ſurprenante ne laiſſa pas
aux brigands le tems de fuir, il en
tua quatre ſur le champ; Tahir en
mit deux hors de combat, & le
Prince de Tunquin en fit autant
du ſeul qui reſtoit. Une ſi prompte
victoire & ſi peu eſperée le remplit
de reconnoiſſance pour ſon généreux défenſeur, de qui l'air, la
taille & la jeuneſſe lui donnerent
de l'admiration. Zamet ſelon ſa
coutume étoit très-ſimplement
vêtu, & plus encore ce jour-là;
ſon habit de chaſſe étant uniforme
à celui de Tahir, n'ayant rien qui
pût le diſtinguer: il étoit deſcendu
de cheval auſſi-tôt après le combat; & la magnificence de Mohaban lui faiſant juger de ſa condition, & qu'il devoit être Etranger
puiſqu'il ne le connoiſſoit pas, il
l'a-

l'aborda avec civillté dans le tems
que le Prince de Tunquin s'avançoit pour lui rendre graces d'un
si grand service. Je vous dois la
vie, lui dit-il en le saluant, les paroles ne peuvent exprimer ce que
je ressens d'un tel bienfait ; mais
faites-moi connoître à qui j'en suis
redevable, peut-être trouverai-je
moyen de m'en acquitter ; & comme la dissimulation avec un homme
me qui vient de m'arracher des
bras de la mort, seroit un crime
que je ne me pardonnerois pas, &
que mon nom vous prouvera que
je suis en état de n'être point ingrat, je ne vous déguiserai point
que je suis Mohaban Prince de
Tunquin,& que des raisons importantes m'ont obligé de me rendre
incognito dans la Cochinchine.

L'air imperieux & fier de Mohaban en prononçant ces paroles
fit d'abord connoître à Zamet une
partie de son caractere. Il en avoit
déja entendu parler ; mais comme
les Rois de Cochinchine & de
Tunquin avoient depuis quelques
mois des altercations qui n'étoiens

pas

pas terminées & qui pouvoient
aller à se déclàrer la guerre, le
prudent Zamet s'imaginant que
le voyage de Mohaban cachoit
une affaire d'Etat, & que pour le
fervice du Roy de la Cochinchine
il ne devoit pas négliger de le pénétrer, il ne jugea pas à propos de
fe nommer, fçachant que les Princes ont fouvent plus de confiance
en leurs inférieurs que dans leurs
égaux. Ainfi ayant fait figne à Tahir pour l'obliger à ne le pas découvrir, il redoubla fes refpects
pour le Prince de Tunquin; & le
regardant avec foumiffion : Il eft
des fervices, Seigneur, lui dit-il,
qui portent leur récompenfe avec
eux; & l'honneur d'avoir été de
quelqu'utilité au Prince de Tunquin, eft d'un fi grand prix, que
je n'en demande point d'autre :
cependant, fi vous voulez me témoigner que le peu que j'ai fait
mérite votre eftime, accordez-
moi la faveur d'accepter pour afile
une affez belle maifon qui n'eft pas
éloignée d'ici. Vous ne pouvez être
mieux ni plus fecretement, dans le
def-

deſſein que vous avez à demeurer ici *incognito.* Je ſuis ſujet du Róy de la Cochinchine, je me nomme Ximin ; une naiſſance aſſez noble pourroit. me faire prétendre aux plus belles chargés, mais mon goût pour la ſolitude me fait préferer le repos au tumulte de la Cour. Je né laiſſe pas d'y avoir des amis puiſſans, & je m'offre à vous les rendre ſoumis s'ils ſont néceſſaires à vos deſſeins. Je n'ignore pas que vous ſeriez plus ſuperbement réçu au Palais du Prince Zamet ; mais puiſque vous voulez caher vótre rang, je crois pouvoir y contribúer plus aiſément que lui. Mohaban rougit en entendant prononcer le nom de Zamet ; & prenant promptement la parole : De tous les hommes de l'Univers, lui répondit-il, Zamet ſeroit le ſeul à qui je refuſerois de loger chez lui ; pour vous, brave Ximin, j'accepte avec plaiſir l'offre que vous me faites, & je prévois avec joïe que je n'aurai beſoin que de vous pour m'éclaircir de tout ce qu'il m'importe de ſçavoir.

Zamet

Zamet fut affez furpris du difcours de ce Prince, & du mépris
qu'il paroiffoit avoir pour lui fans le
connoître ; & ne doutant plus qu'il
n'y eût un myftere important def-
fous cette aventure., il fe fortifia
dans la refolution de ne fe point
découvrir. Tahir, qui avoit entendu cette converfation, ne tarda pas
à comprendre l'intention de fon
Maître, qui d'un coup d'œil l'avoit
inftruit de ce qu'il avoit à faire ; &
lorfque Mohaban eut accepté la
propofition de Zamet, & que ce
jeune Prince l'eut engagé à prendre fon cheval, Tahir lui cédant
le fien, & les voyant pourfuivre
leur entretien en marchant, prit
les devants, & gagnant le Palais
aux trente-deux portes y donna les
ordres qu'il falloit, pour que perfonne ne pût mettre obftacle au
fecret qu'il vouloit obferver, dont
il inftruifit le Gouverneur ; & s'é-
tant muni du cheval le plus leger
à la courfe, il fe rendit à toute
bride au Palais de la Forêt.

Il y arriva un quart-d'heure devant les Princes, & profita fi bien

du

du tems, que chacun fut inſtruit
de ne jamais nommer Zamet &
de n'en parler que ſous le nom de
Ximin. Cependant Mohaban qui
trouvoit le jeune Indien fort à ſon
gré, lui fit pluſieurs queſtions dans
le chemin ſur la Cour du Roy de
la Cochinchine, ſur les Grands qui
la compoſoient, & ſur-tout ſur Zamet dont il le pria de lui faire le
portrait. Le fin Ximin qui remar-
quoit que le Prince de Tunquin
ne parloit de lui qu'avec une eſpece d'indignation, & qui vouloit
en ſçavoir le motif à quelque prix
que ce fût, ſe peignit à Mohaban
à peu près tel qu'il étoit de taille
& de figure, mais avec de ſi foibles
couleurs, qu'il étoit impoſſible de
le reconnoître; & pour ſon caractere, ſa modeſtie naturelle l'em-
pechant de parler avantageuſement de lui-même, le fit paſſer ſi
légerement ſur ſes belles qualités,
que Mohaban s'imagina qu'il n'en
uſoit de la ſorte que parce qu'il
avoit quelque mécontentement
ſecret contre ce favori du Roy, &
que c'étoit peut-être la cauſe de
l'é-

l'éloignement qu'il montroit pour la Cour. Flatté de cette idée par l'espoir de trouver dans son défenseur des sentimens conformes aux siens, il alloit chercher à s'en convaincre lorsqu'ils arriverent au Palais de la Forêt, dont l'aspect charma Mohaban; & comme les gens de Zamet, pour obéïr aux ordres qu'ils avoient reçus, ne faisoient rien voir dans les respects qu'ils lui rendoient, qui donnât lieu de croire que sa naissance fût royale, le Prince de Tunquin ne put s'appercevoir de la tromperie qu'on lui faisoit. Zamet le conduisit dans un pavillon opposé à celui qu'occupoit Zizumene; & lui donna un appartement superbe auquel le sien se joignoit par une magnifique gallerie. Tahir fut choisi pour avoir soin qu'il fût servi en Prince; & Zamet voulant le laisser reposer & se délasser lui-même de la contrainte qu'il s'étoit imposée, le quitta en le suppliant de commander en maître, & que rien de ce qui étoit en son pouvoir ne lui seroit

roit refufé, & fe rendit promprte-
ment auprès de la belle Etrangere,
à laquelle il compta fon aventure
avec toutes fes circonftances.

La tendre Zizumene allarmée
du péril qu'il avoit couru, & de la
façon dont il difoit que Mohaban
parloit de lui : Ah! Seigneur, lui
dit-elle, pourquoi recevoir ici le
Prince de Tunquin après de tels
difcours? Un homme capable de
ne vous pas rendre la juftice qui
vous eft duë, doit l'être de quelque funefte complot ; & je ne
conçois pas quel deffein vous avez
en lui cachant que le Prince Zamet eft celui qui vient de lui fauver la vie. Cette crainte obligeante
faifant connoître à l'amoureux Indien que fes jours lui étoient chers,
le mit dans des tranfports de joïe
qui lui firent un moment oublier
le Prince de Tunquin. Cependant
pour la raffurer & ne lui rien déguifer de fes fentimens: Adorable
Zizumene, lui répondit-il, je ne
puis encore bien démêler les intentions de Mohaban, ni quelle
forte

forte de projet l'a forcé de venir
de ce Royaume fans fuite , fans
équipage & fans aucune des marques de fon rang : fi c'eft quelque
trame fecrette contre l'Etat ou
contre le Roy , il eft de mon devoir de la découvrir , & je ne puis
mieux y parvenir qu'en ne me faifant pas connoître ; & fi quelque
mécontentement , que je ne puis
fçavoir , irrite perfonnellement ce
Prince contre moi, je dois en ufer
de la même maniere pour en être
inftruit, le tirer de fon erreur s'il
a tort, ou lui faire raifon s'il fe
plaint avec juftice.

La charmante Zizumene, qui
ne goûtoit pas cette politique ,
employa tout fon éloquence pour
la combattre & l'obliger du-moins,
à laiffer partir le Prince de Tunquin pour Caccian, en lui avoüant
que le nom de Mohaban lui caufoit une émotion dont elle ne fçavoit pas la caufe, & qu'elle ne
pouvoit prendre que pour un preffentiment de quelqu'accident :
Mais Zamet lui promit fi pofiti-

ve-

vement qu'il ménageroit les chofes de façon qu'elles tourneroient
toutes à fa gloire, quelques fuſſent
les deſſeins du Prince de Tunquin,
qu'elle fe calma ; & la priant de
lui permettre d'aller le rejoindre,
Zizumene y confentit avec peine,
& ne s'en fépara qu'en foupirant.
Au fortir d'avec elle, Zamet en-
tra-dans fon appartement pour y
éntretenir Tahir qui l'y attendoit.
Ce fidele confident le confirma
dans les foubçons que lui donnoit
le voyage myſterieux de Mohaban, en lui racontant que tous fes
difcours marquoient une haine
fécrette contre lui, & qu'il paroiſ-
foit avoir formé quelque violente
refolution.

Zamet qui ne concevoit pas
comment il avoit pû s'attirer ce
Prince pour ennemi, ne s'étant
jamais vûs & n'ayant eû nulle cor-
refpondance enfemble, fe détermina à pénetrer promptement la
verité en feignant avec Mohaban
de haïr Zamet & d'en dire aſſés pour
le forcer à lui confier fon fecret;
&

& recommandant à Tahir de faire
obferver le fien avec fidelité ; il fe
rendit auprès du Prince de Tunquin, qui venoit de projetter de
fçavoir adroitement fi Ximin étoit
ami de celui qu'il haïffoit. On juge
aifément que leurs intentions étant
à peu près femblables, ils ne furent
pas long-tems à s'éclaircir. Le fin
Ximin continuant de lui rendre
des refpects proportionnés à ce
qu'il vouloit paroître, lui demanda comment il fe trouvoit, & s'il
croyoit fa folitude digne d'être
honorée de fa prefence pendant
quelques jours.

Il feroit difficile, brave Ximin,
lui répondit Mohaban, de ne fe
pas plaire où vous êtes ; certain
charme eft répandu dans tout ce
qui vous appartient, que le cœur
s'y fent attacher avec force ; & je
vous protefte que fi j'avois l'efprit
plus libre, je ne croirois point de
plus grande félicité que d'être avec
vous dans ce beau lieu. Cependant
je ne puis m'empêcher d'être furpris que jeune comme vous êtes,

&

& d'une valeur que peu d'autres égalent, vous foyez retiré dans cette folitude par pure inclination pour la tranquilité. Ce que vous avez fait pour moi me donne une telle confiance en vous, que je ne puis vous cacher ce qui m'amene ici ; mais avant que de vous le déclarer, je voudrois fçavoir fans déguifement fi Zamet vous eft particulierement connu, s'il eft votre ami, ou fi fa haine n'eft point le motif de votre rétraite.

. Seigneur, lui répondit-il froidement, le Prince Zamet n'a, je crois, ni haine ni tendreffe pour moi, je fuis de même à fon égard; je ne vous nierai pas cependant que c'eft lui qui m'oblige à préferer ce lieu champêtre aux plaifirs de la Cour, & qu'ennuyé des honneurs qu'on lui rend, peut-être plus par politique & par rapport à fon rang que parce qu'il les mérite, je viens m'y délaffer avec joïe du fatiguant fardeau d'une Cour importune. Ce difcours ambigu perfuadant Mohaban que Ximin ne
vou-

vouloit pas dire tous les sujets de plaintes qu'il avoit contre Zamet, & que son bonheur l'avoit justement adressé à un homme qui le haïssoit presqu'autant que lui, il l'interrompit avec précipitation; & le regardant d'un air de confiance: C'en est assez, vaillant Ximin, lui dit-il, j'en pénetre plus que vous n'osez en dire, & je vois que je puis sans crainte vous avoüer que le seul Zamet a conduit mes pas dans la Cochinchine, qu'il est sans le connoître le plus cruel de mes ennemis, & que sa mort enfin est l'unique bien où j'aspire.

Le vertueux Zamet extrêmement surpris de ces paroles, mais voulant tout sçavoir, sçut se posseder de façon à ne donner aucun soupçon à Mohaban; & lui répondant sans s'émouvoir : Vous ne pouviez vous mieux adresser qu'à moi, Seigneur, pour satisfaire votre haine; j'ai des moyens assurés pour vous en livrer l'objet : mais souffrez qu'avant de vous en instruire, je le fois des sujets de votre courroux,

roux, & que j'apprenne par quelle
·fatalité le Prince Zamet peut avoir
offenſé celui de Tunquin. Ah!
c'eſt peu de m'offenſer, s'écria
Mohaban tranſporté de fureur;
ce Prince ſi venté dans votre Cochinchine, qui ſous une fauſſe
genéroſité cache les plus lâches
pratiques, non content de vouloir
l'emporter ſur tous les hommes
de la terre, vient d'enlever im-
punément ma fille, & d'aſſaſſiner
ceux qui devoient la rendre à
mon amour.

O Ciel, qu'entends - je! interrompit Zamet, qui ne s'attendant
pas à cette accuſation, penſa tout
découvrir par l'excès de ſon étonnement ; mais ayant rappellé ſa
prudence ordinaire, & la vivacité
de ſon eſprit lui faiſant entrevoir
le plus grand de tous les bonheurs
dans cette extraordinaire aventure, il ſe remit de ſon premier
trouble ; & promettant à Mohaban une vengeance aſſurée, le
conjura de ne lui rien cacher du
crime de Zamet. Le Prince de

Tun-

Tunquin, qui ne demandoit pas
mieux, ne se fit aucune violence
pour le satisfaire, & dans le même
instant prit la parole en ces termes.

HISTOIRE
DU PRINCE
DE TUNQUIN.

XXXII. NOUVELLE.

I L eſt nëceſſaire, ô mon généreux défenſeur , que je vous apprenne tous les incidens de ma vie, pour vous faire bien concevoir à quel point Zamet me doit être en horreur. Je ne vous entretiendrai pas de la grandeur de ma naiſſance, puiſque le titre que je porte vous en inſtruit aſſez; ni du détail de mes premieres années, qui n'ont rien eu de re-

mar-

marquable jufqu'à l'âge de vingt
ans, que je fus choifi du Roi de
Tunquin pour négocier un traité
d'alliance entre le Roi de Camboia
& lui. Je partis pour cette ambaffa-
dé avec tout l'éclat que peut exiger
un Prince du fang royal ; mais
comme ma-jeuneffe pouvoit me
difpenfer d'être auffi bon politique,
que je lui paroiffois fuperbe & magnifique, deux Grands de la Cour
& du Confeil du Roi m'accompagnerent pour m'aider & me guider dans une affaire de cette importance. Je fus reçu dans les Etats
du Roi de Camboia avec des honneurs inoüis, & ce Monarque ayant
conçu pour moi la plus forte tendreffe, voulut m'en donner des
preuves en me permettant l'entrée
dans les lieux les plus fecrets de fon
Palais, afin que je puiffe lui parler
à toutes les heures du jour. Cette
liberté m'ayant procuré celle de le
voir au milieu de fes femmes, mes
yeux furent ébloüis des rares beautés qui s'y préfenterent ; mais mon
cher Ximin, celle de la jeune
Princeffe de Camboia perça mon
ame

amé d'un trait invincible , & fes
premiers regards marquerent l'inftant fatal de la perte de mon cœur.
L'ambition jufqu'à ce moment a-
voit été ma feule paffion. Pré-
fomptif héritier de la Couronne
de Tunquin , étant frere unique
du Roi , ce Monarque n'ayant
point d'enfans , & fes infirmités
quoique jeune encore ne lui donnant nul efpoir d'en avoir ; on m'a-
voit élevé dans la douce efperance
de regner même avant fon trépas;
les peuples s'imaginant que fes incommodités le forceroient à la
retraite.

, Cette idée s'étoit même fi fort
emparée de mon efprit , que je me
faifois obéïr en maître , & que je
commandois en Roi fans en avoir
ni le titre ni le pouvoir. Cet air
d'autorité qui commençoit à déplaire à mon frere , fut une .des
principales caufes qui l'obligea à
me nommer pour l'ambaffade de
Camboia , afin de m'éloigner pour
quelque tems , & me faire voir de
quelle forte on fe gouvernoit dans
les Cours étrangeres. Mais que

mon

mon ambition devint foible à la
naiſſance de mon amour ! que celui de regner me parut peu de choſe en comparaiſon du plaiſir de
pouvoir ſe faire aimer de la plus
belle perſonne de la terre ! Ah ! Ximin , quiconque m'eût dit alors
que je ne ſerois jamais Roi , & que
je poſſederois cette adorable Princeſſe , m'auroit vû préferer ce bonheur à toutes les couronnes de
l'univers. Peut-être ne connoiſſez-
vous point encore l'amour , & qu'il
vous paroît extraordinaire qu'à
l'âge où je ſuis , je me rappelle les
foibleſſes de ma jeuneſſe avec autant de feu que ſi je les reſſentois
toujours ; mais , vaillant Indien , le
cœur ne vieillit jamais , & les rares
vertus de la malheureuſe Zizumene ſont ſi préſentes à ma penſée ,
& je l'ai ſi fort aimée pendant ſa
vie , que ſa mort n'a pû triompher
de mon amour. Ce tendre ſouvenir ayant arraché des larmes au
Prince de Tunquin , il porta ſa main
ſur ſon viſage pour cacher une partie de ſa douleur : ce qui lui déroba
les differens changemens de celui
de

de Zamet; le nom de Zizumene
le troubla de telle forte, que Mohaban s'en feroit infailliblement
apperçu, s'il n'eût pas été lui-même dans un état à peu près femblable.

Mais le filence & l'action de ce
Prince ayant donné le tems à
Zamet de fe remettre, & toujours
réfolu de porter la prudence auffi
loin qu'elle pourroit aller dans une
aventure qui commençoit à l'in-
tereffer de toutes façons, il entra
avec tendreffe dans les fentimens
de Mohaban ; & l'affurant que
l'amour ne lui étoit pas fi fort inconnu, qu'il ne pût concevoir combien un bel objet a de pouvoir
fur les cœurs, il le fupplia de continuer fon récit. Le Prïnce de
Tunquin charmé de le voir fenfible à fon fort, reprit ainfi fon difcours : J'éprouve aujourd'hui, lui
dit-il, qu'il n'eft rien de plus doux
que d'avoir quelqu'un à qui pouvoir fe développer tout entier :
c'eft une confolation que je n'ai
jamais goûtée, & dont ma fierté
naturelle m'a privé toute ma vie

ne

ne trouvant perſonne dignè d'être
dépoſitaire de mes penſées ; vous
ſeul, brave Ximin, avez trouvé l'art
de vous inſinuer dans mon cœur,
& m'avez appris celui de m'abaiſ-
ſer ſans m'humilier, & votre vûë
a produit dans mon ame à l'égard
de l'amitié un effet auſſi prompt,
que celle de la Princeſſe de Camboia à l'égard de l'amour.

Mais ſi le ſervice que vous m'a-
vez rendu, & ſi la généroſité avec
laquelle vous me recevez chez
vous, joints aux belles qualités
dont je vous vois briller, juſtifient
la promptitude de l'eſtime que
vous m'avez inſpirée, l'étonnante
beauté de Zizumene juſtifie auſſi
celle de l'ardente flamme que je
pris pour elle ; jamais rien de ſi
parfait n'avoit frappé mes yeux ;
ainſi la voir & l'adorer ne furent
pour moi qu'une même choſe :
J'étois trop jeune & trop fier de
mon rang pour me contraindre
au ſilence ; je fis éclater mon admiration d'une maniere qui n'en put
faire ignorer le principal motif ;
& les difficultés que je fis naître
au

au traité d'alliance pour rendre
mon féjour plus long à Camboia ,
inftruifit bien-tôt le Roi que fa
fille avoit plus de part que la politique à ma façon d'agir. Pour en être
plus certain, il m'examina avec
attention ; & ne pouvant douter
de ma paffion par mon affiduité
chez la Princeffe , les tendres
regards que j'attachois fur elle
lorfque je croyois n'être point
obfervé, ma joïe en la voyant, &
la trifteffe qui s'emparoit de moi
lorfque j'étois forcé de m'en féparer ou de mettre des intervales
à mes vifites ; il crut ne pouvoir
mieux affurer le traité d'alliance,
qu'en m'accordant celle de cette
Princeffe.

Mais comme il l'aimoit tendrement , il voulut fçavoir fes fentimens avant que de déclarer les
fiens. Je les ignorois ainfi que lui ;
& malgré l'orgueil avec lequel
le Ciel m'a fait naître, je n'avois
ofé lui découvrir ma flamme, ni
me hazarder à pénétrer le fecret
de fon cœur ; & quoique je lui
remarquaffe de certaines défe-

rances pour moi, & quelque forte
de plaifir à m'entretenir, ces faveurs étoient accompagnées de
tant de modeftie & de majefté, que
fouvent tout prêt à me déclarer,
un feul regard me forçoit de me
taire. Le Roi fon pere ne lui trouva pas tant de referve, lorfqu'il
entreprit de connoître fes véritables penfées : & mille fois plus
heureux que je ne croyois l'être,
elle lui avoüa qu'elle lui obéïroit
fans peine s'il lui commandoit de
me recevoir pour époux. Le Roi
de Camboia qui défiroit la faire
Reine, & qui voyoit que ce défir
s'accordoit avec l'eftime qu'il
avoit pour moi, ne balança point
à faire ma félicité; & pour détruire
tous les fujets de retardement
que j'apportois chaque jour au
traité, il me prit en particulier le
lendemain de fa converfation
avec la Princeffe, & m'ayant conduit dans un cabinet qui rendoit
dans la Salle du Confeil:

Prince, me dit-il en me regardant fixement, je ne puis concevoir d'où partent les fréquentes
dif-

difficultés que vous faites naître
dans l'alliance que nous voulons
faire le Roi de Tunquin & moi :
nous la défirons tous deux, nos
Miniſtres font d'accord, & cependant nous ne terminons rien : Je
crois ne vous avoir pas donné lieu
de vous oppoſer à la commune
ſatisfaction de nos Sujets ; vous
devriez même y être plus porté
que le Roi votre frere, puiſque la
Couronne vous regarde feul , &
que vous agiſſez pour vos propres
interêts. Je vous avoüe que ce
procedé commence à m'inquié-
ter , & que ſi je ne me flattois quelquefois que vos retardements ont
des motifs plus tendres que poli-
-tiques , je vous en aurois déja
marqué mon mécontentement :
mais Prince , continua-t-il en prenant un air plus doux , ſoyez ſincere, l'amour n'eſt-il point la cauſe
de votre injuſtice ?

Le prélude du Roi de Camboia
m'avoit ſurpris, la fin de ſon diſcours me raſſura ; & ne balançant
point ſur ma réponſe: Il eſt vrai,
Seigneur, lui répliquai-je , la crain-

te

te de m'éloigner de ce que j'adore
m'a fait prolonger le traité, je suis
prêt en le signant d'assurer le bonheur de nos peuples ; mais je voudrois que le mien fût signé de la
même main. Hé bien, Prince,
me dit il, entrons au Conseil, &
voyons si je serai plus prompt à
vous satisfaire sur une chose de
cette importance, que vous ne
l'avez été dans le sujet de votre
ambassade : & sans attendre ma
réponce, ayant ouvert la porte de
communication, il me fit entrer
au Conseil avec lui. Nous le trou-
vâmes tout assemblé ; & le Roi de
Camboia ayant pris sa place fit
une assez longue énumeratoin des
avantages que l'union des deux
Couronnes procureroit aux Tunquinois & aux Camboians, & déclara ensuite que pour en assurer la
durée qu'il accordoit à mon amour
la Princesse Zizumene sa fille, &
que le traité d'alliance devoit être
construit en conséquence de ce
mariage.

Que les hommes font peu de
choses, mon cher Ximin, quand
ils

ils font pris par le cœur ! Moi, qui
n'ai jamais pû plier devant perſonne ; moi, qui ne rendoit qu'avec
peine les reſpects dûs au Roi mon
frere : ſaiſi de joïe & d'étonnement aux paroles de celui de
Camboia, je me jetta à ſes pieds ;
& rendant tout le Conſeil témoin
de mes tranſports, j'oubliai rang,
orgueil, & fierté pour ne montrer
qu'amour & que reconniſſance.
Cette action fit trop bien connoître l'excès de ma paſſion pour oſer
en douter, & le Conſeil jugeant
que la Princeſſe ne pouvoit être
qu'heureuſe étant aimée avec cette violence, il approuva d'une
commune voix le choix de ſon
Souverain ; & il fut réſolu que je
partirois inceſſamment pour Tunquin, que le Roi mon frere envoye-
roit de nouveaux ambaſſadeurs
demander la Princeſſe ; qu'un
d'entr'eux ſeroit nommé pour l'é-
pouſer à mon nom, & qu'après
cette cérémonie ils la condui-
roient à Tunquin pour m'en rendre poſſeſſeur.

Tous ces articles furent écrits &
ſignés

fignés de part & d'autre avec une
égale fatisfaction ; & pour mettre
le comble à ma félicité, le Roi de
Camboia me conduifit à l'appartement de la Princeffe, & m'y
préfenta en qualité d'époux. La
charmante Zizumene reçut cet
ordre d'un air à m'affurer de mon
bonheur, & quelques jours après
me fit un tendre aveu des fentimens de fon cœur. Jugez, mon
cher défenfeur, de l'état de mon
ame au milieu de tant de délices:
cependent auffi prompt à vouloir
reprendre la route de Tunquin,
que j'avois été lent avant cet évenement, & croyant que plus je
refterois à Camboia, & plus je
retarderois le moment de ma félicité, je pris congé du Roi & de
ma Princeffe, comblé des marques de leur tendreffe, brûlant
d'amour & rempli d'efperance.
J'arrivai à Tunquin fans accident,
& toute chofe contribuant à mes
défirs, le Roi mon frere approuva
ma conduite & mon amour, & fit
partir pour ambaffadeur Xumchem, le plus fage & le plus confi-
dé-

dérable de nos Bonzes, qui, comme vous fçavez, font nos Prêtres & les Chefs de notre Religion, ainfi que dans la Chine & dans la Cochinchine, qui fut accompagné d'un des principaux Miniftres. Cette folemnelle ambaffade fut des plus fuperbes par les magnificences qu'inventerent les Ambaffadeurs pour nous faire honneur, & par la fomptuofité des préfents, dont je les chargeai pour la Princeffe Xumchem, qui de tout tems m'étoit attaché, fut nommé pour époufer ma chere Zizumene. Enfin ils partirent ; & quoiqu'ils n'apportaffent aucune négligence dans leur voyage & dans leur retour, il me parut d'une longueur extrême.

Le Roi de Camboia qui les attendoit, ne les fit pourtant pas languir ; tout fe fit dans les regles, & la Princeffe leur fut remife. Les adieux du pere & de la fille furent tendres & touchans ; mais le fort que l'amour fembloit lui préparer les flattant l'un & l'autre ils fe confolerent de cette féparation, & Zizumene avec nos Ambaffadeurs

deurs prit le chemin de Tunquin.
Le Roi mon frere & moi fûmes
la recevoir à trois journées de la
Capitale. Je ne vous repréſente
point ma joïe, mes inquiétudes &
mes impatiences pendant le cours
de ſon voyage & l'eſpoir de ſon
arrivée; ce que je vous ai rapporté de la violence de mon amour
vous en doit faire juger. Enfin, nos
coureurs nous ayant rapporté que
le cortège avançoit, nous nous
détachâmes du nôtre mon frere
& moi, & fumes au-devant d'elle;
ſa litiere arrêta auſſi tôt qu'on
nous eut apperçus: & cette belle
Princeſſe ayant appris que le Roi
étoit avec moi, & ſe l'étant fait
montrer, elle voulut deſcendre &
ſe jetter à ſes pieds; mais ce Monarque s'étant avancé avec précipitation, l'en empêcha en la conjurant de ne lui point rendre des
reſpeçts qu'on ne devoit reſerver
que pour elle. Je la ſaluai dans ce
moment; & nos yeux étoient ſi
fort occupés du plaiſir de nous
voir & de nous l'exprimer, que
nour ne fimes nulle attention au
trouble

trouble qui parut aux autres fur le
vifage du Roi. En effet, ce Prince
furpris de tant de charmes devint
mon rival en ce fatal inftant, &
fon amour auffi prompt que le
mien, forma dès-lors le funefte
projet de mettre à mon bonheur
un obftacle invincible, en épou-
-fant lui-même cette admirable
Princeffe.

Cependant j'étoit fi fort aveu-
glé·par fa préfence, que je ne
m'apperçus point de mon˜ malheur; le cortége reprit fa marche,
le Roi à cheval à la droite de la
litiere de Zizumene, & moi à fa
gauche: le Roi lui faifant tous les
honneurs poffibles, lui donnant
mille marques d'une eftime particuliere, & fe contraignant fi bien
dans fes actions & dans fes paroles
que la Princeffe ni moi ne pûmes
rien foupçonner du fecret de fon
cœur. Les courtifans, moins pré-
venus que nous, ne s'y trompèrent
pas de même; & dans le dernier
féjour qu'il nous fallut faire pour
aller à Tunquin, le fage Xumchem m'avertit de prendre garde

à

à moi, qu'indubitablement mon
frere étoit amoureux de la princeſſe, que les divers changemens
de ſon viſage à leur premiere en
trevûë le lui avoient prouvé, &
que la gêne qu'il impoſoit juſqu'à ſes regards n'étoit ſans doute
que pour mieux réuſſir dans quelque deſſein contraire a notre
amour. Ce diſcours me fit de la
peine, mais je ne pus y ajoûter foi,
me figurant qu'on ne pouvoit aimer ſans le faire connoître plus
clairement, & je crus que Xumchem prenoit pour amour, ce qui
ne partoit que de l'amitié que ce
Prince vouloit me témoigner
dans ce que j'avois de plus cher
au monde. Perſuadé de cette vérité je me gardai bien d'en rien
dire à Zizumene, & me flattant
de toucher au moment que perſonne ne pourroit plus me la diſ-
puter, j'arrivai à Tunquin dans une
parfaite ſécurité.

Mais que je fus cruellement
deſabuſé, lorſqu'en entrant au Palais je vis le Roi de Tunquin ſe
mettre en devoir de conduire la
Prin-

Princeffe dans le pavillon de fes femmes, & que pour empêcher l'obftacle que j'y pourrois apporter, il la fit entourer de fes Gardes! Furieux d'une telle entreprife, je m'avancai; & me mettant au-devant de fes pas : Seigneur, lui dis-je fierement, ce n'eft pas là que doit loger la Princeffe de Tunquin. Non, me répondit-il, mais c'eft où doit demeurer celle que j'en fais la Reine. Mourez donc, lui repliquai-je en tirant mon cimetere, & je la placerai fur le Trône. Mohaban, me dit-il fans s'émouvoir, vous perdez le refpect, mais vous en ferez bientôt puni.

Xumchem & tous les Seigneurs de la Cour préfens à cette aventure, fe jetterent à la fois fur moi, dans la crainte que mon defefpoir ne me fît commettre un crime qui n'a point de pardon parmi nous ; car il faut que vous fçachiez qu'un Prince affez malheureux pour tirer du fang à fon frere ne peut jamais parvenir à la Couronne, & que le Roi feroit forcé de la quitter s'il

avoit

avoit levé le bras fur fon fucceffeur. Mais ma jufte fureur me faifant dédaigner les Loix, j'aurois
fans balancer fait voler la tête du
Roi de Tunquin, fans le nombre
de ceux qui m'en empêcherent.
Pendant ce tems la défolée Zizumene fe mit aux genoux de cet
injufte Prince, & lui repréfenta
qu'il ne pouvoit fans fe couvrir de
honte & de blâme l'enlever à fon
époux; que perfonne fur la terre
n'avoit plus de droit fur elle; que
fon Ambaffadeur l'ayant époufée
à mon nom, elle ne pouvoit plus
être qu'à moi; qu'elle ne devoit
point habiter d'autre Palais que le
mien, & que puifqu'elle étoit au-
torifée des Loix divines & humai-
nes, elle lui déclaroit qu'elle ne
romproit jamais les nœuds qui
l'attachoient à moi par devoirs &
par inclination.

Mais quoique ces généreufes
paroles fuffent autant de coups de
poignard pour mon rival, il n'y
répondit qu'en forçant la Princeffe à le fuivre; & malgré ma
rage, mon defefpoir & ma fureur
el-

elle fut conduite â mes yeux dans
le Palais deftiné aux femmes de
ce Barbare. Il m'eft impoffible de
vous exprimer ce que je fis ni ce
que je dis en ce moment: tout ce
que je puis vous affurer, c'eft que
je perdis la raifon, & que prenant
ceux qui m'empêchoient de m'a-
bandonner à mes tranfports pour
autant d'ennemis, je tournai contre moi l'excès de ma furie, & me
ferois donné la mort de ma propre main, fi Xumchem prefque
auffi furieux que moi, ne m'eût
arraché mon cimetere & fait traîner avec effort dans mon appartement. Il m'y accompagna, fit
fortir tout le monde, & refta feul
expofé à mes boüillans tranfports:
ils étoient trop violens pour durer
long-tems; il s'en doutoit, & vouloit me voir accablé de mon propre poids pour appliquer le remede à mon mal.

Enfin, las de m'agiter & d'attaquer les hommes & les Dieux, je
tombai fur un fofa comme un
homme prêt à rendre le dernier
foupir. Xumchem, qui n'attendoit

doit que cet inſtant pour rompre
le ſilence, s'approcha de moi; &
me regardant avec colere. A quoi
ſongéz vous, me dit-il, en vous
ſoulevant contre votre frere ? voulez-vous vous fermer-le chemin
du Trône pour jamais? Votre fureur eſt juſte, votre vengeance eſt
néceſſaire, mais c'eſt par d'autres
moyens qu'il les faut ſignaler :
calmez ces mouvemens impé-
tueux, ſongez que la Princeſſe
vous aime, & comptez ſur le ſerment que je vous fait que demain
vous apprendrez ma mort, ou que
vous aurez Zizumene en votre
pouvoir. Ce zélé Miniſtre-de nos
Dieux me parloit avec une aſſu-
rance qui ne me devoit pas donner
lieu de douter de ſes paroles : cependant j'étois ſi peu en état de
me flatter d'une telle eſperance,
que je dédaignai même de lui répondre. Il ne s'étonna point de ce
mépris, & ſans s'en offenſer il rappella mes gens, m'obligea de me
coucher, & ſe retira.

Son abſence me laiſſant à moi-
même, & le corps abattu du tour-

ment

ment de l'efprit, n'ayant plus la force de m'exprimer par des fureurs, une fombre trifteffe s'empara de mon cœur, les larmes & les foupirs prirent la place des emportemens, & je paffai la moitié de la nuit dans un état digne de pitié. Enfin ne pouvant gouter aucun repos, je me levai ; & me promenant à grands pas, je roulois dans ma penféc les plus affreux projets, lorfque j'entendis quelque bruit à une porte fecrete qui rendoit de ma chambre dans la falle de mes bains, par laquelle j'avois pratiqué une communication au pavillon du Roi, pour n'être pas obligé de traverfer les courts quand je voulois m'y rendre fans être vû. Je m'approchai de cette porte un flambeau à la main, croyant entendre, parler, & que quelques-uns de mes Efclaves auroit eû l'imprudence de s'y renfermer. Mais quel fut mon étonnement de la trouver ouverte, & de voir entrer Xumchem & Mirpha fon époufe qui conduifoient ma chere Zizuméne ! Il faudroit

avoir

avoir été dans ma situation pour concevoir ce que je sentis à cette vûë: le flambeau me tomba des mains ; je crus rêver, ou que ma raison entierement perduë ne m'offroit plus que des fantômes.

Ma surprise, mon silence, mes yeux égarés & mon immobilité faisant connoître à ma Princesse la confusion de mes pensées: Cher Prince, me dit-elle, n'en doutez point, c'est votre Zizumene que Xumchem & Mirpha vous ramenent. Ce charmant son de voix pénétrant jusqu'au fond de mon cœur, me fit connoître la réalité de mon bonheur; mais je ne pus proferer un seul mot, & me jettant à ses pieds j'embrassai ses genoux, & lui baisai mille fois les mains qu'elle me tendoit pour me relever, sans qu'il me fût possible de m'exprimer que par des soupirs. Cette aimable Princesse pressant ma tête dans ses bras avec tendresse: Remettez-vous, Seigneur, me dit-elle, & daignez écouter Xumchem & suivre ses avis. Ces paroles m'ayant entierement calmé,

je

je demandai à ce fidele Sujet l'explication de ce que je voyois. Seigneur, me répondit-il, je me fuis acquitté de ce que je vous ai promis, c'eft à vous à préfent d'affurer votre tranquilité ; vous n'ignorez pas que le Roi tout-puiffant qu'il eft, ne peut rien tenter contre la femme de fon frere quand elle l'eft véritablement; hâtez-vous donc de lui donner cette qualité, fans équivoque, vous n'avez pas befoin d'autres cérémonies que celles qui fe font faites. - Si les chofes s'étoient paffées fans trouble, l'honneur de vous lier l'un à l'autre ne regardoit que moi ; je l'aurois fait folemnellement dans le Temple : la conjoncture préfente demandant d'autres foins, je vous lie ici pour jamais à la face des Dieux qui m'en ont donné le pouvoir. En difant ces mots, il nous prit les mains, & les uniffant enfemble il prononça les myfterieufes paroles qui rendent les nœuds de l'himenée indiffolubles. Cette cérémonie ne fut pas plûtôt achevée, qu'il m'inftruifit que

Mirpha son épouse étant auprès de celle des femmes du Roi qu'il paroissoit aimer le plus, il l'étoit allé trouver, sa dignité de Bonze lui permettant d'entrer par-tout ; qu'il lui avoit compté ce qui s'étoit passé, & qu'ayant résolu ensemble d'en instruire la favorite, afin qu'en excitant sa jalousie elle entrât dans le dessein qu'ils avoient d'enlever au Roy Zizumene, ils s'étoient rendus près d'elle, lui avoient appris la violence de ce Prince, & le risque qu'elle couroit de n'être jamais Reine.

Que cette Princesse, allarmée d'une telle nouvelle, leur avoit demandé précipitament ce qu'il falloit faire pour prévenir ce malheur ; qu'ils lui avoient répondu que le seul moyen étoit de rendre la Princesse de Camboia au Prince de Tunquin ; que la favorite avoit rêvé un moment à cette proposition, mais qu'ayant pris sa resolution, voyant qu'il n'y avoit pas de tems à perdre, & craignant de n'avoir plus aucun pouvoir dès le lendemain, elle avoit mandé le

Ca-

Capitaine des Gardes du pavillon
deſtiné aux Reines, dans lequel
étoit Zizumene ; que cet homme
qui devoit ſa fortune à la favorite,
étoit venu dans l'inſtant ; qu'elle
lui avoit commandé de nous remettre la Princeſſe, & de ſortir
du Royaume le moment d'après
pour éviter la colere du Roy ; &
qu'ayant accompagné cet ordre
d'un écrin rempli de diamans ſuperbes, le Capitaine avoit fait ſerment de lui obéir ; qu'ils avoient
attendu que le Roy fût couché, &
que lorſque tout avoit été tranquile ils s'étoient rendus chez la
Princeſſe ; qu'ils l'avoient trouvée
baignée de pleurs, mais que Xumchem l'ayant conjurée de ſe fier à
lui, elle avoit bien voulu le ſuivre,
ſur-tout quand elle avoit vû Mirpha, de qui l'air grave & majeſtueux l'avoit raſſurée.

Que Xumchem s'étant muni
des clefs de mon ſallon des bains,
les avoit conduits par les détours
ſecrets de la communication des
pavillons, & qu'ils étoient parve-
nus juſqu'à moi ſans bruit & ſans

ac-

accident; que le Capitaine étoit
parti; que Mirpha alloit rejoindre
la favorite, & que pour lui il alloit
se renfermer dans le Temple pour
prier les Dieux de m'être favorables. J'écoutai ce récit avec des
transports de joïe inexprimables;
& sensible à l'action de la favorite,
quoiqu'elle l'eût fait moins pour
me servir que pour ses interêts,
je chargeai Mirpha d'un coffret
d'or rempli de perles & de rubis,
qui valoient bien le present qu'elle
avoit fait au Capitaine, pour le lui
donner de ma part en l'assurant
de mon éternelle reconnoissance.
Xumchem, qui ne doutoit point
de la fureur du Roy lorsqu'il sçau-
roit l'évasion de la Princesse, me
conseilla de m'éloigner de l'orage,
& de partir avant le jour pour la
Province de Quamcheu dont je
suis né Souverain.

Je suivis ses conseils avec exactitude; & lorsque j'eûs donné
quelque tems aux vifs transports
de ma joïe & de mon amour,
voyant que ma chere Zizumene
ne respiroit qu'avec crainte dans
mon

mon Palais, je fis tout préparer
pour mon départ. Mes ordres furent executés si promptement,
que nous fortîmes de Tunquin &
que nous en fûmes à vingt stades
avant que le jour parut; ce qui
nous donna le tems d'arriver sans
danger à Quamcheu, où j'appris
bién-tôt que le Roy de Tunquin
avoit fait voir une fureur terrible
lorfqu'il fçut à fon réveil que j'a-
vois enlevé la Princeffe. Comme
Xumchem étoit rentré dans fon
Temple, que Mirpha paroiffoit n'a-
voir point quitté la favorite, & que
perfonne ne les avoit vûs entrer
chez Zizumene, il ne foupçonna
que moi & le Capitaine du Palais
de cette témeraire entreprife, &
jura hautement d'en prendre une
vengeance éclatante. Mais comme il ne pouvoit plus nous nuire
que par des voyes indirectes, ne
lui étant pas permis d'attenter ouvertement fur la Princeffe ou fur
moi fans perdre la Couronne, je
ne m'allarmai point de fes menaces; & plus content de la poffeffion de Zizumene qu'effrayé de la

cole-

colere du Roy, je ne fongeai qu'à lui
rendre notre exil plus digne d'envie que ne l'étoient toutes les grandeurs de la terre. J'y réuffis : notre
Cour étoit brillante & magnifique;
chacun s'empreffoit à l'envi de
montrer fon zele à la Princeffe ,
par mille fêtes galantes & fuperbes.
Elle devenoit chaque jour plus
belle, & moi plus amoureux. Xumchem , qui prenoit foin de m'inftruire très - ponctuellement de ce
qui fe paffoit , m'écrivit fecretement que la Cour de Tunquin
étoit dans une confternation des
plus grandes par la mort inopinée
de la favorite, qui venoit de rendre
les derniers foupirs dans de fi cruels
tourmens , qu'on ne doutoit point
qu'elle n'eût été empoifonnée , &
que je priffe garde à moi ; que Mirpha juftement indignée de cette
cruauté, avoit demandé à fe retirer
du Palais ; qu'elle l'avoit obtenu,
& l'étoit venu rejoindre dans le
ferme deffein de fuir tous les honneurs qui lui feroient offerts de
la main du Roy.

Cette nouvelle me donna de
l'in-

l'inquiétude. La Princeſſe étoit
groſſe; & la colere du Roy me
paroiſſant d'autant plus à craindre
qu'elle agiſſoit par de lâches ſoû-
terrains, je priai ma chere Zizumene de ne ſe plus communiquer
à perſonne, & de permettre que
l'entrée de ſon appartement ne fut
libre qu'à ſes femmes les·plus fidelles & à moi. Cette adorable
Princeſſe qui ne cherchoit · qu'à
me plaire, y conſentit ſans peine,
& vécut quelque tems de cette
ſorte avec aſſez de tranquilité. Son
terme s'approchoit, & je me préparois à la joïe de lui voir mettre
au jour ce tendre fruit de notre
amour, quand j'e m'apperçus qu'elle changeoit à vûë d'œil. Une
triſteſſe dont elle n'étoit pas la
maîtreſſe, la ſaiſit tout - à - coup;
une chaleur interne la minoit, &
quoiqu'elle fiſt ſes efforts pour ſortir de ſa mélancolie, elle y retom-
boit malgré elle dans les momens
mêmes ou ſon humeur la portoit
à ſe divertir, ſoit qu'une ſolitude
à laquelle elle n'étoit pas habituée,
eût changé ſon tempérament, ou

ſoit

foit que fa groffeffe en fût la caufe.
Je me crûs perdu, & que toutes
mes précautions n'avoient pû détourner le trait que le cruel Roy
de Tunquin avoit deffein de me
porter. J'en fus encore plus affuré, quand Xumchem m'avertit
qu'il avoit découvert une confpi-
ration traînée dans le Palais entre
les favoris de ce Prince, pour enlever l'enfant que Zizumene devoit mettre au monde, & le livrer
au Roy, & qu'il me confeilloit de
prendre garde aux femmes que je
tenois près d'elle. Cet avis étoit
trop important pour le négliger;
mais il me convainquit entierement que la Princeffe devoit avoir
été empoifonnée. Comme il falloit
chercher à la guérir, & qu'il étoit
néceffaire de l'inftruire de mes
foupçons pour l'obliger à prendre les remedes dont je croyois
qu'elle avoit befoin, je lui découvris mon inquiétude & ce que me
mandoit Xumchem. Cette admirable femme me répondit avec
douceur qu'elle feroit ce que je
voudrois, mais qu'elle étoit per-
fua-

suadée que sa santé n'étoit alterée
par aucune cause surnaturelle ,
qu'elle étoit même assurée de sa
guérison lorsqu'elle seroit délivrée
du fardeau qu'elle portoit, & qu'elle
me prioit de patienter jusqu'à ce
moment , & de prendre seulement
de justes mesures pour mettre son
enfant en sûreté.

Ce discours ne me rassura point
& mon amour ingenieux à me tour-
menter me faisant croire qu'elle
avoit besoin d'un prompt secours,
je fis venir les plus habiles de nos
Medecins , & je leur persuadai si
bien que la Princesse étoit empoi-
sonnée , que malgré toutes les raisons qu'elle opposoit pour nous en
dissuader , ils commencerent à travailler sérieusement à détruire le
prétendu poison ; & pour tout prévenir à la fois , sçachant que Mirpha venoit de perdre un fils qu'elle
alaitoit, je priai Xumchem de me
l'envoyer pour nourrir le Prince
ou la Princesse qui naîtroit de Zizumene. Le sage Bonse qui voyoit
que ce seroit s'exposer ouvertement au couroux du Roy , & vou-

lant

lant cependant m'obéir, feignit
de n'être plus en état de faire les
fonctions pontificales, & de se retirer d'avec sa femme dans une
solitude qu'il avoit à quelques stades de la Ville de Tunquin. Le
Roy qui le craignoit, par le pouvoir qu'il avoit sur l'esprit du Peuple, reçut sa démission avec joïe
& le laissa partir. Xumchem y ins-
tala tout son monde, & quelques
jours après se rendit seul avec Mirpha dans la Province de Quamcheu, où ils arriverent le même
jour que ma chere Zizumene prenoit contre son gré les remedes
des Medecins que j'avois appellés.
Elle les reçut avec mille marques
de tendresse, & me pria qu'ils ne la
quittassent point. Helas ! l'état dans
lequel elle se trouva quelques jours
après, les y auroit obligés sans cette
priere : les remedes qu'on venoit de
lui donner lui firent faire des efforts
si prodigieux, que les douleurs de
l'enfantement lui prirent, accompagnées de sincopes & de convul-
sions qui nous firent plusieurs fois
desesperer de sa vie. Outré de douleur

leur & de defefpoir à ce trifte fpectacle, je voulus tuer les Medecins,
qui n'étoient coupables que d'avoir
donné dans mes vaines frayeurs ;
& que leurs feule ignorance rendoit complices d'un crime dont
j'étois l'unique caufe. Le fage
Xumchem arrêta mes fureurs, en
me reprefentant le tort que j'avois,
d'accufer des gens qui n'avoient
fait qu'executer mes ordres.

Je me calmai à leur égard ; mais
il n'en fut pas de même à celui de
Zizumene que je voyois aux portes du trépas, & qui après des douleurs incroïables mit une Princeffe
au jour , que Mirpha reçut dans
fes bras , & de qui la naiffance ne
put me confoler du funefte fort
de fa mere. Cette délivrance parut
avoir terminé fes maux, mais elle
augmenta les miens ; les Medecins
ayant reconnû en examinant l'enfant , que Zizumene n'étoit point
empoifonnée , & que ce qu'ils lui
avoient donné pour la guérir , fi
elle l'eût été, pouvoit la faire mourir, ne l'étant pas. Mon defefpoir
redoubla à cette nouvelle ; je mau-

dis-

dis mille fois mes craintes & mes
foupçons ; & m'approchant de ma
Princeſſe, je lui laiſſai voir par mes
larmes, mes fanglots & mes gémiſ-
femens, le regret mortel que je
fentois de l'avoir miſe en cet état.
Seigneur, me dit-elle d'une voix
foible & mourante, votre douleur
avance ma mort ; moderez-la ſi
vous voulez que je me confole de
mourir ſi jeune, & m'accordez
deux graces avec leſquelles je quitterai la vie fans iuquiétude. Ma
chere Zizumene, lui répondis-je,
vous n'avez qu'à commander, je
fais vœu de vous obéir juſqu'à mon
dernier foupir ; mais ne parlez
point dé mourir, les Dieux vous
rendront à mon amour : ils ſçavent
que c'eſt pour vous trop. aimer que
j'ai mis vos jours en péril, & fans
doute ils ne permettront pas que
celui qui voudroit facrifier mille
fois fa vie pour un inſtant de la
vôtre, fe reproche éternellement
d'avoir caufé fa perte.

Mon cher Mohaban, reprit-elle
ne vous reprochez jamais rien,
c'eſt une des graces que j'exige
de

de vous: l'autre eſt de conſerver vos jours pour l'innocente Prin-ceſſe qui vient de naître, & de la faire élever hors du Royaume de Tunquin. Attendez, pour la rap-peller, que la mort du Roy vous ait placé ſur le Trône, ou que ſa haine ſe ſoit éteinte. Son amour irrité s'eſt changé en fureur; il ne peut rien contre vous, mais il peut tout ſur vos enfans, Eloignez la jeune Zizumene : me le promet-tez-vous ? Oüi, m'écriai-je, je vous promets tout ce que vous voulez. A ces mots, cette infortunée Prin-ceſſe ayant encore recommandé ſa fille à Mirpha, me fit ſigne de m'avancer, & ſe faiſant un effort pour ſe jetter dans mes bras, elle y rendit le dernier ſoupir.

Le Prince de Tunquin étoit ſi pénetré de douleur en racontant cette mort, que ſes ſanglots lui couperent la voix & l'obligerent à s'interrompre pour leur donner un libre cours. Le genéreux Zamet n'étoit pas moins affligé que lui ; tout ce qu'il venoit d'entendre lui paroiſſoit toucher de trop près

E 7 celle

celle qu'il adoroit, pour que son cœur y fût insensible. Ses larmes & ses plaintes accompagnerent celles de Mohaban, & ces deux Princes furent long-tems à ne s'exprimer que par des pleurs. Le Prince de Tunquin s'étant un peu remis : Je devrois, dit-il, avoir fini toutes mes avantures à cet endroit de ma vie, & je ne comprends pas comment j'ai pû resister à ce malheur. Xumchem & Mirpha m'arracherent de cet appartement, & me rappellant sans cesse les dernierer volontés de mon illustre épouse, m'obligerent à les executer ; d'autant plus que je sçus, à n'en pouvoir douter, que le Roy mon frere vouloit absolument avoir ma fille en sa puissance. Ainsi après avoir rendu les honneurs funèbres à la mere, il fallut songer à la sûreté de la jeune Zizumene ; comme ma Princesse lui avoit imposé son nom, je ne voulus pas qu'elle en eût un autre. Je conjurai Xumchem de la cacher dans son désert & de l'élever secretement ; mais m'ayant representé le

péril

péril qu'elle pouvoit courir étant
fi près du Roy, il me fit confentir à facrifier ma fatisfaction à fon
repos, en la lui laiſſant emmener
dans la Cochinchine, dans laquelle
il m'aſſura pouvoir mieux vivre
ignoré, que dans tout autre lieu
de la terre. Je lui recommandai
d'élever Zizumene en Princeſſe,
mais de lui cacher le nom de fon
pere & de fa patrie, me refervant
la confolation de lui déclarer ce
myſtere en la rappellant près de
moi. Le fage Xumchem & fa vertueufe époufé, qui s'exiloient volontairement pour me prouver
leur zele, me promirent de ne
rien oublier pour la rendre digne
de fon rang. J'embraſſai mille fois
ce reſte précieux de ma chere Zizumene; & dans le feu de mes
embraſſemens, le voile dont elle
étoit envelopée s'étant ouvert, je
remarquai fur fon fein une rofe fi
vive & fi parfaite, qu'on s'imaginoit qu'il n'y avoit qu'à la cueillir.
Cette marque me parut un joüet
de nature, d'autant plus extraordinaire, que *Zizumene* dans le commun

mun langage des Tunquinois veut
dire *Rose*, Xumchem, qui joignoit
une science profonde à ses autres
qualités, m'assura que cela déno-
toit une destinée toute brillante à
ma fille.

Que vous dirai-je enfin, brave
Ximin ? Le Ciel me fit trouver des
consolations jusques dans les effets
du hazard, & je vis partir Zizumene, Xumchem & Mirpha avec
autant d'espoir sur l'avenir, que
de douleur pour le present. Cependant le Roy mon frere, trompé
dans ses desseins par nos sages précautions, ne pouvant assouvir sa
rage qu'imparfaitement, me fit
défense de revenir à la Cour sans
son ordre. Je ne me révoltai point
contre ce commandement, la mort
de Zizumene & l'absence de ma
fille m'ayant rendu indifferentes
toutes les choses de la vie ; ainsi
je restai sans peine dans la Province de Quamcheu. Xumchem
m'avoit promis de venir tous les
ans m'apporter des nouvelles de
la jeune Princesse : il n'y manqua
point ; & comme dans Tunquin
on

on le croyoit toujours dans son
desert, & qu'il affectoit à son retour de se montrer à quelques pro-
chaines habitations, il passa bien-
tôt chez nos peuples superstitieux
pour un homme extraordinaire,
qui par sa longue retraite & ses
austerités avoit commerce avec
les Dieux. Cette erreur populaire
ayant jetté le respect dans les
cœurs, sa maison qui n'étoit occupée que d'un homme en qui il
avoit une confiance extrême,
devint aussi sacrée qu'un Temple,
dont personne n'osoit approcher
que lorsque cet homme le permettoit, ce qui n'arrivoit que tous
les ans, que Xumchem venoit y
faire quelques jours de residence.
Je passai dix années de la sorte, &
coulois mes jours assez tristement,
quand la réputation de Zamet &
de sa magnificence vint réveiller
l'orgueil & l'ambition que mes infortunes sembloient avoir assou-
pies. Je rougissois d'entendre chanter de tous côtés les loüanges d'un
homme de vingt ans, & de n'a-
voir encore rien fait pour immor-
talifer

talifer mòn nom. L'envie & la jaloufie vinrent déchirer mon ame
& troubler mon repos ; j'oubliai
l'ombre de Zizumene & fa vivanté
image, pour ne plus fonger qu'à
furpaffer Zamet.

Son Palais à trente-deux portes
irritoit ma vanité ; & n'ayant pas
la même étenduë que lui pour la
fatisfaire, je fis élever plufieurs Palais fuperbes, je fis des aumônes,
je répandis l'or à pleines mains ;
& cependant je ne pûs parvenir à
l'emporter fur ce Prince.

Tout ce que je faifois pour étouffer fa gloire, ne fervoit qu'à l'augmenter par le parallele defobli-
geant que les voyageurs faifoient
de mes libéralités avec les fiennes.
Xumchem qui venoit comme à
fon ordinaire, m'en rapportoit
des chofes fi furprenantes, que le
chagrin de les entendre l'emportoit fur la joïe d'apprendre par fa
bouche que Zizumene étoit auffi
belle que fa mere, & qu'elle la
furpafferoit en efprit ainfi qu'en
cience. Cependant je n'ofai jamais lui découvrir l'envie & la
haine

haine que je portois à Zamet, redoutant fa vertu févere, & je continuai à vouloir obfcurcir les actions de mon rival par l'éclat des miennes. Neuf ans de prodigalités n'ont pourtant pû m'y faire réuffir : je paffe bien pour le plus magnifique Prince de Tunquin, mais Zamet paffe pour le plus libéral Prince de la terre. Enfin voulant faire diverfion avec moi-même, & me donner des occupations qui détournaffent mon efprit de Zamet, je refolus de faire revenir Zizumene ; & comme Xumchem devoit bien-tôt arriver, je me préparois à lui dépêcher un courier, lorfqu'après dix-neuf ans de haine & de colere le Roy de Tunquin fe repentant des chagrins qu'il m'avoit donnés, vivement touché d'avoir rendu fa favorite victime d'une injufte fureur, & voyant chaque jour augmenter fes infirmités, prit le parti de fe reconcilier avec moi.

Mais craignant que je ne vouluffe pas me fier à lui, & que je refufaffe de quitter Quamcheu

à

à fa fimple priere, il m'envoya les deux principaux Miniftres de l'Etat pour m'en folliciter, & me prêter ferment de la fincerité des intentions du Roi. Ennuyé de la vie privée, perfécuté par mes inquiétudes naturelles, & dominé par l'ambition de reprendre mon rang, je me rendis à leurs raifons & revins à Tunquin, où le Roi me reçut comme en triomphe, me demanda pardon en préfence de tout le Confeil affemblé, & me voulut ceder la Couronne pour expier fa faute & réparer les pertes que j'avois faites, ce Monarque croyant ma fille au tombeau, comme j'en avois fait courir le bruit. Je vous avoüe, cher Ximin, que cette action me toucha; & charmé de pouvoir donner aux Tunquinois une preuve éclatante de ma générofité, j'embraffai le Roi mon frere, je lui pardonnai les maux qu'il m'avoit faits, & je refufai de monter au Trône. Cette réconciliation rendit la joïe au peuple, qui la célébra avec éclat; mais lorfque j'eûs publié que la

jeune

jeune Zizumene voyoit le jour,
cette joïe redoubla de toutes parts
d'une maniere fi furprenante, que
je fus obligé de preffer le départ
de mon Courier, afin que Xumchem ne tardât point à m'amener
la Princeffe, à laquelle je me faifois un plafir délicat d'apprendre
fa naiffance au milieu des acclamations des grands & des petits,
qui lui préparoient une reception
digne de fon rang & de leur amour
pour leurs Souverains.

Je choifis pour cette ambaffade
Chémara cet homme de confiance à qui Xumchem avoit laiffé le
foin de fes biens & de fa maifon,
afin qu'il ne pût douter qu'il venoit
de ma part.

Comme la route de Tunquin
à Caccian eft plus difficile que
longue, je comptois les voir tous
arriver avant la feconde Lune ;
mais bien-loin d'avoir cette douce
fatisfaction, le tems s'eft écoulé
fans que j'en euffe même aucune
nouvelle. Allarmé de cé filence,
je fis partir un autre Courier pour
fçavoir ce qui caufoit ce retardement

ment : Mais helas ! cet homme
après un mois d'abfence eft revenu m'apprendre que Zamet avoit
fait affaffiner Xumchem & Mirpha au fortir du Palais à trente-
deux portes ; qu'il avoit enlevé
ma fille, & qu'il la tenoit prifonniere dans un affreux defert où
lui feul avoit la liberté de la voir ;
qu'il avoit appris ces funeftes nouvelles de deux perfonnes differentes, dont l'un étoit un Indien,
que fon métier de Bucheron faifoit habiter les bois qui féparent
une bonne partie du chemin de
Tunquin à Caccian, auquel il s'é-
toit adreffé pour fçavoir celui qu'il
devoit prendre ; qu'ayant queftion-
né cet homme fur beaucoup de
chofes indifferentes, & lui ayant
demandé fi la Forêt étoit fûre, il
lui avoit répondu qu'il n'y avoit
rien à craindre pour lui, & qu'il y
avoit toute apparence que le Prince Zamet ne chercheroit pas à
l'enlever, comme il avoit fait il y
a quelque tems à l'égard d'une
jeune perfonne dont il avoit fait
tuer le pere & la mere au milieu
de

de la nuit dans le plus épais du Bois, & qu'il avoit renfermé dans son Palais ; que ce même Bucheron, lui avoit dit que s'étant réveillé aux cris de ceux qu'on assassinoit, il étoit accouru pour sçavoir ce qui les causoit ; mais qu'ayant vû un nombre infini de gens armés, il avoit eu tant de peur qu'il s'étoit caché pour n'en être pas apperçu ; & qu'ayant reconnu la voix du Prince Zamet, il avoit eu la curiosité d'apprendre la suite de cette aventure, puis qu'il le pouvoit sans danger d'où il s'étoit posté ; qu'il avoit vû ce Prince à la tête de plusieurs donner la mort à trois hommes ; que de deux femmes qui étoient avec eux, la plus âgée avoit été poignardée, & que Zamet avoit emmené la plus jeune.

Et que lui, pauvre Bucheron, ne les avoit pas vûs plutôt partis qu'il s'étoit avancé sur le lieu du combat, dans l'espoir de profiter de quelques dépoüilles ; mais qu'il n'avoit eu que le tems de foüiller un vieillard, sur lequel il avoit trou-

trouvé des tablettes écrites d'un langage qu'il n'entendoit pas, sans pouvoir prendre autre chose, les gens de Zamet étant venus dans ce moment pour enlever les morts. Ce récit ayant surpris mon Courier, il demanda au Bucheron à voir les tablettes; cet homme qui les avoit sur lui, les lui montra, & reconnoissant qu'elles étoient remplies, de Lettres Tunquinoises, son cœur commençant à s'émouvoir, il les avoit parcouruës, & y avoit trouvé avec la derniere douleur celle que javois envoyée à Xumchem par mon premier Courier, qui étoit conçuë en ces termes:

LETTRE.

Tout est calme, mon cher Xumchem, les discordes sont finies: partez & me ramenez Zizumene; sa présence est nécessaire à la ratification de la paix, & la vôtre à la récompense que

vous

vous prépare Mohaban Prince de Tunquin.

Mon Courier ne pouvant plus douter que ce ne fût Xumchem qu'on avoit affaffiné, pria le Bucheron de lui laiffer la Lettre , mais il ne voulut jamais s'en défaifir , ce qui obligea mon homme de la lire plufieurs fois pour la retenir. Et voulant être encore mieux inftruit, il pouffa jufqu'à Caccian, fut à la maifon que Xumchem y avoit occupée ; mais il n'y trouva perfonne, & fçut par quelques voifins que celui qui l'habitoit en étoit parti avec toute fa famille il y avoit plus d'un mois. Toutes ces chofes lui prouvant mon malheur, il revint fur fes pas , fejourna au Palais à trente-deux portes, & s'informa comme font les voyageurs, fi Zamet étoit marié ; on lui dit que non , mais qu'on croyoit qu'il le feroit dans peu avec une belle Etrangere ; il demanda fon nom , on lui nomma Zizumene en le priant de n'en rien dire,

re , parce que c'étoit un grand
fecret.

Mon Courier n'en voulut pas fçavoir davantage, & reprit la route
de Tunquin , outré de defefpoir
d'avoir de fi triftes nouvelles à
m'apprendre. Jugez, brave Ximin,
de ma rage & de ma fureur, & de
l'augmentation de ma haine pour
le traitre Zamet ; elle devint fi violente, & le défir de me venger s'empara fi fort de mon ame , que ne
voulant m'en rapporter qu'à moi
de là perte de mon ennemi , ni
confulter perfonne dans les moyens
d'y réuflir, je fuis parti de Tunquin
guidé par mes tranfports, & fuis
arrivé dans la Cochinchine dans
le feul deffein d'enfoncer mon
poignard dans le cœur du cruel
qui m'a fait un fi fenfible outrage.

Mohaban ayant ainfi fini fon hiftoire, le généreux Zamet bien plus
touché de l'opinion qu'on avoit
donnée de lui à ce Prince, qu'effrayé de fon funefte projet, voyant
qu'il n'avoit plus rien à dire, prit
la parole ; & le regardant froidement

ment: S'il étoit vrai, lui dit-il que
Zamet eût commis tant de crimes,
il meriteroit fans doute non la
mort que vous lui deftinez, mais
les plus affreux tourmens. Cependant permettez, Seigneur, que je
le juftifie en vous rapportant la
verité d'un fait qui ne peut être
trop éclairci, non que la vie de
Zamet me foit affez chere pour
vouloir la garantir de vos coups.
Je ne vous détournerai point de
la lui ravir ; & bien-loin de vous en
empêcher, je vous donnerai des
moyens affurés de fatisfaire vos
défirs, fi ce que je vais vous conter,
& que des perfonnes dignes de foi,
qui étoient avec lui m'ont appris,
ne fait point d'impreffion fur votre
ame. Alors lui détaillant tout ce
qui s'étoit paffé dans l'aventure
de Zizumene fans y paroître intereffé : Voilà Seigneur, continua-
t-il, ce que j'ai fçû. Je fçai plus encore, Zamet adore Zizumene, &
fans fçavoir fa naiffance la traite,
la refpecte & la fait fervir en Reine. Il eft vrai que perfonne ne la
voit, mais on dit que c'eft elle qui

le

le veut ainfi, & que le Prince foumis à fes moindres volontés, n'agit
& ne refpire que pour elle. Pour-
quoi-donc, Seigneur, vous raporter
fimplement à des ames ignorantes
& ferviles ? Un Bucheron, qui peut-
être eft un des voleurs lui - même ;
un Efclave des Efclaves de Zamet
& votre Courier, font les feuls in-
terprétes que vous prenez des
actions de ce Prince ; votre exemple ne doit-il pas vous inftruire de
ce qui peut arriver aux autres ?

Ce que j'ai fait pour vous, Zamet
n'a-t-il pû le faire pour Zizumene?
N'avez-vous pas été attaqué par
des voleurs, & ne me fuis-je pas
heureufement trouvé pour vous
feconder ?. Cependant il ne tient
donc qu'à quelques miférables
d'aller à Tunquin publier que je
vous ai voulu donner la mort.

Ah! Ximin, s'écria Mohaban
en l'interrompant, vous êtes ami
de Zamet & vous m'avez trompé.
Non, Seigneur, reprit-il avec vivacité ; attaquez fes jours, j'y confens, mais laiffez-moi défendre fa
reputation: c'eft une confidération

tion que les hommes se doivent
quand même ils feroient ennemis : c'eſt défendre ſa propre
gloire, que de vouloir empêcher
qu'on terniſſe celle d'un autre.
Cependant, Seigneur, vous le
haïſſez, vous le voulez perdre ; il
faut vous ſatisfaire & vous prouver que Zamet eſt ſi peu de choſe
pour moi, qu'il n'eſt point de mortel ſur la terre dont je ne préfere
le bonheur au ſien. Je vous ai promis de vous faciliter les moyens
de vous venger, je vous tiendrai parole ; mais comme votre colere ne
vous permet pas de réflechir, que
la mort de Zamet ne vous rendroit pas Zizumene, je vous promets encore de l'obliger à vous la
rendre, après quoi je le livre à vos
coups.

Mon cher libérateur, lui répondit Mohaban, en l'embraſſant, que
ne vous devrois-je point, & que
ne devez-vous pas attendre de
ma reconnoiſſance après de tels
ſervices ! Le fin Ximin lui dit
qu'il n'en demandoit point d'autre, que celle d'obtenir ſon amitié

& de lui prouver qu'il en étoit
digne. Le Prince ˰de Tunquin
l'affura qu'il n'avoit befoin que
de ce qu'il avoit déja fait pour la
mériter ; & cet entretien continua
encore quelques momens en fe
donnant mille marques d'eftime ,
enfuite de quoi Zamet l'ayant prié
de permettre qu'il donnât fes
ordres pour executer fes promeffes , il fortit , & faifant venir Tahir
il lui commanda de monter à cheval, de fe rendre au Palais des trente-deux portes, d'y faire armer tous
fes Officiers & tous fes Domeftiques , de dire au Gouverneur de fe
mettre à leur tête , & de fe rendre
au point du jour dans la Forêt, &
d'y enlever tous les Bucherons
qu'ils trouveroient, de faire enforte, en cas que ces miférables
fuffent fecourus, de ne tuer perfonne , & de les emmener vivans
dans la Tour du Palais.

Après cet ordre, comme il étoit
tard, & qu'il n'entroit jamais le foir
dans l'appartement de Zizumene, il
fut rejoindre Mohaban avec lequel
il foupa. Mais foit que la longueur
du

du voyage & celle du combat des voleurs eut trop fatigué le Prince de Tunquin, il fe trouva mal au milieu du repas & ne put manger. Zamet allarmé le fit mettre au lit, & ne voulut point le quitter de la nuit, quoique Mohaban fe trouvât mieux, & le conjurât de ne pas perdre fon repos pour un fi foible accident. Le généreux Indien, à qui la vie du Prince de Tunquin étoit devenuë plus chere que la fienne, ne put confentir à l'abandonner, & lui fit donner par fes Chirurgiens de fi bons élexirs, qu'ils le mirent en état de goûter les douceurs du fommeil. Lorfque Zamet le vit tranquile, il fe retira dans fon appartement pour rêver en liberté au deffein qu'il avoit formé; fes penfées le conduifirent fans avoir pû fermer l'œil, jufqu'au réveil de Mohaban : le foleil étoit déja fort haut, & l'Amant de Zizumene attendoit pour voir le Prince de Tunquin que Tahir fût de retour, lorfqu'il entra, & l'inftruifit qu'ils avoient pris cinq Bucherons dans des routes differentes, mal-

gré l'oppofition de plufieurs brigands qu'ils avoient appellés à
leur fecours ; qu'il y en avoit de
ceux-là une quinzaine de morts
& trois de bleffés, qu'ils avoient
emmené avec les Bucherons qui
tous cinq n'avoient reçu aucunes
bleffures, & qu'ils étoient prifon-
niers dans la Tour & bien gardés.
Zamet extrêmement content de
cette expédition, fe rendit auprès
de Mohaban qu'il trouva en parfaite fanté, mais fi pénétré des
foins qu'il avoit pris de lui, qu'il ne
ceffoit point de l'en remercier.

· Zamet ayant interrompu fes
complimens pour lui demander
s'il fe trouvoit en état de voir fon
ennemi, il lui répondit en rougiffant que la façon dont il le vouloit
attaquer n'ayant pas befoin de
beaucoup de courage, il fe fentoit
affez fort pour accomplir fon projet. Hé bien! Seigneur, lui repliqua le fin Zamet, permettez
que Tahir vous conduife où par
mes foins ce Prince infortuné nous
ira joindre ; & comme vous ne l'a-
vez jamais vû, pour ne vous point
mé-

méprendre, vous le reconnoîtrez
à la magnificence de ses vêtemens:
sa veste est couverte de perles &
de rubis, sa tête est ornée d'un
panache de plumes blanches entouré d'un cordon de diamans ; il
sera seul, & tandis que vous satis-
ferez votre vengeance, je délivre-
rai Zizumene.

L'aveugle Mohaban consentit
à tout ; enyvré du plaisir d'assouvir
sa haine, il ne se donnoit pas le
tems de faire aucune réflexion sur
l'irregularité de tout ce qu'on lui
proposoit. Zamet l'ayant laissé se
préparer à son assassinat il se rendit
chez Zizumene. Cette belle Princesse inquiète, agitée, & dans un
trouble dont elle ignoroit la cause,
ne le vit pas plutôt entrer qu'elle
lui demanda si le Prince de Tunquin étoit parti. Non, Madame,
lui dit-il en soûriant, & je crois
qu'il ne partira pas encore de
quelques jours ; & comme je me
suis engagé de lui faire voir l'adorable Zizumene, je viens vous sup-
plier de m'accorder cette grace,
& de vouloir vous parer aujour-

F 5.   d'hui.

d'hui des ornemens que vous avez
ſi conſtamment dédaignés. Ah!
Seigneur, lui dit-elle avec chagrin, pourquoi m'expoſer aux
yeux d'un Etranger? inconnuë à
moi-même, ignorée de toute la
terre, quel titre voulez-vous que
je prenne avec Mohaban?

Celui de Princeſſe de Tunquin,
lui répondit Zamet en ſe jettant
à ſes pieds : Oüi, Madame, continua-t-il en laiſſant ſur ſon viſage
l'excès de ſa ſurpriſe, le Prince
Mohahan eſt pere de l'adorable
Zizumene, & je n'ai pû me refuſer
la ſatisfaction de vous en féliciter
le premier. Qu'entends-je, s'écria
cette Princeſſe, je dois la vie à
Mohaban, & je vous dois la ſienne!
Ah! Seigneur, allons lui découvrir quel bras à ſauvé ſa fille & ſes
jours. Zamet ne put s'enpêcher
d'admirer la beauté de l'ame de
cette incomparable perſonne, qui
plus ſenſible à la reconnoiſſance
qu'au rang qui lui étoit annoncé,
ne s'empreſſoit que pour montrer
ſa gratitude ; mais ayant arrêté ce
généreux tranſport, il l'inſtruiſit
ſuc-

fuccintement des principales preuves de fa naiflance, lui déguifant
tout ce qui regardoit la haine &
les defleins de Mohaban dont il
lui dit avoir calmé la colere, que
n'étant fondée que fur ce qu'il
croyoit que Zamet la retenoit
prifonniere, s'étoit entierement
appaifé lorfqu'il lui avoit promis
de lui prouver le contraire; & c'eft
pour le furprendre agréablement,
continua-t-il, que je vous conjure
adorable Zizumene, de vous mettre aufli fuperbement que l'exige
votre naiflance & ma juftification.
Tahir, à qui j'ai donné mes ordres,
aura foin de vous conduire où votre gloire & la mienne demandent
que fe fafle cette entrevûë.

La belle Tunquinoife jugeant
à ce difcours qu'elle defobligeroit
Zamet en s'oppofant à ce qu'il
defiroit, lui promit de faire ce qu'il
exigeoit d'elle, en lui témoignant
une impatience extrême d'em-
brafler les génoux du Prince fon
pere, L'illuftre Indien voulant en
hâter le moment, fortit de chez
elle pour fe faire habiller comme

il

il s'étoit dépeint à Mohaban. Cependant Tahir le conduifoit au lieu du rendez-vous ; c'étoit dans un aimable vallon entre la Ville de Caccian & le Palais des trentedeux portes, mais trop éloigné dè l'une & l'autre pour en efperer aucun fecours ; le lieu même étoit extrêmement folitaire , mais charmant par fa décoration naturelle & plufieurs ruiffeaux dont il étoit arrofé , qui par leur murmure agréable & le chant des oifeaux paroiffoit bien plus propre aux tranfports de l'amour qu'à ceux de la haïne & de la vengeance. Mohaban s'y rendit à cheval , guidé par Tahir qui l'y laiffa feul pour reprendre le chemin du Palais de la Forêt, où fon devoir le rappelloit. Le Prince de Tunquin charmé de ce beau lieu , defcendit de cheval pour s'y promener & voir plus aifément de quel côté viendroit fon ennemi ; il avoit fon fabre au côté & fon poignard à la main.

Tandis qu'il fe préparoit de la forte à la plus indigne de toutes les actions ; le généreux Zamet écla-

éclatant d'or & de diamans , &
plus brillant encore de fes propres
charmes , fortit de fon Palais fans
aucune fuite, monté fur le plus
fier de fes chevaux , & fe rendit
au vallon. Lorfqu'il en fut à une
certaine diftance , il arrêta la courfe de fon cheval , & s'avançant au
petit pas , il donna au Prince de
Tunquin tout le tems de l'examiner , comme il n'étoit pas encore
affez près de lui pour en être reconnu. Le foleil qui dardoit fur
Zamet , & qui renvoyoit par fes
rayons ceux des diamans dont il
étoit couvert dans les yeux de
Mohaban, il en fut ébloüi & ne
pût voir fans trouble l'air guerrier
& majeftueux de cet ennemi. Zamet s'en apperçut , & profitant de
cet inftant , il defcendit de cheval
& s'approcha de Mohaban au moment que ce Prince ayant pris
fa réfolution s'avançoit à grand
pas. Il le joignit , & levoit déja le
bras pour le percer , lorfque fe
trouvant face à face il-reconnut
que ce Zamet dont il vouloit la
mort , étoit le Ximin auquel il

F 7. de-

devoit la vie : O Ciel , que vois-je!
s'écria - t - il en laiſſant tomber le
poignard. Il n'en put dire davantage , ſon étonnement étant ſi grand
qu'il ne ſçavoit ſi ce n'étoit pas un
enchantement. Zamet, qui le regardoit d'un air qui témoignoit
auſſi peu de crainte que de colere,
tira ſon ſabre ; & le lui preſentant
en le tenant par la pointe : Tenez,
lui dit-il , Seigneur , prenez cette
arme , il n'eſt pas néceſſaire de les
choiſir pour ôter la vie à un homme qui vous la ſacrifie depuis le
premier moment qu'il a connu le
pere de Zizumene.

Quoi! reprit Mohaban en ſe
reculant toujours plus ſurpris, Ximin eſt le Prince Zamet? vous
êtes celui qui m'a fait quitter mes
Etats pour vous donner la mort?
celui qui m'a tiré de péril ſans me
connoître? celui à qui j'ai confié
mon horrible deſſein , & qui n'en
pouvant douter , m'a cependant
reçu comme ami dans ſon Palais,
m'a traité ſuperbement, a pris ſoin
de mes jours , m'a veillé comme
un frere & m'a reſpecté comme

un pere? Ah! quiconque eſt capable d'une telle magnanimité, ne
ſçauroit jamais l'être de rapt &
d'aſſaſſinat. Zamet, continua-t-il
en ſe jettant dans ſes bras, Prince
digne en effet de l'emporter ſur
tous les Princes de la terre, oubliez
mon cruel attentat: Que votre
eſtime rétabliſſe ma gloire; & s'il
eſt vrai que Zizumene ait eû le
bonheur de vous plaire, recevez
ſa main comme un gage aſſuré de
ma reconnoiſſance & de mon a-
mitié.

Il ſeroit difficile d'exprimer ce
qui ſe paſſoit dans le cœur de Zamet pendant ce diſcours. Deux
ſortes de joïe, s'il eſt permis de
parler ainſi, le tranſportoient à la
fois; celle d'avoir fait rentrer ce
Prince orgueilleux én lui-même,
& celle du conſentement qu'il
donnoit à ſon bonheur. Il ſembloit à ces actions, qu'il devoit
tout à Mohaban, & que Mohaban
ne lui devoit rien. Mais ce Prince
à qui le genéreux & magnanime
de cet illuſtre Indien avoit ouvert
les

les yeux fur l'énormité du fien &
l'injuftice de fa haine, ne pouvant
fouffrir qu'il lui rendît graces d'un
bien qu'il ne tenoit que de lui-
même par fa valeur, fa prudence,
& le fecours que Zizumene & lui
en avoient reçu, le conjura de ne
le pas faire rougir davantage ; puifque plus il lui faifoit voir de grandeur d'ame, & plus il le couvroit
de honte, en lui prouvant la difference des fentimens qui les
avoient conduits l'un & l'autre.
Le Prince Zamet qui connut véritablement combien il étoit touché de repentir, le fupplia de tout
effacer de fon efprit, & de ne fonger qu'à voir l'adorable Zizumene
qui devoit bien-tôt s'offrir à fes
regards.

Un nom fi cher produifit l'effet
qu'il en attendoit. Le Prince de
Tunquin banniffant de fon efprit
tout ce que cette aventure avoit
eu de honteux pour lui, pria Zamet de hâter cette douce entrevûë. Le Prince de la Cochinchine
le fit remonter à cheval ; il en fit

au-

autant, & fortant du vallon ils prirent lentement le chemin du Palais aux trente-deux portes. A peine avoient-ils fait deux ou trois cent pas, qu'ils virent venir à eux quatre Coureurs Indiens vêtus fuperbement, pour les avertir que la Princeffe s'avançoit. Zamet obligeant Mohaban de moderer fon impatience, le fit arrêter pour attendre Zizumene en lui difant agréablement qu'il vouloit qu'il vît à fon aife de quelle forte il traitoit fa prifonniere. Le Prince de Tunquin qui n'avoit plus de volonté que la fienne, fit ce qu'il voulut, & bien-tôt après ils virent paroître cent Archers de la Garde du Prince, qui fe partageant en deux files fe rangerent en haïe fur cette route ; enfuite parurent autant de jeunes filles Efclaves, à vifage découvert, qui fe rangerent de même maniere. Après elles vint un gros de cent autres Indiens magnifiquement habillés, ayant le cimetere à la main, qui s'étant ouverts des deux côtés à la vûë

de

de Zamet découvrirent au milieu
d'eux un Eléphant blanc, capara-
çonné superbement, sur lequel
étoit une espece de Trône où l'or
brilloit de tous côtés. La belle Zizumene y étoit assise d'un air majestueux, & si couverte de perles
& de diamans, qu'on ne pouvoit
distinguer le fond de son vêtement: son visage étoit couvert
d'une gaze assez claire, & qui cependant ne laissoit entrevoir que
trés-imparfaitement la beauté de
ses traits.

Sa coëffure étoit ornée d'une
couronne de rubis dont l'éclat &
le feu ne firent qu'annoncer celui
des yeux de cette surprenante
Princesse, qui ne vit pas plutôt
Zamet, & se doutant aux mouvemens de son cœur que celui
qui l'accompagnoit étoit le Prince
de Tunquin, leva son voile, &
leur découvrit par cette action les
charmes merveilleux qui la rendoient la plus parfaite beauté de
l'Asie. Mohaban n'eut pas plutôt
attaché les yeux sur elle, que re-
con-

connoiſſant dans cette ſeconde
Zizumene tous les traits de la premiere : Ah ! s'écria-t-il, genéreux
Zamet, pardonnez mes tranſports.
Le jeune Prince, qui n'étoit pas
moins empreſſé que lui, ne le retint plus ; & s'avançant l'un & l'autre, ils approcherent de Zizumene
au moment que l'E'éphant s'arrêtoit & ſe mettoit à genoux pour
la laiſſer deſcendre. Les Eſclaves
Indiennes entourerent cet animal
& reçurent la Princeſſe. Auſſi-tôt
Zamet & Mohaban deſcendirent
de cheval ; & les mouvemens de
la nature ne pouvant plus ſe contraindre, le Prince de Tunquin
courut à Zizumene ; & la prenant
dans ſes bras : O ma fille, lui dit-il,
que vous m'avez coûté de pleurs !
& que j'ai de graces à rendre à
celui qui m'a conſervé un bien ſi
digne de ma tendreſſe !

La jeune Princeſſe, en qui le
ſang parloit avec violence, ne répondit d'abord que par des larmes
accompagnées de tendreſſe & de
reſpect, dont Mohaban empêchoit

choit toujours les effets en la tenant étroitement embraſſée. Enfin
ayant repris l'uſage de la voix : Eſt-
il bien vrai, Seigneur, lui dit-elle,
que l'illuſtre Prince de Tunquin
ſoit l'auteur de mes jours ? Ce que
ſa vûë m'inſpire ne me donne pas
lieu d'en douter ; mais cette gloire
eſt ſi grande pour moi, que je
crains de m'y trop livrer avant
que vous en ſoyez mieux convaincu : cependant je porte la roſe
myſterieuſe, j'ai ſuccé le lait de
Mirpha, moi ſeule ai reçu les leçons du ſçavant Xumchem ; & ſi
ces noms vous ſont connus, je puis
ſans heſiter m'abandonner à mes
tendres mouvemens.

Oüi, Princeſſe, reprit Mohaban,
vous le pouvez ſans nulle crainte,
& mon cœur n'a pas beſoin de
preuves plus éclatantes : Mais ma
chere Zizumene, continua-t-il,
que notre joïe ne nous faſſe pas
oublier celui qui nous la procure.
Genéreux Prince, dit-il à Zamet,
nous ſommes l'un & l'autre en vos
mains, diſpoſez à votre gré du ſort
du

du pere & de la fille. Seigneur,
lui répondit-il, vous fçavez que je
vous.ai rendu maître du mien ;
mais comme il refte encore une
chofe à ma juftification, permettez que nous reprenions le
chemin du Palais. Mohaban lui dit
qu'il étoit prêt à faire tout ce qu'il
fouhaitoit, mais qu'il ne vouloit
point entendre d'autres explica-
tions fur un fujet qui le couvroit
de confufion. A ces mots, Zamet
& lui ayant remis la Princeffe fur
fon trône, l'Eléphant reprit fa
marche dans le même ordre qu'il
étoit venu, accompagné des deux
Princes à cheval. Celui de Tunquin ne fe laffoit point d'admirer la
magnanimité de Zamet, qui pouvant fe venger avec facilité, n'a-
voit employé pour le vaincre que
grandeur d'ame & que genérofité.
Pour le jeune Indien, rempli de
fon amour, il ne fongeoit qu'à
Zizumene fur laquelle fes regards
étoient toujours attachés. Cependant ils arriverent, felon l'ordre
qu'il en avoit donné, au Palais des
tren-

trente - deux portes, où de nouvelles magnificences frapperent
Mohahan d'étonnement & d'admiration.

Mais comme fa haine & fa jaloufie s'étoient entierement chan-
gées en eftime ainfi qu'en reconnoiffance, & que l'amour de Zamet pour Zizumene fembloit lui
approprier tout ce qu'il voyoit, il
n'en prit qu'une augmentation de
confidération pour lui & d'impatience de fe l'attacher par des
nœuds éternels. Ils furent reçus
dans ce Palais par le Gouverneur
à la tête de tous les Officiers de
là Maifon du Prince, & conduits
dans fon fuperbe pavillon. Enfuite
Zamet ayant fait paffer Mohaban
dans une falle particuliere, il commanda qu'on fîft venir les prifon-
niers. On les amena chargés de
chaînes, & là furprife de Mohaban
fut extrême, de reconnoître parmi
eux un Indien que Xumchem
avoit emmené avec lui dans fon
dernier voyage à Quamcheu. Cet
homme n'en eut pas une moins
grand-

rande en voyant son Prince dans
e Palais ; & comme Zamet se prê-
aroit à les faire interroger sur les
rimes dont il les soupçonnoit,
e malheureux se mit à genoux &
emanda la vie pour prix de ce
u'il alloit déclarer. Le Prince de
'unquin pria Zamet de lui accor-
er sa demande, voulant sçavoir
es choses qui lui étoient très-
mportantes, ce misérable étant
Tunquinois. Zamet ne répondit
u'en ordonnant au coupable de
arler sans nulle crainte, lui pro-
nettant de ne le pas faire mourir
s'il disoit la verité. Alors cet homme avoüa qu'ayant manqué plusieurs fois de voler à Xumchem
une cassete pleine de diamans, par
le soin qu'il prenoit de ne laisser
entrer aucun de ses gens dans le
cabinet où cette cassete étoit enfermée, il avoit crû n'en pouvoir
trouver une plus belle occasion
que celle de son retour à Tunquin, ayant des bois à passer favorables à son dessein ; mais que
craignant que les brigands ne le
pri-

privaſſent de ſes eſperances, il avoit pris le parti de les mettre de ſon projet afin de le mieux executer.

Que pour cet effet ayant demandé à Xumchem la permiſſion d'aller voir le Palais de Zamet, & l'ayant obtenuë, il avoit employé tout le tems qu'il lui avoit donné, à découvrir la retraite de ceux qu'il cherchoit; qu'un des Bucherons qui étoit là preſent, & qui le voyant de bonne volonté s'étoit découvert à lui pour être du métier, l'avoit conduit au chef des brigands; qu'ils étoient convenus de leurs faits & de les avertir du jour du départ de Xumchem, avec promeſſe de les venir joindre auſſi-tôt.

Que les choſes avoient réuſſi comme il le deſiroit; que Xumchem avoit mis la caſſete dans la litiere avec un grand ſecret; mais que comme il examinoit toutes ſes actions avec ſoin, il n'avoit pû l'ignorer; qu'étant partis & arrivés au Palais de Zamet, il avoit

quitté

quitté l'équipage pour donner avis
aux brigands que leur proïe s'avançoit ; & que dans fes difcours ayant
parlé de la beauté de Zizumene ,
le chef des voleurs avoit formé le
deffein d'en faire fon partage, &
qu'enfin au paffage de la Forêt il
avoit donné le fignal dont il étoit
convenu ; que le chef des voleurs
& deux autres avoient d'abord
attaqué la litiere pour en tirer la
caffete & Zizumene , tandis que
leurs compagnons combattoient
Xumchem ; mais que Zamet étant
accouru au fecours, attiré par les
cris des femmes, fa furprenante
valeur les avoit tous mis en dé-
route, qu'il avoit tué le capitaine
de la Troupe, qui vouloit emmener Zizumene après avoir poi-
gnardé Mirpha ; qu'enfuite il avoit
fait main baffe fur les autres, dont
plufieurs avoient perdu la vie , que
pour lui, craignant d'être pris il
avoit fui avec trois autres ; qu'ils
s'étoient emparés de la caffete ,
& s'étoient promptement retirés
au fond de leur caverne.

Et que vers le lever du soleil,
n'entendant plus rien, il étoit re-
tourné dans le Bois pour dépoüiller
les morts, mais qu'il n'avoit eû que
le tems de prendre les tablettes
de Xumchem, les gens de Zamet
étant venus pour lui rendre les
honneurs funébres; que ce Prince
avoit fait faire des perquifitions fur
cet affaffinat, qui avoient allarmé
le nouveau capitaine que les voleurs avoient élu, & que pour prévenir leur perte ils avoient refolu
la fienne; mais que voulant prendre une occafion propice, la valeur de Zamet leur donnant une
extrême crainte, ils l'attendoient
avec impatience, lorfque le hazard
lui avoit fait rencontrer un Tunquinois qu'il avoit vû à Quamcheu
au fervice de Mohaban; que cet
homme ne l'ayant point reconnu,
s'étoit adreffé à lui pour le guider
fur le chemin de Caccian; & que
dans leur entretien ayant jugé qu'il
alloit chercher Xumchem, il avoit
imaginé d'accufer Zamet du meurtre dont ils étoient coupables, en
fei-

feignant d'ignorer quels étoient
ceux qu'il avoit affaffinés, & que
pour le mieux inftruire fans qu'il
parût en avoir deffein, il lui avoit
montré les tablettes de ce malheureux Bonze, ne doutant pas qu'il
ne rendît compte de cette aventure à Mohaban, & que ce Prince
irrité ne mît tout en ufage pour
fe venger de Zamet, les voleurs
fe flattant de pouvoir s'en défaire
de cette forte fans courir des rifques qui étoient certains en l'atta-
quant à main armée.

Après ce récit, ce traître tira
les tablettes, que Mohaban re-
onnut pour celles que Chémara
voit portées de fa part à Xuim-
hem, qui renfermoient la Lettre
ont il avoit parlé à Zamet dans
on hiftoire. Une pareille confef-
on remplit d'horreur & d'indi-
nation tous les cœurs; mais les
rinces fatisfaits de l'éclairciffe-
ent qu'elle venoit de leur don-
er, tinrent leur promeffe au per-
de Tunquinois, ne le condam-
ant qu'à un perpétuel efclavage
&

& aux pénibles travaux des criminels qu'on ne vouloit pas faire
mourir. Les autres accufés, & dé-
couverts par lui, avoüérent les
mêmes chofes & celle que le Tunquinois ne fçavoit pas, qui étoit
l'aventure de Mohaban dont il
n'avoit point été, gardant la caverne ce jour-là, les voleurs ayant
chacun leur tour pour y faire fen-
tinelle. On apprit d'eux qu'ils a-
voient tué le cheval, n'ayant gardé que le riche harnois, & que
trois des leurs étoient partis pour
la grande Chine afin d'y rendre
les prierreries de la caffete. Ces miférables furent fur le champ conduits au fuplice; & Zamet ne voulant pas que le Prince & la Princeffe de Tunquin euffent de fi
triftes idées prefentes à leur efprit,
les fit partir avec lui pour Caccian
avec un équipage digne de fa magnificence naturelle, où ayant
inftruit le Roy de la Cochinchine
de ces évenemens, il reçut Mohaban & Zizumene avec les honneurs dûs à leur haute puiffance.

Ce-

Cependant Mohaban voyant que Zamet par confidération n'ofoit preffer fon bonheur, en parla le premier, & témoigna qu'il fouhaitoit ne rendre la Princeffe aux Tunquinois que femme de cet illuftre Indien. Le Monarque de la Cochinchine charmé que cet himen fe fift dans fes Etats, en rendit la cerémonie des plus pompeufes. La belle & fçavante Zizumene fit connoître alors à l'amoureux Zamet que fon cœur avoit été fa récompenfe dès le moment qu'il s'étoit offert à fes regards; & ces deux Amans, enchantés l'un de l'autre, devinrent époux avec des tranfports de joïe qu'il faudroit être à leur place pour pouvoir exprimer. Après quelques jours de refidence à Caccian, le Prince de Tunquin voulant recevoir à fon tour Zamet dans fes Palais, reprit avec Zizumene & lui la route de Tunquin, où les peuples déja inftruits du bonheur de leur Princeffe, leur firent une entrée royale; & Mohaban étant devenu Roy,

fit

fit fi bien oublier les défauts dont
il avoit auparavant terni fa gloire
en croyant l'augmenter, qu'il eſt
encore indécis dans ces Païs-là laquelle des dernieres actions de
Zamet &. de lui doit paſſer pour
la plus magnanime.

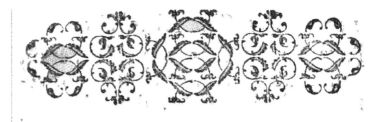

LA VENTE
INDISCRETE.

XXXIV. NOUVELLE.

U N riche Marchand dont je ne dirai point la Profeffion, & que je nommerai Tiphane, Habitant d'une Ville où la Nobleffe ne dédaigne pas de s'allier avec la roture, avoit une fille de dix-neuf ans, dont l'efprit, la fageffe & la furprenante béauté faifoient l'admiration de toute la Province; mais malgré ces avantages de la nature elle n'en étoit pas plus heureufe. Tiphane étoit veuf, fa femme avoit pris foin de l'éducation de fa fille jufqu'à

l'âge

l'âge de dix-fept ans, & l'avoit
ornée de tous les talens convé-
nables à fon fexe, dans le deffein de la rendre digne d'un parti
qui pût lui donner un nom & faire fa félicité. Mais étant morte
fans avoir joüi du fruit de fes peines, Ifabelle (c'eft le nom de
cette jeune perfonne) étoit reftée fous les yeux de Tiphane,
de qui l'avarice égalant la richeffe
lui donnoit des fentimens bien
differens.

Le mérite de fa fille lui perfuada
qu'il étoit de fon interêt de ne la
point marier, puifqu'en la mariant
il lui falloit donner une dot qui
diminuëroit fon bien, & qu'en la
gardant, fa beauté attireroit chez
lui un plus grand nombre de cha-
lans, & par conféquent augmen-
teroit les tréfors dont fon avidité
ne lui permettoit pas de fe défaifir:
ce raifonnement fe trouva jufte.
Les jeunes attraits d'Ifabelle, fon
efprit, fa douceur & fon air en-
gageant, produifirent tout l'effet
qu'en attendoit fon pere. Le monde venoit en foule chez lui, il
ven-

vendoit ce qu'il vouloit, & l'argent sembloit ne rien coûter à ceux qui venoient acheter. Comme ses marchandises regardoient les femmes aussi-bien que les hommes, les unes y venoient par curiosité, & les autres par admiration; & Tiphane charmé de voir si bien réussir son dessein, s'affermit dans la résolution de le continuer jusqu'à sa mort. C'étoit un homme entier dans ses sentimens, d'un genie borné, qui ne se gouvernoit que par son caprice, & que l'interêt dominoit. On juge aisément ce qu'une fille raisonnable devoit souffrir avec un pere d'un pareil caractere. Cependant Isabelle depuis la mort de sa mere, jusqu'à l'âge de dix-neuf ans qu'elle avoit alors, ne s'étoit pas extrêmement impatientée de son sort: ce qui lui faisoit le plus de peine, étoit d'être contrainte à paroître à toute heure dans une boutique, ou dans un magasin, aux yeux des differentes personnes que sa beauté y attiroit bien plus que l'envie d'acheter, & d'être incessamment exposée

aux

aux difcours des uns & des autres;
elle n'avoit pas été élevée dans
cette intention par fa mere, &
la noblefſe de fes fentimens ne
s'accommodoit point avec tout cé
qu'il falloit faire pour conferver
les interêts de Tiphane.

Elle lui en avoit quelquefois
parlé avec refpect, en le priant de
prendre quelqu'un qui s'entendît
mieux qu'elle à fa Profeffion, &
de la laiſſer libre de fe retirer dans
fon appartement; mais elle n'avoit
pû rien obtenir : des gens étrangers dans fa maifon lui auroient
coûté de l'argent, & ne lui auroient pas procuré ce qu'elle lui
apportoit, & cela lui fuffifoit pour
n'en rien faire. Tandis qu'il penfoit de la forte, & qu'Ifabelle commençoit à pénétrer fes vûës, fes
charmes qui ne faifoient qu'augmenter firent paroître nombre de
partis avantageux. Tiphane les
recevoit tous également bien,
donnant de l'efpoir aux uns & fa
parole aux autres; mais quand les
chofes venoient au point de fe
terminer, il faifoit fi bien que
tout

tout étoit rompu. Une pareille
conduite éclaircit entierement Iſabelle des intentions de ſon pere ;
& quoique ſon cœur ne ſe fût déclaré pour aucun de ceux qui
s'étoient preſentés, & que la raiſon
ſeule eût décidé de ſon ſort, ſi elle
en eût choiſi un pour époux, elle
ne laiſſa pas d'être touchée de ſe
voir la victime de l'avarice de Tiphane. Toute la Ville la plaignoit ;
& comme elle étoit généralement
aimée & eſtimée, chacun s'empreſſoit de lui procurer des amuſe-
mens capables de diſſiper l'ennui
qui la dévoroit en ſecret, & l'on
attendoit avec impatience les jours
où ſa maiſon n'avoit pas beſoin de
ſa préſence pour la mettre des parties de plaiſirs qu'on inventoit.

Ainſi, tandis que Tiphane s'occupoit à viſiter ſon coffre-fort, &
qu'il ſupputoit ce que les mois &
les ans lui avoient vallu de plus ou
de moins, Iſabelle brilloit au milieu de ce qu'il y avoit de conſidé-
rable dans la Province, par ſes manieres nobles, aiſées, & les aimables talens dont elle étoit ornée :

elle danſoit, chantoit & joüoit de
pluſieurs inſtrumens avec autant
de goût que de délicateſſe, ce qui
la rendoit l'ame de toutes les compagnies. Un jour qu'elle étoit chez
une des principales Dames de la
Ville, qui ſe nommoit Arſimene,
où l'aſſemblée étoit nombreuſe en
femmes ; la converſation étant
tombée ſur la ſatisfaction que les
peres doivent avoir lorſqu'ils ont
des enfans dignes de leur tendreſſe, Arſimene prenant la parole, & regardant Iſabelle qu'elle
aimoit tendrement : Pour vous,
ma chere Iſabelle ; lui dit elle en
ſoûriant, vous avez ſi bien fait connoître à Tiphane de quel prix eſt
une fille de votre mérite, qu'il a
juré de n'en faire part à perſonne,
& je prévois que malgré le pouvoir de vos charmes on ſera forcé
d'étouffer tous les feux qu'ils font
naître. Je ne crois pas, lui répondit
cette belle fille en rougiſſant, en
avoir beaucoup allumé ; mais ſi
cela pouvoit arriver, je ferois la
premiere à m'oppoſer à leur pro-
gres, pour ne pas expoſer celui
qui

qui m'en auroit trouvée digne , à des refus certains. Ce difcours ayant donné occafion à chacun de la compagnie de dire fon fentiment , on blâma hautement Tiphane de fa maniere d'agir , & de toute l'affemblée il n'y eut que la feule Ifabelle qui chercha à l'excufer : l'efprit & la fageffe qu'elle fit voir en cette occafion charmerent de telle forte une Dame de la compagnie , intime amie d'Arfimene , qu'elle ne put s'empêcher de dire qu'elle fouhaiteroit que fon fils fût affez heureux pour plaire à l'aimable Ifabelle , & qu'alors elle ne feroit pas embarraffée de tromper l'avarice de Tiphane. Cette idée ayant frappé Arfimene , elle jetta les yeux fur fon ami , & s'étant fait un figne d'intelligence , elle demanda à la fille de Tiphane fi elle entreroit dans ce complot en cas que le Cavalier méritât fa tendreffe.

Comme cette converfation fe faifoit en plaifantant , Ifabelle répondit fur le même ton , qu'elle feroit tout ce qu'on voudroit, pourvû

qu'on

qu'on n'exigeât rien d'elle qui fût
contraire à ſa gloire ni au reſpéct
qu'elle devoit à ſon pere. Sur cetté
parole il fut réſolu qu'on lui feroit
voir le Comte de Mirolle, (c'étoit
le nom du Cavalier ;) mais que cé
feroit de façon qu'ils ne ſe pourroient connoître ni l'un ni l'autré
à cette premiere entrevûë, afin
que nulle conſidération ne les
contraignît à cacher leurs ſentimens. Arſimene & Madame de
Mirolle ayant fait faire ſerment
aux Dames qui étoient preſentes
de leur garder le ſecret, on aſſura
la belle Iſalle qu'elle ne ſeroit
pas long-tems ſans voir le Cavalier, & quelques perſonnes étant
entrées on changea d'entretien.
Cette aimable fille qui n'avoit pris
qu'en badinant tout ce qui s'étoit
dit, n'y ſongea plus ſitôt qu'on eut
ceſſé, & ſe ritira chez elle avec
auſſi peu d'inquiétude qu'elle en
étoit ſortic. Il n'en fut pas ainſi de
Madame de Mirolle & d'Arſi-
mene ; l'envie de faire réuſſir ce
qu'elles avoient imaginé les occupa toute la ſoirée ; elles ſouperent
même

même enſemble , pour avoir la
liberté d'en parler à cœur ouvert.

Madame de Mirolle étoit veuve;
ſon époux l'avoit laiſſée avec de
grands biens , & un fils unique
qu'elle aimoit avec une paſſion
extrême , mais qui lui donnoit
autant de chagrin par ſa façon de
penſer , que de ſatisfaction par le
mérite éclatant qu'il avoit reçu
du Ciel. C'étoit un garçon de
vingt-quatre ans , fait au tour, auſſi
beau qu'un homme le doit être
pour n'avoir rien de fade & d'éf-
feminé : ſon eſprit étoit orné des
ſciences les plus néceſſaires à la
ſocieté ; il l'avoit fin , vif & pénétrant : la Muſique étoit ſa paſſion
dominante ; mais quoiqu'il eût la
voix belle & qu'il chantât bien ,
l'inſtrumentale étoit ce qui flattoit
ſon goût : auſſi s'en acquittoit-il
dans la perfection. A l'âge de dix-
ſept ou dix-huit ans , l'amour l'a-
voit ſurpris en faveur d'une perſonne qu'il en avoit crû digne ;
les premieres paſſions ſont toujour les plus violentes ; la raiſon
ne

ne les accompagnant que rarement : la ſienne avoit pris un tel
empire ſur lui, qu'il en étoit devenu
méconnoiſſable. Le parti n'étant
pas avantageux du côté des biens,
& ne plaiſant point au Comte de
Mirolle ſon pere qui vivoit encore,
le peu d'eſpoir qu'il avoit d'être
heureux l'avoit fait tomber dans
une mélancolie qui mit ſa vie en
danger.

Il étoit trop cher à ſa famille
pour qu'on négligeât de le ſecou-
rir. Le Comte & la Comteſſe qui
ſçavoient ſon mal s'étoient déter-
minés au mariage qu'il ſouhaitoit,
dans la crainte de le perdre, aimant mieux lui ſacrifier leurs
volontés que de l'en rendre la
victime. Ainſi le jeune Mirolle touchoit au moment d'être heureux,
lorſqu'une aventure fatale à la
gloire de l'objet de ſa flamme lui
avoit fait connoître qu'il avoit
un rival, & qu'on ne le déſiroit
pour époux que pour cacher des
foibleſſes que l'himen ſeul auto-
riſe. Cette triſte découverte l'avoit
mis au deſeſpoir, cependant il n'a-
voit

voit pas balancé à préferer l'honneur à l'amour ; & fçachant qu'il
eſt bien plus aiſé de trouver une
femme que de réparer une réputation fletrie, il avoit rompu ſans
heſiter, des nœuds dont l'eſtime
ne pouvoit jamais être la compagne : mais en briſant ſes chaînes, il
ſe propoſa de n'en porter de ſa vie,
& de fuïr l'himenée autant qu'il le
pourroit ſans bleſſer ſa ſoumiſſion
aux ordres du Comte & de la
Comteſſe ; & pour diſſiper entierement les reſtes d'une ardeur ſi
mal récompenſée, il ſe livra ſans
reſerve à ſon panchant pour les
Sciences & les Arts, & ſe propoſa
d'être ſi bien en garde ſur ſon
cœur, que nulle beauté ne pourroit déſormais triompher de ſa
liberté. Le Comte & la Comteſſe
de Mirolle avoient été très-con-
tans de lui voir prendre ſon parti
de la ſorte ; mais lorſqu'ils s'apperçurent que cette aventure avoit
produit dans ſon ame un dégoût
général pour tout ce qui s'appelle
attachement, leur joïe avoit diminué de beaucoup. Pluſieurs alliances

ces convenables s'étoient préfentées, fans que le jeune Cômte eût
jamais voulu entendre parler d'aucunes. Tantôt il alleguoit pour fes
raifons fa jeuneffe qui lui faifoit
envifager avec frayeur les embarras du ménage ; tantôt il repréfen-
toit à fon pere qu'il ne feroit pas
honorable pour lui de fe marier
avant que d'avoir pris un établiffement par quelques charges dignes
de lui ; & lorfqu'il s'étoit vû preffé
de façon à ne pouvoir prefque
plus s'en défendre, il lui avoit
avoüé qu'il lui étoit impoffible
d'imaginer aucun bonheur dans
un himen formé par la feule raifon, qu'il fentoit que ce lien ne
lui feroit fupportable que lorfque
l'amour s'en mêleroit, mais qu'a-
près ce qu'il lui étoit arrivé, né
pouvant compter fur la fidelité,
d'une femme, & n'étant pas affez
prévenu de lui-même pour fe
flatter d'être aimé comme il le
voudroit de celle qui recevroit fa
foi, il étoit réfolu de vivre libre,
& d'attendre que l'âge ou la pratique du monde l'eût rendu moins
déli-

délicat fur cet article, pour former
un pareil engagement.

Que cependant malgré fa répugnance, il étoit prêt à la vaincre
pour lui prouver fon refpect & fon
obéiffance; mais qu'il le fupplioit
de fonger que c'étoit vouloir le
rendre éternellement malheureux
que de l'obliger à fe marier. Le
Comte qui le connoiffoit & qui
ne pouvoit douter de la fincerité
de fes fentimens, l'aimant trop
pour le contraindre, ceffa de le
perfécuter & mourut fans avoir eu
la fatisfaction de le faire changer.
La Comteffe depuis cette mort
avoit plufieurs fois tenté d'y parvenir avec auffi peu de fuccès; &
quoique ce fils eût toutes les perfections qui rendent un homme
aimable, la crainte de le perdre
fans avoir d'héritiers, & de voir
éteindre en lui fon nom & fa
famille, lui caufoit autant de douleur que fi elle eût eu véritablement fujet de s'en plaindre.

Comme elle ne fortoit point
de ce chagrin, la vûë d'Ifabelle lui
avoit donné l'efpoir de vaincre
l'in-

l'indifférence de fon fils. Il étoit abfent depuïs un an, & devoit revenir au commencement du Carnaval où l'on étoit prêt d'entrer; il n'avoit jamais vû la fille de Tiphane, & ne la connoiffoit de nom que très - imparfaitement. Pour la Comteffe elle n'ignoroit ni fes biens ni la fageffe de fa conduite, Arfimene l'en ayant fouvent entretenuë en plaignant cette belle perfonne d'avoir un pere fi déraifonnable; & la converfation qu'elles avoient euë enfemble venoit de la déterminer à fe fervir de cette aimable objet pour faire un dernier effort fur le cœur de fon fils.

Ce fut donc dans cette penfée qu'elle étoit reftée à fouper chez Arfimene; & lorfqu'elles furent feules, la Comteffe lui ayant déclaré qu'elle vouloit tout employer pour rendre le Comte amoureux d'Ifabelle & la lui faire époufer, Arfimene qui n'avoit pas eu de peine à concevoir fon idée, & qui aimoit la fille de Tiphane comme fi elle eût été la fienne, approuva

fa réfolution & la fortifia de tout
fon pouvoir ; mais le caractere de
Tiphane les embarraffoit autant
que celui du Comte. Il étoit dangereux de rendre l'une amoureux
pour l'expofer au refus de l'autre ;
une pareille difgrace lui remettant devant les yeux celle de fa
premiere paffion, on couroit, rifque
de le fi bien dégoûter du mariage,
qu'il n'y auroit plus aucun moyen
de l'en faire revenir. Enfin après
bien des réflexions, elles conclurent qu'il falloit d'abord commencer par l'entrevûë de Mirolle &
d'Ifabelle, & que fi l'amour s'emparoit de leurs cœurs, comme il
leur feroit aifé de s'en appercevoir,
Ifabelle n'ayant rien de caché pour
Arfimene, & le Comte étant incapable de diffimuler avec fa mere,
elles fongeroient alors aux biais
qu'il faudroit prendre pour n'être
pas la duppe de Tiphane, & le
contraindre à donner fa fille ; &
comme le retour du Comte & le
Carnaval approchoient, elles ré-
folurent que ce feroit au Bal qu'Ifabelle & lui fe verroient, & que ce

fe-

feroit chez Arſimene que ſe feroìt
l'aſſemblée. Les choſes ayant été
réglées de la ſorte, elles ſe ſépa-
rerent très-impatientes de voir
l'effet de leur projet, & pour que
perſonne n'y mît obſtacle, elles
prierent dès le lendemain les Dames qui avoient été témoins l'a-
preſdinée de leur converſation
avec Iſabelle, & qui devoient être
auſſi du Bal, de ne rien découvrir
au Comte de leur deſſein. Perſonne n'aimoit Tiphane, tout le monde eſtimoit Iſabelle, & chacun
ſe faiſant un divertiſſement de
cette aventure, le ſecret ne pouvoit manquer d'être bien obſervé.
Enfin le Comte arriva, ſa mere &
ſes amis le reçurent avec une joïe
qui prouvoit aiſément combien
il étoit cheri des uns & des autres;
& comme il ne préceda le Carnaval que de deux jours, la Comteſſe ne voulant pas lui donner le
tems de ſe beaucoup manifeſter
dans la Ville, elle pria Arſimene
d'ouvrir dès le lendemain chez
elle les plaiſirs de cette ſaiſon.

Elle y conſentit & ne manqua
pas

pas d'y inviter Isabelle ; cette jeune
personne charmée de quitter ses
tristes occupations pour quelques
jours, se rendit de très-bonne heure chez Arsimene, voulant la consulter sur la maniere dont elle se
déguiseroit. Cette Dame à qui la
Comtesse avoit dit que son fils seroit en Egyptien, mais qu'il ignoroit qu'elle en fût instruite, s'imaginant qu'il y auroit une augmentation de divertissement pour ceux
qui sçavoient leur dessein de faire
mettre Isabelle en Egyptienne,
frappée de cette idée elle lui pro-
posa plusieurs déguisemens ridicules pour l'en dégoûter, & vint ensuite à celui qu'elle désiroit. Isabelle n'hesita pas à le préferer ;
tout sembloit l'y engager. Sa taille
fine & déliée, ses cheveux noirs,
gais & bouclés, & la sarabande
qu'elle dansoit en perfection, lui
faisant juger qu'elle rempliroit
ce caractere avec honneur, elle
s'y arrêta. Aussi-tôt que cela fut
décidé, Arsimene envoya chez
le plus fameux Loüeur d'habits
pour avoir ce qu'elle vouloit ; &
le

le hazard en ayant fait trouver un
tel qu'il le falloit, elle en fit tous
les frais, & le fit garnir de quantité
de perles & de diamans. Isabelle
qui cherchoit à surprendre l'Assemblée, ne se montra point de la journée au monde qui vint chez Arsimene ; enfermée avec les femmes
de cette Dame, qui travailloient
à rendre son habillement aussi
superbe que galant, elle ne parut que lorsque le Bal fut commencé.

La Comtesse qui, comme intime
amie d'Arsimene, faisoit les honneurs de sa maison conjointement
avec elle, fut seule du secret du
déguisement de la fille de Tiphane ; elle la vit même habiller, &
la trouva si belle dans cet ajustement, qu'elle ne douta point que
son fils ne tombât dans le piège
qu'on alloit lui tendre. Enfin le Bal
s'ouvrit : l'Assemblée étoit nombreuse & brillante, tous les Masques singuliers & superbes ; & déja
les yeux s'étoient attachés sur plusieurs, dignes d'attention, lorsqu'ils
en furent détournés par l'arrivée
de

de deux Masques qui fixerent tous
les regards : c'étoit nos Egyptiens.
Mais ce qu'il y eut de plaisant &
d'extraordinaire, c'est qu'ils entrerent en même tems par deux
côtés opposés dans la salle du Bal,
en suivant la cadence de leur tam-
bour de basque avec autant de
justesse que s'ils s'étoient concer-
tés, & qu'ils furent tellement surpris de se voir seuls sous le même
déguisement, qu'ils s'arrêterent au
milieu du Bal vis-à-vis l'un de l'autre dans un égal étonnement de
leur magnificence, de la noblesse
de leur air & de la conformité de
leur habillement.

Ceux qui n'étoient pas du secret
de la Comtesse s'étoient d'abord
imaginés, en les voyant entrer,
qu'ils se connoissoient & que l'a-
venture étoit préméditée ; mais la
surprise qu'ils témoignerent en se
regardant, les ayant dissuadés, la
curiosité s'empara de tous les es-
prits ; & chacun paroissant s'in-
teresser à ce qui s'alloit passer, les
acclamations que les deux beaux
Masques avoient excitées, cesse-

rent tout-à-coup, le filence leur
fucceda, & le feul bruit de la fimphonie fe faifoit entendre, lorfque
le Comte de Mirolle revenu de
fon étonnement, falua refpectueufement Ifabelle ; & s'approchant
d'elle avec un air rempli de graces :
Je ne croyois pas, lui dit-il en prenant la voix dont on fe parle au
Bal, trouver ici perfonne de ma
Nation ; j'y venois pour dire la
bonne aventure, mais la mienne
me paroît fi belle, que je ne penfe
plus à celle des autres.

Je fuis dans une pareille furprife, lui répondit-elle du même
ton, mais je vous avoüe mon ignorance, je n'entends rien à prédire
l'avenir, & je ne fuis ici que pour
danfer & me divertir. Il n'eft pas
difficile, lui repliqua-t-il, de vous
faire deviner ce qui doit arriver à
tous ceux qui font ici ; & fans leur
regarder dans la main, vous pouvez hardiment leur dire que de
libres qu'ils y font entrés, ils en
fortiront vos efclaves.

Comme il achevoit ces mots,
Arfimene & la Comteffe les ayant
fait

fait prier de s'approcher d'elles,
ils furent obligés d'interrompre
cette converſation pour leur obéir.
Ces Dames feignant de ne les pouvoir connoître, leur demanderent
en grace de ſe démaſquer. Le
Comte s'en défendit, ſous prétexte qu'il avoit de fortes raiſons
pour ſe cacher. Pour moi, dit Iſabelle, l'amour propre me force
ſeule à ne me pas découvrir; je
veux danſer: ſi je m'en acquitte
bien, je me démaſquerai avec
gloire; & ſi je n'ai pas le bonheur
de plaire, j'aurai du-moins la conſolation de n'être pas connuë en
gardant mon maſque.

Danſez donc promptement,
belle Egyptienne, lui dit la Comteſſe; je ſuis ſi perſuadée que vous
nous allez charmer, que je ne
doute point que nous ne ſçachions
bien-tôt qui vous êtes. Iſabelle qui
plaiſantoit toujours, y conſentit à
condition que l'Egyptien danſe-
roit avec elle. Comme il ne demandoit pas mieux, il ne ſe fit
point prier; & chacun leur ayant
cédé la place avec plaiſir, ils dan-

ferent au fon du tambourin d'une maniere fi vive, li noble, & d'une fi parfaite juftelle, qu'ils enleverent toùs les fuffrages. Mais s'ils enchanterent l'Affemblée, ils fe charmerent encore davantage l'un & l'autre. Ifabelle trouvoit des graces dans l'Egyptien qu'elle n'avoit jamais vuës à perfonne, & le Comte regardoit l'Egyptienne avec une admiration qui tenoit de l'extafe. Leur danfe ne fut pas plutôt finie, que toutes les voix s'éleverent pour leur prodiguer les loüanges qu'ils méritoient & les prier de recommencer. Ifabelle qui s'étoit apperçuë du plaifir que le Comte avoit pris en denfant avec elle, lui propofa une farabande à deux, qui étoit fort en vogue en ce tems-là. Il y confentit; & quoiqu'elle fût d'une très-difficile execution, ils s'en acquitterent fi parfaitement, & leurs pas fçurent fi bien exprimer ce qu'ils commençoient à fentir l'un pour l'autre, que la falle fut une heure à ne retentir que de cris d'admiration & que de battemens de mains.

Le

Le Comte de Mirolle étoit lui-même si surpris de ce qu'il voyoit, & craignoit de telle sorte de ne pouvoir défendre sa liberté des graces de l'Egyptienne, qu'il faisoit des vœux secrets pour que les traits de son visage fussent assez difformes pour détruire l'impression qu'elle commençoit à faire sur lui. Tandis qu'il pensoit ainsi, la fille de Tiphane n'étoit pas moins occupée de lui, qu'il apprehendoit de l'être d'elle. Un vif desir de lui plaire s'étoit emparé de son cœur ; & la pénetration de

cette aventure, elle s'étoit alors souvenuë de sa conversation avec la Comtesse ; & certains signes qu'elle apperçut entre Arsimene & cette Dame l'ayant convaincuë d'une partie de la verité, elle ne douta point que l'Egyptien ne fût le Comte de Mirolle, & le trouvant trop aimable pour négliger une pareille conquête, elle ne voulut rien épargner de ce qui pouvoit assurer son triomphe.

H 3   Dans

Dans cette refolution elle avoit mis en ufage tout ce que l'art de la danfe a de plus délicat & de plus expreffif, dans la farabande qu'elle venoit d'executer. Les applaudif- femens de l'Affemblée & les mou- vemens d'admiration de l'Egyp- tien lui faifant connoître que fon deffein réuffiffoit, elle fe débaraffa de la foule de ceux qui les entou- roient & fut fe placer auprès d'Ar- fimene. Cette Dame qui, comme je l'ai dit, l'aimoit tendrement, ne put fe refufer la fatisfaction de l'embraffer en lui donnant mille loüanges. Je ne fçai, Madame, lui dit Ifabelle en riant, fi je dois vous croire fincere en cette occafion; la tromperie que vous m'avez fai- te, me donne lieu d'en douter. Je l'avoüe, lui répondit Arfimene, mais je ne puis m'en repentir, & je tire un bon augure de vos pré- fentimens. La Comteffe qui les écoutoit, s'étant mêlée à cet en- tretien : Charmante Egyptienne, lui dit-elle, achevez votre ouvra- ge; & puifque votre cœur vous a découvert la condition de l'Egyp- tien,

tien, faites enforte que le fien ne vous échape pas. Je connois fon caractere : il eft ennemi de la flatterie & de la diffimulation ; toutes fes actions nous ont inftruites de la fituation de fon ame, & je fuis perfuadée qu'il ne tiendra bientôt qu'à vous de me rendre la plus heureufe de toutes les meres.

La Comteffe parloit fi férieufement, qu'Ifabelle ceffant de badiner lui répondit avec fageffe, que s'étant imaginée qu'elle n'avoit eû deffein que de fe divertir, elle s'étoit fait un honneur de contribuer à fes plaifirs, mais qu'elle la fupplioit de ménager fa gloire, & de ne la pas engager dans des démarches qui ne pourroient tourner qu'à fa confufion, fi elles ne fe terminoient pas comme elle paroiffoit le defirer. Madame de Mirolle l'embraffa, & lui fit ferment que fi le Comte étoit affez infenfible pour refufer fon cœur à tant de charmes, il ne fçauroit jamais l'idée qu'elles avoient euë, ni la plus petite partie des fentimens qu'il lui auroit infpirés.

H 4 A

A peine achevoit-elle cette promeffe, que le Comte s'approcha
d'elle; & jugeant qu'elle connoiffoit la belle Egyptienne, puifqu'elle
lui parloit fi familierement, il fe
pancha à fon oreille, & fans déguifer fa voix: De grace, Madame
lui dit-il, ne me découvrez pas, &
me dites quelle eft cette charmante perfonne Quoi! c'eft vous,
Comte! lui repliqua fa mere en
feignant de l'avoir méconnu.

Vous meriteriez que je vous
refufaffe la fatisfaction que vous
defirez, pour vous punir de m'a-
voir fait un fecret de votre déguis-
fement; mais je fuis bonne, & veux
bien vous dire que ce beau mafque
cache encore plus de charmes qu'il
n'a fait voir de graces & d'agrémens; que c'eft la plus belle & la
plus fage fille de la Province, mais
fi fort ennemie de l'amour & de
l'himen, que je ne fçache que vous
qui puiffiez lui être comparé; &
je ne puis m'étonner de la conformité que le bazard a mis dans votre déguifement, fçachant celle
de vos fentimens: elle eft intime
                                    amie

amie d'Arſimene, & n'eſt venuë
ici qu'à ſa priere.

Mais, Madame, reprit le Comte
que ce diſcours piquoit de curioſité, vous ne me dites point ſon
nom. Qu'importe ? dit la Comteſſe,
cela vous doit être indifferent; &
ſe tournant vers Arſimene ſans lui
donner le tems de lui répondre,
elle la pria tout haut de faire démaſquer ſon amie ſous prétexte
qu'elle devoit être incommodée
de la chaleur. Arſimene qui comprit ſon deſſein, dit que l'Egyptienne ne voulant être connuë de
perſonne, elle étoit d'avis de paſſer
dans ſon cabinet afin d'y prendre
des rafraîchiſſemens, ſans être ſuivie des autres Maſques. A ces
mots, prenant Iſabelle d'une main
& la Comteſſe de l'autre, elles ſor-
tirent de la ſalle du Bal. Le Comte
irrité de ce que ſa mere ne lui diſoit rien, les ſuivit, & entra avec
elles dans le cabinet. Arſimene
qui l'examinoit avec attention, le
voyant derriere elle : Paſſez, beau
Maſque, lui dit-elle, vous nous

H 5   avez

avez fait trop de plaifir pour n'être pas admis à cette partie.

Ifabelle qui ne faifoit pas femblant d'écouter ce qu'on difoit , ne fut pas plutôt entrée , qu'elle ôta fon mafque, & fe tournant du côté de la Comteffe qui lui faifoit les plus tendres careffes , offrit aux yeux du Comte, qui étoit vis-à-vis d'elle , l'éclatante beauté qui la rendoit l'objet de l'amour & de l'étonnement de tous ceux qui la connoiffoient. Le jeune Mirolle s'attendoit fi peu à trouver tant d'attraits à la fois , qu'il s'écria avec tranfport qu'il étoit perdu , & refta après ces mots comme immobile , les yeux fixement attachés fur Ifabelle , qui malgré le contentement fecret qu'elle reffentoit de l'effet de fes charmes, ne put s'empêcher d'en rougir. Pour Arfimene & la Comteffe , elles étoient dans une joïe inexprimable, & par leurs ris & leurs queftions ambiguës elles jetterent le Comte dans un trouble dont il fut long-tems fans pouvoir revenir. Cependant s'étant remis ,

&

& ne pouvant plus être maître de cacher ce qui fe palloit dans fon cœur, il fe démafqua ; & s'approchant d'Ifabelle : Je vois bien, lui dit-il, qu'on a juré ma défaite, & que ce feroit en vain que je chercherois à m'en défendre ; mais pour me venger de mon vainqueur, je lui déclare en prefence d'Arfimene & de ma mere, que je l'adore, & que mon amour auffi violent que prompt me fuivra jufqu'au tombeau.

Je mériterois fans doute un aveu fi précipité, lui répondit Ifabelle en foûriant, fi j'étois entrée dans quelque complot contre vous ; mais je vous protefte que mon innocence n'a rien à fe reprocher, & je crois que vous feriez mieux vengé en gardant le filence. La fille de Tiphane avoit des graces fi particulieres en parlant, & fes regards avoient quelque chofe de fi touchant, que le Comte plus enchanté que jamais, avoüa trèsférieufement qu'il étoit le plus amoureux de tous les hommes. Cependant Ifabelle, Arfimene &

H 6 la

la Comteſſe tournerent toujours
la converſation ſur le ton de galanterie ; & Madame de Mirolle
ayant preſenté le Comte à Iſablle,
il ſe fit entre ces deux nouveaux
Amans un entretien dans lequel
ils connurent qu'ils avoient autant
d'eſprit que de charmes. Le Comte
ne quitta plus la belle Egyptienne ;
la Comteſſe & ſon amie les ayant
fait rentrer dans le Bal, ils y brille-
rent en mille façons differentes, &
le plaiſir qu'on prenoit à les voir auroit fait durer l'Aſſemblée juſqu'au
lendemain, ſi Arſimene ne les eût
emmenés avec la Comteſſe & les
Dames de leur ſecret, pour faire
honneur au feſtin qu'elle leur avoit
fait préparer.

Le repas fut des plus agréables,
par la diſpoſition des eſprits. L'a-
mour du Comte qui s'augmentoit
à chaque inſtant, le rendoit d'une
humeur ſi charmante, qu'Iſabelle
ne put ſe diſpenſer d'avoüer à ſon
ami avant que de s'en ſéparer,
qu'elle ſe trouveroit, trop heureuſe
ſi d'une aventure purement ga-
lante elle en formoit une réelle &
ſolide.

folide. La Comteſſe, qui la conduifit chez elle, lui parla fi pofitivement fur le deffein qu'elle avoit
de lui donner fon fils pour époux,
que ne pouvant douter de fa fincerité, elle lui en témoigna fa
reconnoiſſance, & lui promit de
la rendre maîtreſſe abfolué de fa
deftinée.

Le Comte de Mirolle, qui étoit
refté avec Arfimène, la conjura
avec tant d'inftance de lui faire
connoître celle qui venoit de
triompher de toutes fes refolutions, qu'elle fe crut obligée de
le fatisfaire : mais fçachant que
fouvent les difficultés animent l'a-
mour, elle ne lui cacha rien de
celles qu'il trouveroit dans la recherche d'Ifabelle ; en ajoutant
que cette belle fille ne voulant
expofer perfonne aux ridicules
manieres de fon pere, avoit entierement renoncé au mariage.
Ce difcours produifit tout l'effet
qu'elle en avoit efperé. Le Comte
irrité des obftacles, fans en être
rebuté, paffa le refte de la nuit à
rêver aux moyens de les furmon-

H 7   ter :

ter : plufieurs s'offrirent à fon efprit; mais n'ofant s'y arrêter avant
que de fçavoir les intentions de la
Comtefſe, & les fentimens d'Iſabelle; il reſolut de s'en inſtruire afin
d'agir avec plus d'affurance. L'a-
mour l'avoit véritablement vaincu, & pár fa violence & fa promptitude fembloit vouloir réparer le
tems qu'il avoit perdu ; Iſabelle
l'avoit frappé de ces traits imprévus fur lefquels la raifon n'a plus
de pouvoir. Le Comte qui pour
venir au Bal ne s'étoit pas armé
de fa phiJofophie ordinaire , fe
trouvant fans défenſe, s'étoit auſſi
rendu fans refiftance ; & jugeant
qu'Arſimene, dont la vertu étoit
genéralement connuë, ne donnoit
pas le titre d'amie à la fille de Tiphane fans qu'elle en fût digne ,
fa paffion s'étoit auffi-tôt tournée
du côté de l'himen.

Mais la Comtefſe l'inquiétoit.
Comme on ne lui avoit jamais
propoſé que des partis d'une condition égale à la fienne , il craignoit que Madame de Miro!le ne
s'oppoſât à l'alliance d'Iſabelle ,
quoi-

quoique fa famille fût une des meilleures d'entre la Bourgeoifie. Cependant ne voulant rien négliger pour la perfuader, & fe flattant que l'envie qu'elle avoit de le voir marier la feroit paffer par-deffus bien des chofes, il ne fongea plus qu'à l'inftruire de fes fentimens. En effet, il ne fut pas plutôt jour chez elle, qu'il fe rendit à fon appartement. La Comteffe lui demanda d'abord comment il fe trouvoit de fon aventure de la nuit.

Elle m'a tellement plû, Madame, lui dit-il, que je viens vous prier d'engager Ifabelle à la continuer. Ifabelle, lui répondit la Comteffe d'un air férieux, a bien voulu fe prêter un moment à cette galanterie, mais elle trouveroit fans doute très-mauvais que nous la priffions pour le but de nos divertiffemens, & je la confidére trop pour en agir de la forte: Ce n'eft pas mon deffein, Madame, reprit le Comte, les fentimens qu'elle a fait naître dans mon cœur me la font regarder avec autant de confidération que vous;

&

& si je songe à continuer nôtre
aventure, ce n'est qu'en formant
des liens qui la rendent aussi respec-
table qu'elle nous a paru aimable
& singuliere. En un mot, Madame, continua-t-il, je suis éperduë-
ment amoureux d'Isabelle : vous
désirez depuis long-tems que je
subisse le joug de l'himenée, &
je viens vous annoncer que je
suis prêt de vous obéïr si vous
m'ordonnez de l'épouser. Madame de Mirolle charmée de cette
nouvelle, mais qui vouloit en être
plus sûre, lui répondit froidement
que cet amour lui paroissoit trop
prompt pour devoir s'y livrer dans
le moment ; qu'elle désiroit extrêmement qu'il se mariât, mais
qu'elle souhaiteroit que ce fût
avec une personne de condition ;
qu'Isabelle étoit sage, belle, riche
& pleine d'esprit, que cependant
malgré cela elle ne croyoit pas
qu'elle lui convînt. Le Comte qui
s'emflammoit à mesure que les
difficultés croissoient, lui répliqua
que sa passion, quoique l'ouvrage
d'un moment, n'en étoit pas moins
soli-

folide ; que la raifon même lui
confeilloit d'en fuivre les mouvemens, puifque la fille de Tiphane
poffedoit, de fon propre aveu, toutes les qualités qu'il défiroit dans
une époufe ; que fa beauté feroit
le plaifir de fes yeux, fa fageffe la
fûreté de fa fidelité, & fon efprit
le bonheur de fa vie ; qu'un mari
ne tenant rien de la naiffance de
fa femme, & lui donnant au-contraire tous les avantages de la fienne, il en avoit affez pour réparer celle d'Ifabelle ; qu'il étoit
inftruit par Arfimene que cette
charmante fille avoit des parentes
mariées à des perfonnes d'auffi
bonne Maifon que la fienne, &
qu'enfin il la fupplioit de confentir
à cet himen, ou de recevoir le
ferment qu'il lui faifoit de ne fe
jamais marier.

Le Comte parloit avec tant de
feu, que fa mere ne doutant plus
que ce ne fût du fond du cœur,
lui avoüa tout le myftere, en l'affurant qu'elle ne pourroit ni vivre
ni mourir contente qu'après avoir
vû cette union. Le Comte tranfporté

porté de joïe fe jetta à fes pieds
pour la remercier, & lui demander ce qu'il falloit faire pour hâter
fa félicité. Madame de Mirolle
l'inftruifit alors du caractere de
Tiphane, & que pour parvenir à
ce qu'ils fouhaitoient il étoit abfolument néceffaire d'employer la
rufe ou l'artifice.

L'Amant d'Ifabelle ne laiffa pas
d'être embarraffé dans la conduite
qu'il devoit tenir : cependant il
propofa plufieurs expédiens à la
Comteffe, qui ne pouvant fe déterminer, conclut qu'il falloit aller
prendre confeil d'Arfimene. En
effet, ils monterent en caroffe &
s'y rendirent. Cette Dame fe doutant de ce qui les amenoit, foûrit
en les voyant entrer ; mais la Comteffe prenant la parole : Ma chere
Arfimene, lui dit-elle, la chofe
eft férieufe, l'amour s'eft vengé,
& nous venons vous demander du
fecours. Ce commencement donna occafion à plufieurs railleries
délicates, aufquelles le Comte répondit avec autant d'efprit que de
vivacité, & la converfation n'avoit
pas

pas encore pris d'arrangement,
lorfqu'Ifabelle entra : fa prefence
la fit changer de forme, les Dames
quitterent le badinage pour la
recevoir ; & le Comte fentit à fa
vûë qu'elle fçavoit auffi-bien im-
primer le refpect, que faire naître
l'amour. Cette belle fille rougit en
le voyant, & s'adreffant à la Comteffe avec une modeftie charmante, lui dit qu'elle venoit dans le
deffein de s'excufer près d'elle des
libertés qu'elle avoit prifes la veille. Madame de Mirolle l'embraffa
en lui répondant que fes actions
étoient toujours fi fages, qu'elle ne
devoit jamais chercher à les excufer. Le Comte qui brûloit de l'entretenir s'approcha d'elle en ce
moment ; & fe mettant à fes pieds :
Pour moi, lui dit-il, charmante
Ifabelle, je ne juftifierai ni ce que
je dis ni ce que je fis hier, & con-
fervant aujourd'hui fans aucun
déguifement les fentimens que je
vous déclarai fous le mafque, je
vous répete aujourd'hui que je
vous adore, que je ne puis être
heureux fans vous, & que je n'attends

tends que votre arrêt pour assurer ma félicité ou me donner la mort. Ma chere Isabelle, dit alors la Comtesse, rien n'est plus vrai, mon fils ne pouvoit faire un choix qui me fût plus agréable ; vous sçavez que je n'ai pas attendu que vous l'eussiez charmé pour vous le témoigner : terminez donc son incertitude & la mienne, en nous permettant d'agir pour vous obtenir de Tiphane. Je suis trop pénétrée de l'honneur que vous me faites, Madame, lui répondit-elle, pour ne vous en pas marquer ma reconnoissance par ma sincerité : je n'ose me flatter de pouvoir faire le bonheur du Comte ; mais puisqu'il faut l'avoüer, je ne vous cacherai point que je souhaiterois ardemment en être digne. Les beaux yeux noirs d'Isabelle regarderent si tendrement le jeune Mirole en ce moment, que cet amant passionné, transporté d'amour & de joïe, ne put s'exprimer de long-tems par des paroles.

Il tenoit les mains d'Isabelle & celles de la Comtesse, & les baisoit alter-

alternativement avec une ardeur
qui prouvoit aifément celle dont
il étoit embrafé : mais la Comteffe
qui vouloit en profiter, le contraignit à fe calmer pour fonger férieufement aux moyens de faire
ce mariage. L'amour ne trouve
rien d'impoffible, celui du Comte
animé par la vûë d'Ifabelle en
imagina un fur le champ, dont le
fuccès lui parut infaillible ; mais
craignant que cette belle fille ne
s'y oppofât., il la pria de permetre
qu'il ne le déclarât qu'à la Comteffe. Ifabelle y confentit, perfuadée que cette Dame n'approuveroit rien qui fût contraire à fon
devoir ; & pour lui laiffer la liberté
de s'expliquer, elle paffa dans le
cabinet d'Aifimene. Le Comte
qui ne vouloit pas être long-tems
éloigné d'elle, fe dépêcha d'inftruire fa mere & fon amie de ce
qu'il venoit de projetter : elles en
furent enchantées ; & chacune
ayant donné fon avis pour que
rien ne fût oublié, on conclut
que le Comte travailleroit dès le
lendemain à l'exécution Tout étant
reglé,

reglé, on rappella Iſabelle, qui demanda en ſouriant ſi on lui donneroit un rôle à joüer plus difficile
que celui d'Egyptienne.

Non, lui répondit la Comteſſe,
nous n'exigeons de vous que d'a-
voir la complaiſance de ne pas
quitter d'un ſeul inſtant, demain &
le jour ſuivant, le magaſin de Tiphane, & de ne rien dire, quelque choſe que vous entendiez ou
que vous voyiez. Cette belle fille
s'y engagea, à condition que cela
ne tendroit à aucune choſe qui
portât préjudice à ſon pere & à ſa
réputation. Le Comte le lui jura,
auſſi-bien que ſa mere & ſon amie;
& l'idée d'un bonheur prochain
ayant mis ces quatre perſonnes
dans une ſituation d'eſprit des plus
agréables, elles paſſerent enſemble le reſte de la journée.

La plûpart des Dames qui ſçavoient le premier complot, s'étant
renduë chez Arſimene, on leur
découvrit l'expedient dont le jeune Mirolle devoit ſe ſervir pour
obtenir Iſabelle : elles le trouverent des plus plaiſans, & ſe propo-
ſerent

ferent d'être de la fcene qui ne devoit paffer le fur‐lendeman. Ifabelle fit fon poffible pour obliger le Comte à la mettre du fecret, mais il tint ferme, dans l'apprehenfion que la moindre indifcretion ne rompît toutes fes mefures. Enfin l'aprefdinée s'étant écoulée avec une égale fatisfaction, Ifabelle & le Comte de Mirolle fe féparerent, toujours plus enchantés l'un de l'autre, dans la douce efperance d'être bien‐tôt unis pour jamais.

La nuit ne fe paffa pas fi tranquilement du côté d'Ifabelle que de celui de fon amant. Inquiéte de ce qu'on avoit projetté & du myftere qu'on lui faifoit, elle ne put goûter aucun repos : cependant réfoluë à tenir fa promeffe, elle fe rendit dans le magafin attendant avec impatience quelle feroit la fin de fon aventure. Fort peu de tems après qu'elle y fut entrée, le Comte de Mirolle arriva à fa porte dans un équipage magnifique, & montant dans le magafin fe fit déployer plufieurs étoffes,

fes, en demanda le prix à Tiphane,
& les paya fans marchander. Tiphane qui n'étoit pas accoutumé
à tant de nobleffe, fâché d'avoir
dit un prix un peu-trop jufte, lui
en montra de plus riches encore,
& vouloit lui perfuader de les
prendre, lorfque le Comte jettant
les yeux de tous côtés. Un magafin
auffi rempli que celui ci, lui dit-il,
coûte-t'il beaucoup? Tiphane répondit auffi-tôt, que le fien lui tenoit lieu de vingt mille francs. Et
combien doit-il vous rapporter de
profit. lui répartit le Comte? Alors
Tiphane prenant la plume fupputa
fur fon regiftre; enfuite de quoi
il lui répondit que tous frais faits,
il falloit qu'il eût dix mille francs
bons. Le Comte rêva un inftant
en examinant toutes les étiquettes
des marchandifes dont le magafin
étoit rempli; puis regardant Tiphane d'un air myfterieux, il le
pria de paffer dans une falle qui
étoit vis-à-vis. Le pere d'Ifabelle
étonné de tant de queftions, fit ce
qu'il voulut, très-inquiet de fçavoir
quel en feroit le réfultat.

Quand

Quand le jeune Mirolle fut feul avec lui : Je ne fçai mon cher Tiphane, lui dit - il en lui touchant dans la main , fi je fuis connu de vous ; mais pour moi, je vous connois fòrt & je vous eftime beaucoup : je me nomme le Comte de Mirolle , & je crois que ce nom vous fuffit pour être inftruit que ma Maifon eft une des plus opulentes de la Province. Tiphane qui véritablement n'ignoroit pas cette verité, quoiqu'il n'eut jamais vû le Comte, lui repliqua qu'il en étoit affuré. Ce que je vous dis, reprit Mirolle, n'eft pas pour me faire valloir, mais pour que vous ne foyez point furpris de la propofition que j'ai à vous faire. Vous dites que votre magafin tel qu'il eft prefentement, tant en dépenfe qu'en profit, eft un effet de trente mille livres : je vous en donne quarante dès aujourd'hui, à condition que vous n'ôterez rien de ce que j'y vois prefentement , & que vous me livrerez tout ce qui eft dedans. La Comteffe de Mirolle ma mere a

des raifons importantes pour faire
un pareil achat, & m'a chargé de
cette commiſſion: j'ai parcouru
plufieurs magaſins, mais je n'en
ai point trouvé de mieux rempli
que le vôtre; ainſi voyez à vous
réfoudre, & ſi l'avantage que je
vous fais vous contente nous en-
voirons chercher mon Notaire,
& nous paſſerons ſur le champ le
contrat de vente & d'achat, &
demain à huit heures du matin je
vous apporterai les quarante mille
livres en eſpeces ſonnantes, &
j'enleverai tout ce qui eſt preſen-
tement dans votre magaſin.

On ne peut exprimer la ſurpriſe
de Tiphane à ces diſcours, il prit
le Comte pour un fou; mais ne
jugeant pas à propos qu'un autre
profitat de ſa folie, il ne balança
point à conſentir à cette affaire,
d'autant plus avantageuſe pour lui
ſelon ſa penſée, qu'il avoit mis un
prix exhorbitant à ſes marchandiſes, & que la propoſition du
Comte lui faiſoit gagner en un
moment ce qu'il n'avoit pas amaſſé
en quatre ou cinq ans de tems:
ainſi

ainſi il répondit ſans heſiter, qu'il étoit prêt à ſigner le marché, comptant qu'avec cet argent il regarniroit ſon magaſin, & feroit encore de nouveaux profits.

Le Comte qui ne vouloit pas lui laiſſer le tems de la réflexion, envoya ſon caroſſe au Notaire chez lequel la Comteſſe étoit allée pour le prévenir ſur les termes & les clauſes qu'elle vouloit qu'il mît dans le contrat, en cas que ſon fils l'envoyât chercher, ſans pourtant lui rien découvrir du fond principal de l'affaire. Elle en ſortoit juſtement quand le carroſſe arriva; le Notaire monta dedans, & ne fut pas plutôt chez Tiphane, que le Comte l'inſtruiſit de ſa propoſition & du conſentement qu'on y donnoit, en le priant de dreſſer à l'inſtant la minute du contrat, & d'y bien ſpécifier en termes clairs & ſans équivoque, que Tiphane lui livroit tout ce qui étoit alors dans ſon magaſin ſans en rien détourner, pour la ſomme de quarante mille francs qu'il s'engageoit de

lui

lui compter le lendemain à huit heures du matin.

Le Notaire prit la plume, & travailla à ce qu'on exigeoit de son ministere. Cependant Isabelle qui entendoit tout ce colloque du magasin, & qui n'avoit osé dire un seul mot, malgré toute sa pénétration ne pouvant concevoir à quel dessein le Comte faisoit une semblable dépense, étoit dans une inquiétude extrême, & cherchoit vainement à découvrir ce mystere: mais elle fut encore plus étonnée lorsque le Notaire, après avoir écrit quelque tems, demanda à Tiphane s'il avoit des enfans majeurs. Tiphane répondit qu'il n'avoit qu'une fille qui touchoit à peine à sa vingtiéme année. Cela étant de la sorte, reprit le Notaire, elle pourroit un jour revenir contre cette vente; & pour prevenir tout inconvénient, & que M. le Comte & vous ayiez toutes vos sûretés, il faut stipuler que les quarante mille livres seront employées pour sa dot en cas qu'elle se marie. Cet article n'est pas nécessaire, repliqua

qua promptement Tiphane; Ifabelle ne veut point fe marier, &
je dois être maître de mon bien.
Le Notaire lui répondit qu'il ne
pouvoit vendre fon magafin fans
cette claufe, & qu'il étoit inutile
qu'il continuât d'écrire. Le Comte feignant de vouloir fes fûretés,
parla fur le même ton; & l'avari-
cieux Tiphane ébloui par l'appas
du gain, au defefpoir de cet accroc,
y cherchoit un accommodement,
quand le Notaire qui voyoit fon
chagrin, lui dit qu'il s'étonnoit de
la difficulté qu'il faifoit, puifqu'é-
tant maître de fa fille cela ne l'engageoit à rien.

Ce peu de mots ayant remis le
calme dans fon cœur, il fit véritablement réflexion que dans le
deffein qu'il avoit formé de ne
jamais marier Ifabelle; les quarante mille francs ne pouvöient lui
échapper, & que lorfqu'elle feroit
en âge de faire valoir fes droits,
il en auroit toujours affez profité
pour lui en céder une partie s'il
ne pouvoit la lui difputer. Flatté
de cette idée; & la médiocrité de

fon

ſon génie ne lui permettant pas de
pénétrer plus avant, il fit continuer
les écritures, au grand contentement du Comte de Mirolle qui
commençoit à trembler pour la
réuſſite de ſon projet. Enfin, la minute achevée, Tiphane & le Comte
ſignerent & la firent porter à Iſabelle pour en faire autant. Cette
belle fille qui craignoit qu'on ne
lui imputât d'avoir contribué à
tromper ſon pere, ne s'en voulut
acquitter que par ſon ordre, ce qu'il
fit d'un air impérieux & rude, qui
donna au Comte un nouveau ſujet
de ſatisfaction de pouvoir le punir
de ſa dureté. Lorſque tout fut dans
les regles, l'Amant d'Iſabelle s'a-
dreſſant à Tiphane, le pria de ſonger qu'il falloit qu'il trouvât le
lendemain ſon magaſin dans le même état qu'il le laiſſoit; en l'aſſurant
que de ſon côté il ne manqueroit à
rien de ce qu'il avoit promis, & le
quitta très - ſatisfait d'un commencement ſi favorable à ſes vœux.

Lorſqu'il fût parti, Tiphane re-
dit mot à mot à ſa fille tout ce
qui s'étoit paſſé, & plaiſanta beau-

coup fur le fol achat du Comte,
dont il le croyoit entierement la
duppe. Mais l'aimable Ifabelle qui
jugeoit autrement de fon intention, & qui par les inftances que
la Comteffe lui en avoit faites, étoit
obligée de refter dans le magafin,
quoiqu'elle n'y fût plus néceffaire
puifqu'il étoit vendu, n'entra point
dans la joïe de fon pere, & ne
s'occupa qu'à pénetrer quelle fin
pourroit avoit cette aventure. Cependant ne voulant pas détruire
elle-même fon bonheur en man-
quant à ce qu'on avoit exigé d'elle,
elle ne quitta point ce lieu, fous
prétexte que comme il falloit y
paffer inceffamment pour entrer
dans la falle, elle devoit avoir attention que rien ne fût détourné.
Elle y reçut même fes vifites ; &
plufieurs perfonnes qui venoient
pour acheter, & qu'elle renvoya,
l'y virent comme à l'ordinaire.

Pour Tiphane, rempli de ce
qu'il venoit de faire, il le fût
apprendre à tous fes amis & fes
parens, rapportant fidelement à
chacun jufqu'aux moindres cir-

conftances, & devant qu'il fût nuit
la moitié de la Ville fut inftruite
que le Comte de Mirolle avoit
acheté quarante mille francs le
magafin de Tiphane; mais comme en fe racontant cette affaire,
chacun répetoit les paroles du
Comte, il n'y eut perfonne qui
ne fe doutât qu'elles renfermoient
quelque myftere; & cette penfée
excitant la curiofité des Dames a-
mies de la Comteffe, elles voulurent être témoins de l'enleve-
ment des marchandifes de Tiphane. En effet, dès les fept heures
du matin elles entourerent fa maifon. Ifabelle n'avoit pû dormir de
la nuit, & fe rendit dans le magafin à l'heure marquée. A peine
y fut-elle entrée, qu'elle vit arriver
l'équipage du Comte, fuivi d'un
chariot; la Comteffe étoit dans
fon caroffe avec lui & le Notaire :
ils entrerent tous trois dans la falle
après avoir faluée Ifabelle.

Ils y trouverent Tiphane, qui
les attendoit avec autant d'impatience qu'ils en avoient de terminer promptement l'aventure. Le
No-

Notaire lut le Contrat à haute
voix ; enſuite de quoi le Comte fit
apporter les quarante mille francs,
qui ne furent pas plutôt comptés
& mis entre les mains de Tiphane,
que la Comteſſe rentra dans le
magaſin ; & s'adreſſant à ſon fils :
Comte, lui dit-elle, je vous laiſſe
le ſoin de faire enlever tout ceci
pour moi. Je ne me charge que de
cette marchandiſe, dit-elle en
prenant Iſabelle par la main, c'eſt
de votre marché ce que j'eſtime
le mieux. Iſabelle qui connut alors
de quoi il étoit queſtion, & qui ne
s'attendoit nullement à ce dénouë-
ment, ne put s'empêcher d'en rire. Pour Tiphane, croyant que la
Comteſſe plaiſantoit, il voulut
parler ſur le même ton ; mais le
Comte le regardant très-ſérieuſe-
ment : Madame ne badine point,
lui dit-il ; la charmante Iſabelle eſt
le principal objet de notre marché.
Je vous ai acheté tout ce qui étoit
dans votre magaſin, vous vous y
êtes engagé, Iſabelle y étoit ; ainſi
elle m'appartient comme tout le
reſte.

I 5 Oüi,

Oüi, reprit la Comteſſe, elle eſt
à moi & j'en fais ma bru. Tiphane
extrêmement ſurpris, & ne ſçachant que répondre, demanda
raiſon au Notaire de ce qu'il entendoit. Rien n'eſt plus certain,
lui dit-il, que vous avez vendu
votre magaſin tel qu'il étoit, &
qu'Iſabelle n'en étant point ſortie
eſt compriſe avec le reſte; vous
l'avez ſigné, il n'y a plus à s'en
défendre. L'avare Tiphane qui
comprit en ce moment qu'il avoit
été joüé, & qu'en lui ôtant ſa fille
on alloit auſſi lui ravir non-ſeulement ſes quarante mille francs,
mais encore toutes ſes marchandiſes, entra en fureur; la diſpute
s'échauffa, & les Dames étant entrées pour voir cette ſcene, la rendirent des plus cruelles à Tiphane
par leurs éclats de rire. Mais enfin,
lorſque la Comteſſe eut aſſez joüé
de ſa peine: Tiphane, lui dit-elle,
votre fille & mon fils ſont deſtinés
l'un pour l'autre, ils s'aiment. Si je
vous l'avois demandée, vous l'auriez refuſée; la vente que vous
venez de faire nous en rend les

maſ-

maîtres , fans que vous puiſſiez
l'empêcher. Mais pour vous prouver que nous n'avons rien fait que
dans le deſſein de vous corriger
de votre avarice , conſentez de
bonne graƈe à ſon mariage , gardez vos marchandiſes, donnez les
quarante mille francs pour ſa dot,
& nous ne vous demandons rien
de plus de votre vivant.

Tous ceux qui étoient preſens
trouverent ce procedé ſi généreux , que chacun s'empreſſa de
conſeiller à Tiphane de ſe tirer
d'embarras en acceptant ſa propoſition. Cependant la perte des
quarante mille francs , qui luï tenoit au cœur, le faiſoit balancer,
quand l'amoureux Comte qui s'apperçut qu'Iſabelle ſouffroit extrêmement de la honte de ſon pere,
s'approcha de lui ; & l'embraſſant
avec tendreſſe : Mon cher Tiphane , lui dit-il , pardonnez cette
tromperie à l'amour ; accordez-
moi votre charmante fille, & gardez votre magaſin & votre argent.
Cet article appaiſa tout, Tiphane
ſe calma ; & confus de ſon empor-

to-

tement & des genéreufes manieres
du Comte, il lui fit excufe, demanda pardon à la Comteffe,
embraffa fa fille, & confentit au
mariage, qui fe fit peu de jours
après avec tant de magnificence,
que Tiphane malgré fon avarice
fe piqua d'honneur, & renvoya à
la jeûne Comteffe le lendemain
de la cerémonie les quarante mille
francs, comme étant un bien qui
ne lui appartenoit pas. Mais cette
aventure fit tant de bruit, qu'il fut
obligé de fe retirer & d'abandonner une profeffion que la feule
avidité du gain lui faifoit aimer.
Pour les jeunes Epoux, l'Amour
prit foin d'affurer leur félicité, &
leur fit fouvent benir cette Vente
indifcréte.

FIDERY.

EMPEREUR DU JAPON.

XXXIV. NOUVELLE.

Q U o r q u e le Japon ne foit qu'une Ifle, & qu'elle ne paroiffe recommandable que par la beauté des porcelaines qui en viennent ; elle ne laiffe pas d'être un Royaume confidérable, & d'avoir eu des évenemens & des révolutions dignes d'attention. Elle a même excité plufieurs fois l'envie des Empereurs de la Chine, qui prétendant être feuls à porter ce grand titre, ont fait des efforts fuperflus pour l'ôter à celui du Japon,

&

& pour fe le rendre tributaire ainfi que le Roy de Corée. Mais les Monarques du Japon ont toujours fi bien maintenu leur puiffance, que malgré celle de la Chine ils fe font confervé le titre d'Empereurs, & n'ont jamais voulu fe foumettre au tribut.

Les Japonois font Idolâtres, fiers, braves, & tiennent affez des Chinois pour la fineffe de l'efprit. On les accufe d'aimer la médifance, parçe qu'ils font ce qu'ils peuvent pour detruire la bonne opinion qu'on peut avoir de leurs voifins ; mais cela n'eft produit que par leur orgueil, qui les porte à vouloir primer fur toutes les Nations.

Le Peuple eft cruel & groffier, mais les perfonnes de diftinction font gracieufes & civiles : ils aiment le fafte & la magnificence ; du-moins les chofes étoient-elles ainfi dans le fiécle de l'évenement que je vais rapporter, & je crois que cette inclination eft de celles qui augmentent, au lieu de dégenerer ; la vanité étant, pour le
mal-

malheur des hommes, ce qui regne le plus long-tems dans leur cœur.

Quoi 'qu'il en folt , en 1518 , Taïcko Empereur du Japon , fe fentant proche de la mort , & n'ayant pour fucceffeur qu'un fils âgé de fix ans , fit affembler les Grands de fon Royaume, à la tête defquels étoit fon frere, nommé Ongofcio , auquel il donna la régence de l'Empire & la tutelle du jeune Empereur ; & en prefence des Grands, il lui fit figner de fon fang un Acte par lequel il promettoit de remettre l'Empire à fon neveu , fitôt qu'il feroit en âge d'en prendre les rênes. L'autenticité du ferment ayant affuré Taïcko de fon execution, il mourut, laiffant Ongofcio maître du Trône & de l'Empereur. Il gouverna l'un & l'autre pendant huit ans avec affez d'integrité pour faire croire aux peuples que fon ferment feroit inviolable ; on en fut même certain , en voyant le jeune Taïcko époufer à quatorze ans la Princeffe fa fille, qui étoit du même âge ; & comme il ne

falloit plus qu'un an pour qu'il re-
gnât par lui-même, & que ſes
belles qualités donnoient de grandes eſperances, on attendoit cet
inſtant avec impatience, lorſque
Ongoſcio fit éclater la ſecrette
ambition qui le dominoit, par la
plus noire de toutes les perfidies.
En effet Taïko ne fut pas plutôt entré dans ſon tems de majo-
rité, que ſon oncle le fit empriſon-
ner avec l'Imperatrice ſon épouſe,
qui étoit groſſe ; & le déclarant
incapable de regner, s'empara du
Trône, en ſe rendant maître de
Méaco Ville Capitale du Japon,
dans laquelle il fit redouter ſa
puiſſance par les cruautés inoüies
qu'il exerça ſur ceux qui vouloient
maintenir le droit inconteſtable
du jeune Empereur, & qui préten-
dirent remontrer à cet uſurpateur
l'énormité de ſon crime. La ſurpriſe des Grands & des petits à cet
évenement imprévu, fut favorable
à Ongoſcio, qui profitant de l'abattement qu'elle leur cauſoit, s'affermit de telle ſorte ſur le Trône par
ſes intrigues & ſes cruautés, que

la

la crainte fit pour lui dans les cœurs
tout ce que l'amour les auroit obligé de faire pour leur légitime Empereur.

Cependant, malgré l'engourdif-
fement où les peuples paroiffoient
être tombés, le malheur du jeune
Taïcko toucha de telle forte quelques vieux Miniftres, qu'ils refo-
lurent entr'eux de tout employer
pour lui rendre la liberté ; mais ne
voulant pas y travailler qu'ils ne
fuffent en état de le mettre à
la tête d'une nombreufe Armée,
ils agirent avec tant de prudence & de fuccès, qu'ils firent entrer dans leur parti les Provinces
les plus confidérables, & lévcrent
une Armée capable de tenir tête
à Ongofcio. Lorfqu'elle fut prête
à s'affembler, ils excitèrent la haine
des peuples contre Ongofcio, en
renouvellant dans leur efprit l'injufte traitement qu'il avoit fait au
légitime Empereur, fans même
avoir eu aucun égard pour fa propre fille, qui prête à mettre au jour
un heritier de l'Empire fouffroit
toutes fortes d'indignités dans une
af-

affreufe prifon. Ces difcours, que
les Emiffaires des Miniftres bien
intentionnés répetoient fans ceffe,
firent tout l'effet qu'ils en efpe-
roient, fur-tous à Méaco, dans
laquelle étoit la prifon du jeune
Taïcko & de fon époufe. Ongofcio qui faifoit fa refidence dans la
Ville de Jedo, enyvré du plaifir
de regner, ignoroit les murmures
qui fe faifoient contre lui, perfonne n'étant affez de fes amis,
pour l'en avertir. Ceux du parti
de Taïcko voyant qu'ils n'avoient
rien à craindre de ce côté ; acheverent leur ouvrage en brifant les
portes de fa prifon, dont ils maffa-
crerent les Gardes ; & l'ayant enlevé avec l'Imperatrice, ils les
conduifirent dans la Ville d'Ofacha, fous les murs de laquelle fon
Armée s'affembla auffi-tôt qu'elle
le fçut en liberté.

Le jeune Empereur, extrêmement fenfible au zele de fes Sujets,
crut ne pouvoir mieux le reconnoître, qu'en fe mettant à leur tête
pour obliger Ongofcio à lui rendre
l'Empire : mais plus humain que
fon

fon oncle , & ne voulant pas l'attaquer fans avoir employé les voyes
de la douceur, il confentit que l'Imperatrice fit une tentative près de
lui pour effayer de le faire rentrer
dans fon devoir ; efperant que
l'efprit, la douceur & l'état de
cette Princeffe qui étoit des plus
aimables, toucheroient fon cœur
& le feroient fouvenir de fon ferment. Mais Ongofcio qui s'étoit
réveillé de fon affoupiffement à
la premiere nouvelle de l'évafion
de fon neveu, outré de rage &
de defefpoir d'un évenement qui
lui faifoit connoître la haine des
Japonois, jura de s'en venger ; &
refufant de voir fa fille, il lui fit
dire qu'il ne reconnoiffoit plus en
elle que la femme de fon plus
mortel ennemi, & qu'il la traite-
roit de la même maniere. Des paroles fi dures animerent Taïcko
d'un nouveau defir de vengeance,
& fçachant qu'Ongofcio marchoit
en perfonne à la tête de fes Troupes pour l'affiéger dans Ofacha ; il
en fortit avec les fienne, & vint
au-devant de l'ufurpateur, auquel

il

il donna la bataille. La mêlée fut vive & fanglante , & la victoire difputée avec une égale ardeur : mais malgré le zele des Troupes de Taïcko & la valeur de ce Prince, le fort des armes fe déclara pour l'ufurpateur, qui taïla fon Armée en piéces, & le pourfuivit jufqu'aux portes d'Ofacha, dans laquelle le Prince & le débris de fon Armée rentrerent en tumulte.

Cependant l'entrée en fut fi bien difputée au vainqueur , qu'il fût contraint de l'affiéger dans les formes. La défaite de Taïcko mit l'Imperatrice dans un état fi violent, qu'elle fit voir la lumière à l'enfant qu'elle portoit, avant le terme prefcrit par la nature ; mais les foins de ceux qui l'entouroient empêchant que cet accident devînt funefte à l'un & à l'autre, Taïcko eut la confolation de fe voir un fils, & d'être affuré de la vie de fon époufe. La perte de la bataille fut oubliée à l'inftant de la naiffance du Prince, qui fut nommé Fidery Taïcko. La joïe fut univerfelle dans toute la Ville ;

le

le Peuple la cèlebra de mille façons differentes, & la fit éclater
avec tant de tranſport par ſes cris
& ſes acclamations, qu'ils parvin-
rent juſques au camp d'Ongoſcio,
qui bien ꝛ loin d'être touché de
cette nouvelle, n'en devint que
plus furieux & que plus animé à
la perte de cette royale famille.

Pour cet effet, il redoubla ſes
efforts, & fit donner tant d'aſſauts
à la Ville, qu'il s'en rendit enfin
le maître, après trois mois de ſiége
& des pertes conſidérables. Le
malheureux Taïcko ne ſçachant
plus comment éviter la fureur du
Tiran, s'étoit retiré dans ſon Palais
avec ſa femme, ſon fils & les Principaux de ceux de ſon parti, & s'y
fortifia de ſorte qu'il falloit encore
de rudes combats pour s'en emparer. Cependant la crainte l'ayant
ſaiſi pour le jeune Fidery & pour
l'Imperatrice, il voulut obliger
cette Princeſſe à fuir avec ſon fils
auprès du Roy de Corée; mais la
fille d'Ongoſcio, moins effrayée de
la cruauté de ſon pere que du
péril de ſon époux, ne put conſentir

tir à l'abandonner , & jura de vivre
& de mourir avec lui ; & tout ce
que l'on gagna fur fon efprit, fut
de laiffer fuir le jeune Prince dans
les bras de fa nourrice, fous la conduite d'un vieux Guerrier nommé
Chinao, qui promit fur fa tête de
le mener en fûreté dans le Royaume de Corée. Comme il n'y avoit
point à prendre de meilleur parti
dans l'extrêmité où l'on étoit ré-
duit, Taïcko content d'arracher
le Prince à la barbarie de l'ufurpateur, fe confia entierement à
Chinao, qui par mille preuves
d'une inviolable fidélité étoit à
l'abri de tous les foupçons ; enfuite
de quoi il fe prépara à fe défendre
jufqu'au dernier foupir, contre fon
implacable ennemi. Le peu de
monde qui l'avoit fuivi , & qui
s'étoit renfermé dans le Palais avec
lui , étoit dans la même refolution,
& fe battit avec tant de valeur, que
ce Prince eût fans doute triomphé
de tout autre que d'Ongofcio. Mais
ce barbare ennuyé de la refiftance
qu'une poignée d'hommes avoit le
courage de faire, contre une Armée

mée entiere & victorieuſe, imagina une maniere de perdre ſon Empereur & tant de braves gens, dont lui ſeul étoit capable.

Il fit abattre une quantité prodigieuſe d'arbres des Forêts voiſines, en fit entourer le Palais, & les ayant entre laſſés de toutes ſortes de matieres combuſtibles, il y fit mettre le feu, qui en moins de trois heures réduiſit en cendres le Palais & tous ceux qui étoient enfermés, ſans que les cris de ces braves malheureux le touchaſſent de la moindre pitié, ni que la nature & le ſang ſe révoltaſſent en lui, du ſort affreux de ſa propre fille, qui fut conſumée avec Taïcko par cet horrible embrâſement. Une ſi terrible expedition l'ayant non-ſeulement délivré de ſon ennemi, mais encore d'une bonne partie de ceux qu'il avoit à craindre, il revint à Jedo, & continua de regner à l'abri du crime & de la violence. Les peuples intimidés par la vengeance qu'il avoit exercée au Palais d'Oſacha, n'oſerent plus rien entreprendre ; & croyant que

que toûte la famille royale avoit péri dans l'incendie, ils s'accommoderent au tems, & fubirent les loix d'Ongofcio fans murmurer.

Le perfide ne joüit pas long-tems du fruit de fes crimes; une douloureufe & funefte maladie l'attaqua deux ans après la mort de Taïcko, & le contraignit à quitter l'Empire & la vie dans des tourmens peu differens de ceux qu'il avoit fait fouffrir à tant d'innocens. Comme on ignoroit à Méaco que le Prince Fidery étoit vivant, & qu'il ne reftoit qu'une Princeffe defcendante des premiers Empereurs; mais d'une autre branche, qui par fes intrigues pendant le mal d'Ongofcio s'étoit affûrée du fuffrage des peuples, elle fut reconnuë & couronnée Reine d'une voix unanime, après la mort du Tiran. Cette Princeffe étoit veuve, encore jeune & belle; fon époux l'avoit laiffée groffe dans le même tems de la captivité de la jeune Imperatrice, & n'avoit mis au jour cet unique fruit de fon himen que quinze jours après l'embrâffement

du

du Palais d'Ofacha. C'étoit une Princeffe qui par la furprenante beauté qu'elle fit éclater dès l'âge de deux ans qu'elle avoit alors, étoit l'admiration des Japonois & l'objet des efperances de fa mere. La nouvelle Imperatrice fe nommoit Euxica, & la jeune Princeffe fa fille, Ofonchine. Euxica n'avoit pour tout défaut qu'une ambition fans bornes ; du refte elle poffedoit les vertus néceffaires pour être digne du Trône : fon ame étoit grande, fes fentimens relevés : fon cœur ne panchoit pas du côté de la Barbarie, mais il ne s'en éloignoit pas quand il s'agiffoit de fe conferver l'autorité fuprême : elle vouloit regner, & dédaignoit tous ceux qui prétendoient à fon alliance, & qui n'avoient pas une Couronne à joindre à la fienne.

Ce qui lui fit refufer conftamment de prendre un époux parmi fes Sujets, quoique les Etats l'en follicitaffent puiffamment ; mais prétextant fes refus de ce qu'elle

n'avoit pas besoin de se remarier
pour donner des heritiers à l'Empire, puisqu'elle avoit une fille
qui par les plus heureuses disposi-
tions faisoit esperer une Reine
des plus parfaites, elle sçut se
maintenir indépendante & libre
d'engagement; & le tems ayant
fait connoître aux Japonois qu'ils
ne pouvoient esperer un regne plus
doux que le sien, par la sagesse
avec laquelle elle les gouvernoit
ils la laisserent en repos sur cet
article.

Euxica débarrassée des impor-
tunités de ses Sujets, s'appliqua
entierement à les rendre heureux
en faisant regner l'abondance &
la paix dans ses Etats. Pour y parvenir, elle se maintient en bonne
intelligence avec les Rois ses voi-
sins, leur envoya des Ambassa-
deurs pour leur demander leur
amitié, & pour établir un commerce solide entre les Peuples.
Tout lui réussit; & les desordres
du regne d'Ongoscio avoient si
fort fatigué les autres Potentats,
qu'ils

qu'ils ne balancerent point à lui accorder même au-delà de ce qu'elle fouhaitoit.

Plufieurs années s'écoulerent de la forte, pendant lefquelles la belle Ofonchine devint une des plus parfaites Princeffes de ce Continent. Elle furpaffoit fa mere en beauté, & fes vertus étoient fans aucun mélange; fon ambition étoit fage, moderée, & ne fervoit qu'à lui donner des penfées dignes de fon rang, mais fans orgueil & fans fierté : elle avoit le cœur tendre, compatiffent, & capable des plus hautes entreprifes; elle aimoit la juftice, & la rendoit même à ceux qu'elle avoit quelquefois fujet de craindre ou de haïr. Elle déteftoit la cruauté, & la vie des hommes lui paroiffoit fi refpectable, qu'elle difoit fouvent qu'elle ne concevoit pas comment on pouvoit faire la guerre fans des raifons très-importantes, puifque ce qui en revenoit de plus certain, étoit la mort de plufieurs milliers d'hommes, & que cette perte qui fe faifoit en un moment, ne pouvoit être ré-

K 2 parée

parée qu'à la longueur des tems, dont la meilleure partie de ceux qui reſtoient ne pouvoient ſe flatter de joüir. Elle étoit généreuſe, humaine, affable, & toujours prête à proteger les malheureux.

On juge aiſément combien un ſemblable caractere la rendoit précieuſe aux Japonois ; les Grands ne la regardoient qu'avec admiration, & le peuple idolâtre que comme une divinité qu'il devoit adorer. Auſſi lorſqu'elle vouloit bien ſe faire voir en public, ſoit en allant aux Temples ou pour ſe rendre à quelques maiſons de plaiſance, le peuple ſe mettoit à genoux, joignoit les mains & faiſoit retentir l'air de mille cris de joïe ; & ce fut au milieu des bénédictions des Grands & des petits qu'elle parvint à ſa ſeiziéme année, qu'elle prouva par les rares qualités qu'elle fit éclater, qu'elle ſurpaſſoit de beaucoup les eſperances qu'elle avoit données dans ſon enfance. Mais ſi tant de vertus & de beautés la rendoient l'amour de l'Empire, elles firent naître une violente

te jaloufie dans le cœur de l'Imperatrice fa mere ; cette Princeffe
ne put voir les perfections d'Ofonchine, & l'effet qu'elles produi-
foient dans l'efprit de fes Sujets,
fans craindre qu'on ne la lui pre-
ferât & que l'on exigeât d'elle de
lui donner un époux capable de
regner, & de lui ravir un Trône
qu'elle fentoit bien ne devoir
qu'aux révolutions arrivées dans
l'Etat par la perte des légitimes
Succeffeurs. Cette idée qui la troubloit à mefure que la Princeffe
augmentoit en rares qualités, la fit
réfoudre à l'éloigner en lui donnant pour époux quelque Roy
qui ne pût prétendre à fa fuccef-
fion. Celui de Corée lui paroiffant
être digne de ce choix, elle y arrêta fa penfée, & fe propofa de trouver les moyens de l'engager à lui
demander la Princeffe.

. Mais tandis que fon ambition
& fa jaloufie cherchoient à ravir
aux Japonois une Souveraine qui
faifoit déja toute leur efperance,
la Providence lui deftinoit un fort
bien different. Le Roy de Corée

chez

chez lequel Chinao avoit conduit
le jeune Prince du Japon, l'avoit
reçu avec une joïe & des entrailles
de pere ; la confiance qu'on lui
marquoit en le faifant le dépofitaire d'un trefor fi précieux, toucha
vivement fon cœur ; & croyant ne
la pouvoir mériter qu'en prenant
un foin particulier de Fidery, &
qu'en le mettant à l'abri des périls
qui le menaçoient ; il affura Chinao de fon amitié, de fa protection
envers & contre tous, & lui jura
non feulement d'élever le Prince ,
comme s'il eût été fon fils, de le
cacher aux yeux de fes ennemis ,
mais encore de le rétablir fur le
Trône de fes peres à la premiere
occafion favorable qui s'en pre-
fenteroit. Un accueil fi tendre
confola le fage Chinao de la trifte
néceffité où il fe trouvoit de vivre
exilé de fa patrie ; & le Roy de
Corée voulant lui prouver la fincerité de fes promeffes, publia dans
fa Cour que l'Empereur de la Chine, auprès duquel il faifoit élever
un Prince de fon fang qui devoit
lui fucceder, le lui avoit renvoyé
pour

pour lui témoigner sa confiance
& son estime, & fit passer le jeune
Fidery pour ce Prince, lui donnant
le titre d'héritier de sa Couronne,
& lui faisant rendre tous les honneurs attachés à cette prétention.
Chinao & deux autres habiles Coréens, & d'un rang distigué, furent
nommés pour avoir soin de son
éducation dès qu'il seroit sorti d'entre les bras des femmes. Comme
les peuples suivent affez volontiers
les mouvemens de leur Souverain quand il ne leur offre rien
de préjudiciable à leurs interêts,
le jeune Fidery fut d'abord re-
gardé des Coréens avec amour; &
fans approfondir la verité, ni même fans en douter, ils se laifferent
conduire au panchant qui porte
naturellement nos cœurs à cherir
ceux qui nous doivent commander.

Le Roy de Corée voyant si bien
réuffir son innocent artifice, le
confirma par toutes les marques
de tendreffe qu'il donnoit chaque
jour au jeune Prince. La funefte
catastrophe de l'Empereur Taïcko

&

& de l'Imperatrice ſa mere augmentant encore la pitié de ce
Monarque, & le déſir qu'il ſentoit
de rendre leur fils plus heureux,
il ne négligea rien pour y parvenir; mais comme il ne le faiſoit
paſſer pour ſon neveu que pour
l'élever auténtiquémént, ſans
que l'uſurpateur Ongoſcio en
pût prendre aucun ſoupçon, il
dépêcha un homme fidele à l'Empereur de la Chine pour l'inſtruire
de la verité, & le prier d'approuver le ſtratagême dont il ſe ſervoit
pour ſauver le légitime Empereur
du Japon de la fureur de ſon ennemi. Le Monarque Chinois charmé
de la généroſité de ſon Tributaire,
lui manda que bien-loin de blâmer
une ſi belle action, il y donneroit
les mains en cachant avec ſoin le
véritable Prince de Corée, qui
étant nourri dans le fond de ſon
Palais ne paroîtroit ce qu'il étoit,
que lorſque le jeune Fidery pourroit être reconnu ſans danger.
Toutes ces meſures étant priſes, le
Roy de Corée ne ſongea plus qu'à
rendre Fidery digne de l'Empire
qui

qui lui étoit deftiné. Ce Monarque en lui faifant prendre la qualité de fon neveu, lui en avoit auffi
donné le nom. Aïnfi jufqu'à l'âge
de dix-huit ans, au lieu de Fidery,
il porta celui de Zieky héritier du
Royaume de Corée.

Ce Prince étoit encore fi jeune
à la mort d'Ongofcio, & l'avenement de la Princeffe Euxica avoit
été fi prompt, que le Roy de Corée
ne jugea pas à propos de déclarer
fa naiffance, & de faire valoir fes
droits à l'Empire, craignant que fa
minorité ne l'entrainât dans les périls qu'on avoit voulu lui faire éviter; & fe flattant que les Japonois fe
lafferoient du gouvernement d'une
femme, & qu'il arriveroit quelque
révolution dont il pourroit profiter
avantageufement pour Fidery, il
laiffa couler les premieres années
de fon enfance, fans paroître s'in-
tereffer à ce qui fe paffoit au Japon;
il fit même plufieurs Traités d'alliance & de commerce avec Euxica, dans le deffein de fe conferver
les moyens d'y donner une libre
entrée au jeune Prince, & de l'inf-

K 5   truire

truire des fentimens des peuples,
lorfqu'il feroit queftion de leur apprendre que Fidery n'avoit pas été
enveloppé dans le malheur de fon
pere. Cependant, tandis qu'il rai-
fonnoit de la forte, le Prince avançoit en âge, & faifoit voir des qualités & des vertus fi rares, qu'on ne
pouvoit lui refufer l'admiration
qu'elles méritoient. Les Coréens
qui croyoient qu'il feroit leur maître, portoient leur tendreffe pour
lui jufqu'à l'adoration, & le généreux Roy de là Corée gémiffoit
en fecret de n'avoir pas une fille à
donner à ce Prince pour lui mettre fa Couronne fur la tête.

Jamais un fi bel homme n'avoit
paru dans ces contrées, jamais
Prince n'avoit fait briller tant de
graces à la fois. Adroit dans tous les
exercices du corps, il furpaffoit les
plus experts : fon efprit étoit vif,
éclairé, pénétrant ; il s'étoit adon-
né à toutes les fciences des Chinois, dans lefquelles il faifoit des
progrès furprenans. Il avoit l'ame
tendre, bienfaifante, & s'étoit
formé une délicateffe de fentimens

mens qui le rendoit extrêmement difficile dans le choix de ceux qu'il vouloit aimer : mais lorsque son cœur s'étoit une fois déclaré en faveur de quelqu'un, rien au monde n'étoit capable de le faire changer ; l'inconstance & l'ingratitude lui paroiſſoient des vices affreux, & ſon mépris étoit ſans bornes pour ceux qui en étoient atteints ou convaincus.

Fidery tel que je le dépeins avoit pris un tel empire ſur l'ame du Roy de Corée ; que ce Monarque ne pouvoit paſſer un ſeul jour ſans le voir ; & ſa raiſon lui parut ſi fort avancée dès l'âge de quatorze ans, qu'il ne faiſoit rien d'important ſans le conſulter. Enfin, lorſqu'il fut ſur ſa quinziéme année, le Roy de Corée voyant que la Reine d'Euxica ſe maintenoit, & qu'il faudroit peut-être répandre beaucoup de ſang pour faire reconnoître Fidery, & ne voulant pas lui laiſſer ignorer ſa véritable naiſſance, il la lui déclara ; & paſſant legerement ſur ce qu'il avoit fait pour lui, il lui fit connoître qu'il étoit

de fa gloire & de fon interêt de
gagner le cœur des Japonois, a-
joutant qu'il ne doutoit point qu'il
ne s'en rendît maître auffitôt qu'il
le verroient ; & que pour leur donner cette fatisfaction, il étoit d'avis
qu'il partît pour le Japon, toujours
fous le nom de Zieky fon neveu,
qui vouloit aller admirer en perfonne le fage gouvernement de
l'Imperatrice , & prendre de fes
leçons pour regner fur les Coréens ;
qu'il lui donneroit un équipage
digne de fon rang , & le feroit
accompagner par Chinao, qui entreroit fecretement dans Méaco
fa Capitale, s'y feroit reconnoître
& fonderoit les Grands & le Peuple fur fon retour, & les fentimens
qu'ils confervoient pour la mémoire de Taïcko ; & que felon ce
qu'ils lui manderoient, il agiroit
puiffamment pour le faire monter
au Trône, lui promettant une Armée confidérable pour l'aider à
foutenir fes droits. Fidery plus
fenfible aux obligation qu'il avoit
à ce Monarque, qu'à la nouvelle
grandeur qu'il lui annonçoit, fe
jetta

jetta à ſes pieds pénétré de la
plus vive reconnoiſſance, en lui
jurant qu'il avoit bien moins de
joïe d'être né preſomptif héritier
de l'Empire du Japon, que de
chagrin d'apprendre qu'il ne lui
appartenoit par aucun des nœuds
du ſang & de la nature ; que l'ayant
toujours crû ſon oncle, il l'avoit
reſpecté comme ſon Roy, aimé
comme ſon pere, & s'étoit fait une
douce habitude de lui obéir ; qu'il
devoit juger que cet amour ne
pouvoit qu'augmenter en le reconnoiſſant pour ſon bienfaicteur ;
que non-ſeulement il n'oubliroit
jamais les ſervices qu'il lui avoit
rendus & ceux qu'il vouloit lui rendre, mais qu'il chercheroit tous les
moyens de s'en acquitter, ſi le Ciel
le mettoit un jour en état de ſuivre
les mouvemens de ſon cœur.

Ce jeune Prince avoit des graces ſi touchantes en parlant de la
ſorte, que le Roy de Corée ne put
retenir ſes larmes : il l'embraſſa
tendrement, & le conjura d'être
perſuadé qu'il ſe croiroit ſuffiſam-
ment récompenſé de ſes ſoins, s'il

K 7 avoit

avoit le bonheur de le voir paifible
poffeffeur de l'Empire du Japon.
Enfuite lui ayant détaillé les malheurs de fa famille & la fituation
préfente de fes Etats, Fidery témoigna une vive douleur du fort
de l'Empereur fon pere & de l'Imperatrice fa mere, & un regret
fenfible que la mort eût enlevé a
fa vengeance le barbare Ongofcio ;
mais concevant par le récit du
Roy de Corée, que les Japonois
étoient ou paroiffoient trop contens du gouvernement d'Euxica
pour efperer de la chaffer du Trône
de vive force, & que fon parti devoit être puiffant, il pria ce Monarque de permettre qu'il fût
incognito dans le Japon, & qu'il
n'y parût que comme un des
Grands de fa Cour que le defir de
voyager conduifoit à celle d'Euxica, afin qu'en imprimant moins
de refpect pour lui aux Japonois
par l'apparence d'une naiffance
ordinaire, il pût mieux attirer
leur confiance & découvrir leurs
fentimens ; étant certain que s'il fe
montroit en grand Prince, ils feroient

róient beaucoup plus refervés dans
leurs difcours & dans leurs actions,
& craindroit de donner connoiffance de leurs fecrets à un homme qui devant regner fur un peuple voifin pourroit le facrifier au
reffentiment de leur Souveraine.
Ce raifonnement parut très-fenfé
au vieux Zieky ; mais ne voulant
pas décider une chofe de cette
importance fans l'avis de fon Confeil fecret, il le fit affembler, & lui
propofa l'affaire dont il s'agiffoit,
en lui déclarant l'intention dans laquelle il étoit d'employer toutes fes
forces pour faire remonter Fidery
fur le Trône de fes peres. Les Miniftres Coréens approuverent cette
réfolution, & jugerent que le Prince penfoit folidement en voulant
connoître fes Sujets avant que d'en
être connu ; mais que pour éviter
tous les inconveniens qui fpou-
voient arriver, les vaiffeaux du
Roy de Córée cotoyeroient fans
ceffe les côtes du Japon, & feroient
munis de troupes fuffifantes pour
fecourir le Prince en cas de befoin,
que plufieurs Seigneurs Coréens
s'y

s'y rendroient comme lui *incognito*, & fe tiendroient toujours à portée de recevoir fes ordres ou les avis de Chinao, & tous conclurent que Fidery devoit faire enforte de pratiquer les Grands & les petits fans fe découvrir à pas un, & que l'on agiroit alors felon qu'il auroit pénétré les fentimens de fes Sujets. Le jeune Fidery, à qui la connoiffance de ce qu'il étoit, donnoit un extrême defir d'aller au Japon, & de voir celle qui rempliffoit fa place, confentit fans peine à ce qu'on exigeoit de lui. Un mouvement de curiofité fur ce qu'on publioit déja de la Princeffe Ofonchine le rendit encore plus empreffé de partir ; & comme il ne cachoit rien de fes plus fecrettes penfées au Roy de Corée , il lui avoüa que cette Princeffe étoit la principale caufe de l'envie qu'il avoit de n'être point connu, craignant que le moindre foupçon de fa naiffance ne le privât du plaifir de la voir.

Le vieux Zieky, dont l'ame étoit véritablement généreufe, avoit dès

long-

long-tems imaginé que l'union
;d'Oſonchine avec le Prince feroit
un fur móyen de lui rendre l'Empire fans répandre de ſang ; mais
ne voulant pas qu'il crût qu'il fongeoit à cette alliance pour fe diſ-
.penfer de le fervir. par d'autres
voyes, & d'ailleurs ignorant quels
feroient les fentimens d'Euxica
en apprenant qu'il étoit vivant, il
ne lui en avoient rien témoigné :
mais lorſqu'il vit que ce jeune
Prince fembloit aller au-devant
de ce qu'il défiroit ; il n'héfita pas
à lui dire qu'il feroit à fouhaiter
que cette union fervît à le rétablir
dans fes Etats ; que cependant il
lui confeilloit de ne rien faire
avec précipitation ; qu'on parloit
beaucoup des vertus & de la beauté de la Princeffe Oſonchine, mais
que l'Imperatrice étant d'une ambition demefurée, il étoit à craindre
qu'elle ne confentît pas à un himen
qui lui raviroit l'autorité fuprême.
· Fidery dont le cœur ignoroit
encore le pouvoir de l'amour, &
qui ne fe fentoit que de la curiofité, affura le Roy de Corée qu'il
ne

ne fe conduiroit que par fes avis
& ne fuivroit que fes volontés ;
ainfi toutes chofes étant réglées,
& les Seigneurs qui devoient l'accompagner ayant été nommés, il
partit le prémier, feulement, fuivi
de Chinao & d'un jeune Coréen
en qui il avoit une parfaite confiance ; & s'étant embarqués comme de fimples particuliers fur un
vaiffeau Japonois qui revenoit de
la Chine, & reprenoit la route de
cette Ifle, ils y arriverent fans aucun accident. Le nom de Zieky
étant affez commun parmi les
Coréens, il ne voulut point le
changer ; d'autant plus qu'il avoit
été réfolu dans le Confeil du Roy
de Corée que le Prince fe décla-
reroit fon neveu, en cas que l'on
cherchât à vouloir le connoître
particulierement.

Fidery laiffant à Chinao les foins
importans, pour fatisfaire l'impa-
tiénce qu'il avoit de voir l'Imperatrice & la Princeffe, prit le chemin de la Ville de Jedo où la Cour
faifoit fa réfidence, tandis que ce
fidele Japonois fe rendit à Méaco
                                        dans

dans le deffein de voir quel effet
y produiroit fa prefence, & d'y
pénétrer les fentimens du peuple.
Cependant Fidery ne trouva pas
d'abord à Jedo autant de facilité
qu'il s'en étoit flatté de contenter
fa curiofité ; aucun Etranger ne
pouvoit entrer dans le Palais de
l'Imperatrice fans un ordre exprès
de fa main, & la Princeffe fortoit
fi rarement, qu'il étoit prefqu'impoffible de la voir ; la jaloufie d'Eü-
xica qui commençoit alors, ne lui
permettant pas de s'offrir aux yeux
de fes Sujets autant qu'elle l'auroit
fouhaité ; cette ambitieufe Princeffe craignant qu'on ne prît pour
fa fille des fentimens contraires à
fon autorité. Mais bien-loin que
ces difficultés rebutaffent le Prince du Japon, elles ne firent que
l'animer davantage dans fon projet, & lui donnerent même des
mouvemens de haine contre l'Imperatrice, & d'une tendre pitié
pour le fort d'Ofonchine, dont il
ne fut pas le maître. Cependant
quoiqu'il ne negligeât rien pour
parvenir à la voir, & que tout ce
qu'on

qu'on en difoic augmentât fon impatience, le Ciel qui vouloit le faire connoître à la Princeffe d'une manière extraordinaire le força malgré lui d'attendre que l'occafion s'en prefentât. Les Japonois fuperftitieux comme tous les Idolâtres, avoient coutume d'offrir touś les huit ans un facrifice à leurs Dieux ; la cerémonie s'en faifoit fur les bords de la Mer, l'Empereur où le prefomptif héritier de l'Empire prefentoit la victime au Grand-Prêtre, qui l'immoloit aux yeux du Peuple & de la Cour, qui ne manquoient jamais d'y paroître avec magnificence ; celui qui prefentoit la victime, devoit en jetter les entrailles de fa propre main le plus avant dans la Mer qu'il lui étoit poffible : fi la vague rapportoit ces entrailles fur la gréve, les Japonois les prenoient pour un bon augure ; & fi elles alloient à fond fans que rien en reparût fur le rivage, ils croyoient leurs Dieux irrités, & que quelque grand malheur menaçoit la famille Imperiale. L'Imperatrice
Eu-

Euxica avoit déja fait une fois cette cérémonie depuis fon avenement au Trône; & comme elle touchoit à la feiziéme année de fon regne, le jour du facrifice qui s'approchoit aufli, fut le moment où Fidery fe prépara à joüir d'une vûë fi long-tems defirée.

Mais tandis qu'il comptoit tous les inftans qui devoient le conduire à celui du facrifice, Chinao n'étoit pas oifif à Méaco où fon arrivée avoit donné autant de joïe que de furprife : les uns le croyant mort au fiège d'Ofocha, & les autres qu'il avoit péri dans l'embrâfement du Palais. Cependant malgré cette idée & près de feize ans d'abfence, perfonne ne l'avoit méconnu; & comme il étoit un des plus grands Seigneurs du Japon, les perfonnes de diftinction, même des plus en crédit auprès de l'Imperatrice, s'empreffe-rent de le voir, de lui faire un accueil favorable, & d'apprendre de fa bouche par quel heureux deftin il étoit échappé aux fureurs d'Ongofcio. Le fage Guerrier qui
s'étoit

s'étoit attendu à ses questions,
répondit que l'Empereur Taïcko
l'ayant envoyé dans la Chine pour
demander du secours au Monarque
Chinois, il n'avoit pû y arriver qu'a-
vec beaucoup de difficultés, ce qui
avoit été cause qu'en entrant dans
Pekin il avoit appris par divers
couriers du Roy de Corée à
l'Empereur de la Chine la triste
destinée du légitime Souverain
du Japon & de sa famille; que cette
nouvelle l'avoit tellement saisi,
qu'il en avoit été malade près d'un
an; au bout duquel ayant sçû
qu'Ongoscio regnoit sans nulle
opposition, il avoit formé le dessein
de s'établir à Pekin, renonçant
sans peine à sa patrie, puisqu'elle
étoit gouvernée par un Prince
dont le nom seul le faisoit frémir
d'horreur: qu'après quelques années de séjour, son oisiveté l'ayant
ennuyé & l'amour des armes ne
s'étant pas éteint dans son cœur,
il avoit offert ses services à l'Empereur de la Chine contre les Tartares, qui lui faisoient toujours une
cruelle guerre; ces peuples ne
per-

perdant point l'espoir de s'emparer de cette belle Monarchie : que
l'Empereur Chinois lui avoit donné
le commandement d'un corps de
troupes assez considérable, avec
lesquelles il avoit acquis quelque
gloire ; mais que dans une des dernieres batailles gagnées par les
Tartares, ayant eu le malheur
d'être dangereusement blessé, &
fait prisonnier, il avoit été conduit
dans la Tartarie ; qu'il y avoit été
traité avec considération, quoique
gardé très-étroitement : mais enfin qu'ayant fait instruire le Grand-
Kam, qui n'étoit point Chinois,
que le Japon étoit sa patrie, & qu'il
désiroit y retourner, on lui avoit
rendu la liberté ; & qu'avec des
peines incroyables il avoit abordé
dans les Etats du Roy de Corée :
qu'il s'étoit fait connoître à ce Monarque, sçachant qu'il étoit ami
des Japonois : qu'il l'avoit retenu à
sa Cour depuis près de dix ans ;
mais que ne voulant pas mourir
sans revoir sa Patrie, il avoit profité
de la curiosité de plusieurs jeunes
Seigneurs Coréens, qui s'étoient
em-

embarqués pour le Japon dans le deſſein de venir admirer de près le gouvernement de l'Imperatrice Euxica, & qu'il étoit arrivé à Méaco ſans nul accident.

Cette rélation n'ayant rien qui ne parût naturelle, qui que ce ſoit ne ſoupçonna la verité ; & comme Chinao ne faiſoit voir nul empreſ-ſément à ſe mêler des affaires de l'Etat, cette indifference lui acquit la confiance de tous les Miniſtres, qui ne cherchant qu'à le conſulter, attendu ſa longue experience, l'inſtruiſoient inſenſiblement de leurs plus ſecrettes penſées, qui lui firent bientôt connoître qu'on commençoit à s'ennuyer du gou-vernement d'une femme ; qu'on regretoit plus que jamais le ſang de Taïcko ; que les Japonois au-roient volontiers donné du leur pour en avoir un héritier, & que tout ce qui les attachoit à Euxica étoit l'eſperance de voir marier la Princeſſe Oſonchine avec un Prince digne de les commander. L'adroit Chinao charmé de trou-ver des diſpoſitions ſi favorables

dans

dans les cœurs , les maintient par
toutes les raifons qu'il en jugea
capables ; laiflant même échapper quelque doute fur la mort du
jeune Prince comme n'en ayant
pas été témoin ; & par cette feinte
incertitude , en faifant naître une
véritable dans les efprits , il entendoit fouvent fouhaiter que le jeune
Fidery fût vivant ; & lorfque ces
fortes de converfations commençoient à s'échauffer, il y mettoit un
frein en rapportant ce qu'on lui
avoit dit de la mort du Prince , &
voyoit avec un plaifir fecret que
chacun verfoit des pleurs aux
foibles preuves qu'il en vouloit
donner. Ce fidele Sujet mandoit
exactement toutes ces chofes à
Fidery, qui les faifoit fçavoir au
Roy de Corée avec la même
ponctualité. Cependant l'Imperatrice ayant été informée que Chinao, fameux Guerrier du tems de
Taïcko , étoit de-retour au Japon
après feize ans de travaux & d'abfence, voulut le voir, & lui fit
donner ordre de fe rendre à la
Cour.

Il obéit, & fût d'abord trouver le Prince, à qui il répeta de vive voix ce qu'il lui avoit mandé par écrit. Fidery ne parut pas infenfible à la bonne volonté de fes Sujets, & remercia Chinao de fon zele & de fa fidelité: mais toujours occupé du defir de voir Ofonchine, il le pria de faire enforte qu'il l'accompagnât à l'audience de l'Imperatrice. Le vieux Japonois pour le fatisfaire, engagea celui qui devoit faire figner à Euxica fa permiffion d'entrer au Palais, d'y mettre deux hommes de fa fuite. L'heure ayant été indiquée pour cette entrevûë, Fidery n'oublia rien de ce qui pouvoit relever fes graces naturelles; & fuivi de fon confident, il accompagna Chinao avec un trouble dont la caufe lui étoit inconnuë, mais qui ne put le détourner de fe fatisfaire. Euxica reçut Chinao avec de grandes marques de confidération; & l'ayant prié de lui compter fes aventures, elle lui témoigna beaucoup de fenfibilité fur tout ce qui lui étoit arrivé, lui difant obligeament qu'elle

fe

fe félicitoit elle-même de ce que l'envie de revoir fa Patrie lui avoit pris fous fon regne; qu'il ne lui apparténoit pas de blâmer les actions de fon prédeceffeur, mais qu'elle feroit enforte de lui faire oublier ce qu'elles avoient eu de cruel.

Chinao avoit trop de politique pour ne pas pénetrer celle de l'Imperatrice dans le favorable accueil qu'il en recevoit, & qu'il ne le devoit qu'à la crainte que lui donnoit un homme dont le rang & les anciens amis pouvoient lui être d'une forte utilité, ou très-préjudiciable, dans l'occafion; mais cachant ce qu'il en penfoit, il lui répondit avec toutes les marques du plus profond refpeét & du zele le plus fincere. Tandis qu'il lui parloit, l'Imperatrice attachant fes regards fur le Prince, ne put s'empêcher de montrer quelque furprife; n'ayant jamais vû perfonne dont l'air, la majefté & la phifionomie euffent tant de charmes. Chinao qui s'en apperçut,

L 2   prit

prit la parole ; & faifant figne à
Fidery de s'approcher : L'ardent
defir, Madame, lui dit-il, de rendre mes refpects à votre Majefté,
& la joïe de me voir à fes pieds,
m'ont fait oublier de lui prefenter
le jeune Zieky parent & favori du
Roy de Corée, dont il porte le
nom, étant du Sang Royal, qui
charmé de la haute réputation de
l'augufte Euxica, n'eft forti de fa
Patrie que pour la venir admirer ;
mais comme il veut être *incogni-*
to, j'efpere qu'il me pardonnera
ma faute en faveur de ma difcrétion.   A ces mots Fidery s'étant
avancé, mît un genou en terre
devant cette Princeffe pour baifer
le bas de fa robe. Mais lui tendant
la main, elle l'en empêcha ; & le
faifant relever : Il eft bien difficile
de fe cacher, lui dit-elle en le regardant attentivement, lorfqu'on
porte fi bien imprimé fur fon front
le caractere de fa naiffance ; & je
tiens les Coréens pour les plus heureux des Peuples de la terre, fi tous
les Princes deftinés à leur com-

man-

mander font faits de cette forte.

Le Prince que cette gloire regarde, lui répondit Fidery, eſt fort au-deſſus de ce que votre Majeſté croit voir en moi; mais j'ai du-moins par-deſſus lui l'avantage de faire ma cour à l'illuſtre Euxica. L'Imperatrice reçut ce compliment avec plaiſir; & comme elle avoit ſes vûës en gracieuſant les Coréens, elle donna ordre que les entrées du Palais fuſſent libres dorenavant à ceux qui viendroient au Japon dans le deſſein de voir ſa Cour; & permettant à Chinao de ſaluer la Princeſſe & d'y mener le feint Zieky, elle les fit conduire à ſon appartement. Oſonchine qui ne tenoit rien de ſa mere que la beauté, ne put voir le venérable Chinao ſans que le triſte ſouvenir de la cataſtrophe de Taïcko, dont on lui avoit ſouvent conté l'hiſtoire, lui fiſt répandre des pleurs. Ce Guerrier que l'éclat des charmes de cette Princeſſe avoit ſaiſi d'admiration, pénetré de joïe de trouver dans ſon cœur une ſenſi-

L 3 bilité

bilité fincere pour des Princes dont la vie l'auroit empêchée d'afpirer au Trône, fe jetta à fes pieds pour lui en marquer fa reconnoiffance.

Tandis que Zieky, mille fois plus furpris que lui de tant de beauté, fembloit en être devenu immobile, & la regardoit avec des yeux qui difoient tout ce que fa bouche ne pouvoit exprimer, la Princeffe attendrie de l'action de Chinao, voulant détourner fes regards pour cacher fes larmes, frappée de la vûë du Prince qu'elle n'avoit point encore apperçu, les y arrêta avec le même étonnement dont il avoit été faifi en la voyant. Ofonchine étoit entourée de toutes fes Dames, qui n'ayant pas mis comme elle leur attention à Chinao, n'avoient examiné que le jeune Etranger & le trouble dont il avoit paru agité : elles étoient prêtes à le faire remarquer à la Princeffe, lorfque fa furprife leur impofa filence & les obligea de réfpecter des mouvemens dont elle pénetrerent d'abord la caufe.

Chinao

Chinao à leur exemple ne voulut pas interrompre la muëte converfation que ces deux jeunes merveilles fembloient fe tenir par leurs regards. Cependant revenus à eux-mêmes, & voyant tous les yeux attachés fur eux, ils rougirent l'un & l'autre, mais par des motifs differens; Ofonchine, de s'être fi long-tems oubliée à cet objet; & le Prince, d'avoir fait éclater devant tant de témoins une partie de ce qui fe paffoit dans fon cœur. La Princeffe à qui l'Imperatrice avoit fait dire le nom & la qualité de Zieky, fut la premiere à prendre la parole : Pardonnez, Seigneur, lui dit-elle, fi la pitié que la vûë de Chinao a renouvellée dans mon ame pour le fort d'une illuftre famille, m'a fait manquer à ce que l'on vous doit. L'admirable Ofonchine, lui répondit Fidery, honore affez d'un feul de fes regards, & doit voir tous les mortels à fes pieds, foumis à fes moindres volontés.

L'amour qui commençoit à s'em-

parer

parer du cœur de ce Prince, lui
fit prononcer ces paroles avec tant
de feu, qu'Ofonchine én fut embarraffée, & comme elle fe fentoit
elle-même un tendre panchant
pour cet aimable Etranger, craignant de découvrir ce qui fe paffoit dans fon ame, elle ne répondit à ce difcours que par un regard
obligeant; & changeant d'entretien en le rendant général, elle fit
plufieurs queftions à Chinao fur
fes voyages; & s'informant à Fidery de la Cour du Roy de Corée,
elle acheva de triompher de fa
liberté par fon efprit, fa douceur
& la juftefle de fes penfées fur toutes chofes. Elle ne fut pas moins
charmée de lui; & cette vifite les
prévint de telle forte en faveur
l'un de l'autre, qu'elle décida du
refte de leur vie. La cerémonie
du Sacrifice fe devoit faire le lendemain. La Princeffe dit que l'Imperatrice l'avoit nommée pour offrir la victime, & demanda à Fidery s'il ne verroit pas cet acte de
leur Religion. Il lui répondit que

les

les Japonois n'avoient pas besoin
de consulter les entrailles des ani-
maux pour être sûrs de leur bonheur, puisque les Dieux les en
avoient rendus certains en la desti-
nant pour être leur Princesse ;
qu'il se trouveroit au Sacrifice,
mais qu'il n'examineroit que son
cœur & la Prêtresse, pour être
instruit de son sort. Cette galanterie ne parut pas déplaire à la
belle Osonchine ; elle y répliqua
avec délicatesse, & le Prince s'en
sépara le plus amoureux de tous
les hommes.

Chinao s'en apperçut, & le
conjura de prendre assez d'empire
sur sa passion pour ne se pas découvrir à la Princesse. Fidery l'en assura : Mais, mon cher Chinao, lui
dit-il, ne croyez pas que l'ambition de regner me fasse jamais rien
entreprendre contre Osonchine ;
je ferai tous mes efforts pour en
être aimé, employez les vôtres à
rendre notre himen possible : cependant, si nous ne pouvons y parvenir, n'attendez pas que j'arme

mon

mon bras contre l'objet que j'adore, & que je veüille obtenir par la
violence ce que je ne defire que
de l'amour. S'empare qui voudra
du Trône ; je difputerai mes droits
à toute la terre, mais je céderai
tout à la divine Ofonchine. Chinao
furpris de cette refolution la combattit avec force : Il ne faut pas,
lui dit-il, que les Princes fe laiffent
aveugler par leurs paffions : la vôtre fe trouve heureufement conforme à vos interêts ; mais fi la
Princeffe étoit affez injufte pour
haïr Fidery, ou que l'Imperatrice
voulût garder l'Empire à votre
préjudice, la gloire doit triompher
de l'amour, & vous faire fouvenir
que vous êtes né Souverain du Japon avant que d'être amoureux
d'Ofonchine, & qu'en combattant
pour monter au Trône de vos
peres, ce n'eft pas la Princeffe que
vous en faites defcendre, mais
Euxica qui ne peut l'occuper fans
crime, puifque vous êtes vivant.

　　Fidery concevoit bien la force
de ce raifonnement, mais l'amour
plus

plus fort encore l'empêchoit de
s'y foumettre. Chinao qui le connoiſſoit, ne voulut pas le preſſer davantage ; & reſolu de travailler à
ſon bonheur, & de mettre les choſes en état qu'il ne pût ſe défendre
d'achëver ſon ouvrage, il le laiſſa
en liberté de ſe livrer à ſes penſées.
En effet ce jeune Prince ne fut pas
plutôt ſeul, qu'il repaſſa dans ſon
eſprit tout ce qu'il venoit de voir ;
& ne trouvant rien dans Oſonchine qui ne fût digne des ſentimens qu'elle lui avoit inſpirés, il
s'abandonna ſans réſerve à la violence de ſon amour. La Princeſſe
de ſon côté n'étoit pas moins ſenſible au mérite qu'il avoit fait éclater à ſes yeux. Son cœur qui juſqu'alors n'avoit point eu d'objet
capable de le charmer, ſe remplit
ſi fortement des graces de l'Etranger, qu'elle ne pouvoit en détourner un inſtant ſon idée ; & ſe
croyant deſtinée à regner, elle
ſoupiroit en ſecret que ce prétendu Coréen ne fût pas Roy,
ou du moins aſſez près du Trône

pour

pour y afpirer. Ce fut de cette forte que ces jeunes cœurs commencerent à fe lier pour jamais, & qu'ils pafferent le refte du jour & la nuit fuivante, attendant avec une égale impatience que l'inftant du Sacrifice leur donnât le plaifir de fe voir encore, la Princeffe n'étant plus vifible jufqu'au moment de la cerémonie. Enfin l'heure en étant arrivée, le rivage fut bordé d'un peuple innombrable; & toute la Cour s'y étant renduë, l'amoureux Fidery fe plaça de façon à voir la Princeffe fans en être détourné par d'autres objets.

L'Autel étoit dreffé fur une efpece de langue de terre qui s'étendoit fort avant dans la Mer, & dont les bords étoient affez efcarpés pour en défendre l'entrée aux flots. Le Grand-Prêtre étoit feul à côté de l'Autel, fur lequel étoit le Livre des hymnes, & le Couteau facré qui devoit immoler la victime. L'Imperatrice & toute fa Cour ayant pris les places qu'elles devoient occuper, on vit arriver

ver la Princeſſe, vêtuë d'une toile
plus blanche que la neige, du
cotton le plus fin qui puiſſe ſe
trouver dans les Indes : ſa robe
étoit toute garnie de perles en
forme de broderie ; ſes cheveux
noirs, gais, flotans à groſſes bou-
cles ſur ſes épaules, ayant une
couronne de perles ſur la tête ;
mais ſi belle en cet état, ſi remplie de graces & de majeſté, qu'il
étoit impoſſible de la regarder
ſans admiration. Mille cris de joïe
ſe firent entendre à ſon arrivée.
Elle étoit précedée des Prêtres Japonois, dont deux conduiſoient
devant elle une Geniſſe blanche,
qui étoit la victime qu'elle devoit
preſenter. Cette Princeſſe venoit
après & marchoit ſeule, ayant derriere elle une longue ſuite des principales Dames du Japon, dont quatre tenoient les coins de ſa robe.
Lorſqu'elle fut à quelques pas de
l'Autel & vis-à-vis le Trône de
l'Imperatrice, elle ſe tourna vers
elle & la ſalua profondement ; puis
ayant pris la victime des mains de

L 7 ſes

ſes conducteurs, elle s'avança près
du Grand-Prêtre, & fit ſon offrande
à l'Idole qui étoit repreſentée ſur
l'Autel, en priant le Pontife de
l'immoler au nom de l'Imperatrice
& pour le bien de l'Etat ; ce qu'il
fit au ſon de pluſieurs inſtrumens
à l'uſage du Païs, & au chant des
Prêtres & du Peuple qui enton-
nerent les hymnes.

Cependant la jeune Princeſſe
qui étoit à genoux, & dont la dévotion ne l'empêchoit pas de chercher des yeux le bel Etranger, les
ayant détournés de deſſus la victime que l'on alloit immoler, le
trouva ſi près d'elle, qu'il ne fut
pas en ſon pouvoir d'éviter ſes regards ; ce Prince les ayant toujours
eu fixés ſur elle avec une attention
qui tenoit de l'extaſe, ne ſe laſſant
point d'avaler à longs traits le doux
poiſon que cet objet répandoit
dans ſon cœur. Oſonchine ſentit
un mouvement de joie à ſa vûë,
qui lui fit connoître avec quelque
honte l'interêt qu'elle commençoit à prendre en lui ; mais n'étant

pas

pas maîtreſſe d'y donner des bornes, elle ne ſe refuſa point au plaiſir qu'elle trouvoit à l'examiner. Leurs yeux en ce moment ſe dirent malgré eux tout ce que l'amour a de plus tendre; & cette élegante façon de s'entretenir & de ſe communiquer leurs penſées les égara de telle ſorte, que les hymnes étoient finies & la victime immolée, ſans qu'ils s'en fuſſent apperçus.

Mais le Grand-Prêtre ayant averti la Princeſſe que les entrailles étoient prêtes, elle ſe leva avec précipitation, auſſi touchée d'être interrompüe dans ſon occupation, que confuſe de l'avoir portée ſi loin. Le Pontife lui ayant preſenté les reſtes palpitans de la victime dans une urne de l'admirable porcelaine de cette Iſle, elle les prit; & s'étant avancée ſur la pointe de la langue de terre, elle les lança avec tant de violence, que le poids du vaſe joint à l'élan qu'elle fit pour le jetter au plus loin, l'emporterent elle-même &

la

la firent tomber dans la Mer aux yeux de la Cour & du Peuple, dont les cris & les clameurs à ce trifte fpectacle fe firent entendre de tous côtés.

SUITE
DE
FIDERY.
EMPEREUR DU JAPON.

XXXV. NOUVELLE.

O N juge aifément du defefpoir de l'amoureux Fidery, qui n'ayant jamais ôté la vûë de deffus la Princeffe, avoit été le premier témoin de ce funefte accident; mais ne perdant point de tems en regrets fuperflus, & n'écoutant que les confeils de l'amour, il ne balança point à la fuivre, dans le deffein de la fauver ou

de

de périr avec elle ; & se jettant dans
la Mer presqu'aussitôt qu'elle y fut
tombée, il remplit les spectateurs
d'étonnement & d'effroi, & fit retentir le rivage de nouveaux cris de
douleur. Jamais confusion ne fut
pareille à celle qui se vit alors ;
les hommes & les femmes dé-
chiroient leurs vêtemens & s'ar-
rachoient les cheveux, mais le
desespoir de Chinao l'emportoit
encore sur celui du general : il
voulut plusieurs fois se percer le
cœur de son poignard ; & sans les
Gardes de l'Imperatrice, qui par
son ordre le desarmerent, il auroit
terminé ses jours en ce moment.

Plusieurs Japonois à l'exemple
du Prince s'étoient aussi jettés dans
la Mer, pour l'aider & le secourir ;
les Seigneurs Coréens, qui s'é-
toient rendus à cette ceremonie
par curiosité, ne balancerent pas
à faire la même chose, & la Mer
fut couverte en un instant d'un
nombre infini de nâgeurs. Mais
le Prince guidé par l'amour, ayant
eu le bonheur d'attraper les cheveux de la Princesse, s'en étoit saisi

d'une

d'une main ; & nâgeant avec le
bras qui lui reſtoit, en ſe prêtant
de moment en moment à la volonté des flots qui l'arrêtoient ou
qui le favoriſoient, il gagna le rivage, où tous les nâgeurs s'étant
raſſemblés lui aiderent à prendre
terre avec la Princeſſe, mais tous
deux dans un état qu'on ne peut
décrire : Fidery, par la crainte que
ſon ſecours ne fût venu trop tard ;
& la belle Oſonchine, par les ombres de la mort qui ſembloient
couvrir ſon viſage. L'Imperatrice
& toute la Cour étant accouruës,
on commença par employer les
remedes ordinaires en pareille
occaſion, pour faire rendre à la
Princeſſe l'eau qu'elle avoit avalée.
On y réuſſit ; & ce ſoulagement
l'ayant tirée de ſon évanoüiſſement
& fait connoître qu'elle ne couroit
plus aucun riſque, la joïe ſucceda
aux pleurs, & fit retentir l'air des
loüanges & des benédictions que
toutes les voix réunies enſemble
donnoient au jeune Etranger ; &
quoique tant d'allegreſſes augmen-
taſſent la jalouſie de l'Imperatrice
en

en voyant l'amour des peuples
pour la fille, comme son ambition n'attaquoit pas la tendreſſe
maternelle, & qu'elle n'avoit pû
s'empêcher d'être vivement touchée de ſa perte, elle mêla ſa joïe
à celle de ſes Sujets, & témoigna
au Prince l'excès de ſa reconnoiſſance par mille marques d'eſtime
& de conſidération.

Pour lui, comme il n'avoit point
caché ſon deſeſpoir, il ne deguiſa
point ſa ſatisfaction, & ſes tranſports au retour des eſprits d'Oſonchine éclaterent de façon à ne
laiſſer ignorer ſon amour à perſonne. On conduiſit la Princeſſe
au Palais, & Fidery ne la quitta
que lorſqu'elle fut portée dans ſon
appartement, quoique Chinao le
voulut faire retirer pour prendre
un repos dont il avoit autant de
beſoin que la Princeſſe. Cependant
la vive douleur du vieux Guerrier
Japonois au moment que le Prince
s'étoit élancé dans la Mer, fit naître des ſoupçons differens dans les
eſprits; l'Imperatrice ne douta
point que cet Etranger ne fût un
Prin-

Prince plus confidérable que Chinao ne lui avoit dit, & qu'il ne prit
un intérêt preffant à ce qui le touchoit. Les Grands & les Miniftres
du Japon porterent plus loin leurs
idées ; & raffemblant dans leur
imagination tous les difcours que
ce Guerrier leur avoit tenus touchant l'incertitude de la mort du
Prince Fidery, ils crurent que l'E-
tranger pouvoit bien être le fils
de leur Empereur.

. D'autre côté, le Peuple à qui
l'accident de la Princeffe avoit
donné le tems, ainfi que l'occafion,
d'examiner & de connoître celui
qui l'avoit fauvée des bras de la
mort, l'avoit trouvé fi rempli de
charmes, que fes graces perfon-
nelles jointes au fervice qu'il venoit de rendre à l'Etat en lui con-
fervant une vie fi chere, il prit un
amour pour lui pareil à celui qu'il
avoit pour la Princeffe, & il difoit
hautement que l'Etranger étoit
feul digne d'être fon époux, & que
fa main & la Couronne devoien
être le prix de ce qu'il avoit fai
pour elle. Ces difcours, qui fe fai
foien

foient jufques dans le Palais, firent
réfoudre Euxica de fçavoir la véritable condition de celui qui les
caufoit. Pour cet effet, lorfqu'elle
eut vûë mettre la Princeffe au lit,
elle fit dire à Chinao de fe rendre
près d'elle. Cet habile politique fe
douta d'abord du fujet de cet entretien, & fe préparant à le terminer à l'avantage de fon Maître, il
l'inftruifit de ce qu'il alloit répondre à l'Imperatrice, afin qu'il agît
de concert avec lui, & fut au Palais.
On l'introduifit auffitôt dans le
cabinet d'Euxica: elle étoit feule;
& paroiffoit enfevelie dans une
profonde rêverie; mais lorfqu'elle
vit le Japonois, prenant un vifage
riant: Chinao, lui dit-elle, je vous
ai fait venir ici pour vous reprocher votre tromperie; le Prince
Coréen que vous m'avez prefenté
vous eft trop cher, pour n'être
qu'un parent & que le favori du
Roy de Corée : votre defefpoir
vous a trahi, & je veux fçavoir la
verité. Chinao qui s'attendoit à ce
difcours, y répondit fans hefiter:
Il eft vrai, Madame, lui dit il, que
j'ai

j'ai déguifé à votre Majefté une partie de ce qui regarde ce Prince; mais j'ofe me flatter qu'elle me pardonnera, quand elle fçaura par quels motifs j'ai crû devoir en agir de la forte.

Cet aimable Etranger dans lequel votre Majefté a fi bien reconnu hier l'éclat d'une haute naiffance, eft le prefomptif héritier du Royaume de Corée, neveu du vieux Zieky, qui l'ayant élevé pour lui fucceder, l'aime d'une tendreffe paternelle, qui fe trouve d'autant mieux fondée que le jeune Prince poffede les vertus les plus rares, & qu'il eft l'amour & l'efpoir des Coréens. L'Empereur de la Chine l'ayant renvoyé à Zieky pour marque de fa confiance, ce Monarque près duquel j'étois alors m'honora du foin de fon éducation; je n'ai rien oublié pour en faire un grand Prince, & fur-tout pour lui infpirer le defir de conferver une éternelle paix avec les Japonois. Mes vœux ont réuffi au-delà même de mes efperances. Le jeune Zieky n'a pas eu
plu-

plutot l'âge de raifon, qu'ayant entendu vanter les grandes qualités
de votre Majefté & l'éclatante
beauté de la Princeffe, il n'a point
eu de repos qu'il n'ait fait confentir le Roy de Corée à le laiffer
joüir du bonheur de vous voir. Ce
Monarque a long-tems éludé à
le fatisfaire : mais enfin voyant que
ce defir croiffoit avec lui, & fçachant celui que j'avois de retourner dans ma Patrie, il a bien voulu
me confier la conduite du Prince,
voulant qu'il ne parût à votre
Cour qu'*incognitò*, pour éviter
l'embarras de la nombreufe fuite
qui auroit dû l'accompagner en
marchant felon la grandeur de fon
rang.

Jugez, Madame, continua l'artificieux Guerrier, quel auroit été
ma douleur de la perte d'un Prince
fi précieux à fes Sujets, confié à mes
foins & fi digne de mon attachement. Il fe tut après ces mots ; &
l'Imperatrice extrèmement contente de cette nouvelle, loin de le
blâmer de fa difcrétion, lui dit qu'elle l'en eftimoit davantage, & qu'é-
tant

tant sûre qu'un secret étoit inviolable avec lui, elle lui en découvriroit un autre en échange du sien, quand la Princesse seroit rétablie de son accident ; cependant, ajoûta-t-elle, le service que le Prince de Corée vient de nous rendre, ne me permet pas de le traiter en simple particulier ; outre les honneurs dûs à son rang, je lui dois ceux qu'exige la reconnoissance. Ainsi, brave Chinao, préparez-le à venir demain habiter ce Palais, ainsi qu'à recevoir les respects de toute ma Cour.

Chinao, charmé d'avoir si bien réussi dans son dessein, lui rendit graces de ses bontés, & fut rejoindre le Prince pour l'instruire de cet entretien : Fidery n'en eut pas moins de joïe que lui, les honneurs qu'on vouloit lui faire l'approchant de l'unique objet de toutes ses pensées. Ce qu'il avoit remarqué de favorable dans les yeux d'Osonchine lui donnant un flatteur espoir, il n'auroit presque point doûté de son bonheur, si la crainte de n'être aimé que parce

qu'on

qu'on ne connoiſſoit pas ſa véritable naiſſance, ne ſe fût pas emparée de ſon eſprit. L'Imperatrice,
diſoit-il à Chinao, me cherit, parce qu'elle me croit Zieky héritier
du Roy de Coréc; la Princeſſe ne
s'imaginant point avoir ſujet de
me haïr, ne me trouve pas indigne
de ſes bontés; mais lorſque l'une
& l'autre ſçauront qui je ſuis, toutes ces faveurs diſparoîtront, & je
ne ſerai plus pour elle qu'un objet
d'horreur.

Il eſt vrai, lui répondit Chinao,
que l'ambitieuſe Euxica ne verra
point avec tranquilité la perte d'un
Empire qu'elle ſe croit acquis par
tant d'années de poſſeſſion; mais
je me trompe fort, ou la Princeſſe
penſera differemment. Toutes ſes
actions m'ont prouvé le panchant
de ſon cœur à vous aimer; & ſa
pitié généreuſe ſur le fort de l'Empereur Taïcko, me perſuade
qu'elle apprendra avec joïe que
le fils de ce Monarque eſt le Prince qu'elle a trouvé digne de ſa
tendreſſe. Quel plus glorieux choix
pourroit-elle faire, & par quel autre

tre degré peut-elle monter au
Trône? Mais., Seigneur, continua-t-il, ne troublez point de fi
douces efperances par des malheurs incertains, faites-vous aimer comme Prince de Corée, &
laiffez-moi conduire le refte ; fça-
chons quel eft le fecret qu'Euxica
veut me déclarer ; affurez-vous du
cœur d'Ofonchine, profitez de
l'eftime de fa mere, & foyez perfuadé que je n'épargnerai rien
pour votre félicité.

De fi fortes affurances ayant
remis le calme dans l'efprit du
Prince, il fe repofa entierement
fur la prudence du Japonois, & ne
s'occupa plus que de fon amour.
La charmante Ofonchine de fon
côté, parfaitement revenuë de fon
accident, ayant appris plus particulierement l'obligation qu'elle
avoit à l'Etranger, & le péril dans
lequel il s'étoit volontairement
précipité pour lui fauver la vie,
ne douta point qu'un mouvement
plus fort que la raifon ne l'eût porté
à cette action ; elle avoit trop bien
entendu le langage de fes yeux

M 2 pour

pour-méconnoître la fource d'un
pareil fervice ; & fon cœur déja
difpofé à la plus tendre eftime,
paffa bientôt, à l'abri de la reconnoiffance, au plus parfait amour.
Envain voulut-elle fe flatter du
contraire, envain s'efforça-t-elle
de donner d'autres noms au panchant qui l'entraînoit, il lui fut
impoffible de fe cacher que la
plus impétueufe des paffions avoit
triomphé de fa liberté. Elle en
rougit, & cherchoit à la combattre
lorfque l'Imperatrice lui vint annoncer que ce n'étoit point à un
fimple defcendant des Rois de
Corée qu'elle devoit fa vie, mais
au prefomptif héritier de ce
Royaume, que le defir de la voir
avoit attiré dans fes Etats. Ce titre
glorieux diminuant en quelque
forte la honte de fa défaite, acheva
la victoire du Prince; & s'applaudif-
fant en fecret du choix de fon cœur,
elle ne put s'empêcher de témoigner à l'Imperatrice combien elle
étoit fenfible à cet éclatant fervice.

Euxica qui ne cherchoit qu'à
l'éloigner du Japon, & qui trouvoit
dans

dans le Prince de Corée tout ce qu'elle defiroit dans l'époux de fa fille, foit pour fon bonheur particulier, foit pour fatisfaire l'ambition qui la dévoroit, les Rois de Corée ne pouvant être Empereurs du Japon par l'adroite politique de ceux de la Chine qui les tiennent toujours en bride lorfqu'ils veulent étendre trop loin leur puiffance, lui vanta le mérite de Zieky d'une maniere fi conforme à fes fentimens fecrets, qu'elle fe livra fans referve à l'innocente flamme dont elle commençoit à brûler.

Il fembloit que toutes chofes étoient de concert pour favorifer ces deux illuftres Amans. Le Prince dès le lendemain vint voir l'Imperatrice, qui le reçut en Roy, & le conduifit elle-même à l'appartement d'Ofonchine, qui fous prétexte de gratitude lui fit le plus tendre accueil. L'amoureux Fidery y repondit avec tant de feu, que les Princeffes furent affurées plus que jamais de la réuffite de leurs intentions. Enfin le Prince ayant été inftallé dans le Palais, tous les

Sel-

Seigneurs Coréens fe rendirent près de lui, afin de mieux perfua-der la Cour qu'ils le regardoient comme leur maître. Cependant l'Imperatrice remplie de fon pro-jet, & voulant employer Chinao auprès du Roy de Corée pour le preffentir fur l'union qu'elle mé-ditoit, ne tarda pas à lui découvrir fon fecret, qui n'étoit autre chofe que l'envie qu'elle avoit de donner Ofonchine au Prince de Corée.

Chinao qui crut avoir trouvé par-là un moyen affuré de rendre Fidery maître de la Couronne, reçut cette ouverture avec une joïe inconcevable, & ne balança point à dire à l'Imperatrice que le Roy de Corée ne fouhaitoit rien plus fortement que cette alliance; mais qu'il avoit voulu voir fi le Prince & la Princeffe fe conviendroient l'un à l'autre, avant que de la lui faire demander par fes Ambaffadeurs. Euxica qui ne cherchoit qu'à précipiter le départ de fa fille, dit qu'il n'étoit pas néceffaire d'affecter des ceré-monies qui traînoient les affaires

en

en longueur ; que le Miniſtre
qu'elle avoit à la Cour du Roy de
Corée l'inſtruiroit de ſes intentions, & que celui de ce Monarque qui reſidoit alors au Japon lui
feroit ſçavoir les ſiennes, & qu'en
attendant il pouvoit aſſurer le
Prince qu'il ne tiendroit pas à elle
que ſa fille lui donnât la main.
Chinao s'étant chargé de cette
commiſſion avec plaiſir, il fût réſolu que l'Imperatrice feroit part
à ſon Conſeil de ſes réſolutions,
& que le Miniſtre du Roy de
Corée feroit la demande de la
Princeſſe en preſence de toute la
Cour. Le vieux Chinao qui ſe
flattoit de toucher au moment
qu'il avoit tant deſiré, courut annoncer cette heureuſe nouvelle à
Fidery, tandis que l'Imperatrice
apprenoit à la Princeſſe le ſort
qu'elle lui préparoit. Il eſt aiſé de
s'imaginer avec quelle ſatisfaction
ils recurent un ſemblable bonheur : l'admirable Oſonchine, qui
n'enviſageoit dans cet himen que
la douce félicité d'être unie pour
jamais au ſeul homme qu'elle eût

trou-

trouvé digne d'elle, en fit mille
tendres remercimens à l'ambitieufe Euxica ; & le paffionné Fidery ne pouvant retenir fes tranfports , fe rendit prefque auffi tôt
dans l'appartement de la Princeffe,
où l'Imperatrice étoit encore ; il fe
jetta d'abord à fes pieds , & par fes
difcours fans fuite & fans arrangement, lui fit affez connoître l'excès
dé fon amour.

Ofonchine que la prefence d'Euxica rendoit moins hardie, y répondit avec retenuë, mais avec un
air de fatisfaction qui donna lieu
de ne pas douter de fa tendreffe.
L'Imperatrice parut charmée de
les voir fi bien répondre à fes
defirs, & les quitta pour fe rendre
au Confeil où cette grande affaire
fe devoit décider entierement. Les
jeunes Amans n'ayant plus rien
qui les contraîgnît, fe découvrirent
alors leurs plus fecrettes penfées ;
& par une mutuelle déclaration
des fentimens qu'ils avoient pris
l'un pour l'autre dès leur premiere vûë , ils ferrerent fi parfaitement
leur chaîne qu'ils la rendirent
                                    éter-

éternelle. Mais tandis qu'ils paſſoient de ſi doux momens, le Conſeil s'oppoſoit fortement à leur
félicité ; les Miniſtres qui dès long-
tems avoient pénétré l'ambition
d'Euxica & la jalouſie qu'elle avoit
conçuë contre la Princeſſe, perſuadée qu'elle propoſoit cet himen
bien moins par tendreſſe pour elle,
que dans le deſſein de lui faire
perdre ſes droits à l'Empire du
Japon, commencerent par lui re-
preſenter que le Rois de Corée ne
pouvant prétendre à cette Couronne, ce ſeroit en exclure Oſonchine que de la donner au Prince
Zieky ; Que les Japonois, adorateurs de leur Princeſſe, ne ſouffri-
roient point une union qui la leur
enleveroit pour jamais ; Que le
Prince de Corée étoit véritablement digne de la poſſeder, que le
ſervice éclatant qu'il venoit de lui
rendre ſembloit même la lui avoir
acquiſe à juſte titre ; mais que
pour ſatisfaire à la fois ſon amour,
la reconnoiſſance des Japonois &
les deſirs de l'Imperatrice, il falloit
qu'il renonçât à la Couronne de
M 5 Corée ;

Corée, que le vieux Zieky se nom-
mât un autre successeur, que l'Empereur de la Chine y donnât son
consentement, & que le jeune
Prince fût déclaré Prince du Japon, & presomptif héritier de
l'Empire.

Ces propositions qui n'étoient
nullement du goût de l'Imperatrice, ne voulant point donner à sa
fille un époux qui la fist descendre
du Trône, jugeant qu'on l'y forceroit aussitôt l'himen achevé, lui
donnerent une douleur d'autant
plus vive qu'elles lui prouvoient
l'attachement du peuple pour
Osonchine. Comme elle avoit ses
créatures dans le Conseil, l'affaire
fût disputée avec chaleur de part
& d'autre ; mais les raisons de ceux
qui parloient pour les interêts de
la Princesse ne pouvant être con-
fonduës par celles que l'Imperatrice y opposoit, l'Assemblée se sépara sans avoir rien décidé. Cette
Princesse outrée des obstacles
qu'elle trouvoit à ses desseins, em-
porta la nouvelle à sa fille avec
toutes les marques du courroux le
plus

plus violent contre ſes Miniſtres.
Oſonchine qui ne s'attendoit pas
à de telles difficultés, & qui croyoit
que ſa mere agiſſoit de bonne foi,
fût vivement touchée de ſe voir
auſſi loin de ſon bonheur qu'elle
s'en étoit cruë près. Le ſeul Zieky
parut être tranquile, & dit hautement que s'il falloit renoncer à
toutes les Couronnes de la terre
pour poſſeder Oſonchine, il lui
ſacrifiroit ſans peine ſon ambition,
mais que n'étant pas juſte qu'il lui
ravît ſes droits à l'Empire du Japon,
il les ſoutiendroit au péril de ſa vie
plutôt que de les lui faire perdre.

Ce diſcours qui ſe rapportoit
en quelque ſorte au ſentiment du
Conſeil, déplûtà l'Imperatrice, &
la fit repentir d'avoir été ſi prompte
dans ſon choix, le Prince l'ayant
prononcé avec un air de grandeur
& de fierté qui lui donna tout lieu
de craindre qu'il n'eût deſſein d'é-
pouſer ſa fille pour s'emparer de
l'autorité ſuprême. Elle diſſimula
cependant le trouble de ſon ame,
& prétexta ſon chagrin ſur l'injuſtice qu'elle trouvoit à lui faire

M 6. aban-

abandonner ſes droits au Royaume de Corée , pour ſatisfaire le
caprice des peuples , ajoûtant qu'il
falloit trouver des expediens pour
concilier les eſprits , & qu'elle feroit enforte d'y parvenir. La Princeſſe qui ſçavoit que l'Empire du
Japon valloit bien celui de Corée ,
& qui ne doutoit point que Zieky
n'y renonçât volontiers pour elle,
& l'y voyant réſolu , ne pouvoit
comprendre pourquoi l'Imperatrice qui paroiſſoit approuver leur
amour , ne ſe rendoit pas à l'avis
de ſon Conſeil. D'un autre côté ,
Chinao craignant que tant de
mouvemens differens n'apportaſ-
ſent trop de retardemens à ſes
projets, ſe réſolut de découvrir ſon
ſecret aux principaux Miniſtres ,
qui ſoupçonnant déja quelque
choſe de la verité le preſſoient
chaque jour d'avoir plus de confiance en eux, & lui firent entendre qu'ils n'avoient appuyé ſur la
renonciation du Prince au Royaume de Corée, que parce qu'ils ſe
doutoient qu'il n'étoit pas né pour
y regner. De telles avences ayant
per-

perſuadé Chinao qu'il ne riſquoit
rien à leur faire connoître Fidery,
il fit avertir le Roy de Corée de
tout ce qui ſe paſſoit, pour qu'il
tînt ſes troupes prêtes à tout évenement ; & lorſqu'il fut aſſuré que
les vaiſſeaux de ce Monarque
étoient à portée de lui donner du
ſecours en cas de beſoin, il s'ouvrit entierement au Chef du Conſeil, qui de-tous les Miniſtres étoit
le plus fortement attaché à la mémoire de Taïcko ; & lui annonçant
la véritable naiſſance du Prince &
les intentions du Roy de Corée,
il lui fit compendre que la ruſe
dont ils s'étoient ſervis, n'étant
que pour n'en pas venir aux armes,
& tromper l'ambition d'Euxica-
ſans répandre du ſang, il étoit de
l'interêt des Japonois de conclure
au plus vîte un himen qui réta-
bliſſoit ſur le Trône le légitime
héritier, & mettoit la Couronne
ſur la tête d'une Princeſſe qu'ils
adoroient ; Qu'il étoit ſûr que
ſi Fidery ſe faiſoit reconnoître
avant cette union, le parti de
l'Imperatrice qui ne laiſſoit pas

d'être

d'être puiſſant auroit recours à la violence, & forceroit le Prince à prendre les armes contre un Peuple qu'il vouloit ménager, & contre la mere de celle dont il recherchoit l'alliance ; Que cette extrêmité ne pouvoit mettre qu'un trouble funeſte dans toute la Nation, & que pour éviter des malheurs inévitables en pareille occaſion, il n'y avoit point d'autre moyen que de tromper l'Imperatrice, en lui laiſſant toujours croire qu'elle ne donnoit ſa fille qu'au Prince de Corée.

Le Miniſtre au comble de la joïe en apprenant que le fils de ſon Empereur étoit vivant, & qu'il pouvoit contribuer à lui rendre l'Empire, goûta toutes les raiſons de Chinao, & lui promit d'agir ſi fortement, que les obſtacles ſeroient levés au premier Conſeil, en le conjurant d'apporter ſes ſoins pour que les preuves de la naiſſance du Prince fuſſent inconteſtables : comme il les avoit en mains, & que c'étoit encore un ſecret entre le Roy de Corée & lui, dont ils n'avoient

pas

pas même voulu inſtruire le Prince dans la crainte que cela ne le
portât à ſe découvrir avant le tems,
il aſſura le Chef du Conſeil que
Fidery ſeroit généralement reconnu pour ce qu'il étoit, lorſqu'il le
jugeroit à propos. Ces deux fidé-
les Sujets s'étant ſéparés de la ſorte,
ils ne s'occuperent plus qu'à mettre
les choſes en état d'obliger l'Imperatrice à conſentir que le faux
Zieky fût déclaré Prince du Japon,
tandis qu'ils y travailloient avec
application en mettant le Peuple
de leur parti.

Le Grand-Prêtre & ſon Clergé
frappés d'une crainte ſuperſtitieuſe
par l'aventure du ſacrifice, & de
n'avoir rien apperçu ſur le rivage,
des entrailles de la victime, intimidés des malheurs qu'ils croyoient
leur être annoncés par cet accident, ayant appris que l'Imperatrice alloit livrer la Princeſſe au neveu
du Roy de Corée, coururent au
Palais, & menacerent Euxica des
plus étranges évenemens ; que la
ſacrifice ayant été offert ſous ſon
nom, la chûte d'Oloncium pre-
ſa-

fageoit la fienne, & n'hefiterent
point à lui dire qu'elle perdroit
l'Empire & peut-être la vie fi elle
perfiftoit à vouloir éloigner la
Princeffe ; & comme il eft des fecrets difficiles à cacher long-tems,
un bruit fourd s'étant élevé que
Tarcko avoit laiffé un fils, & qu'il
n'avoit point péri dans l'ambrâfe-
ment d'Ofocha, ils l'affurerent que
cet efpoir qui fe gliffoit dans l'efprit du Peuple, étoit un commencement du péril qui le menaçoit.
L'Imperatrice bien plus effrayée
du nom de Fidery, que des pré-
dictions de fes Prêtres, leur promit
de ne rien précipiter, & qu'elle
prendoit de fi juftes mefures ,
qu'elle préviendroit les accidens
qu'ils lui faifoient envifager. Tous
ces bruits & ces murmures la rem-
pliffant d'inquiétude, elle fit affembler fon Confeil fecret, compofé
de tous ceux en qui elle avoit le
plus de confiance, & leur demanda leurs avis fur ce qu'elle devoit
faire pour fe conferver l'Empire.

Les fentimens furent long-tems
partagés; mais enfin il fût conclu
que

que l'Imperatrice ayant la force
en main devoit agir avec une pleine autorité, & que le plus grand
malheur qui lui pût arriver étant
la vie du Prince Fidery, elle ne
pouvoit trop tôt étouffer le bruit
qui s'en répandoit, & que pour y
mieux réuffir & fe rendre le Peuple favorable, il falloit qu'elle pu-
bliât que le mariage de la Princeffe
étoit rompu, qu'elle priât Zieky
de retourner dans fes Etats, &
qu'elle déclarât qu'elle donneroit
Ofonchine à celui qui lui livreroit
le prétendu Prince du Japon; que
cet efpoir ne manqueroit pas d'animer les Japonois à le chercher, ou
d'impofer filence à ceux qui fe
fervoient de ce prétexte pour fe
rebeller contre elle.

Euxica n'aimoit pas le fang,
comme je l'ai dit; mais la fuprême
puiffance ayant des charmes pour
elle au-deffus de toutes les confi-
derations, perfuadée d'ailleurs qu'il
lui feroit impoffible de fe la conferver fi le Prince étoit vivant, ne
balança point à le facrifier à fon
ambition. Cependant ayant porté

les

lès chôses trop loin avec lè Roy de
Corée pour ne pas craindre son
reſſentiment en renvoyant le Prince ſans nûl ménagement, ſur-tout
après le ſervice qu'il avoit rendu
à la Princeſſe, elle prit le parti de
lui mander ce qui ſe paſſoit, & que
n'étant pas juſte que le jeune Zieky renonçât à l'héritage de ſes
peres pour entrer dans ſon alliance, elle le prioit de le rappeller
près de lui; qu'il ſe répandoit même
des bruits ſur un fils de Taïcko;
qu'il devoit l'y engager au plutôt,
dâns la crainte que les Japonois
ne priſſent cette occaſion de l'attaquer comme voulant envahir
l'Empire au preſomptif héritier;
que pour elle, étant perſuadée que
ce n'étoit qu'un fantôme qu'on
faiſoit revivre pour l'intimider,
elle alloit mettre ſa tête à prix, &
que lorſque le trouble ſeroit appaiſé, ils prendroient enſemble de
nouvelles meſures pour le mariage du Prince, en cas qu'il fût toujours dans les mêmes ſentimens,
n'ayant rien plus à cœur que de
ſe

ſe maintenir avec lui dans une parfaite intelligence.

Enſuite de quoi ayant déclaré au Prince & à la Princeſſe qu'il ſe trouvoit trop d'oppoſitions à leur union pour les pouvoir ſurmonter dans le tems preſent, elle leur fit entendre qu'elle avoit changé de penſée. Ce fut un égal coup de foudre pour ces deux Amans, Oſonchine n'eut recours qu'aux larmes : mais le feint Zieky qui ſçavoit les ſecrettes intentions d'Euxica, lui répondit avec fermeté qu'il ne partiroit point de ſa Cour ſans emporter le titre d'époux de la Princeſſe, qu'elle la lui avoit promiſe, que ſa parole devoit être inviolable ; que les oppoſitions étoient levées, puiſqu'il vouloit bien renoncer à la Couronne de Corée ; qu'il pénétroit les motifs de ſon changement, mais qu'il l'avertiſſoit qu'il étoit de ſes interêts de ne pas irriter un Prince qui pouvoit s'unir avec ſon plus grand ennemi, & la faire deſcendre d'un Trône pour lequel elle
vou-

vouloit facrifier jufqu'à fa propre
fille.

: L'Imperatrice irritée d'un difcours fi hardi, lui répliqua fur le
même ton, que fa fille étant fa
Sujette comme une autre, elle ne
la donneroit jamais à celui qui
voudroit lui ravir fon fang; & que
s'il étoit vrai que l'ennemi dont il.
parloit voyoit le jour, Ofonchine
feroit la récompenfe de celui qui.
le lui livreroit mort ou vivant. Vos
Peuples, lui répondit froidement
le Prince, gardent un fouvenir
trop tendre de Taïcko, pour immoler fon fils à votre ambition:
aucun d'eux n'attenteroit impu-
nément à fa vie, quand même je
ferois feul à la défendre; mais fi
vous voulez me promettre autentiquement la Princeffe, je m'engage à chercher Fidery, & de vous
le livrer aux dépens de ma propre
vie. Euxica qui ne pouvoit croire
encore que ce Prince n'eût pas
péri, ne voulut rien affurer à Zieky, & fe contenta de lui défendre
l'entrée de l'appartement d'Ofonchine.

Le

Le feul refpeét qu'il avoit pour
la Princeffe, l'empêcha de témoigner à l'Imperatrice l'excès de
fon indignation; & ne voulant pas
s'expliquer plus vivement fans
avoir confulté Chinao, il fubit cet
arrêt fans daigner y répondre.
Toutes ces altercations mirent la
Cour & la Ville dans une confufion furprenante. Ceux du parti
du Prince vouloient qu'il fe fît
connoître; le Peuple amateur de
la nouveauté difoit qu'il ne fouffri-
roit point qu'Ofonchine fût le prix
du fang de fon légitime Souverain,
qu'il valoit bien mieux qu'il l'épou-
fât, & que le Prince Coréen retournât dans fes Etats. Chinao qui
vouloit éviter la guerre, travailloit
de tout fon pouvoir à faire entendre fourdement que le Prince de
Corée & celui du Japon étoient
une même chofe : les Miniftres
créatures d'Ofonchine, qui étoient
les mêmes dont Ongofcio s'étoit
fervi dans fes cruautés, craignant
la punition de leurs crimes fi Fidery montoit au Trône, em-
ployoient toute leur autorité pour
affu-

affurer fa mort, & ne négligeoient rien cependant pour découvrir la verité. Le Prince brûlant d'a- mour & du defir de fe venger d'Euxica, vouloit fe mettre à la tête des Troupes du Roy de Co- rée, prêtes à faire leur defcente au Japon, & conquerir fon Royau- me & la Princeffe à la pointe de fon épée.

D'un autre côté, Ofonchine inf- truite qu'on vouloit lui faire épou- fer celui qui livreroit Fidery, & que fon Amant s'y étoit offert, touchée jufques au fond du cœur qu'il eût montré des fentimens fi peu genéreux, paffoit les jours & les nuits à fe plaindre également du Prince & de l'Imperatrice ; trouvant l'un auffi coupable de confentir à cet attentat, que l'au- tre l'étoit de le propofer: cepen- dant la crainte d'être le prix d'un pareil facrifice, la faifant paffer par-deffus tous les obftacles qui l'empêchoient de voir Zieky, elle fit fi bien qu'elle gagna celle de fes femmes qui pouvoit feule le faire entrer fans rifques dans fon

ap

appartement. Cette Dame qui blâ-
moit en secret l'injustice de l'Imperatrice, & qui aimant tendrement Osonchine auroit desiré de
la voir unie au Prince pour lequel
elle avoit prise une forte estime,
accepta avec plaisir la proposition
qu'elle lui fit de leur faciliter une
entrevûë, & lui promit que la journée du lendemain ne se passeroit
pas sans lui donner cette satisfaction. En effet Axima (tel étoit le
nom de cette Dame) ayant trouvé
moyen de faire dire au Prince
qu'elle avoit des choses importantes à lui communiquer, & qu'il se
trouvât le soir sans aucune suite
dans les jardins qui touchoient à
l'appartement de la Princesse, il
n'hesita pas à s'y rendre. Mais
quelle agréable surprise de l'y voir
arriver elle-même avec sa confidente! Il se jetta à ses pieds pour
lui rendre graces de cette faveur,
& lui jurer une éternelle fidélité
malgré les obstacles qu'on mettoit
à son bonheur, quand Osonchine
interrompant ses transports: Une
autre que moi, Seigneur, lui dit-
elle,

elle, ne douteroit point de votre amour; puifque vous en donnez des preuves fi peu communes, en voulant même ternir votre gloire par un attentat pour obtenir ma main; mais je vous avoüe que cet excès de votre paffion eft bien plus capable de vous ôter ma tendreffe, que de m'affurer de la votre.

Ne croyez pas, continua-t-elle, que j'enfraigne les ordres de l'Imperatrice pour animer votre efperance, & que cette entrevûë foit un effet des foibleffes attachées à l'amour. Non, vous ne la devez qu'à la refolution que j'ai prife de vous bannir de mon fouvenir. Partez, Seigneur; ne troublez plus cet Empire par d'inutiles prétentions, puifque je me donnerai plutôt la mort que d'être la récompenfe de celle du Prince du Japon, & que mon fort me paroîtroit mille fois plus affreux encore, s'il falloit que Zieky ne m'obtînt qu'à ce prix.

La jeune Princeffe paroiffoit fi vivement touchée en prononçant ces paroles, elle étoit fi belle dans

fa

ſa douleur, & la genéroſité de ſes
ſentimens éclatoit ſi parfaitement
en cette occaſion, que Fidery pouvoit à peine contenir ſa joïe Cependant voulant joüir du plaiſir
que lui donnoit l'inquiétude dont
elle paroiſſoit agitée en faveur du
Prince du Japon : Quoi ! Madame,
lui dit - il, vous me ſacrifiez à Fidery ? ſa vie vous eſt plus chere
que celle de Zieky ? vous craignez
d'être la récompenſe de ſa mort,
& vous n'apprehendez point d'être
cauſe de la mienne ? Et lorſque
pour ſatisfaire la haine d'Euxica,
vous aſſurer l'Empire & m'unir à
vous pour jamais, je m'expoſe
peut-être aux plus cruels malheurs
en cherchant à perdre ce Prince,
c'eſt lui que vous plaignez ? c'eſt
lui qui vous arrache des larmes,
& c'eſt moi que vous déteſtez?
Ah ! Madame, continua - t - il en
affectant toutes les marques de
deſeſpoir, que je m'étois trompé
en me flattant de n'être pas haï !
& que le ſort de Fidery eſt glorieux, puiſqu'il vous inſpire des

ſentimens au-deſſus même de l'amour!

La pitié ſeule, reprit promptement Oſonchine, m'intereſſe pour ce Prince : je ne le connois point, je ne l'ai jamais vû, j'ignore même s'il eſt vrai qu'il voye encore le jour ; mais je ſçai que s'il eſt vivant, la Couronne du Japon ne peut lui être diſputée ſans injuſtice ; qu'on ne peut attaquer ſa vie ni le livrer à l'Imperatrice, ſans commettre un crime auſſi grand que celui d'Ongoſcio ; que le Trône m'eſt odieux, s'il faut y monter par des forfaits ; & que plutôt que d'y ſouſcrire, je ſacrifierai amour, fidelité, mouvemens de la nature, & même ma propre vie.

Ah, trop admirable Princeſſe! s'écria Fidery en lui embraſſant les genoux & ne pouvant plus ſe contraindre, mon bonheur paſſe mes eſperances ; non, mon amour ſeul peut égaler ma félicité. Adorable Oſonchine, conſervez à Fidery cette pitié genéreuſe ; joignez-y
même

même la tendreſſe, je n'en murmurerái point; ce Prince m'eſt plus précieux que vous ne penſez: ne craignez pas que j'attaque ſes jours tant qu'ils vous inſpireront de pareils mouvémens; ma vie eſt trop attachée à la ſienne pour la vouloir détruire: votre ſeule inimitié me forceroit à lui percer le ſein; mais puiſque votre cœur s'intereſſe pour lui, j'oſe vous proteſter que toute la terre enſemble armée contre lui ne peut l'empêcher de monter au Trône, de vous y placer à ſes côtés, & de me rendre le plus fortuné Prince de l'univers en poſſedant l'adorable Oſonchine.

Ce diſcours ſurprit de telle ſorte la Princeſſe par les contrariétés qu'il lui paroiſſoit renfermer, qu'elle fut long-tems ſans pouvoir y répondre; & ne concevant pas qu'elle pût être Imperatrice du Japon, épouſer Zieky, & voir regner Fidery, elle ne ſçavoit où porter ſes idées, & ſi les paroles du Prince n'avoient point quelqu'interprétation contraire à ſa gloire. Mais en-

fin voulant s'éclaircir & pénetrer
ce myftere : Si la vie de Fidery
vous eft fi chere, quelle raifon,
Seigneur, lui dit-elle, vous a porté
à promettre fa tête à l'Imperatrice ; Avez-vous eu deffein d'éprouver fi j'étois affez barbare pour
vouloir être le prix d'un homici-
de ? Non, Princeffe, interrompit-
il ; l'amour m'a trop bien éclairé fur
vos vertus pour douter de vos fentimens, & je n'ai rien promis à Euxica que je ne fois en état d'executer : je lui livrerai Fidery fans
qu'il foit en danger de périr, à la
tête de tous fes Sujets, refolu de
prendre les rênes de l'Empire ; de
vous en faire la Souveraine , &
d'affurer ma félicité par le don de
votre foy. Il ne peut regner fans
moi, je ne puis être votre époux
fans lui. Votre pitié pour lui devient une preuve de votre tendreffe pour moi ; vous ne pouvez
le plaindre fans m'aimer, ni me
bannir de votre cœur fans le perdre à jamais. Je ne vous en dis
pas affez, belle Princeffe, pour
vous raffurer, mais je n'en dis encore

core que trop dans l'état où je suis.

Ofonchine avoit commencé cet
entretien debout, & l'avoit continué de même jufqu'à ce moment ;
mais entrevoyant à ce difcours une
partie de la verité , un fi grand
tremblement la faifit, qu'elle fut
contrainte de fe laifler tomber fur
un des fiéges de verdure qui bor-
doient l'allée qu'elle avoit choifie
pour cette entrevûë ; & regardant
le Prince attentivement : Je ne
m'étonne plus, lui dit - elle avec
tendreffe , de mes craintes pour
Fidery , ni de la peine que je fentois à me priver du Prince de Corée : mais helas ! mes allarmes n'en
font pas moins vives; elles augmentent à mefure que je vous parle.
Cher Prince , continua - t - elle en
lui tendant la main, affurez celui
du Japon que je le reconnoîtrai
avec joïe, pour mon Empereur;
engagez - le à lui faire refpecter
Euxica : furtout n'entreprenez rien
qui puiffe mettre en danger des
jours où les miens font attachés;
confervez-moi cette fidelité fi fouvent atteftée, & ne doutez point

de celle d'Osonchine. Si j'avois
soupçonné ce fatal myſtere, je ne
vous aurois pas expoſé à vous rendre ici. Sortez, Prince ; diſſipez le
trouble où je ſuis ; pardonnez mon
imprudence, & ſoyez certain des
vœux ardens que je vais faire pour
la réuſſite de vos deſſeins.

La frayeur & l'amour étoient ſi
bien peints dans les yeux de cette
Princeſſe, que Fidery n'oſa les
mettre plus long-tems à l'épreúve,
& fût contraint de la quitter pour
la tranquiliſer, après lui avoir juré
que le Prince du Japon auroit pour
Euxica les attentions d'un fils reſpectueux, & qu'elle ne devoit rien
augmenter ni pour l'un ni pour
l'autre. Axima eut ſoin de le faire
ſortir de ce lieu auſſi ſecretément
qu'il y étoit entré ; & la belle Oſonchine le ſçachant en ſûreté, rentra
dans ſon appartement, le cœur
rempli de joïe, d'amour, de crainte
& d'eſpérance. Il étoit ſi different
pour la gloire d'épouſer l'Empereur du Japon ou le Prince de Corée, qu'elle ne put être inſenſible
à ce nouveau dégré de grandeur,
puiſ-

puifqu'elle le pouvoit poffeder fans
crime, Fidery & Zieky étant la
même chofe. Elle ne pouvoit fe
laffer d'admirer que la Providence
eût garanti ce Prince pour en faire
fon époux, & qu'elle l'eût conduit
dans fes propres Etats pour fauver
la vie & fe faire aimer de celle
qu'on vouloit rendre la récompenfe de fa mort ; mais joignant
à ces réflexions celles du péril qu'il
couroit par l'indifcréte promeffe
de l'Imperatrice , elle trembloit
qu'il ne fut découvert , & depuis
cet inftant fon appartement ne
s'ouvrit point de fois qu'elle ne
pâlît d'effroi d'apprendre la perte
de ce Prince.

Tandis qu'elle paffoit les jours
& les nuits dans ces continuelles
allarmes, les Miniftres qui favo-
rifoient le jufte parti, ayant refolu
d'obliger Euxica de conclure l'himen de la Princeffe, la preffoient
à chaque Confeil de faire déclarer
Zieky Prince du Japon. Mais l'ambitieufe Imperatrice qui fe flattoit
que le Roy de Corée craindroit
une guerre avec les Japonois, &

qu'il

qu'il rappelleroit ce Prince d'autant plus promptement qu'il étoit
probable qu'il apprehenderoit Fidery, leur répondoit qu'elle ne
pouvoit rien décider qu'elle n'eût
appris la verité du fort de ce Prince ; que s'il étoit vivant, elle dévoit plutôt fonger à quitter l'Empire qu'à marier fa fille, ajoutant
qu'il étoit bien douloureux pour
elle qu'après avoir gouverné près
de dix-fept ans avec gloire, elle
fe vît obligée par fes propres Sujets à defcendre du Trône pour y
placer un Etranger, ou bien un
impofteur que quelques mal-in-
tentionnés vouloient peut-être
faire paffer pour le fils de Taïcko ;
qu'elle n'auroit pas plutôt déclaré
Zieky Prince du Japon, que le
Peuple amateur de la nouveauté
voudroit qu'il fût Empereur, &
qu'une honteufe chûte feroit la
récompenfe de fes travaux, de fon
amour pour fes Sujets & de fa tendreffe pour Ofonchine. Les Japonois qui pénetroient toutes fes
penfées par ces difcours artificieux,
agiffoient avec la même politique,
en

en l'affurant de leur fidelité, &
qu'ils ne fouffriroient jamais qu'on
lui ravît l'Autorité fuprême fans
avoir de fortes preuves fur Fidery;
& que le plus fûr möyen de faire
tête à ce nouvel ennemi, étoit
d'achever l'himen de la Princeffe,
puifque par-là elle engageroit fon
époux à lui difputer la Couronne;
que le Peuple ne connoiffant point
le fils de Taïcko, & chériffant
Ofonchinë, ne balançeroit pas à
préférer fes intérêts aux fiens, en
fe voyant un Empereur dans celui
qu'elle auroit époufé.

L'Imperatrice n'ayant rien à répondre à de fi fortes raifons, &
voulant toujours éluder, avoit enfin déclaré qu'elle attendoit des
nouvelles de la Corée, & qu'auffi-
tôt qu'elle auroit appris les intentions du vieux Zieky, elle les inftruiroit des fiennes. Comme le
Palais étoit fermé aux Grands de
même qu'aux Particuliers, & que
l'on ignoroit qu'il y eût de l'alter-
cation entre le Prince & l'Imperatrice, la plus confiderable partie
de la Cour croyoit qu'ils ne faifoient

foient rien que de concert ; mais
les Miniſtres inſtruits du ſecret,
redoutant quelque trahiſon de la
part d'Euxica, l'obligerent à ſouffrir que tous les Seigneurs Coréens
fiſſent la garde à l'appartement du
Prince, ſous prétexte que ceux qui
diſoient Fidery vivant, ne trâmaſ-
ſent quelque choſe contre lui.

Mais ce qu'il y eut de plus ſurprenant au milieu de tant de ſentimens oppoſés, de murmures, de
projets & de complots differens,
fut que Chinao ſe conſerva l'eſtime
des uns & des autres, & que l'Imperatrice ne le ſoupçonna jamais
d'avoir part à tous ces mouvemens.
En effet cet habile Japonois ſçut ſi
bien ménager les eſprits, qu'il amenoit inſenſiblement à ſon but ceux
mêmes qui paroiſſoient les plus
contraires à Fidery. Les Gens de
guerre qui le regardoient avec
venération, lui étoient dévoüés ; &
préparés par ſes diſcours à quelqu'extraordinaire événement, lui
avoient juré ſolemnellement de le
ſoutenir dans tout ce qu'il entre-
prendroit. De ſon côté, l'amoureux
Fidery

Fidéry n'oubliant rien pour s'attirer les cœur des peuples, affectoit
de fortir fouvent du Palais entouré
de fes Gardes, fuperbement vétu;
il faifoit éclater avec art toutes les
graces qu'il avoit reçuës de la na-
turc, & ne paroiffoit jamais fans
laiffer après lui des marques de fa
liberalité; ce qui mettoit les Japonois dans la balance, en ne fçachant s'ils devoient lui préférer un
Prince dont ils ignoroient les inclinations, quoiqu'il fût leur légitime Souverain. Les chofes étoient
en cet état, lorfque Chinao reçut
avis que les Troupes du Roy de
Corée n'attendoient que les ordres
de Fidéry pour faire leur defcente,
& que ce Monarque lui fit part de
fa réponfe à l'Imperatrice, en le
laiffant le maître de conduire le
refte felon fa prudence. Comme il
ne falloit pas traîner cette affaire en
longueur, il jugea qu'il étoit tems
d'apprendre au Prince de quelle
forte il pourroit prouver aux Japonois qu'il étoit leur Empereur,
fans qu'ils en puffent douter un
moment.

C'é-

C'étoit depuis long-tems la feule inquiétude de Fidery, mais dont on n'avoit pas voulu le tirer, dans la crainte que l'amour ou l'ambition ne lui fift déclarer trop tôt fa naiffance, & pour être toujours en état de la faire paffer pour un autre en cas que les cœurs ne lui fuffent pas favorables. C'étoit une loy indifpenfable en ce tems-là parmi ces peuples, de marquer au bras droit les heritiers de la Couronne auffitôt qu'ils étoient nés, ce qui fe faifoit par l'expreffion d'une herbe dont le jus ne s'effaçoit jamais, avec lequel on imprimoit au Prince le nom qui lui étoit impofé, celui de l'endroit de fa naiffance, & le tems qu'il étoit né; enfuite de quoi on induifoit ce qu'on venoit d'écrire, d'une liqueur dont la propriété étoit de voiler fi parfaitement ce qu'on avoit écrit, qu'on n'en appercevoit aucune trace; & lorfqu'on vouloit que cette marque fût vifible, on prenoit un flambeau que l'on paffoit plufieurs fois près du bras, ce qui faifant fondre la liqueur découvroit fans

nul

nul obſtacle les caracteres qui y étoient imprimés : mais cette ceré-monie ne ſe faiſoit jamais qu'à l'avenement du Prince à la Cou-ronne , ou dans quelqu'occaſion importante à la Nation, où pour-lors il découvroit ſon bras devant tout le Peuple aſſemblé, afin de l'obliger à le reconnoître pour ſon Souverain , ou le faire ſouvenir de ſon devoir envers lui. Fidery n'i-gnoroit pas cet uſage ; mais ne croyant pas qu'on l'eût pratiqué à ſon égard , le Roy de Corée & Chinao lui ayant dit que le tems & la ſituation des affaires en avoient empêché Taïcko , il en avoit ſou-vent témoigné ſon chagrin au vieux Guerrier, dans l'apprehen-ſion qu'on ne le prît pour un im-poſteur quand il ſeroit queſtion de le faire reconnoître ; & ce n'a-voit été que cette crainte qui l'a-voit obligée de parler à la Princeſſe à mots ambigus & ſans rien affir-mer.

Mais Chinao voyant que le mo-ment s'approchoit où cette preuve ſeroit néceſſaire, l'en inſtruiſit pour

qu'il

qu'il s'en fervît à propos, en le fuppliant de lui pardonner de le lui
avoir caché fi long-tems, fon interêt l'ayant contraint d'en agir
ainfi. Le Prince l'embraffa, & perfuadé de fon zele le prla de regler
l'occafion où cette marque devoit
être vifible aux Japonois. Ils conclurent qu'il ne falloit la découvrir
qu'à la cérémonie de fon Mariage
avec la Princeffe, fi l'Impératrice
fe réfolvoit à le faire, ou bien à la
tête des Troupes, fi l'on voyoit
qu'elle cherchât encore des détours pour l'éluder.

Cette Princeffe n'étoit pas en
état de s'y oppofer plus-long-tems;
elle venoit de recévoir la réponfe
du Roy de Corée, qui lui marquoit
qu'il ne pouvoit douter que Fidery
ne fût vivant; que ce Prince étoit
en fa puiffance, & qu'il s'en ferviroit felon qu'elle en uferoit avec
le jeune Zieky; que fi elle lui faifoit époufer Ofonchine, il lui livreroit Fidery, le lui promettant
foy de Roy; mais que fi cet himen
ne fe faifoit pas au plutôt, il mettroit ce Prince à la tête d'une Armée

mée formidable, qui fondroit fur le
Royaume du Japon pour fe venger
de fon manque de parole & pour
le rétablir fur le Trône dé fes peres.

Euxica intimidée par ces menaces , & ne fçachant quel parti
prendre , affembla fon Confeil fecret ; & ne déguifant rien de fes
penfées , fe flattant que tous ceux
de cette Affemblée lui étoient dévoüés , elle leur ordonna de parler
fincerement. Mais la plûpart de ces
Miniftres étant gagnés par les pre-
fens journaliers du prétendu Prince
de Corée , efperant trouver en lui
un fecours certain contre celui du
Japon , ne balncerent point à lui
confeiller de fe maintenir en paix
avec fon Allié , & de profiter de
l'offre qu'il lui faifoit de lui livrer
Fidery , puifqu'elle conferveroit
bien mieux la fuprême Autorité
avec fon gendre , qu'elle ne pourroit le faire avec un Prince qui
ne la regarderoit que comme une
ufurpatrice. Il y eut plufieurs raifons alleguées pour & contre ;
mais enfin la crainte & l'ambition
l'ayant emporté, il fut décidé que
la

la Princeffe Ofonchine épouferoit Zieky ; qu'il feroit déclaré Prince du Japon, & qu'avant toutes chofes le Miniftre du Roy de Corée jureroit au nom de fon Maître qu'il remettroit Fidery entre les mains de l'Imperatrice, aûffi-tôt qu'il auroit été informé que le mariage étoit fait ; que ce ferment fe feroit en fecret, afin que ceux qui feroient du parti contraire ne puffent s'oppofer à fon execution.

. L'Imperatrice perfuadée qu'elle n'avoit pas à balancer entre l'Etranger que l'himen de fa fille lui rendroit foumis, & le prefomptif héritier qui pouvoit la chaffer du Trône, fe rendit à cette décifion ; & le grand Confeil s'étant affemblé, elle y déclara qu'elle confentoit à l'union de la Princeffe avec Zieky, & qu'il fût reconnu fon fucceffeur. Toutes les voix s'étant réunies en faveur de cette refolution, malgré ce que put dire le Grand-Prêtre qui foutenoit que ce mariage alloit attirer des malheurs inévitables fur la tête d'Euxica, les Miniftres la déterminerent

rent à n'en point changer. En
effet, dès le même jour ayant
mandé le Prince, elle le pria d'oublier ce qui s'étoit paſſé, & de
recevoir la main d'Oſonchine
pour gage de ſa reconnoiſſance &
de ſon amitié.

Ce Prince, à qui ce nom ſuffiſoit
pour être appaiſé ſur le champ,
lui répondit en homme ſur qui
l'amour avoit plus d'empire que
la colere, & lui rendit autant de
graces que s'il eût eu lieu de ne pas
douter de ſa ſincerité. Elle le conduiſit chez la Princeſſe, où toute
la Cour s'étoit renduë par ſon
ordre. Cette viſite ne fut que de
cerémonie, & de toute la journée
il fut impoſſible à ces deux Amans
de s'entretenir en particulier;
mais leurs yeux ſçurent ſi bien
réparer cette gêne, qu'ils n'eurent
pas beſoin d'interpréte pour s'inſtruire de leurs ſentimens. Le lendemain le Miniſtre du Roy de
Corée fit la demande de la Princeſſe en plein-Conſeil pour le
Prince qui étoit à la Cour d'Euxica, ayant eu l'adreſſe de ſi bien
tour-

tourner fon difcours qu'il ne le
nomma jamais autrement. Elle lui
fût accordée à l'inftant. Alors on
fit entrer le feint Zieky pour être
préfent au ferment du Miniftre, qui
jura au nom du Roy de Corée de
livrer Fidery à l'imperatrice auffi-
tôt l'himen du Prince achevé; mais
ce qui donna le plus d'efperance
à cette Princeffe, fut celui de l'A-
mant d'Ofonchine, qui lui promit
la même chofe fur fa tête. Après
cela l'Imperatrice ayant ordonné
felon la coutume, que le mariage
de la Princeffe fût annoncé au
Peuple pour le fur-lendemain, afin
qu'il fe préparât à cette ceremonie, les Héros le publierent par
toute la Ville. $China_o$, dont le zele
vigilant n'avoit rien oublié pour
rendre cet inftant mémorable,
dépêcha à l'heure un courier pour
la Ville de Méaco, qui s'étant mis
dans une barque legere fut avertir
la flotte du Roy de Corée, qui
ayant le vent favorable, arriva à
la rade de cette Ville la nuit du
lendemain, où les Troupes firent
leur defcente fans nulle oppofi-
tions;

tions ; les Japonois s'imaginant
que les chofes avoient été réglées
de la forte avec l'Impératrice.

D'un autre côté, les Troupes gagnées par Chinao ayant joint les
Coréens, ils marcherent toute la
nuit en bon ordre, & fe rendirent
à Jedo au moment que l'Imperatrice, le Prince & la Princeffe
fortoient du Palais, fuivis d'une
nombreufe Cour pour fe rendre
dans une vafte place où fe devoit
faire la cerémonie à la vûë de tout
le peuple. Au milieu de cette place
étoit dreffé un grand Autel élevé
de terre, de trente marches, fur
lequel étoit reprefenté l'Himen au
milieu de la Paix & de la Concorde : un nombre infini de flam-
bleaux de cire blanche l'éclairoient de tous côtés. Chinao fit
entourer la place par tous fes gens
de guerre armés du fabre, du poignard, le carquos fur l'épaule &
l'arc à la main prêt à tirer. Le
Grand-Prêtre étoit debout fur
l'Autel, attendant les nouveaux
époux qui lui furent conduits d'un
côté par l'Imperatrice menant la
Prin

Princeſſe, & de l'autre par le Miniſtre de la Corée qui menoit le
Prince, qui ſe mirent à genoux
aux pieds du Pontife; lequel après
leur avoir fait une aſſez longue
énumeration des obligations d'un
pareil engagement, les unit l'un &
l'autre à jamais, ce qui ne fut pas
plutôt achevé, que mille voix s'éleverent en criant: Vive à jamais
heureux Fidery notre légitime
Empereur! Ce terrible nom ayant
glacé d'effroi le cœur de l'Imperatrice, elle ſe préparoit à parler,
lorſque le Prince ayant impoſé
ſilence par un ſigne convenu entre Chinao & lui, monta ſur le
plus haut dégré de l'Autel; & ſe
découvrant le bras, il prit un flambeau, le paſſa pluſieurs fois deſſus,
& s'étant enſuite tourné vers le
Peuple, le bras levé en l'air pour
qu'on y vît les caraƈteres qui y
étoient imprimés: Peuples, s'écria-
t-il, Miniſtres du Japon, braves
Guerriers, & vous jeune Princeſſe
à qui un nœud ſacré me lie, je me
ſuis engagé, ainſi que le Roy de
Corée, de livrér à l'Imperatrice
Fi-

Fidery fils de Taïcko votre légi-
me Souverain : Soyez témoins de
l'exécution de mes ferment, en
reconnoiffant en moi ce Prince
échappé à la fureur du barbare
Ongofcio ; lifez-en fur mon bras
les illuftres marques & les affurances qu'il ne s'armera jamais que
pour votre défenfe : Et vous, Madame, continua-t-il en s'adreffant
à Euxica ; perdez une injufte crainte ; voyez à vos pieds Fidery foumis, & plutôt prêt à perdre la vie
que de vous ravir l'Empire ; re-
gnez, mais foyez ma mere, puifque vous l'êtes de cette Princeffe.

A peine eut-il achevé ces mots,
que toutes les voix fe réunirent
pour crier une feconde fois : Vive
Fidery le légitime Empereur du Japon. L'Imperatrice, qui comme la
plus proche du Prince, lifoit fur
fon bras fans nul obftacle, *Fidery*
fils de Taïcko né au Palais d'Ofocha,
étoit fi troublée de ce qu'elle
voyoit & de ce qu'elle entendoit,
qu'elle ne put prononcer une parole. Ofonchine, quoiqu'elle s'at-

ten-

tendît à quelque chofe de femblable, n'étoit pas dans une fituation
plus tranquile, ne pouvant s'empêcher de craindre pour les jours
de Fidery. L'immobilité d'Euxica
donnant une entiere liberté aux
Grands & au Peuple, les premiers
monterent fur l'Autel pour baifer
ce bras redoutable, & l'autre s'approchoit en foule pour tâcher d'en
voir les caracteres ; mais tous avec
des tranfports de joïe qui paroiffoient dans leurs moindres actions.
Les Troupes s'étant avancées du
même moment, & montrant par
leur contenance guerriere qu'elles étoient prêtes à fondre fur ceux
qui s'oppoferoient à Fidery, il n'y
eut perfonne qui ofât paroître mécontent de cet extraordinaire évenement. La feule Euxica, remplie
de crainte & d'étonnement, foupi-
roit au fond de fon cœur de rage
& de defefpoir ; mais la vûë de tant
de gens armés lui faifant connoître qu'elle n'étoit pas la plus forte,
elle fe détermina au feul parti
qu'elle avoit à prendre.

En effet, s'efforçant de remettre
la

la tranquilité sur son visage, elle
s'avança vers le Prince ; & lui tendant la main : Fidery, lui dit-elle,
j'avoüe que je vous ai redouté
comme mon rival dans la possession de cet Empire : mais étant
devenu mon gendre, je me rends
à la tendresse que ce lien m'inspire,
& cede à ce nom si doux, ainsi
qu'à vos vertus ; un Trône dont
vos armes ne m'auroient jamais
fait descendre qu'en m'arrachant
la vie : Oüi, Peuple, continua-
t-elle en haussant la voix, voilà
votre Prince, respectez-le comme
votre Empereur, & le cheriffez
comme époux d'Osonchine. Mille
instrumens guerriers se firent entendre, lorsqu'elle eut cessé de
parler, & le Grand-Prêter ayant
assuré que c'étoit-là l'évenement
prédit par l'aventure du Sacrifice,
ajoûta qu'il falloit en rendre graces
aux Dieux, & faire succeder les
réjoüiffances aux allarmes. Tandis
qu'il parloit, la belle Osonchine
embraffoit les genoux d'Euxiça,
en la priant de croire qu'elle avoit
ignoré les desseins de Fidery, &
la

la conjurant de l'aimer comme son fils.

La fiere Imperatrice déguifant fa douleur, la releva ; & feignant d'ajoûter foi à fes paroles, l'embraffa avec mille apparences d'une fincere affection ; & la tenant d'une main & le Prince de l'autre, defcendit de l'Autel aux acclamations de toute l'Affemblée, qui les conduifit au Palais en les accablant de benédictions. Mais elle ne fut pas plutôt retirée dans fon appartement, qu'elle déclara qu'elle ne vouloit plus voir fa fille ni fon gendre, & qu'elle ne prenoit plus aucune part au Gouvernement. Le genéreux Fidery employa vainement tous fes efforts pour la faire changer de fentiment, elle fut inflexible à fes prieres & aux larmes de fa fille ; & s'étant enfermée avec fes femmes, elle s'abandonna de telle forte à fon defefpoir, qu'une ardente fiévre la faifit & la mit au tombeau en moins de huit jours.

Le nouvel Empereur fut vivement touché de n'avoir pû la fauver,

ver , & l'affliction d'Ofonchine
n'eût point de bornes , quoique
ceux qui avoient le plus aimé
Euxica lui fiffent entendre que
cette mort étoit un coup du Ciel
pour fon bonheur & celui de fon
époux, étant aifé de voir quel fort
elle leur auroit préparé fi elle eût
vécu, puifque fon defefpoir avoit
été affez violent pour lui ôter la
vie. La belle & fage Imperatrice
fentoit bien la force de ce raifonnement, mais fa douleur n'en paroiffoit pas moins grande ; elle ne
put trouver de confolation que
dans les tendres foins de Fidery,
qui par mille éclatantes vertus
devint l'amour de fes Sujets, l'admiration de fes voifins, & le plus
grand Empereur qui eût gouverné
cette Nation. Il récompenfa roya-
lement les Troupes du Roy de
Corée, auquel il marqua fa gratitude par une longue & durable
amitié, l'ayant liée même avec le
vrai Zieky dont il avoit fi long-
tems porté le nom. Le fidele Chinao reçut auffi des marques effen-
tiels de fa reconnoiffance ; & fi

l'e-

l'exemple de l'Imperatrice Euxïca
prouva aux Japonois cé que peut
l'ambition sur le cœur des mortels, le régne de Fidery & d'Osonchine leur fit encore mieux sen-
tir la difference que les Peuples
dóivent faire entre les Princes qui
en travaillant pour leur gloire éta-
bliſſent celle de leurs Sujets, &
ceux qui ne font rien que pour
eux-mêmes. Mais le malheur de
ces Nations éſt de n'être guidés
par aucune lumiere dé là véritable
Religion : aveuglement qui leur
fait également cherir le vice & la
vertu.

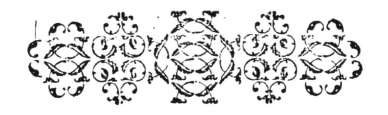

LES ETRENNES

XXXVI. NOUVELLE.

UNE Dame d'une haute naiſſance, que je nommerai Eudoxe, reſtée veuve avec des biens conſidérables, & un fils unique âgé de quatre ans, s'étoit retirée dans une Terre qu'elle avoit aſſez près de Lyon, ſur les bords du Rône. Comme ſa qualité exigeoit les reſpects de toute la Province, elle eut d'abord une nombreuſe Cour; mais quoiqu'elle fût genéreuſe, remplie de mérite, & qu'elle reçût ſon monde avec grace, ſon humeur ſérieuſe la portant à préferer la ſolitude à l'embarras que cauſent ſouvent les

gran-

grandes compagnies, elle eut l'art,
fans rebuter personne, de se faire
une société choisie à peu près de
son caractere, & de se dégager de
tous ceux qui ne lui convenoient
pas, ne voulant s'occuper que de
l'éducation de son fils, qu'elle aimoit avec cette passion que l'on ne
manque jamais d'avoir pour le seul
fruit qui reste d'un époux cheri.
Eudoxe avoit adoré le sien, elle
l'avoit amérement pleuré ; &
quoiqu'elle ne pleurât plus, elle
ne se consoloit point de sa perte :
son fils pouvoit seul dissiper sa mélancolie, & ses plus doux momens
étoient ceux qu'elle passoit à le
tenir dans ses bras.

Les amis qu'elle avoit choisis
pour partager sa solitude, se con-
formant à son inclination, la se-
condoient souvent en faisant leurs
plaisirs des manieres enfantines de
Clidanor, c'étoit le nom de ce
jeune Seigneur. Cependant cette
complaisance n'étoit point l'effet
d'une lâche adulation, Clidanor
s'attirant les cœurs de tous ceux
qui l'approchoient. Il étoit le plus
bel

bel enfant qu'on eût jamais vû:
son esprit, qui ne tenoit rien de la
foiblesse de son âge, lui fournissoit
à chaque instant des réponses qui
donnoient de l'admiration, & tout
en lui promettoit un Cavalier parfait. Il avoit un Précepteur, un
Gouverneur, & un Valet-de-Cham-
bre, qui en étoient idolâtres; mais
bien-loin que cet amour general
& les loüanges qu'on lui donnoit
gâtassent cet excellent naturel, ils
ne faisoient que l'augmenter, en
lui inspirant toujours un nouveau
desir de les mériter.

Il n'est donc pas surprenant
qu'un pareil enfant fist les délices
d'une mere tendre, & le charme
de ses amis. Un jour qu'Eudoxe
& quelques Dames qu'elle mettoit de toutes ses parties étoient
allé se promener sur les bords du
fleuve pour divertir le jeune Clidanor, elles apperçurent de loin
quelque chose de fort brillant qui
flottoit sur l'eau: la curiosité les
rendant attentives, elles cherchoient à deviner ce que c'étoit,
lorsqu'elles entendirent crier plu-

sieurs

fieurs Mariniers qui s'avertiffoient
les uns & les autres pour aller au
plus vîte à ce qu'elles voyoient.
Eudoxe qui étoit compatiffante,
comprenant à leur langage que
c'étoit quelqu'un qui fe noyoit,
excita par quelque liberalité ceux
qui étoient les plus proches à partir à l'inftant pour l'aller fecourir.
Sa genérofité faifant plus d'effet
que la piété fur ces ames mercenaires, ils conduifirent leur barque au-devant de ce que le courant rapide du fleuve leur amenoit
naturellement ; & plufieurs bras
s'étant avancés pour s'en faifir, ils
le tirerent à eux ; & virent avec la
derniere furprife que c'étoit un
berceau d'ofier ayant une efpece
de pavillon d'un fatin des Indes
blanc & or, dans lequel étoit une
fille d'environ dix-huit mois, fuperbement enmaillotée avec des
langes brodés en or & en argent
d'une magnificence extrême, mais
de qui l'étonnante beauté éblouïf-
foit encore davantage que l'éclat
de fon vêtement.

Tous groffiers qu'étoiént les
Mari-

Mariniers, ils furent faifis d'admi-
tion à cet objet, & jugeant que le
pavillon de fatin, enflé du vent qui
étoit favorable, avoit fervi de
voiles à cet extraordinaire vaiffeau
ils joignoient les mains & faifoient
des acclamations dont le rivage
retentiffoit, & qui redoubloient
l'envie qu'Eudoxe avoit de voir
ce qui les caufoit. Ils ne tarderent
pas à la fatisfaire; & n'ofant toucher à l'enfant qui leur foûrioit
innocemment en fe joüant avec
plufieurs bijoux qui étoient à fes
côtés, ils poferent le berceau dans
la barque, & ramerent au plus
vîte pour porter ce trefor à la gé-
nércufe Eudoxe, qui faifant avancer fon équipage du côté du port,
defcendit de carroffe avec fa compagnie pour fe trouver au débarquement. Son étonnement ne fut
pas moins grand que celui des Mariniers; mais la compaffion s'y étant
jointe, fon ame qui fentoit fi bien
les mouvemens de la nature en
faveur de Clidanor, lui faifant
connoître quel devoit être le
defefpoir de ceux qui avoient

perdu

perdu cette belle petite créature
& qui la croyoient engloutie fous
les eaux, lui fit auffi former le deffein de lui fervir de mere, & d'en
prendre autant de foin que de fon
fils. Cette refolution qui convenoit
à fon rang, à fon bien & à fa piété
fut applaudie de tous ceux qui
étoient avec elle ; & cette Dame
ayant recompenfé les Mariniers
de façon à ne leur rien faire regretter des bijoux & des vêtemens
de l'enfant, elle la prit dans fes bras,
fe faifit de tout ce qui étoit dans la
mane, ainfi que du pavillon, &
remontant en caroffe fe rendit à
fon Château, le cœur rempli de
joïe d'avoir fauvé la vie à cette
petite innocente, qu'elle ne pouvoit fe laffer de regarder & d'admirer. Elle ferra foigneufement
tout ce qui lui appartenoit ; & ne
doutant point qu'elle ne fût fortie
de parens nobles ou très-riches
par la magnificence de fes hardes,
elle voulut les conferver afin de
s'en fervir à la reconnoiffance de
ce qu'elle étoit, fi le tems lui en
pouvoit donner quelque éclair-
ciffe-

ciffement ; & n'ayant rien trouvé
fur elle qui pût déclarer fon nom,
elle lui donna celui de *Cecile*, la
mit entre les mains d'une bonne
nourrice dans fon Château avec des
femmes pour en avoir foin, & n'é-
pargna rien enfin pour qu'elle fût
nourrie & élevée en fille de qualité. Cependant pour n'avoir rien
à fe reprocher, elle fit courir fon
aventure de tous côtés aux environs, dans l'efpoir qu'en voulant
reclamer l'enfant, on l'inftruifit
de fa naiffance & de la caufe de
fon naufrage ; mais le profond
filence qui fe fit fur cet accident
l'ayant laiffée maîtreffe abfoluë de
fon fort, elle ne fongea plus qu'à
donner un libre cours à fa charité
& à la tendreffe qu'elle fe fentoit
pour cette petite Inconnuë, qui
s'augmentoit chaque jour par les
nouveaux charmes qu'elle y découvroit.

En effet, elle devenoit fi belle à
mefure qu'elle prenoit des forces,
qu'Eudoxe en l'admirant ne fe
laiffoit point de dire que la Próvi-
dence la lui avoit envoyée pour

O 5 l'hu-

l'humilier , & diminuer l'orgueil
dont elle auroit été peut-être
atteinte d'avoir un fils tel que Clidanor ; en lui prouvant par cette
charmante créature , qu'elle n'étoit
pas la feule mere qui eût mis au jour
des miracles de la nature. L'éducation de ces deux aimables enfans la rendit encore plus folitaire;
& jugeant que la beaute de Cecile
feroit auffi furprenante que fa
navigation , elle fe propofa de la
rendre auffi parfaite du côté des
mœurs de l'efprit , qu'elle promettoit l'être de celui du corps.
Et voulant dérober ce trefor à la
curiofité de ceux qui pouvoient
mettre obftacle à fon deffein en
formant des defirs contraires à fa
vertu , elle fe fequeftra plus que
jamais du grand monde. Cecile
élevée avec Clidanor , ne fut pas
plutôt en âge d'avoir des Maîtres ,
qu'elle lui en donna de toutes façons ; & fi le Cavalier caufoit l'admiration des fiens , ceux de Cecile
n'en avoient pas moins : l'un & l'autre devinrent dans peu fi parfaits ,
qu'ils ne prenoient plus l'étude que
comme

comme un amufement. Lorfqu'ils
furent en état de réfléxion, Eudoxe les inftruifit de ce qui lui
éioit arrivé, afin que Cecile au
milieu de fon bonheur confervât
pour elle la reconnoiffance qu'elle
lui devoit, & que Clidanor ne
crût pas qu'elle avoit deffein de
faire partager fes biens à une Etrangere.

Mais ils étoient bien éloignés
l'un & l'autre d'avoir des fentimens
ingrats ou mercenaires. Cécile
avoit douze ans & Clidanor quinze, quand ils apprirent cette nouvelle. Les noms de frere & de fœur,
qu'ils s'étoient toujours donnés,
avoient mis jufqu'alors des hornes
à ce qu'ils penfoient l'un de l'autre;
mais quand ils fçurent que le fang
ne les unifioit en rien, & que le
feul mérite qui s'étoit découvert
réciproquement, avoit fait naître
dans leur cœur la tendreffe dont
ils étoient animés, une douce joie
s'empara de leurs ames. Cecile
rendit mille actions de graces à la
vertueufe Eudoxe des biens qu'elle
lui faifoit ; & quoiqu'elle fut touchée

chée de l'incertitude de sa naiffance, ce qu'elle sentoit en secret
pour Clidanor la lui fit préferer
sans peine à l'honneur d'être sa
sœur. Pour lui, que trois années
de plus rendoient aussi plus sçavant
sur ses mouvemens, charmé de
n'être point son frere, il ne dé-
guisa point à sa mere que Cecile
ne lui étant rien, ne lui en devenoit que plus chere; & que loin de
s'opposer à tout ce qu'elle faisoit
pour elle, il la conjuroit d'en faire
encore davantage, cette admirable
Inconnuë lui étant plus précieuse
que la vie.

Eudoxe ne laissa pas d'être surprise de démêler dans la franchise
& l'innocence de leurs discours
une passion formée, & d'autant plus
difficile à détruire, qu'elle ne pouvoit encore leur en découvrir les
conséquences. Un jeune homme
de quinze ans peut aisément prendre de l'amour, mais il n'est guère
assez raisonnable pour concevoir
ce qu'on peut lui dire pour en arrêter les progrès; & c'est un article bien délicat à toucher avec
                                une

uue fille de douze ans, que de lui apprendre le danger qu'elle court en aimant, puifque c'eft fouvent démêler le cahos qu'elle ne peut encore débroüiller, & donner l'effort à fes paffions enchaînées, pour ainfi dire, par l'innocence & la pudeur, plutôt que d'en faire triompher.

Eudoxe connut toutes ces difficultés, & fut long-tems à fçavoir fi elle n'auroit pas lieu de fe repentir d'avoir élevé dans fon fein un objet fi dangereux, & d'avoir contribué à le rendre fi digne de l'attachement de fon fils. Cependant après bien des réflexions, comme elle ne penfoit pas comme un autre, elle fe refolut de ne leur rien dire, de voir le cours de cette inclination, de ne la combattre ni de ne la favorifer, mais de fi bien cimenter la vertu dans l'ame de Cecile, & la gloire dans celle de fon fils, qu'elle les rendît incapable de manquer à l'une & à l'autre, & de les unir à jamais plutôt que de les rendre malheureux. Il eft certain, difoit-elle à

une

une Dame en qui elle avoit une
extrême confiance , que Cecile
n'eſt point née d'un ſang obſcur ;
des gens d'une naiſſance ordinaire,
quelque riches qu'ils ſoient , ne
donnent point à leurs enfans les
magnificences dont celle-ci étoit
entourée. Tous ſes joüets ſont d'or,
& garnis de petits brillans ; quoique ces ornemens ne ſoient pas
d'un prix immenſe, ils ne laiſſent
pas d'être aſſez conſidérables pour
dénoter que ce ne ſont point de
ſimples Particuliers qui font de
telles dépenſes. Indépendemment
de ce témoignage , cette jeune
perſonne a quelque choſe de ſi
noble dans l'eſprit & les ſentimens,
& tant de majeſté regne dans ſes
moindres actions , que je ne puis
m'imaginer qu'elle ſoit d'une médiocre origine : cependant quoi
qu'il en puiſſe être , que m'importe que mon fils l'épouſe plutôt
qu'une autre , ſi ſa vertu l'en rend
plus digne ? Son rang lui ſuffit, ſa
fortune n'a pas beſoin d'augmentation : S'il aime Cecile, tous ces
avantages lui deviendront à charge

ge fi je m'oppofe à fon amour; je le rendrai malheureux, & je n'aurai fauvé Cecile que pour en faire la victime de l'interêt ou de l'ambition. Non, continuoit elle, il ne fera pas dit que je me fois fervie du pouvoir que la nature me donne fur l'un, & de l'autorité que les bienfaits m'ont fait prendre fur l'autre, pour en abufer. Cependant je ne veux rien précipiter; ils font tous deux fi jeunes, que j'ai tout le tems de la réflexion & de voir fi cet amour fera de ceux qu'on ne peut éteindre. Clidanor doit bien tôt fuivre les traces de fes ancêtres dans les périls de la guerre, l'abfence & les occupations militaires lui donneront peut-être d'autres penfées, Cecile avancera en âge & fera plus capable d'écouter mes leçons fur cet article.

C'étoit de la forte qu'Eudoxe découvroit à fon amie la maniere dont elle prétendoit fe conduire avec ces enfans, tandis qu'enchantés l'un de l'autre ils s'abandonnoient fans referve au plaifir de fe voir fans ceffe, & de fe pouvoir
dire

dire fans crime qu'ils s'aimoient
d'une tendreffe extrême. Une partie de ce que la fage Eudoxe avoit
prévu arriva. Cecile qui commençoit à gouter fes inftructions, devint plus refervée à mefure qu'elle avançoit en âge ; & quoique
fa paffion pour Clidanor ne fift
qu'augmenter, elle fçut fi bien la
renfermer dans fon cœur qu'il
falloit avoir autant d'experience
& de pénetration qu'Eudoxe pour
s'en appercevoir. Cette belle fille
fe difant en fecret tout ce qu'une
autre auroit pû lui dire, fe reprefentant les obligations qu'elle avoit
à la mere de Clidanor, fa naiffance
inconnuë, & par conféquent le peu
d'apparence qu'il y avoit qu'il l'é-
poufàt jamais, fe fervant de toute
fa vertu pour mettre des bornes à
fa tendreffe, & voulant en impofer de femblables à fon Amant ,
ceffa tout d'une coup de vivre avec
lui dans la familiarité que leur enfance avoit permife , & s'efforça
de lui faire comprendre par toutes
fes actions qu'elle ne le regardoit
plus qu'avec le refpect dû à fa qualité ,

lité, & la reconnoiſſance qu'exigeoient les bienfaits qu'elle recevoit de ſa mere.

Une conduite ſi differente de la premiere allarma Clidanor : ſon amour étoit venu à ſon dernier degré de perfection ; il aimoit avec ardeur, il s'étoit flatté de l'être ; & la ſageſſe dont ſa paſſion étoit accompagnée, lui perſuadant que Cecile ne pouvoit s'en offenſer, il n'attribua ſon changement qu'à la diminution de ſa tendreſſe, & malgré la ſuperiorité & l'étenduë de ſon genie il ne put comprendre qu'on ceſſât de dire qu'on aimoit ſans avoir véritablement ceſſé d'aimer. Mais de quoi ſert l'eſprit dans des occaſions dont le cœur ſeul diſpoſe ?

Pour achever de l'accabler, il fallut partir pour ſe mettre à la tête d'un Régiment qui portoit ſon nom, & ſe montrer digne de le commander en s'éloignant de la charmante Cecile. Ce n'eſt pas que la gloire ne touchat vivement ſon ame, & qu'il ne vît avec joïe le moment d'en acquerir ; mais quit-

quitter l'objet de fa flamme, incertain de fes fentimens, lui caufoit une inquiétude qu'il ne pouvoit même cacher aux yeux d'Eudoxe. Cette Dame à qui rien n'é-
chappoit, vit avec une extrême
fatisfaction la fageffe de Cecile &
l'effort qu'elle fe faifoit ; & pour
l'adoucir en quelque forte, elle
redoubloit fes carreffes & la com-
bloit chaque jour de nouveaux
prefents.

Cependant le départ de Clidanor approchoit fans qu'il eût pû
parvenir à l'entretenir en fecret,
cette aimable fille affectant de ne
plus quitter Eudoxe, & prenant
foin d'éviter d'être feule avec lui
Mais qu'elle payoit cher cette
contrainte d'autant plus cruelle
qu'elle étoit prête à le perdre, &
que cette abfence lui déchiroit le
cœur de mille façons differentes !
La guerre étoit allumée, le Régiment de Clidanor devoit marcher ;
& la crainte des dangers qu'il alloit
courir fe joignant aux rigueurs de
l'abfence, elle paffoit des nuits à
répandre des larmes, & les jours à

à fe plaindre de fon fort qui la forçoit d'aimer un homme qui ne lui
étoit pas deftiné, & qui cependant
étoit le feul qu'elle pût trouver aimable. Il étoit impoffible que tant
d'agitations n'apportaffent quelque changement fur fon vifage :
une langueur touchante s'y faifoit
remarquer au milieu de la gêne
qu'elle s'impofoit pour paroître
tranquile ; l'amoureux Clidanor
la traitoit de froideur & d'indifference, mais Eudoxe ne s'y trompoit
point & ne l'attribuoit qu'à fa véritable caufe ; & comme elle voyoit
avec joïe que cette belle fille avoit
encore plus de fageffe que de tendreffe pour fon fils, elle l'en eftima
davantage & s'affermit dans fes
premieres refolutions : elle y fut
même confirmée par une converfation dont le hazard la rendit témoin, fans que les deux Amans
s'en apperçuffent.

. Clidanor étoit à la veille de fon
départ ; & defefperé de ne pouvoir
parler à Cecile, il ne fortoit prefque plus de l'appartement de fa
mere pour en faifir l'occafion. Elle.
s'y

s'y préfenta naturellement malgré Cecile. Eudoxe ayant des lettres de conféquence à écrire, paffa dans fon cabinet; l'Amante de Clidanor voulut l'y fuivre, mais elle l'en empêcha en lui faifant figne de refter.

Clidanor ne fe vit pas plutôt en liberté de s'expliquer: Quoi! dit-il à Cecile en s'approchant d'elle, chercher à me fuir jufqu'au moment même d'une abfence qui peut devenir éternelle? Hé! Cecile, continua-t-il avec toutes les marques de la plus vive douleur, que font devenuës vos premieres années, & que vous a fait le malheureux Clidanor depuis que la raifon éclaire fon amour? Plus paffionné que jamais, vous a-t'il manqué de refpeét? Ses yeux (car c'eft le feul langage que vous n'avez pû lui interdire) vous ont-ils rien fait entendre qui pût vous offenfer? Cruelle Cecile, je vous adore; & vous me haïffez.

Eudoxe qui avoit oublié quelque chofe, venoit en ce moment pour le prendre; mais ayant enten-

tendu les dernieres paroles de fon
fils, elle s'arrêta; & fe tenant à l'abri
d'une large & haute portiere qui
la cachoit entierement, elle voulut
écouter la réponfe de Cecile & la
conclufion de cet entretien.

Cette belle fille extrêmement
touchée du difcours de Clidanor,
ce ufe de n'avoir pû l'éviter comme à l'ordinaire, & combattuë par
la crainte d'en trop dire ou de le
defefperer, fut quelque tems les
yeux baiffés & dans un morne filence. Clidanor outré de ce qu'elle
ne lui répondoit feulement pas,
fe jetta à fes pieds & lui jura qu'il
n'en fortiroit point qu'il n'eût appris fon fort, quand même Eudoxe
viendroit l'y furprendre. Cecile
qui s'étoit remife de fon trouble,
& que les tranfports de Clidanor
acheverent de refoudre à le confoler, le regardant tendrement :
Les fentimens de mon cœur, lui
dit-elle, ne me font point craindre
la prefence de la vertueufe Eudoxe, & ce n'eft pas la confufion
qu'ils m'infpirent, qui me fait balancer à les déclarer : Non, je ne
puis

puis rougir en avoüant que Clidanor m'eſt plus cher que la vie ; que
je l'ai aimé dès le berceau , & que
ma tendreſſe me ſuivra juſqu'au
tombeau ; mais je crains que cet
innocent aveu n'augmente en lui
un amour que le devoir & la raiſon
lui commandent d'étouffer. Oüi ,
Seigneur , continua-t-elle , il ſeroit inutile de vous déguiſer ce
qui ſe paſſe pour vous dans mon
ame ; je vous ai dit trop ſouvent
dans mon enfance que je vous
aimois , pour eſperer que vous
croyiez que quelques années de
plus m'ayent fait changer : Helas !
elles n'ont contribué qu'à me
mieux inſtruire du prix de votre
cœur, mais en même tems elles
m'ont fait connoître qu'il ne doit
pas être à moi ; qu'étant inconnuë,
ſans parens & ſans fortune,& ne devant le jour qu'aux bontés de la genéreuſe Eudoxe, je n'y puis prétendre ſans me rendre indigne de tant
de bienfaits. Quels juſtes reproches
n'auroit-elle pas à me faire , ſi je
payois ſes tendres ſoins de l'orgueil
d'aſpirer à ſon fils, de nourrir une
flam-

flamme qui peut devenir contraire
à l'obéiſſance qu'elle en attend !
Voilà, Seigneur, les ſeules raiſons
qui m'ont portée à vous fuir ; je
voulois vous cacher mes ſentimens
pour vous obliger à détruire les
vôtres , & je vous proteſte que ſans
votre départ vous les ignoreriez
encore : mais en me repreſentant
qu'un long eſpace de terre va me
ſéparer de vous, que vous ne me
retrouverez peut-être plus ici à
votre retour, & que même l'abſence peut m'arracher de votre
ſouvenir, & qu'il eſt de mon devoir de le ſouhaiter, je n'ai pû me
refuſer la conſolation de vous dire
pour la derniere fois tout ce que
vous vouliez entendre pour la
vôtre.

· Cecile s'énonçoit avec tant de
grace & de modeſtie, ſa franchiſe
étoit-accompagnée d'un ſi grand air
de pudeur, que Clidanor charmé
de l'écouter n'avoit oſé l'interrompre, même dans les endroits de
ſon diſcours qui lui étoient les
moins favorables ; mais lorſqu'elle
eut ceſſé de parler, donnant un
libre

libre cours à l'excès de sa joïe : Ah !
charmante Cecile, s'écria-t-il, vou-
m'aimez, & cela me suffit pour être
heureux : Ne cherchez point à
troubler ma félicité par de vaines
confidérations ; toute inconnuë
que vous êtes, votre beauté, votre
esprit & votre vertu vous mettent
au-deffus de toutes les femmes de
la terre : fi ma mere ne vous connoiffoit pas auffi parfaite, elle ne
vous auroit point aimée comme fa
fille ; ce doux nom qu'elle vous
donne fans ceffe eft un prefage de
celui que vous aurez un jour. Eudoxe a trop de tendreffe pour moi
pour vouloir me faire mourir, en
me refufant ma chere Cecile : oüi,
mes refpects, mon obéiffance &
mon aveugle foumiffion à toutes
fes volontés me font efperer de
l'obtenir de fa main : confervez-
moi feulement votre cœur, &
laiffons conduire le refte à cette
Providence dont nos jours font
une fi forte preuve.

Il eft vrai, lui répliqua-t-elle avec
douceur, qu'après un tel exemple
on peut attendre de grands miracles,

cles, & j'avoüe que celui dont vous
ofez vous flatter, feroit tout le bonheur de ma vie ; mais il eft des
chofes fi peu vrai-femblables,
qu'on ne doit jamais y compter ; &
comme cette Providence ne peut
être excitée que par la fageffe & la
pureté des intentions, nous devons tout employer pour ne rien
faire qui foit contraire à de telles
maximes ; & nous ne pouvons y
parvenir, vous, qu'en vous confer-
vant libre d'attachement pour fuivre fans peine les ordres d'une
mere vertueufe, & moi, ceux de ma
bienfaitrice. Clidanor alloit répondre; mais Eudoxe jugeant qu'elle en avoit affez entendu pour être
fûre du fond de leurs cœurs, l'en
empêcha par le bruit qu'elle affec-
ta de faire en rentrant près d'eux:
elle fe contraignit fi bien, qu'ils
n'eurent aucun foupçon de la verité. Clidanor lui parut un peu dé-
concerté de ce que fa prefence
troubloit fon entretien ; mais une
douce ferénité regnoit fur le vifage
de Cecile, & la candeur de fon
ame répandoit dans fes regards

une modefte affurance qui témoignoit aifément qu'elle n'avoit rien
à fe reprocher,

Clidanor devoit partir le lendemain. Eudoxe prit ce prétexte
pour redoubler fes amitiés ; & les
partagerent avec Cecile, elle lui
dit que cette belle fille feroit fon
unique confolation pendant fon
abfence, & lui promit qu'il feroit
l'objet de tous leurs entretiens.
Mais comme ce départ ne pouvoit
manquer de la toucher, les larmes
dont fa tendreffe accompagnoit
fes paroles, excitant celles des
deux jeunes Amans qui fe con-
traignoient depuis long-tems, ils
y donnerent un libre cours ; & ces
trois perfonnes unies par des liens
differens, s'entendirent fi parfaitement fans s'expliquer que par
leurs pleurs, qu'il fembloit qu'ils
ne faifoient qu'une même ame.
Eudoxe au milieu de ces deux
enfans mille fois plus beaux que
l'Amour, l'un âgé de dix-huit ans
& l'autre de feize, les embraffant
tour à tour & les regardant avec
admiration, formoit un fpectacle

fi

fi 'touchant, qu'il faudroit pouvoir
inventer des termes nouveaux,
pour le bien exprimer. La tendre:
Cecile n'y put tenir ; & fe fentant
trop foible pour ne pas découvrir
la caufe de fa douleur, elle s'arracha des bras d'Eudoxe & fe retira
dans fon appartement dans l'état
du monde le plus trifte. L'amoureux Clidanor profitant de fa fuite
& des tendreffes de fa mere : Madame, lui dit-il en lui baifant les
mains & les baignant de fes larmes,
confervez-moi vos bontés, n'abandonnez jamais la charmante Cecile ; fa vertu, fon attachement pour
vous, la rendent digne de tous
vos foins. Elevés enfemble, mon
cœur. . . . . .

Mon fils, interrompit Eudoxe
qui ne vouloit pas qu'il s'expliquât
plus clairement, foyez tranquile
fur cet article ; Cecile m'eft plus
chere que vous ne penfez ; & je
vous promets que vous la retrouverez avec moi à votre retour.
Faites votre devoir, rempliffez
ceux que le fang dont vous fortez
exigent de vous, & comptez fur

une mere qui vous aime plus que
l'air qu'elle refpire. Ces paroles lui
faifant croire qu'elle avoit compris
les fiennes, il lui rendit mille graces fans en dire davantage; & cet
entretien ayant été interrompu
par des vifites, la journée fe paffa
fans pouvoir le renoüer. Et l'aimable Cecile ne voulant plus s'expofer aux yeux de fon Amant, dans
la crainte de paroître trop fenfible
à l'adieu qu'il devoit faire, le foir à
fa mere, étant obligé de partir au
point du jour, elle feignit d'être
indifpofée, & fe mit au lit pour ne
s'y pas trouver. Eudoxe qui fe doutoit du motif de cette indifpofition,
ne voulut pas la contraindre, &
Clidanor qui ne la pénétroit pas
moins, n'ofa s'en plaindre: il embraffa Eudoxe, le cœur extrêmement ferré; & recommandant Cecile à tous fes gens, il partit le plus
amoureux de tous les hommes.
L'heure du reveil d'Eudoxe ayant
fonné, Cecile fe rendit près d'elle
comme à fon ordinaire, mais dans
un fi grand abattement, qu'elle en
eut pitié; & comme l'abfence de
fon

fon fils la laiſſoit en liberté d'agir
plus ouvertement avec elle , & que
fon deſſein étoit formé , elle ne fut
pas plutôt habilliée , qu'Eudoxe la
faiſant paſſer dans ſon cabinet , elle
s'y renferma , & l'ayant fait aſſeoir:

Ma chere Cecile , lui dit-elle ,
je m'imagine que vous ſçavez
combien je vous aime ; & dans
cette penſée j'eſpere que vous ne
me refuſerez pas de m'ouvrir votre cœur : je ne ſuis point votre
mere , mais je ſuis votre amie ; c'eſt
un titre que je me ſuis juſtement
acquis dès le moment que vous
êtes tombée entre mes mains ;
cependant j'y veux encore joindre celui de votre confidente ,
vous n'en pouvez avoir de plus
tendre ni de plus diſcrete : Ne craignez donc point de me parler ſin-
cerement , & de m'avoüer que Clidanor vous aime , & qu'il ne vous
eſt pas indifferent. Cecile qui dès
le commencement de ce diſcours
avoit été ſaiſie de crainte , n'en put
entendre la fin avec tranquilité :
ſes yeux ſe remplirent de larmes ;
& tombant comme éperduë aux

ge-

genoux d'Eudoxe : Ah ! Madame, lui dit-elle, quel secret avez-vous découvert, & que je me sens coupable ! Mais, quelque criminelle que je sois, je n'aggraverai point ma faute par une lâche dissimulation ; & si ma sincerité peut en obtenir le pardon, je me tiendrai trop heureuse de vous avoir avoüé l'innocente tendresse de deux cœurs unis dès leur enfance ; je ne chercherai pas même à me justifier en vous détaillant les combats que j'ai rendus contre moi-même pour vaincre mon fatal panchant ; ce récit seroit inutile, puisque tous mes efforts n'ont pas été capables d'en triompher. Ma chere Cecile, interrompit Eudoxe en la relevant & la pressant dans ses bras, ce n'est point en Juge impitoyable que je vous ai demandé l'aveu de vos sentimens ; sechez des pleurs qui m'offensent, puisqu'elles prouvent que vous avez plus de crainte que de confiance. Répandons des larmes, ma chere fille, continua-t-elle en la rassurant par ses caresses, j'y consens ; mais que ce ne soit

que

que pour nous plaindre de la triste
nécessité de nous séparer de tout
ce qui nous est cher.

Croyez-vous que je sois assez
injuste pour vous faire un crime
d'aimer mon fils, & que je blâme
les sentimens qu'il a pour vous:
Non, Cecile, apprenez aujourd'hui
à me mieux connoître; la nature
ne peut me dispenser d'avoüer
qu'il n'est guére de Cavalier plus
aimable que Clidanor, & je suis
trop équitable pour ne pas convenir que vous êtes une fille admirable: je ne vous parlerois pas
de la forte, si je ne sçavois bien
mieux que vous tout ce que vous
vallez. J'ai vû naître votre amour,
je ne l'ai point favorisé, mais je ne
m'y suis pas opposée : sure de votre
sagesse, j'ai voulu voir si l'âge n'ap-
porteroit point quelque changement dans vos cœurs, sans y avoir
contribué par trop de séverité ou
trop de condescendance.

Alors elle lui compta de quelle
forte elle avoit entendu leur conversation, & combien elle avoit été
charmée de ses sentimens. Jugez

donc à préfent des miens, ajoûtat-elle, & fi je ne mérite pas d'être votre amie.

Des paroles fi tendres donnerent à Cecile autant d'étonnement que de joïe : fon bonheur lui parut fi grand, qu'elle avoit peine à le croire ; mais enfin perfuadée de la franchife d'Eudoxe : Plus vous me montrez de bontés, Madamè, lui dit-elle, & plus je m'accufe d'ingratitude ; je voudrois, pour les reconnoître, arracher Clidanòr de mon cœur ; il me femble que le fien eft un vol que je vous fàit & dont je devrois me punir. Nòn, ma fille, lui répondit Eudoxe, lès drοits d'une mere fur le cœur de fes enfans font limités ; tôt ou tard il faut que mon fils difpofe du fien, heureufe fi vous en êtes toujours maîtreffe ; cependant je ne veux point nourrir votre tendreffe, ni chercher à l'éteindre, non pour mes interêts, mais uniquement pour les vôtres.

Mon fils vous aime, Cecile; mais il peut ceffer de vous aimer, l'homme le plus amoureux devient in-

con-

constant ; j'ai formé le deffein de
vous unir à lui, mais je n'en ai
point de le contraindre ; & mon
projet n'eft fondé que fur fa fidélité. Si l'abfence, la gloire & l'am-
tion ne vous effacent point de
fon cœur, il fera votre époux ; mais
s'il ceffe de vous aimer, il n'eft plus
pour vous. Quelle douleur n'au-
rois-je pas alors de ne le pouvoir
rendre heureux fans caufer votre
infortune ? Faites donc enforte,
ma chere Cecile, de vous préparer à tout ; que la fageffe maîtrife
toujours votre inclination, ne vous
flattez d'aucun efpoir qui puiffe
l'augmenter, & ne vous formez
point auffi des obftacles capables
de troubler votre repos ; furtout
laiffez-moi le foin de votre fort, &
cachez à mon fils notre intelligence fur cet article, votre bonheur
dépend de ce myftere ; il ne vous
fera pas rigoureux, puifque je
l'adoucirai de tout mon pouvoir,
& que vous devez être certaine
que j'aurai bien plus de joïe de
vous unir à Clidanor, que de le
voir l'époux d'une perfonne dont

le caráctere ne me sera pas connu
comme le vôtre. Enfin, ma chere
Cecile, confiez-vous à mon amitié,
celui qui vous a garanti du naufrage, & qui vous a conduit dans mes
bras, m'infpire fans doute ce que
j'ai deffein de faire; & rien ne
pouvant réuffir que par fa volonté,
il vous fera toujours plus avantageux de vous y abandonner, que
de vous inquiéter de votre deftinée.

Je veux éprouver l'obéiffance
de mon fils pour moi, & fon amour
pour vous: ce projet eft bien délicat, mais j'efpere l'executer à
notre commune fatisfaction fi vous
me gardez le fecret. Cecile avoit
trop d'efprit, de fageffe & d'interêt à ménager Eudoxe, pour ne fe
pas foumettre à ce qu'elle defiroit;
elle lui promit non-feulement une
difcrétion à toute épreuve, mais
encore de ne lui rien cacher de fes
fentimens & de ceux de Clidamor.
Cette converfation acheva dans
le cœur de Cecile ce que la reconnoiffance avoit commencée:
elle prit un renouvellement de
ten-

tendreſſe pour Eudoxe, qui la lui
rendit plus chere que ſi elle eût
été ſa mere. Aſſurées l'une de l'autre, elles n'eurent plus que les mêmes penſées, les mêmes intentions
& les mêmes deſirs; une mutuelle
confiance cimentant leur union.
Cecile devint plus maîtreſſe qu'Eudoxe dans ſon Château, & cette
Dame ne faiſoit plus rien ſans conſulter Cecile. Ce qu'elles avoient
promis à Clidanor s'executoit ponctuellement chaque jour, il étoit
le ſujet de toutes leurs converſa-
tions, l'objet de leurs réflexions,
& le premier principe de toutes
leurs actions.

Tandis qu'elles vivoient de la
ſorte, que Cecile augmentoit en
beauté, & que ſa tendreſſe prenoit de nouvelles forces, Clidanor
faiſoit l'admiration de l'Armée; il
s'y diſtingua par pluſieurs actions
de valeur qui lui acquirent l'eſtime
des Genéraux & l'amour des ſol-
dats : & l'image de Cecile qui le
ſuivoit par-tout, ne l'empêcha pas
de donner à la gloire tout ce qu'il
étoit obligé de dérober à l'amour.

P 6   Animé

Animé du defir de faire voler.fon
nom jufques dans la folitude de fa
mere, & d'en remplir les Nouvelles
publiques pour qu'il fût indifpenfable à l'une & à l'autre de parler
de lui, & de le trouver digne de
leur amour, il fit des chofes fi furprenantes, qu'on ne l'appelloit plus
que le jeune Héros.

Cependant au milieu des loüanges qu'il recevoit de tous côtés,
fans orgueil & fans fierté, il confervoit une modeftie fur lui-même
qui fe répandoit jufques dans les
Lettres qu'il écrivoit à Eudoxe ; ne
lui mandant jamais rien de ce qui le
regardoit perfonnellement au fujet de la guerre, ne l'entretenant
que de fon refpeÇt & de fon attachement pour elle, du plaifir qu'il
fe faifoit de la revoir & de joüir
du bonheur de rétrouver avec
elle la charmante Cecile, qu'il
nommoit fa fœur pour avoir une
entiere liberté de découvrir une
partie de ce qu'il fentoit pour elle
fous le voile de la fraternité. La
pénétrante Eudoxe qui voyoit
briller l'amour au-travers de cette
inno-

innocente rufe, en marqua une
joïe fincere à la tendre Cecile qui
craignoit à chaque inftant d'apprendre qu'elle ne regnoit plus
fur un cœur qui faifoit toute fa
félicité. Plus Clidanor fe couvroit
de gloire, & plus il lui devenoit
cher ; elle ne déguifoit aucune
de fes penfées à la fage Eudoxe,
qui l'aidant de fes leçons & de fes
confeils, la fecouroit felon qu'elle
voyoit qu'elle en avoit befoin.
Enfin, c'étoit une époufe qu'elle
élevoit à fon fils ; & comme elle y
trouvoit tout ce qui eft néceffaire
pour faire une femme parfaite &
rendre un homme heureux, elle
beniffoit mille fois le jour, fon
choix & l'amour de fon fils. Les
chofes étoient en cet état, lorfque
les approches de l'hyver leur annoncerent fon retour. Ce fidele
Amant en quittant l'Armée. fut
obligé de fe rendre à la Cour, où
les loüanges d'un grand Monarque
mirent le comble à fa gloire. Ce
Prince à qui rien n'échappoit de
ce qui fe faifoit dans fon Royaume,
ayant appris l'aventure d'Eudoxe

P 7 aux

aux bords du Rône, voulant la
fçavoir plus pofitivement, la fit
conter à Clidanor à fon fouper; il y
avoit un monde infini en hommes
& en femmes, que le défir de voir
le Roy y raffembloit toutes les fois
qu'il vouloit bien fe montrer en
public.

L'Amant de Cecile charmé
d'avoir une fi belle occafion de
parler de l'objet de fa flamme, en
fit le récit avec une grace dont
fon augufte auditoire fut enchantée; mais lorfqu'il vint à peindre
Cecile telle qu'il l'avoit laiffée
depuis près d'un an. Il fe fervit
de termes fi fort expreffifs, de couleurs fi vives, & fit fi bien éclater
le feu dont il brûloit, que le Monarque qui fe connoiffoit en fentimens ne put s'empêcher de foûrire
plufieurs fois, & que perfonne ne
douta de fon amour. Mais le Roy
qui fçavoit obliger d'une maniere
toujours nouvelle & digne d'un
grand Prince, le regardant d'un
vifage riant : Clidanor, lui dit-il, je
vous donne permiffion d'aller voir
votre mere. Le jeune Guerrier qui
fen-

fentît la force de ces paroles, rougit & répondit en fe baiffant profondément qu'il en profitéroit dès le lendemain , puifque Sa Majefté l'ordonnoit. En effet , il prit la pôfte , & le fixiéme jour il arriva au Château d'Eudoxe. On juge aifément de la joie que donna fon retour : fa mére qui l'adôroit , le reçut avec tranfport ; mais Cecile inftruite par Eudoxe ne témoigna fa fatisfaction qu'avec beaucoup de réferve , & feulement pour montrer qu'elle prenoit part à la fienne.

Un femblable accueil ne fuffifoit pas à la bouillante ardeur de Clidanor , il en fut accablé comme d'un coup de foudre ; & lorfque les prémiers empreffement de fa mere furent ralentis , s'étant retiré dans fon appartement fous prétexte de prendre un peu de repos, il s'abandona à toute la douleur que venoit de lui caufer la froideur de Cecile. Il l'avoit trouvée fi confidérablement embellie & d'un air fi noble , que fon amour en étoit au point de tout hazarder pour l'unir à lui ; mais fon indifférence

lo

le defefperoit. Cependant après s'être bien tourmenté, fe flattant que la pudeur pouvoit l'avoir obligée à fe contraindre, il fe refolut de déclarer fa paffion à Eudoxe dès le jour fuivant, & de tout employer pour en obtenir l'aveu ; il paffa la nuit dans l'agitation d'un homme qui flotte entre la crainte & l'efperance; il refpeétoit fa mere, il fe feroit facrifié pour elle ; mais il adoroit Cecile, & l'idée feule du refus le faifoit trembler. Enfin, fitôt qu'il crut pouvoir entrer chez Eudoxe, il s'y rendit, & fe préparoit à pénétrer jufqu'à fon cabinet, lorfque fes femmes lui dirent qu'elle s'y étoit enfermée avec une Dame qui ne faifoit que d'arriver, & qu'elles avoient ordre de renvoyer tout le monde : il demanda où étoit Cecile, & lui ayant répondu qu'elle étoit feule dans fon appartement, il la fit prier de permettre qu'il y montât ; comme elle ne pouvoit honnêtement fe difpenfer de lui accorder cette grace, elle y confentit. Elle ne faifoit que de fortir d'avec Eudoxe ; & la conver-

verſation que venoit de ſe faire
entre cette Dame, la nouvelle venuë & elle, l'avoit intereſſée trop
vivement pour qu'il n'y parût pas.
Quelques larmes dont ſes yeux
étoient encore humides lorſque
Clidanor entra, lui faiſant oublier
tous les reproches qu'il venoit lui
faire, ne ſçachant pas encore que la
joïe pouvoit occaſionner les pleurs
auſſi-bien que la douleur :

Que vois-je, s'écria-t-il en l'a-
bordant, qu'avez-vous, adorable
Cecile, quel ſujet fait couler vos
larmes ? Helas ! je venois me plaindre de celles que votre indifference
m'a fait répandre cette nuit, mais
je ne puis plus ſonger à moi quand
il s'agit du repos de tout ce que
j'adore. Je ne me pardonnerois
jamais, Seigneur, lui dit-elle, d'a-
voir troublé le vôtre ; la froideur
que vous me reprochez n'en doit
point être le motif, puiſque je vous
proteſte que je ſuis toujours la même, & que je vous revois couvert
de gloire & comblé d'honneur
avec autant de joïe que j'eus de
douleur à votre départ : que cette
aſſuran-

affurance vous fuffife, & m'en exigez pas davantage d'une fille qui
ne doit vous regarder qu'avec
refpeƈt.

Du refpeƈt, interrompit-il!
Ah! Cecile, font-ce là les termes
dont vous devez ufer avec moi ? de
quel outrage accompagnez-vous
l'efpoir dont vous me flattez? Ce
n'eft qu'à vous que le refpeƈt eft dû,
& le mien égale mon amour ; mais,
belle Cecile, finiffons une conteftation où vous n'auriez pas la victoire, & me rendez le plus heureux
de tous les hommes en approuvant
le deffein que j'ai formé de vous
demander à Eudoxe. Je ne fuis
pas affez ennemie de moi-même,
reprit-elle d'un air modefte, pour
refufer de vous donner ma main,
fi cet honneur partoit du confentement d'Eudoxe ; mais, Seigneur,
c'eft en vain que vous l'efperez ;
pourroit-elle avec juftice me préferer aux illuftres alliances où vous
avez droit de pretendre ? Une fille
fans nom, prefque tombée des
nuës, échappée des eaux, ne tenant
rien que de fes bienfaits, eft-elle
                    digne

digne de Clidanor : non, Seigneur,
jamais Eudoxe ne confentira à cet
himen ; & moi-même malgré toute
ma tendreffe, aimant votre gloire
comme je fais, j'aurois de la peine
à m'y refoudre ; & je fuis fi perfuadée que l'inconnüe Cecile ne
peut être à vous, que je viens de
conjurer Eudoxe de mettre le
comble à fes bontés en me faifant
Religieufe, le monde m'étant
odieux, n'y pouvant être unie à ce
que j'aime. Les larmes dont vous
vous êtes apperçu étoient une
fuite de notre entretien ; Eudoxe
n'a pas eu le tems de me répondre,
l'arrivée de la Comteffe de Romans, Dame des plus qualifiée du
Dauphiné, l'en a empêchée : mais
j'ai lû dans fes yeux qu'elle ne
defapprouvoit pas mon deffein.
Après cela, Seigneur, faites ce que
vous voudrez : je vous aime, je
n'aimerai jamais que vous ; mais la
feule volonté d'Eudoxe reglera
ma conduite, & quoiqu'il en arrive, je mourrai plutôt que de lui
déplaire & de lui defobéir.

Quel

Quel mêlange de tendreſſe &
de cruauté , s'écria Clidanor.!
Peut-on aimer véritablement & ſe
préparer avec tant de tranquilité
à la ſéparation de ce qu'on aîme !
Ah! Cecile , un amour ſi rempli
de raiſon n'eſt guère ardent, mais
j'empêcherai votre fatal deſſein ;
Eudoxe m'aime, je vais lui découvrir tous les replis de mon ame,
& lorſqu'elle y verra mon bonheur
en vous épouſant, ou ma mort
ne vous poſſedant pas, je ne crois
pas ſon choix incertain. Il ſort en
achevant ces mots, ſans donner à
Cecile le tems de lui répondre ; &
deſcendant dans l'appartement de
ſa mere, & ſçachant qu'elle étoit
ſeule dans ſon cabinet, il y entra.
On étoit ſur la fin de Décembre, il
faiſoit extrêmement froid, Eudoxe
étoit auprès du feu ; & voyant ſon
fils dans la glace qui ornoit la che-
minée : Venez, Clidanor, lui dit-
elle, j'ai de ſuperbes Etrennes à
vous annoncer.

Le viſage riant dont elle accompagna ce diſcours, faiſant croire à

cet

cet Amant paſſionné qu'il ne pouvoit prendre un tems plus favorable, il ſe mit à genoux devant elle ;
& lui baiſant la main : Je ſuis ſi fort
accoutumé à vos preſents, Madame, lui dit-il, que vos bontés ne
me ſurprennent plus, & qu'elles
me donnent même la hardieſſe de
vous demander de nouvelles graces. Il faudroit, lui répondit-elle,
qu'elles fuſſent bien difficiles pour
ne vous les pas accorder ; de quoi
s'agit-il ? Du plus violent amour qui
fut jamais, reprit-il, & de m'unir
à l'objet qui l'a fait naître : Oüi,
Madame, il n'eſt plus tems de vous
déguiſer que j'adore Cecile, que
cette paſſion a commencé dès
mon enfance, qu'elle s'eſt accruë
avec l'âge, & que je ne puis me
ſéparer d'elle ſans mourir. Je ſçai
toutes les raiſons que vous allez
m'oppoſer, ajoûta-t-il en s'apper-
cevant qu'elle prenoit un air extrêmement ſérieux, je me les ſuis
dites mille fois moi-même ; Cecile,
la trop ſcrupuleuſe Cecile vient encore de me les repeter ; je n'ignore
point

point auſſi qu'elle vous a priée de
la mettre au Convent ; mais malgré tout cela je meurs ſi je ne
l'obtient de votre conſentement.
Clidanor, lui répondit Eudoxe
avec gravité, vous me faites une
demande qui me perce le cœur,
je ne m'y attendois pas : je ſuis
ſenſible à votre peine, mais il m'eſt
impoſſible de vous ſatisfaire. Impoſſible ! s'écria-t-il douloureuſe-
ment.

Oüi reprit Eudoxe, indépendemment des motifs que vous ne
voulez pas que je vous repreſente
& qui ſeuls m'en empêcheroient,
je viens de reſoudre votre himen
avec l'unique heritiere du Comte
de Romans. C'eſt une des plus
grandes Maiſons du Dauphiné, &
cinq cens mille francs de dot ſont
aſſez conſidérables pour ne les pas
dédaigner. La Comteſſe de Romans qui vient d'arriver ici pour
terminer elle-même cette affaire,
a reçu ma parole ; & comme elle
eſt munie de la procuration de
ſon époux que ſes incommodités
re-

retiennent au lit depuis nombre d'années, nous avons refolu que ce mariage fe feroit la nuit du dernier de ce mois au premier du Janvier. Victoire de Romans fa fille eft-à Lyon chez une de fes amies, & viendra dans trois ou quatre jours vous donner fa foy & recevoir la vôtre : la cerémonie s'en fera dans ma Chapelle ; la Comteffe eft partie pour Lyon, & s'eft chargée d'avoir les permif-fions qui nous font néceffaires, & ce font les Etrennes dont je vous parlois tout-à-l'heure. A l'égard de Cecile, je connois auffi bien que vous ce qu'elle mérite ; je ne m'étonne pas non plus que vous ayiez eu pour elle quelque ten-dreffe. Belle, jeune, élevée avec vous, il étoit naturel que votre cœur en devînt épris ; mais il l'eft encore davantage que vous faffiez céder un amour frivole à la foli-dité d'un établiffement qui vous convient de toutes façons. Malgré les charmes féduifans de Cecile, elle n'a rien à difputer avec la fille du

du Comte Romans : Inconnuë ,
fans bien, fans famille, & dans la
plus trifte des fituations fi je l'a-
bandonnois, que peut elle com-
parer à la naiffance, au rang & à
la fortune de Victoire? Et de quelle
honte vous couvririez-vous, fi
vous écoutiez une paffion de jeune
homme au préjudice de la raifon ;
Cécile veut être Religieufe, c'eft
le meilleur parti qu'elle puiffe prendre ; & je lui ferai tant de bien ,
qu'elle n'aura point à fe plaindre
de fon fort.

Eudoxe auroit encore parlé long-
tems, fi Clidanor ne l'eût interrom-
puë. Il étoit refté à fes pieds, la
tête baiffée fur fes genoux, la bouche appuyée fur fes mains, ne marquant être vivant que par les larmes dont il les arrofoit, & les fréquens foupirs qui fortoient du plus
profond de fon cœur ; enfin s'efforçant de donner paffage à fa voix :
Quoi, Madame, lui dit-il, vous
êtes réfoluë à m'ôter la vie ; & ce,
fils que vous avez tant aimé, va
recevoir la mort de votre propre
main ?

In-

Ingrat , lui répliqu-t'elle , eft-
ce donc pour vous ravir le jour
que je cherche à vous rendre heureux ? Ah ! Clidanor, j'attendois
autre chofe de votre obéiffance,
& plus de reconnoiffance de mes
foins: je me fuis facrifiée pour vous;
votre éducation & le defir de vous
conferver les grands biens que
mon alliance a répandus dans
votre Maifon, m'ont fait oublier
jeuneffe, plaifirs, agrémens, Cour
brillante & nouvel himen; j'ai tout
quitté, tout méprifé par amour
pour vous, & pour vous rendre
digne du fang dont vous fortez;
& pour prix de ma tendreffe vous
m'accufez de vous donner la mort.
Cecile l'emporte fur moi dans
votre cœur; vous vous révoltez
contre mes volontés, & voulez
vous-même me percer le fein en
me defobéiffant.

A ces mots Eudoxe mit un mou-
choir fur fes yeux, & fe pancha
dans fon fauteüil comme une
perfonne defefperée. Clidanor la
craignoit; elle avoit pris un empire fur lui, dont l'âge n'avoit pû

le fouftraire ; avec cela il l'aimoit
& la confideroit extrêmement : fa
douleur & fes réproches le tou-
cherent, & l'amour & la nature
firent en ce moment un fi cruel
combat dans fon ame, qu'il ne put
répondre. Eudoxe paroiffant outrée de fon filence : Hé bien, reprit-elle d'une voix ferme, puifque vous ne vous rendez pas à ce
que j'ai fait pour vous, & que mes
bontés ne peuvent rien fur votre
cœur, je vais abandonner Cecile
à fon mauvais fort, la faire fortir du
Château, & la bannir pour jamais
de ma préfence. Cette cruelle me-
nace effraya fi fort Clidanor, que
croyant déja voir Cecile dans la
plus terrible mifere, il fe détermina
tout d'un coup : Arrêtez, Madame,
arrêtez, lui dit-il, l'innocente Cecile ne doit pas être la victime d'une
colere que je mérite feul. Faites
tout ce que vous voudrez du malheureux Clidanor, mais n'abandonnez pas Cecile ; fi vos bontés pour
elle dépendent du facrifice que
vous exigez de mon obéiffance,
je fuis prêt d'y foufcrire. Helas !
　　　　　　　　　　　　À　　　qu'el-

qu'elle foit heureufe , c'eft tout
ce que je defire.

Elle le fera, reprit Eudoxe en
s'adouciffant, fi vous m'obéiffez.
Clidanor qui fçavoit que cette
belle fille ne pouvoit rien attendre que de la genérofité de fa
mere, lui promit tout ce qu'elle
vouloit, à condition qu'elle ne le
forceroit point à voir la fille du
Comte de Romans que le jour de
fon mariage, que Cecile ne partiroit pour le Convent que la veille
de cette trifte cerémonie, & qu'il
pourroit l'entretenir, fans lui déplaire, jufqu'à ce fatal moment.
Eudoxe parut balancer, & ne fe
rendre à ces propofitions que par
un excès de complaifance dont
elle le pria de lui tenir compte:
Ce n'eft pas, continua-t-elle, que
je craigne que Cecile vous dé-
tourne de votre devoir; je fuis
affurée de fa fageffe, & je ne vous
accorde même ce que vous demandez, que dans la certitude où
je fuis qu'elle vous déterminera
à faire ce que je fouhaite avec
moins de répugnance, & qu'en

vous

vous confolant elle vous rendra
raifonnable. . Enfuite elle lui recommanda que fa paffion ne vînt
point à la connoiffance de la Comteffe, & de fe contraindre affez
devant elle, pour qu'elle ne s'apperçût de rien ; ajoutant, qu'elle
prévoyoit que fa fille ne pourroit
arriver que le même jour de fon
mariage, étant convalefcente d'une
affez grande maladie, lui faifant entendre qu'elle fortoit de la petite
verole.

. Quel objet pour l'Amant de
Cecile! Il en foupira de rage, &
fortit d'avec Eudoxe pénetré de
defefpoir ; il courut à l'appartement de cette belle fille & lui
conta ce qui venoit de fe paffer,
avec les marques d'une fi prodigieufe douleur, qu'elle ne put
retenir fes larmes. Mais voulant
achever l'ouvrage d'Eudoxe, en
l'obligeant d'époufer Victoire fans
regret : Je fçavois tout cela, lui
dit-elle, on m'avoit tout appris
dès ce matin ; mais j'ai voulu vous
laiffer agir, dans la crainte que
vous ne cruffiez que je m'oppofois

à

à votre satisfaction : je n'ai demandé le Convent qu'après avoir été
inftruite, de votre mariage ; cependant, Seigneur, il faut nous
foumettre l'un & l'autre à cet arrêt. Si votre defobéiffance n'entraînoit que moi dans le malheur,
je ne l'envifagerois pas avec tant
d'effroi ; mais lorfque je me reprefente qu'elle offenferoit mortelle-
ment la meilleure de toutes les
meres, qui ne s'occupe que de votre fortune, qui ne cherche que
votre repos & votre gloire, je ne
puis fouffrir que vous lui refiftiez.
Peut-être ferez-vous plus heureux
que vous ne penfez avec la fille
du Comte de Romans : pour moi,
je vous l'avoüe, les avantages que
je trouve dans cette union pour le
refte de vos jours, m'ôtent toute
l'inquiétude qui pouvoit troubler
les miens ; & de la façon dont je
penfe, je vous protefte que vous
ne pouvez me donner une plus
forte preuve de votre amour, qu'en
époufant Victoire. Calmez donc
ces tranfports, moderez cette vive
douleur ; le cœur me dit que ces

E

Etrennes que vous nommez fatales, vous seront plus agréables que vous ne vous l'imaginez.

Ah, qu'il est aisé de parler de la sorte, lui répondit-il, quand on aime avec si peu d'ardeur! Qu'il est facile de faire briller l'esprit lorsque le cœur est libre! Ah! Cecile, Cecile, vous ne m'avez jamais aimé, puisque vous me verrez tranquilement entre les bras d'une autre. Juste Ciel! ajouta-t-il, avec quelle différence j'aurois agi en pareille occasion: Mon rival eût mille fois péri de ma main avant que de posseder Cecile, & toute la terre ensemble ne m'auroit pas obligé de la voir le partage d'un autre. Il est vrai, reprit-elle, que je ne me sens point attaquée de ces violents mouvemens contre ma rivale; mais, Seigneur, son bonheur ne m'en est pas moins sensible, & je vous jure que je me fais de cruels efforts pour vous cacher tout ce qui se passe dans mon cœur. Ce fut dans de pareils entretiens que Clidanor vit écouler le tems qui l'approchoit de celui

lui de fon mariage, dont Eudoxe
lui parloit fans ceffe.

Enfin la Comteffe arriva le 30.
du mois, avec tout ce qui étoit
néceffaire pour que l'Aumônier
d'Eudoxe fift la cerémonie, & elle
annonça fa fille pour le lendemain.
Clidanor fut contraint de faluer
cette Dame comme un homme
qui devoit être fon gendre; mais
ce fut avec une trifteffe extrême
répanduë fur toute fa perfonne,
& ne la regardant feulement pas
en lui parlant. La Comteffe feignit
de ne s'en point appercevoir & lui
fit mille tendres careffes; elle a-
voit amené un Notaire avec elle,
le Contrat étoit fait en bonne forme; elle dit que Victoire l'avoit
figné, on le prefenta à Eudoxe,
elle figna, & le trifte Clidanor prit
la plume en foupirant, & mit fon
nom fans fçavoir ce qu'il faifoit.

Enfuite de quoi la Comteffe de
Romans prenant la parole & s'a-
dreffant à Eudoxe: Je fuis charmée, Madame, lui dit-elle de la
nouvelle que j'ai à vous apprendre,
Il eft déclaré que Victoire ne fera
Q 4   point

point marquée de la petite verole; elle eſt encore un peu rouge, mais ce ne ſera rien : cependant accoutumée à s'entendre dire qu'elle eſt belle, & ne voulant pas ſe montrer en cet état, elle a fait tout ce qu'elle a pû pour m'obliger à retarder ſon himen. Il nè falloit pas la contraindre, répondit auſſitôt Clidanor ; je me ſerois aiſément conformé à ſa volonté. Je le crois, reprit la Comteſſe en ſoûriant, mais vous vous marirez aux flambeaux, cela pâlit, & de plus je ſuis certaine qu'elle ſe cachera le viſage de façon que vous aurez bien de la peine à la voir; c'eſt le premier abord qui frappe : vous paſſerez la nuit avec elle, & le lendemain vous y ſerez accoutumé.

Cette converſation augmentoit encore la répugnance de Clidanor; il s'efforçoit pour n'y pas répliquer mille choſes piquantes qui lui venoient dans la penſée, mais ſa douleur le ſuffoquoit de ſorte, qu'il ne pouvoit prononcer un ſeul mot lorſqu'il vouloit parler. Cette cruelle ſituation le força de quitter

ces Dames. Le jour fuivant, s'étant
rendu près dē Cecile, il la trouva
qui paroifloit fe préparer à partir.
Cette vûë acheva de l'accabler ; il
dit & fit des chofes qui marquoient
fi bien fon defefpoir, que l'aimable
Cécile en fût effrayée : cependant
fe fervant de l'abfolu pouvoir qu'elle avoit fur lui, elle parvint à le
calmer ; & tantôt en l'affurant qu'elle l'aimeroit toujours, & tantôt
en lui reprochant fa foibleffe ; elle
le conduifit infenfiblement dans
le chemin de la raifon. Mais, lui
dit-il, ne me fera t'il plus permis
de vous voir ? ne pourrois je aller
puifer dans la douceur de votre
entretien cette heureufe fageffe
qui vous fait regarder d'un œil
tranquile la plus touchante des
fituations ? Je ne refuferai jamais
de vous voir, lui répondit-elle tendrement, & je confens qu'accordant votre devoir & votre amour,
vous foyiez toujours fidele à Cecile
en vivant avec Victoire. Si je vous
ferai fidele ? interrompit-il ; n'en
doutez point. Vous me forcez ma
mere & vous à la plus terrible de

Q 5 tou-

toutes les actions ; mais n'importe,
mon parti est pris, & cette Victoire
à laquelle on me livre malgré moi
n'aura pas la joïe de se glorifier du
sacrifice qu'on veut lui faire ; & ce
sera la femme du monde la moins
heureuse , si les tendresses d'un
époux sont nécessaires à sa félicité.

Vous changerez de langage, lui
dit Cecile , quand vous l'aurez vûë ;
je l'espere du-moins pour votre
repos & pour le mien , puisque je
ne pourrois vivre contente & vous
voir mener une vie languissante ,
Comme elle achevoit de parler ,
on vint lui dire qu'Eudoxe la demandoit ; elle prit congé de Clidanor , qui se doutant qu'elle alloit
partir, eut des peines incroyables
à la quitter, & Cecile eut encore
des combats à rendre. Mais à force
de lui répeter qu'il causeroit son
malheur & la perdroit sans ressour-
ce, s'ils ne plioient l'un & l'autre
sous le poids qui vouloit les abattre , elle le contraignit à la laisser
aller ; & l'ayant embrassée pour la
premiere & derniere fois , il fut se
renfermer dans son appartement
dans

dans un defefpoir difficile a décrire. On l'y laiffa jufqu'à l'heure du
fouper, fans paroître s'informer de
lui ; mais à ce moment Eudoxe
l'étant allé trouver elle-même,
elle lui parla avec tant de bonté,
& lui fit fi bien voir la néceffité
de vaincre ce qu'elle appelloit foibleffe, en lui donnant une fatisfaction dont elle difoit que fa vie dépendoit, qu'il fe laiffa conduire.

Il étoit dix heures du foir quand
ils fe rendirent dans le fallon où
l'on avoit fervi. Clidanor n'y voyant
point celle qui devoit l'arracher à
Cecile, ni cette aimable fille, comprit qu'elle étoit partie, & que l'autre n'étoit pas arrivée, & dans fon
cœur il fit mille vœux fecrets pour
qu'elle n'arrivât point. On fe mit à
table, Eudoxe & la Comteffe paroiffant fort en peine du retardement de Victoire. Les meilleures
amies d'Eudoxe étoient de ce repas, & chacune difoit fon fentiment fur ce fujet, fans que Clidanor ouvrît la bouche. Onze heures
fonnerent & minuit les fuivit fans
que perfonne parût. On vint dire

que

que tout étoit prêt dans la Chapelle ; on fe leva de table ; Eudoxe
fit paſſer fon fils dans fon appartement , & l'obligea d'y changer
d'habit pour en prendre un des
plus ſuperbes qu'elle lui avoit fait
préparer. Tout cela fe fit dans le
filence , Clidanor étant comme
éperdu & ne paroiſſant agir que
machinalement. A peine achevoit-
on de l'habiller, qu'on entendit un
grand bruit, & qu'on vint enſuite
avertir Eudoxe que la fille de la
Comteſſe venoit d'arriver ; elles
entrerent dans ce moment. Victoire de Romans étoit vêtuë d'une
robe de velours bleu, brodée d'argent, la juppe de même , & quantité de diamans mêlés dans la broderie. Elle paroiſſoit faite à peindre, d'un grand air & d'un port
majeſtueux, mais pour fon viſage
ni ſa coëffure on n'en pouvoît rien
voir ; une épaiſſe coëffe de velours
abattuë fur fes yeux, & noüée fous
le menton, le cachoit entierement.

Eudoxe l'embraſſa avec tendreſſe & la preſenta à Clidanor,
qui la ſalua de loin & fans rien dire.

re. Victoire en fit de même ; & la Comtesse ayant dit qu'il étoit tems, les deux meres conduisirent leurs enfans dans la Chapelle, où l'Aumônier les attendoit. La cerémonie se fit, & le grand Oüi se prononça de part & d'autre, mais si foiblement qu'à peine l'entendit-on ; Clidanor détournant toujours ses regards pour ne point voir Victoire, & cette jeune personne ne montrant nulle envie de l'y obliger, ayant toujours eu sa coëffe bien baissée, & la tenant sans cesse tantôt d'une main & tantôt de l'autre pour l'empêcher de s'ouvrir. Au sortir de la Chapelle on conduisit la nouvelle Mariée dans l'appartement qui lui étoit préparé ; & la Comtesse ayant témoigné qu'il falloit abreger toutes les façons qui sont en usage en ces occasions, parce que sa fille étoit fatiguée, on se mit en devoir de la deshabiller. Clidanor sortit & se rendit dans une chambre à côté, où presque malgré lui on en fit autant. Il n'avoit plus qu'à se coucher, quand on vint lui dire que Madame étoit

au lit & qu'il falloit rentrer. Ce
moment lui coûta plus que tout le
reſte ; mais comme il avoit formé
ſon plan , il repaſſa dans l'appar-
tément de Victoire. Les rideaux
du lit étoient fermés , les flambeaux ſur des girandoles en face
du pied , grand feu , & la Comteſſe
avec Eudoxe, qui le voyant arriver ſe leverent ; & lui montrant
un coffre-fort orné de beaucoup
de dorure : Voilà vos Etrennes ,
mon fils , lui dirent-elles ; mais ,
ajouta Eudoxe, quelque conſidérables qu'elles ſoient, elles ne peuvent être comparables au preſent
que nous vous faiſons de la plus
charmante femme du monde :
joüiſſez de votre bonheur & vous
préparez à nous en remercier. En
achevant ces mots elles lui ſouhai-
terent le bon ſoir , & le laiſſerent
en liberté. Le malheureux Clidanor ne ſe vit bas plutôt ſeul , que
paſſant à la ruëlle du lit & ſe jettant
dans un fauteüil :

C'eſt avec regret , Madame ,
dit-il à ſon épouſe, que je vais vous
faire un cruel aveu ; mais ma deſtinée

née plus cruelle encore. m'y contraint. J'aimois un objet adorable avant qu'on m'eût seulement parlé de vous, on me l'a arraché pour vous donner ma foi ; mon cœur ne peut être à deux ; il a suivi Cecile dans sa retraite, Cecile est seule maîtresse de mon ame, je l'aimerai & je lui serai fidele jusqu'au tombeau ; vous seriez Venus même, que vous ne me feriez pas changer : si vos sentimens sont délicats, vous ne devez rien désirer d'un homme dont le cœur n'animeroit aucune de ses actions. Ne trouvez donc pas étrange, si pour vous épargner une pareille offense, je passe dans mon appartement & vous laisse dans le vôtre: on a voulu vous donner mon nom, portez-le, j'y consens ; mais n'en exigez pas davantage d'un homme qui meurt de honte d'être forcé de vous parler de la sorte, & d'amour pour un autre. Il se levoit en achevant ces mots pour s'en aller, lorsqu'on lui répondit d'une voix touchante : Hélas ! je ne m'oppose point à vos volontés, je n'en aurai ja-

jamais que pour vous obéir. Clidanor eut à peine entendu ces
paroles qu'il courut tout tranfporté aux flambeaux, & les prenant
promptement, vint avec empreffement regarder celle qui les avoit
prononcées ; & reconnoiffant Cecile fuperbement parée & belle
comme un ange : O Ciel ! s'écria-
t-il, en croirai-je mes yeux ? Sa joïe
& fon étonnement furent fi grands,
qu'il fut fur le point de laiffer tomber les flambeaux. Oüi, mon cher
Clidanor, lui dit alors cette belle
perfonne, Victoire & Cecile font
une même chofe.

Rien n'eft plus vrai, dirent à la
fois Eudoxe & la Comteffe en faifant de grands éclats de rire, qui
s'étoient cachées dans un cabinet
d'où elles avoient tout entendu ,
& qui parurent au même moment :
Voyez continua Eudoxe , fi vous
voulez encore la laiffer dans fon
appartement & vous retirer dans
le vôtre : Ah ! grand Dieu , reprit
Clidanor quel excès de félicité !
A ces mots, ne pouvant être maître de lui-même, il embraffa Cecile,

cile, fe jetta aux pied de fa mere,
& demanda cent fois pardon à la
Comteffe de toutes les impoliteffes
qu'il lui avoit faites, & fit enfin
toutes les actions d'un homme
tranfporté de joïe, d'amour & de
furprife. Tandis que ces deux tendres meres l'accabloient de careffes, on levoit la charmante Victoire, qui parut aux yeux de fon
époux dans un deshabillé fuperbe,
& fi extraordinairement belle qu'il
en fut faifi d'admiration; il en étoit
fi fort enchanté, qu'il fembloit qu'il
n'avoit pas affez de fes yeux pour
la contempler, & qu'il n'entendoit
rien d'une agréable fimphonie
dont tout le Château retentit en
ce moment. Et lorfque fes oreille
en furent frappées, il en parut fâché: il vouloit que le monde fe
retirât, & refter feul avec cet objet
charmant; mais Eudoxe qui comprit fa penfée, lui dit en plaifantant
que pour le punir du compliment
qu'il avoit fait à Victoire, il falloit
qu'il entendît fon hiftoire. Il lui
importoit peu alors de fçavoir fon
origine, & comment Cecile étoit
devc-

devenuë en un inftant la fille du
Comte de Romans : mais cette
belle perfonne l'en follicita fi
tendrement, qu'il fe mit en étac
d'écouter la Comteffe qui pric
auffitôt la parole.

Mon récit ne fera pas long, lui
dit-elle, j'en laifferai le détail à
Victoire qui en êft inftruite ainfi
qu'Eudoxe, & je vous apprendrai
promptement que le Comte de
Romans & moi étant Habitans. de
Vienne en Dauphiné, & n'ayanc
eu qu'une fille pour fruit de notre
himèn au bout' de dix ans de mariage, nous la fîmes nourrir fous
nos yeux. Elle venoit à merveille
& nous avions lieu d'efperer qu'elle
franchiroit les accidens ordinaires
à cet âge, lorfque fa nourrice mourut : nous nous refolûmes à fevrer
l'enfant, mais elle ne voulut jamais
rien prendre. La crainte de la voir
déperir nous fit chercher une autre nourrice, la petite ne vouluc
prendre le lait d'aucune de celles
qu'on lui prefenta : enfin, une femme m'en amena une, au fein duquel Victoire s'attacha fi forte-

ment

ment qu'il fallut la lui donner ; elle
étoit de Lyon, & arrivée à Vienne
pour quelqu'affaire ; mais elle ne
vouloit pas y rester, & nous dit
franchement qu'elle ne nourriroit
point notre enfant, si nous ne la
laissions retourner à Lyon. Il fallut
donc y consentir malgré la peine
que cela nous faisoit ; mais comme
les deux Provinces ne sont pas fort
éloignées l'une de l'autre, je me
consolai dans la pensée que j'irois
souvent voir ma fille. Le Comte
de Romans voulut qu'elle prit le
Rône pour être moins incommodée ; nous les vîmes embarquer par
le plus beau tems du monde, & nous
comptions avoir des nouvelles de
leur arrivée au moment que nous
apprîmes leur naufrage. Jugez de
notre desespoir : on fit aller toutes
les barques pour en trouver les
tristes débris, mais on n'apperçut
rien qui pût moderer notre douleur, & trop assurés de la perte de
Victoire, nous ne fîmes point
de perquisitions. Nous avons passé
dix-sept ans de la sorte, lorsqu'il y
a trois mois que je fus obligée
d'aller

d'aller à la Cour folliciter une affaire qui regarde mon époux, & que fes infirmités l'empêchoient de pourfuivre lui-même.

Je partis de Vienne avec fa procuration genéralè pour tout ce que je voudrois faire ; & j'arrivai à la Cour. Après bien des longueurs, ayant obtenu ce que je defirois, je me préparois à partir, lorfque des Dames m'engagerent d'aller au fouper du Roy. Ce fùt le mêmé jour où vous lui contâtes l'aventure de Cecile : je vous écoutai avec toute l'attention poffible ; & trouvant un extrême rapport dans votre defcription du pavillon & des bijoux de cet enfant avec ceux de Victoire, faifie de joïe, de crainte & d'efperance, je montai en chaife de pofte au fortir du fouper du Roy, refoluë de venir ici, & de m'inftruire avec la fage Eudoxe d'une verité qui m'étoit de cette importance. J'arrivai quelques heures avant vous, & j'entretins Eudoxe, à laquelle je n'cus pas plutôt nommé toutes les bagatelles qui étoient dans la mâne de

mà

ma fille, en lui détaillant jufqu'à
la forme de fon habillement,
qu'elle courût à un cabinet de la
Chine, duquel elle tira cet ajufte-
ment enfantin que je reconnus
entierement. Jamais fatisfaction
ne fut comparable à la mienne; &
pour comble de félicité Eudoxe
ayant fait venir Cecile, me prefenta dans ma chere Victoire la
vivante image de fon pere, & une
fille bien plus dignément élevée
que nous ne l'aurions pû faire.
Cette reconnoiffance nous tira
bien des larmes à toutes trois;
mais cette occupation nous étoit
fi douce, que nous ne pûmes l'interrompre qu'à la nouvelle de
votre arrivée. Eudoxe me pria de
ne point paroître devant vous, &
me donna un appartement très-
reculé du vôtre, recommandant
à tous fes gens un profond fecret.
Ils lui ont obéi ponctuellement;
on vous reçut avec la joie & la
tendreffe que vous méritez, fans
vous rien declarer de la naiffance
de Cecile.

Lorfque vous fûtes retiré, la ver-
teufe

tueufe Eudoxe me vint trouver, &
m'inftruifit avec fa genéreufe franchife de votre amour pour ma fille,
de fa tendreffe pour vous, & du
deffein qu'elle avoit formé de vous
la faire époufer malgré le myftere
de fon origine. Elle rendra juftice
de vous dire que je n'ai pas hefité
à lui donner mon confentement,
me fentant trop reconnoiffante
de fes foins, de fes bontés & de fes
liberalités envers ma fille, pour ne
la pas laiffer maîtreffe d'en difpofer. Nous annonçâmes cette nouvelle a Victoire, qui ne nous en
parut pas fâchée; mais Eudoxe
voulant éprouver à la fois votre
obéiffance & votre amour, & vous
faire acheter le bonheur que le
Ciel vous deftinoit, de concert
avec Victoire elle s'eft fervie des
rufes qui vous ont trompé. Comme nous étions perfuadées qu'il fe
pafferoit une plaifante fcene à votre coucher, nous nous fommes
cachées pour en être témoins: le
difcours que vous avez tenu à votre époufe, nous a penfé faire éclater; mais nous étant contraintes,

nous

nous n'avons voulu paroître qu'a-
près que vous l'avez reconnuë.
Voilà, vaillant Clidanor, continua-
t-elle, l'éclaircissement de cette
aventure dans laquelle Victoire a
parfaitement rempli le personna-
ge que nous lui avions prescrit,
quoiqu'elle ait extrêmement souf-
fert de l'état dans lequel elle vous
réduisoit.

Ce récit qui prouvoit à Clidanor la tendresse de sa mere, celle
de sa charmante femme, & la réalité de sa félicité, lui rendit entierement sa premiere gayeté, & la
conversation animée par la joïe
generale devint des plus enjouée.
Tous les amis d'Eudoxe qui avoient
été invités à ce mariage, & qu'on
amusoit pendant ce tems au bal
qu'elle donnoit dans un grand
sallon assez reculé de cet appartement, étant entrés, il se dit mille
choses plaisantes de part & d'autre
sur les Etrennes de ces deux tèn-
dres Amans. Mais Clidanor impatient de se voir libre, pria si sérieusement la Compagnie d'aller dan-
ser, qu'on ne voulut pas le faire
lan-

languir davantage, chacun fe retira, & le premier jour de l'An fut célébré dans le Château d'Eudoxe de cent façons differentes.

Les heureux Epoux y pafferent quinze jours dans des fêtes continuelles ; enfuite de quoi ils partirent avec Eudoxe & la Comteffe pour fe rendre à Vienne, où les Lettres des uns & des autres avoient appris au Comte de Romans le bonheur de fa fille. Ce venérable vieillard fe fentit renaître à l'arrivée d'une fille & d'un gendre qui ne pouvoient être comparés que l'un à l'autre. Ils refterént jufqu'au printems dans le Dauphiné ; & profitant de la belle faifon, Clidanor conduifit fon aimable époufe à la Cour, où fa fageffe la fit autant admirer que fa rare beauté. Son aventure y faifoit grand bruit & les graces de cette aimable femme rendirent bien des cœur jaloux des Etrennes de Clidanor.

Fin du Tome VI.

Lightning Source UK Ltd.
Milton Keynes UK
UKHW020021201118
332599UK00016B/1758/P